U0553066

让 我 们 一 起 追 寻

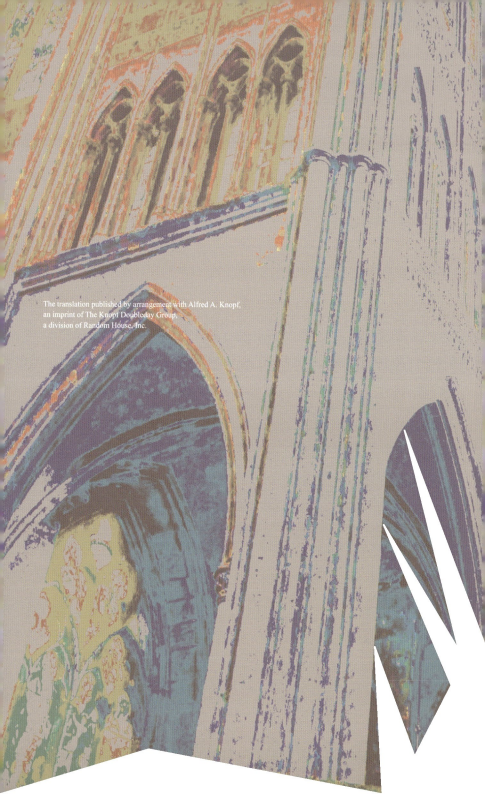
The translation published by arrangement with Alfred A. Knopf,
an imprint of The Knopf Doubleday Group,
a division of Random House, Inc.

GOD AND GOLD

Britain, America, and the Making of the Modern World

上帝与黄金：英国、美国与现代世界的形成

〔美〕沃尔特·拉塞尔·米德 著
Walter Russell Mead

涂怡超 罗怡清 译

社会科学文献出版社
SOCIAL SCIENCES ACADEMIC PRESS (CHINA)

目　录

第三部分 盎格鲁—撒克逊态度

前　言

在殖民地时期的弗吉尼亚，一位富有且出身名门的种植园 3 主之子曾咨询他的圣公会牧区主任牧师是否可能在英格兰国教会之外找到救恩。

牧师的良心受到了煎熬；他难以断言只有圣公会信徒才进天堂，但他不想鼓励这位身世高贵的年轻教民与持不同意见的微贱之众和巡游于这片土地的福音布道者往来。

思忖片刻后，他有了答复这位青年的主意。"先生，"这位圣者道，"你询问之事有可能存在。但没有绅士会对此加以利用。"

在面对关于美国实力的讨论时，众多美国人的感受与这位牧师有几分相似。这个主题让我们感觉不自在，尽管我们知道它的存在和重要性。无论是绅士或淑女都不愿意挑起这一话题。

本书讨论美国实力之于世界历史的意义，我为此深表歉意。大多数美国人可能确实相信他们的国家肩负独特世界使命、他们内外政策的成功对世界其他地方具有巨大影响，但认真探讨这一概念的意义仍会被视为是不可宽恕的必胜主义在作祟。

对祖国崛起成为世界强国，美国人的趋向是既思量得太多，又考虑得不够。他们专注于可称之为实力统计的方面，密切关注那些显示美国在军事实力、经济成果或不同的高科技和科学企业方面领先的指数。他们为民主理念的全球传播而心生

自豪之情，收集统计数据并以各个国家对民主文化不同要素的
采纳为基础进行衡量和评判。他们为指标而欢呼，比如美国培
养从而获得诺贝尔奖的科学家的人数，这表明美国的高歌猛
进；并且为一些数据担心，比如国债净额的上升或八年级学生
数学测验成绩的下降，这显示了美国前景不利的一面。美国人
称颂其军队的英勇，为他们的文化受到全世界追捧而欢庆。

　　然而，虽然美国人于思量当今世界美国实力各方面的规模
费时甚多，他们对美国实力的意义则考虑较少。美国在面临各
类前所未有的挑战的国际社会获得了前所未有的领导地位。美
国是持续数世纪的盎格鲁—撒克逊政治的承继者，支持基于自
由选择和私有财产理念的政治和社会哲学、源自基督新教价值
观的宗教间彼此宽容、包括女性在内的个人享有不可剥夺和平
等的权力且国家必须对此遵守和保护的理念，尽管国家在支持
这些原则的过程中存在前后不一致的情形。美国既是捍卫国际
秩序现状、反对采取暴力手段加以改变的保守大国，又是寻求
用市场经济和民主理念更替老旧权力结构的革命强国。美国支
持的政治革命涉及像中国这样一些重要国家的激进变革，但是
政治革命的成效却在美国希望借此改变世界的经济革命面前相
形见绌。美国力图让世界更有活力，在这个世界凭借更灵活更
有活力的私募市场、科技的加速发展引领世界更快前进，迎来
增速发展的"进步"，直到我们所不能预见的终点。

　　对历史上最强大的国家而言这一雄心非同寻常，然而对美
国社会设法引发的革命形式，或是这种伟大革命对人类未来造
成的后果，不论美国人还是其他国家的人均没有非常明确的概
念。

　　总体而言，我们并没有对美国实力的源泉、基础、后果或

持久性思之过深；美国社会整体而言并没有对我们在世界上享有特殊地位所须承担的首要职责、风险、限制、特权和代价有充足认识。

我们可以选择不去考虑我们的实力及其对我们自己和他者的意义，但我们不能让这一强权消失，我们不能阻止美国的抉择如波涛溢出国界并塑造其他人生活居住、做出选择的世界。我们不能阻止其他国家的人对我们在塑造我们生活的世界、影响美国国土之内美国人的安全和保障过程中展示的实力如何看待和反应。

强大与错误

我以两项观察作为分析美国实力的起点：首先，美国的国际体系和美国的实力在许多方面源自英语国家的传统构造，历史可追溯到 17 世纪晚期。自 1688 年光荣革命奠定英国的议会和新教统治，盎格鲁—美国人在历次主要国际冲突中均为胜者。奥格斯堡同盟战争、西班牙王位继承战争、奥地利王位继承战争、七年战争、美国革命（英国失败了，但美国胜利了）、法国大革命和拿破仑战争、第一次世界大战、第二次世界大战和冷战：这些战争塑造了现代世界，或是英国，或是美国，或是两国共同赢得了每一场战争。三百多年来在与列强的主要战争中赢得的胜利从未间断：这开始看起来几乎成为一种模式。

然而关于盎格鲁—美国实力的第二项观察也同样惊人：随着实力的增长，盎格鲁—美国人对他们实力增长和军事胜利之于世界的意义所持观点越来越频繁地大错特错。

自从英国击退拿破仑扩展为世界帝国的企图并在 19 世纪

末锻造了它期许能够持久的自由繁荣和自由贸易体系，一个稳定且进步的世界就在前方，英美作者和意见领袖们一次又一次领会了这一点。

作者们早在 18 世纪就捕捉到了这一意象。乔治·贝克莱（George Berkeley）主教在他的诗篇"美利坚种植艺术和学问的前景"中预言了我们这一基于北美的英语霸权的兴起，该作品出版于 1752 年：

> 帝国一路西进
> 最初的四幕已经结束，
> 第五场将在这一天落幕：
> 最后一场是时代最高贵的产物。

6　　青年诗人丁尼生（Alfred Tennyson）在 1842 年出版的诗集《洛克斯利大厅》抓取了这一愿景。科技和商业的发展与民主自由的融合会导致世界和平。

> 我全身心冥想未来，
> 远至人类视域的极限，
> 看到世界的愿景，
> 及所有将出现的奇观；
>
> 看到苍穹充满着贸易，
> 挂着鹰帆的商船，
> 紫曛晚霞中的飞行员，
> 以巨大痛苦滑落下去……

　　直到战鼓不再敲响，

　　战旗在人类的议会、

　　世界的联邦中

　　不再飘扬。

　　多数人的常识

　　敬畏地主宰着躁动不安的王国，

　　仁慈的地球啊，

　　在普世法则的拥揽中

　　进入安详的梦幻。

　　在 1993 年的《华尔街日报》上，阿瑟·施莱辛格
（Arthur M. Schlesinger）引用这首诗呼吁读者支持克林顿总统
对波黑战略的干涉。他争辩道，丁尼生的"光荣梦想"只有
在美国准备好运用武力时才能实现，并且提醒读者，温斯顿·
丘吉尔（Winston Churchill）把这一段落称为"现代预言的华
彩巅峰"，哈里·杜鲁门（Harry Truman）将诗篇复印件携带
在钱夹中。①

　　2006 年，耶鲁教授保罗·肯尼迪（Paul Kennedy）的新
书撷取了丁尼生诗篇中的内容，并给新书命名为"人类的
议会"，从中汲取了大量精神养分。这一关于联合国历史的
著作旨在说明联合国如何成长可以与实现丁尼生的希望距

---

① Arthur M. Schlesinger, "Bye, Bye, Woodrow", *Wall Street Journal*, October
27, 1993.

离更近。①

到 1851 年，丁尼生的未来愿景看起来似乎已经实现。拿破仑战争结束后，时光已逝去 36 年；大国之间的全面战争开始显得有些不可思议。坎特伯雷大主教在政要和民众群集的水晶宫前为万国工业博览会开幕祷告时说："噢，主啊，是因为你，国家没有举剑彼此反目成仇，也没有再行战争；是因为你，我们的疆域内有了和平，我们的宫殿内富饶充备。"和平的王国降临了；英国的实力、进步、丰饶和自由正在开创和平的普世法则。

在 19 世纪中期的英国，理查德·科布登（Richard Cobden）和约翰·布莱特（John Bright）描绘了一个愿景，这比丁尼生只是关于不可思议的鹰帆商船航行将引进千禧和平的愿景更为详尽。他们认为，自由贸易是答案的一部分；在不同国家间我们今天称之为公民社会之间的不断增进的纽带会提供答案的剩余部分。自由贸易将促进基于共同利益和日益繁荣的国家之间的和平。人民之间的联系得到了国际人权和宗教组织的促进，会消除导致战争的误解，同时建立友谊的纽带。承继写下"关于市场必然播撒和睦与和平的种子的理论"的让·巴蒂斯特·赛伊（Jean Baptiste Say），科布登（Cobden）相信市场原则和自由贸易的传播会创建欧洲自由国家间的和平秩序。

丁尼生年岁渐长之后更为悲观，也许是更为明智；《洛克斯利大厅：六十年后》于他晚年出版，语气显然不那么积极

① Paul Kennedy, *The Parliament of Man: The Past, the Present, and the Future of the United Nations* (Toronto: Harper Collins, 2006), xi.

肯定。正如诺曼·安吉尔（Norman Angell）于 1910 年出版的
《大幻觉》（*The Great Illusion*）中所描绘的，当我们"对给予
士兵在诗歌、传奇和罗曼史中应有的位置准备充分时"，我们
现在开始想知道"是否还不到时间将他或他的部分良善温和
地放在诗歌的搁架上"。据安吉尔所言，士兵的传统行动"从
他们目前的形态看来在世界上并无存在空间"。和丁尼生一样，
安吉尔看到了贸易"不可思议的航行"和确立世界和平之间的
关系。他认为，经济一体化和相互依赖意味着战争对参与其中
的每一个人都具有破坏性。由于人类是理性的，战争会不断减
少，并且可能已经消失了。安吉尔写道，"战争属于我们业已跨
越的发展阶段"；"军事力量对社会和经济都没有用处"。

　　《大幻觉》售出数百万册，可能是已出版的国际关系著
作中最为畅销的书籍；1914 年 8 月后，销量下跌，但新的
版本于 1933 年和 1938 年问世。安吉尔受到诸多英国政治
领袖支持；为推行其理念而成立加顿基金会，一系列研讨
会、讲座和暑期研讨班获得资助，学者和思想家得以宣扬
这些充满希望的概念。非盎格鲁—撒克逊世界显然并未被
打动：他在法国和德国追随者寥寥。然而安吉尔在美国极
受欢迎。第一次世界大战爆发后，安吉尔迁至美国，据说
他影响了伍德罗·威尔逊（Woodrow Wilson）的见解，坚定
支持国际联盟，在希特勒取得德国政权那年接受了诺贝尔
和平奖。

　　第一次世界大战这场巨大灾难并未削弱这种乐观情绪；它
肯定了这个理念。安德鲁·卡内基（Andrew Carnegie）、亨
利·福特（Henry Ford）等美国大亨比以往都更为乐观。交战
一年后，1915 年 11 月卡内基宣称："世界更为美好，我们很

8

快可以看到圣洁的和平获得重建，世界法庭得以建立。"①　一个月后，亨利·福特包租了一艘"和平之舟"，并和一些和平主义者一起扬帆欧洲，"以碾碎军国主义，让男人离开战壕。我们的目标是永久停战"。②

战争的残酷结局对美国的欢欣鼓舞丝毫无损。1918 年 12 月 23 日《纽约时报》的编者按令人难以置信，"心智正常且有良知的人会反对国际联盟的成立"。事实上，过往战争的恐怖令永久和平的建立更有可能，而非相反：

> 五年前，有一些正义的追寻者、几类有深谋远见的人、挚爱同胞的人，他们梦想并预言，有以数百万计的人，准确地说是数亿人，他们在这次大战黑色的阴影、荒芜和悲恸中深切体会并痛下决心：人类将不再经历这种巨创。

这也是伍德罗·威尔逊的观点。协约国赢得战争令世界安全，因为民主捍卫着永久和平和民主世界之万象。对威尔逊而言，这并不是仅空许诺言的理想主义。这是可行的。这是必需的：

> 人们曾认为是理论和理想主义的东西变成了实际的必要的。我们站在新时代的开端，我确信新型治国之才会将我们引领至努力和成就的新层次。

---

①　David Patterson, "Andrew Carnegie's Quest for World Peace," *Proceedings of the American Historical Society* 114, no. 5 (October 20, 1970), 371–383.

②　Douglas Brinkley, *Wheels of the World: Henry Ford, His Company, and a Century of Progress* (New York: Penguin Books, 2003), 197.

之后的总统们将反复申明：国家的价值和利益已经合并，这令理想路线成为唯一可行之道。杜鲁门政府设计安排了美国冷战战略的脊梁——美国国家安全委员会第68号文件（NSC—68），这份文件因其乞灵于美国理想而声名尤著，文中高调界定：“在当今面临原子战争而逡巡畏缩的世界，仅只寻求去检查克里姆林宫的设计并不是合适的目标，因为国家间秩序的缺失越来越不可容忍。这一事实赋予我们承担世界领袖的职责，这也符合我们的利益。这需要我们进行尝试并承担固有的风险，以符合自由民主的原则来生成秩序和实现正义。”这一主题再现于小布什总统的第二次总统就职演说：“美国紧要利益和深切信念如今合而为一……推进这一理念是我们国家与生俱来的使命。先辈们的成就值得尊敬。如今这是我们国家安全的当务之急，这是我们时代的呼召。”

历史必然性是新时代和平扬帆时的风。威尔逊将以往的战争描述为压迫和自由两大体系间的竞争，之后他在巴黎告诉听众：

> 本次战争中自由的胜利意味着这样一种精神主导了世界。道德力量的强风穿行于世，若人逆风而行，必将耻辱而堕。

威尔逊在一战后取得的胜利并不比诺曼·安吉尔和加顿基金会在战前获得的成就大；丁尼生的“人类的议会”固执地拒绝从天空降临。第一次世界大战是成功的，不是因为和平的普遍统治，而是因战争、谋杀和种族清洗的大批出现。当布尔什维克镇压反对者并宣告苏联成立，旧有俄罗斯帝国疆域内残酷血腥的内战令数百万人陷入饥饿与痛苦。德意志帝国、奥匈帝国、奥斯曼帝国横贯中欧和东欧大地，它们的瓦解引发多次战争和多波难民潮。突厥人彼此残酷激战以从奥斯曼帝国的废墟中建立一个新的国度，希腊人期望与现属土耳其但希腊族人口占多数的一些地方合并，这导致了数十万难民流离失所，触发了凶残的战争。"志愿军团"自分崩离析的德意志帝国武装力量的残余中抽离建成，在以前帝国混乱失序的东欧地域与共产主义者、社会主义者和非德意志少数民族战斗。共产主义者在德国、匈牙利和其他地方的起义引起流血杀戮，不论是掌权的共产主义者还是反共力量均下杀手。在意大利，墨索里尼（Mussolini）的法西斯运动执掌了政治权力；东欧大部分国家本来充满希望的民主实验落入一个又一个的独裁者手中。美国联邦参议院拒绝美国加入国际联盟；法国忙于采取报复德国的卑鄙政治行动；德国新生的民主遭遇经济崩溃而摇摇欲坠。

然而仅仅数年之后，乐观主义就已复苏，"历史的终结"又一次仿佛近在咫尺。20世纪20年代，丁尼生的愿景再一次展翅翱翔。国联也许并不如人们预期的那样运作良好，可世界看起来更为光明。20世纪20年代是日本相对自由的年代。在苏联，战时共产主义的酷烈让位给了新经济政策下政治和经济的缓和。苏联彼时会出现"热月突变"？道威斯计划和杨格计划（Dawes and Young plans）再一次稳定了欧洲的金融市场，繁荣回到饱受战争蹂躏的欧洲大部分土地。在魏玛共和国，对亲民主政党的支持上扬；希特勒看来越发像明日黄花。从一个局外人的视角而言，看来投票权在扩大、拉丁美洲的中产阶级在增长。①

---

① Harry Kantor and Howard J. Wiarda, eds., *The Continuing Struggle for Democracy in Latin America* (Boulder, Colo.: Westview Press, 1980), 41 – 43.

在此氛围中，一群美国名人提出一项具有革命性的提议：地球上的国家赞同宣布战争为非法。知识分子泰斗约翰·杜威（John Deway），以及约翰·海恩斯·霍姆斯（John Haynes Holmes）和《基督教世纪》主编查理斯·克莱顿·莫里森（Charles Clayton Morrison）等基督新教教会领袖支持美国战争非法化委员会的行动。这一切努力随《非战公约》（《凯洛格—白里安和平条约》）的签订而达到高潮。包括印度在内的11个创始签约国中有8个是英语国家；因对签订条约胆怯畏缩而声名狼藉的美国联邦参议院以85∶1的票数对比通过了这一条约。

最终超过62个国家庄严地签署了这一条约；条约如今仍处有效状态。就技术层面而言，战争为非法已近80年之久。当然这对所有相关方安慰极大。

尽管这一成就如此杰出，仍然未能为《洛克斯利大厅》中描绘的愿景之实现开辟道路。希特勒在德国上台；日本不再进行带有自由色彩的理念尝试，转而侵略中国；墨索里尼藐视国联，入侵埃塞俄比亚；苏联开展新经济项目的"热月突变"转为斯大林时代的大面积饥荒和恐怖清洗。更为悲伤，也是更为明智的诺曼·安吉尔这一次并未被愚弄。他向国联呼吁抵制法西斯侵略，却徒劳无功；他也是英国一群显要中的一个，在软弱的英国政府拒绝埃塞俄比亚流亡皇帝海尔·塞拉西（Haile Selassie）之时，对其流亡英国表示欢迎。在战争阴霾日渐深重之际，诺曼·安吉尔与温斯顿·丘吉尔在张伯伦（Arthur Neville Chamberlain）担任首相的岁月中并肩努力。战争不再是已被废弃或是无果而终；它比以往的战争更为可怕，却也更无法避免。

在第二次世界大战中，历史的终结论烟消云散，但随着盟军的胜利，向来常见的乐观主义重新出现。无疑，这次人类吸取了教训。无疑，我们现在已经认识到战争具有毁灭性、代价高昂，而且破坏起来毫无节制。无疑，现在丁尼生的"人类的议会"将着手建立，最终他的"世界联邦"将建成。

这回人类议会的规划者前往旧金山，在那里签署了联合国宪章。美国的共和党和民主党，称颂这一机制将引导世界进入期待已久的光明新时代。杜鲁门总统在旧金山会议开幕式时登台，并宣布："世界经历了旧有信仰在正义的永恒道德力量中复兴。"加利福尼亚州州长厄尔·沃伦（Earl Warren）欢迎会议代表，并向他们保证："你们在人们对鼓舞着你们聚集在一起的宏伟目标拥有坚定不移的信念的国家召开会议。我们将你们的到来看作是通向世界和平所必需的伟大步骤。理解的纽带在这里缔造，这将造福于人类的所有后世子孙，这就是我们的日常祈祷。"平信徒运动（The Layman's Movement）在宪章完成后呼吁设立国家祈祷日。"人类心灵史上寻找上帝之助最大规模的迸发，"基督教倡议者华莱士·C. 斯蒂尔斯（Wallace C. Steers）如是说。参与这次祈祷运动的有美国退伍军人协会、工业组织联合会、美国制造商协会和共同广播公司。

参议院外交委员会主席、德克萨斯州参议员汤姆·康纳利（Tom Connally）称宪章"在有史以来此类文件中最为伟大"。众议员外事委员会的资深共和党人索尔·布鲁姆（Sol Bloom）称宪章是"世界政治史上最富含希望、最为重要的文件"。他继续阐发道：宪章是"人类历史上最伟大、最充满希望的公共事件"。"命运的必然潮流，"他续加阐释，将世界引向"自由、正义、和平和社会福祉的黄金时代。"后来担任美国副总统的阿尔本·巴克利（Alben Barkley）将联合国宪章与《大宪章》《独立宣言》《美国宪法》《葛底斯堡演讲》和林肯的第二次总统就职演说相提并论。

当世界陷入笼罩在核毁灭阴影之下的冷战时期，而不是和平与繁荣的黄金时代，这些希望破灭了。但当冷战结束之后，人们再一次听到重弹的老调。

弗朗西斯·福山（Francis Fukuyama）比大多数人更聪明，他发出历史是否终结的疑问，但小心地避免正面答复是否还存在一些讨厌的新花样的可能性。其他一些人则更迅速地拥护这一理念，即随着过去邪恶帝国的崩溃，黄金时代最终开始。民主党人和共和党人谈论"和平红利"，纳税人可以因美国能够削减在冷战期间建立的巨型国防体系而节省钞票。

更有甚者，如今社会主义在苏联、东欧已经失败，整个世界将会意识到，是自由市场带来了繁荣、是民主使自由市场实现了最佳运作。在老布什和克林顿任内，美国官员周游世界去鼓吹自由市场、自由贸易和自由社会的福音。秘密已被揭开：和平的共产主义敌人被击败了；所有我们现在需要做的只是吸取一些简单的教训并且所有一切会井然有序。

历史有种令人讨厌的幽默感。1990 年 9 月 11 日，世贸大厦遭袭前 11 年整，乔治·布什（George Herbert Walker Bush）总统在国会两院联席会议致辞。科威特一从萨达姆·侯赛因（Saddam Hussein）手中获得解放，新世界就能开始。新时代将会如此：

世界各国，不论地处东西南北，将在和谐中繁荣昌盛。人类千百年来为寻找通向和平的荆棘之路孜孜以求，此间历经数千场战争的竭力厮杀。今天新世界在挣扎中将欲诞生，这个世界与我们已知的世界截然不同。这个世界用法治原则取代了丛林原则。这个世界各国认可对自由和正义肩负的职责……

毫无疑问，如果最后一个狂热的中东恐怖分子抛下最后一枚炸弹，我们会再一次听到，战争已成为历史，人类的议会将建立并且开创世界联邦。

且将这一幸福时刻搁在一边，值得注意的是150余年来和平王国似乎从未出现。我们胜利了，我们认为我们看到了历史的终结。我们错了。这又开始看来有点像一个模式。

由此本书讨论六个关于我们所生存的世界的关键问题。

什么是英美人带给世界政治的与众不同的政治和文化议程？

为何英美人在形塑世界秩序的军事、经济和政治对抗中获胜？

英美人如何能将经济和政治资源整合在一起，令他们能打败敌人、建立世界秩序？

为何英美人如此频繁地相信历史在终结，而他们的权力还在带来世界的和平？

为何他们每一次都错了？

最后，英美实力对世界意味着什么？它能持续多长时间？300余年来英美实力对世界历史的巨大扫荡意味着什么？

海象和木匠

13　　本书的第一个问题为主导现代世界历史的文明之冲突：自17世纪以来英国和美国这两个英语国家与不同敌对国家之

间的冲突，这些敌对国家反抗英美形塑世界。如今关于英国历史和文化的研究在美国几乎消失；其结果是众多美国人没有意识到两国之间的相似之处到底有多大。外国人对此有更清楚的认识，而且经常将我们混在一起称为"盎格鲁—撒克逊国家"。这不关乎种族渊源；名词"盎格鲁—撒克逊"现在用于描绘一种继续影响英国和美国的文化传承。三百余年来，英国人，接着是美国人将他们反抗法国、德国、日本和俄国等国的战争看作是良善与邪恶、自由与奴役之间的战役。与之同时，盎格鲁—撒克逊国家的敌人认为盎格鲁—撒克逊国家冷酷、残忍、贪婪和伪善。盎格鲁—撒克逊国家在自由资本主义的旗帜下战斗；他们的敌人反对这一旗帜。本书第一部分回顾了三百年来的文明冲突，探索了美国和英国共同的盎格鲁—撒克逊文化，审视了"反英语国家"的意识形态在不同势力中的兴起，这类势力从路易十四的年代到本·拉登（Osama Bin Laden）的时代反对英语国家。

他们全都恐惧又嫉妒

这样说粗俗得不可原谅，但在三百多年的战争中，英语国家确实常胜不败。换一种说法，自17世纪末以来，英国，或美国，或是两国在他们参加的每次主要战争中均处胜者阵营。这类胜利的历史塑造了我们生活的世界；本书的第二部分审视先是引领英国接着引导美国成为世界强国的军事、外交和经济战略。盎格鲁—撒克逊国家并不只是在战争中获胜。他们改变了世界的生活和思考方式，把自己尽量像过往那些伟大的文明那样组织起来，本书第二部分描述了白人—盎格鲁—撒克逊—新教徒世界的一些主要特征。

14

盎格鲁—撒克逊态度

本书第三部分解释六大问题中的第三个问题：盎格鲁—美国人如何能将经济和军事资源整合在一起，令他们能打败敌人、建立世界秩序？

我认为英语世界胜利的决定性因素是，英国人和美国人源于同一种文化，在发展和驾驭资本主义兴起于世界舞台后呈现的巨大力量时，这种文化的妥善处理能力独一无二。这不仅意味着英国人和美国人相比欧洲和世界上的其他国家来说，更愿意也更有能力忍受更具有自由市场形式特色的资本主义带来的压力、不确定性和不平等性，尽管那是真实的；这还意味着英美人在创造能令资本主义成长迅速的良好机制和社会气氛方面一直表现尚佳。因为英美社会对资本主义企业和技术的发展尤为有利，伟大的英语国家一直身处全球技术进步的前沿。他们有深入灵活的金融市场，和平创造了更多繁荣，允许政府挖掘社会的财富以在战争中更有效力；在冒险进入全球市场和其他国家那些往往在技术先进性、资金充裕性和管理娴熟性方面略逊一筹的对手竞争时，在充满活力和据守前沿的经济中形成的伟大商业企业享有巨大优势。

本书通过这一进路探究对资本主义的这种自然倾向之根源，英国宗教改革开创了对新理念通常立即持宽容和开放态度又很虔诚的多元社会。在世界大部分地方，宗教传统价值观强烈反对资本主义的功利目标。与几乎所有时代的主要行为体相反，英语世界达成了一种新形式的宗教均衡，相信资本主义和社会变迁是好事。在世界大部分地区，即使在今天，人们相信他们可以通过拒绝变化而保持宗教和文化的大部分本真。自

17 世纪以来，英语世界，或至少其中显著的部分，相信拥护甚至推进和加速变化，如经济变化、社会变化、文化变化、政治变化，是在实现他们的宗教天命。

上帝创造了何等奇迹？

基于这些理念，本书的第四部分审视英美人如何将历史经验与宗教信仰相整合，借以构建至今仍在英语世界居主导范式的意识形态，像对基于艾萨克·牛顿爵士之物理学对世界运行之道持有的牢固观念，亚当·斯密的政治经济学，托马斯·杰斐逊和詹姆斯·麦迪逊的宪政理论，以及查尔斯·达尔文的生物学理论。尽管许多这类思想者并非特别或惯常具有宗教性，但他们相信秩序从自然力量的自由中自然生成，"仿佛被看不见的手操纵"，这是一种重申一些英语世界最强大的精神信念的方式。世界通过这样一种由未加限制的自由运动生成一种有序且更高社会形式的方式构建（或由上帝指引），这一观念可见于盎格鲁—撒克逊世界的各个领域和所有层次。这使人们既个人主义又乐观，在很多人所称的"辉格叙事"中达到顶峰，这一历史理论将自由社会中缓慢渐进的进步看作主导力量，不仅存在于英美人的历史，也同样存在于更广阔的世界。

本书第四部分探索了黄金模因对英美历史和政治的影响，说明"辉格叙事"如何生成进步预期，以及感觉指日可待的历史的胜利终结。

历史教训

本书第五部分，也是最后一部分，重点提出最后两个问题：为何盎格鲁—撒克逊乐观主义往往错了，以及持续达三个

16

世纪之久的盎格鲁—撒克逊胜利对世界历史而言意味着什么？

这一部分首先聚焦于美国人思考他们体系的方式和这一体系在世界上实际运转方式之间的不同。也就是说，美国人认为自由资本主义民主是促进社会和平与稳定的方式。它是有这些用途，但它也生发出社会、经济和技术变迁步伐的巨大且仍持续的加速发展——不仅对美国人而言如此，对世界上每一个人而言均如此。

人类技术的加速发展以及历史和社会变迁步伐的日益加快指向一个远比"辉格叙事"所预测的和平与繁荣的稳定更加生机勃勃的未来。一则英美人和其他处于发展前沿的社会生发的动力和变化迅速输出到其他并不欢迎——也许不能应对——变化的社会。二则美国权力的崛起——美国人趋向于认为，不言而喻，这不仅有利于美国人，也有利于世界上每一个人——看起来并不总是对那些利益和雄心为之羁绊的国家和人有益。

这一部分着眼于英美历史的"长远眼光"对今日美国政策制定者可能提供的经验。在可预见的未来，美国不太可能失去在全球政治体系中的独特地位，但也不太可能保有一些分析者称之为"单极"的权力。这一部分也着眼于激进的中东恐怖主义者发起的挑战，并将其与过去两百年一些相似的运动进行比较。

检讨英美三百年历史给予我们今天的一些教训之后，本书结束之际提出世界可能的确驶向"历史的终结"——但这一我们正靠近的终结看起来远比传统"辉格叙事"所预想的和平宁静的天堂更加戏剧化。英美文明没有引领人类远离动荡与混乱。相反，在前行之路是超越之途这一信念的推动下，美国正在引领世界加速奔向一个与我们对所有事情都了解或能想象的世界截然不同的世界。

结论

　　《上帝与黄金》和我的著作《特殊天佑：美国外交政策及其 17
如何影响了世界》一样，是一本有关历史的书，但不是一本历史
书籍。这是一本反省历史并力图在事件波澜中寻找隽永模式的书，
但本书并不就所涉历史事件进行权威完整的叙述。这是一本论及
诸多领域的书，但并不试图给这些主题下定论。像本人这样一位
意图书写涵盖诸多不同学科领域的作者因必须冒犯他曾受惠的众
人而感到痛苦。若无专家和学者在不同领域所做的开创性深入研
究，像这样的一本书将无从问世。然而许多专家和学者会感到这
样一本概介性书籍并没有将他们研究的微妙和复杂真实反映出来。
他们是正确的，我为此而道歉。我时时因《上帝与黄金》忽略了
丰富而复杂的历史主题而尤感内疚，我建议其他书籍更深入地处
理这一主题，但事实上没有一本书能真实反映所有领域丰富浩瀚
的学术文献，而这类文献是撰写本书这类著作需要借鉴的。

　　然而当我为此书进行背景研究时，我感到有一点沮丧。众
多优秀著作从不同方面论及英美的统治地位，但我没有找到任
何于近期出版的严肃论及整个主题的书籍。有关于英帝国的著
作，有关于美国外交政策的著作，但世界事务中两个民族共同
历史这一主题并没有得到其应有的关注。在某些方面，这一领
域最优秀的著作仍是温斯顿·丘吉尔的《英语民族史》，这本
书出版于1956年，尽管这本书优点甚多，但它太老了，太盎
格鲁中心主义，受到作者政治目的的太多影响，难以迎合21
世纪大众的需求。也许英语民族的下一部辉煌历史将由一个印
度人或南非人写就；这是需要完成的工作。

第一部分

海象与木匠

第 1 章 　上帝站在我们一边

1656 年 9 月 17 日，护国公奥利弗·克伦威尔（Oliver Cromwell）在英国议会致辞，提出其外交政策，他以发问最根本的政治问题开始演说：谁是我们的敌人，为什么他们憎恨我们？

他继而断言，世界其他地方存在邪恶轴心。他说，英国人的敌人"全是世界上邪恶的人，他们或在海外，或在英国国内"。[1]

并且他用 17 世纪的语言说，他们憎恨我们，因为他们憎恨上帝和世界上美好的一切，他们憎恨我们"充满敌意，反对服事上帝的荣耀和他子民的利益的任何一切；反对他们看来更为显然，是的，就是超过世界所有国家、在这个国度里最为显然受到庇护和承认的，我们这样说并非虚夸"。[2]

克伦威尔继续向圆颅党这一在英国内战中已为人熟知的党派解释，邪恶轴心有一个领袖：一个驱使自己服事邪恶的强国。

"确实，"克伦威尔说，"你们最大的敌人是西班牙……因为它由始至终对我们这些上帝的子民充满了敌意。"敌意来自天主教起源时对上帝的原初叛逆，潜藏在伊甸园的蛇身上，"我要叫你的后裔和女人的后裔也彼此为仇"，克伦威尔说，引用了上帝对蛇的诅咒与他在黑暗之子与光明之子之间布下的敌意。[3]

---

① *Speeches of Oliver Cromwell*, *ed.* Ivan Roots（London：J. M. Dent & Sons，1989），80.

② *Speeches of Oliver Cromwell*, *ed.* Ivan Roots（London：J. M. Dent & Sons，1989），80.

③ *Speeches of Oliver Cromwell*, *ed.* Ivan Roots（London：J. M. Dent & Sons，1989），81.

克伦威尔处理世界政治的方法在 300 余年后、3000 英里外产生共鸣，那就是 1983 年 3 月 8 日在美国福音派联盟于佛罗里达州奥兰多市举行的年会上，美国总统罗纳德·里根发表的致辞。苏联，里根说，是"现代世界的邪恶核心"，[1] 美国参与了一场忠诚考验，对抗将自己设定为反对上帝的对手。里根引用前共产党员告密者惠特克·钱伯斯（Whittaker Chambers）的话，断言马列主义是"第二古老的宗教信仰"，由伊甸园中的蛇首次宣告，那时它引诱亚当和夏娃背弃上帝。[2] 和克伦威尔一样，里根将历史看作是精神力量之间的战斗。"我一直坚持，"总统告诉牧师们，"正在持续的争夺世界的战斗不会由炸弹或是火箭、军队或军事力量决定胜负。"[3]

由于自由世界与邪恶帝国之间存有敌意，这是光明之子与黑暗之子之间的战役，这也是永恒的，就像克伦威尔召唤对西班牙开展不屈不挠的战争。没有人能和说谎之父[4]立约。

克伦威尔警告议会，天主教教义支持教宗有权赦免所有的

---

[1] "Remarks at the Annual Convention of the National Association of Evangelicals in Orlando, Florida," The Public Papers of Ronald Reagan, Ronald Reagan Presidential Library, http://www. reagan. utexas. edu/search/speeches/speech_srch. html（accessed July 10, 2007）.

[2] "Remarks at the Annual Convention of the National Association of Evangelicals in Orlando, Florida," The Public Papers of Ronald Reagan, Ronald Reagan Presidential Library, http://www. reagan. utexas. edu/search/speeches/speech_srch. html（accessed July 10, 2007）,364.

[3] "Remarks at the Annual Convention of the National Association of Evangelicals in Orlando, Florida," The Public Papers of Ronald Reagan, Ronald Reagan Presidential Library, http://www. reagan. utexas. edu/search/speeches/speech_srch. html（accessed July 10, 2007）, 364.

[4] the Father of Lies，源自《圣经》约翰福音 8 章 44 节，指撒旦。另本文的《圣经》中译除"上帝创造了何等奇迹"（"What Hath God Wrought"）外均采自和合本。——译者注

罪。如果信奉天主教的国君与英国订立和平条约，一旦他们愿意，教宗会宽恕他们的背誓之罪。克伦威尔如此进行总结："朴素的真理是，与任何服从罗马和教宗本人决定的天主教国家讲和，你们是受到束缚的，而他们则氛围宽松……和平可维持的时段就是教宗对此说阿门、表示赞同的时间。"①

里根对共产主义者的感受也是这样：他们所持的哲学立场显然不可能令他们诚信行事。美国不能坦率诚实地对待共产主义者。里根说，因为"苏联领导人坦率公开地宣布，他们认可的唯一美德是推进他们的目标"。② 他们的唯物哲学对正确的行动或真理没有绝对的价值观念，由于结果证明了方式的正当，他们的罪行可以获得宽恕。

克伦威尔与里根论辩的相似性愈行愈为深入。两位领袖都号召他们的国人对可团结国家的外交政策形成共识。极端的共和党人里根声称坚持民主党哈里·杜鲁门（Harry Truman）的传统，这冒犯了一些民主党听众。相较现代美国人而言，两党制对克伦威尔的听众而言是更为艰深的概念。冷战"两党联立的外交政策"是上一代美国政治措辞的主题。在克伦威尔时代的英国，合法政党仍在为诞生而挣扎；异见者和不忠者还被视为是同一类人。克伦威尔新近领导议会军在结束于处死国王的内战中取得胜利，仍然希望证明所有真正的英国人，包括王党和共和派，对天主教威胁的邪恶性拥有一致意见。克伦威尔指出，伊丽莎白女王支持反对西班牙的政策，在必定

23

① *Speeches of Oliver Cromwell*, *ed.* Ivan Roots（London：J. M. Dent & Sons，1989），83.

② "Remarks at the Annual Convention of the National Association of Evangelicals in Orlando, Florida."

让屋内的圆颅党人摇头的一句话里，他称赞了女王"极好的记忆"，声称要坚守她的传统，就像里根声言要坚守杜鲁门的传统一样。

历史上的邪恶帝国总是践踏人权。冷战时期的美国总统们常规性地谴责苏联对异见者和宗教徒的苛待。就此他们再一次跟从护国公的脚步。克伦威尔1656年的演讲历数了西班牙的暴行：他谈到长期议会一位被西班牙人残酷谋杀的信使，并指出当英国大使"请求补偿你们可怜的人民在西印度群岛因蒙冤所流的鲜血，补偿在别处做错的事，当他们为你们在那边贸易的人民要求良心的自由，——这些事无一会得到补偿，只得到了拒绝"。①

我们所要求的一切，克伦威尔告诉议会，是自由。仅仅如此。

在描述最近与西班牙国王腓力四世失败的谈判时，克伦威尔希望说明英国人所提的要求是多么合理和适度。"我们渴望这样的自由，他们（造访西班牙疆域的英国商人）可以将《圣经》放在口袋里，实践他们的宗教自由而不受到限制。但那里没有良心的自由。"②

堂·菲利普③，拆掉这堵墙！

过去的数世纪中邪恶帝国颇有共同之处，仁善帝国的同盟亦有很多共同点。美国及其冷战同盟国就像克伦威尔时代英国

---

① *Speeches of Oliver Cromwell*, *ed.* Ivan Roots（London：J. M. Dent & Sons, 1989），82.

② *Speeches of Oliver Cromwell*, *ed.* Ivan Roots（London：J. M. Dent & Sons, 1989），82 - 83.

③ 指腓力四世。——译者注

的新教同盟一样，进行的战斗超越它们自身的私利，这打消了只维护私利的念头。它们为每一个地方的良善、正确和人权而战。

"所有诚实的利益，"克伦威尔说，"是的，所有德国、丹麦、瑞士、瑞士自治领的新教徒的利益，和所有基督教王国的利益，和你们的利益是一致的。如果你们好好接续和行动，确信什么是上帝的利益并加以贯彻，你们会发现你们是为上帝的无数子民而行动。"①

"美国，"里根告诉福音派信徒，"让自由的火炬一直燃亮，但不仅是为了我们自己，更是为了世上其他地方的亿万人。"②

克伦威尔和里根面临其他共有的问题。比起英国和西班牙历时颇长却断断续续的对抗，冷战更具连续性，但两场对抗都难以决定胜负，拖延达数十年，有时对抗发生在前线，有时发生在不引人注目的地方，伴随着缓和的间隔、同盟的逆转，以及诸多命运的变化。1588 年无敌舰队失败后，西班牙没有能力进攻英国本土。英国军队也没有强大到可对西班牙本土发动持久战。事实上，断断续续的冲突反而在迁延不决中转移到我们今天所说的第三世界，就是两大国到处散落的殖民属地、贸易航线和世界的海洋。英国的鹰派，往往是新教徒和商人，向往进攻性的反西班牙政策，这类政策会与教宗较量，同时要求开放市场；温和派（往往乡绅对昂贵的国外冒险并无兴趣）促进缓和。

还存在另一个问题，一个国内问题。"并且确实它（西班牙）对你们的内脏感兴趣，"克伦威尔告诉他的听众，"它对

24

---

① *Speeches of Oliver Cromwell*, *ed.* Ivan Roots（London：J. M. Dent & Sons, 1989），84.

② "Remarks at the Annual Convention of the National Association of Evangelicals in Orlando, Florida."

此有兴趣。从我出生到现在，据报告英国奉守教宗制的天主教徒西班牙化了。"① 罗纳德·里根恰好明白克伦威尔的意思，尽管随着暗喻潮流的变化他会谈及第五纵队，而不是共产党员"对我们的内脏有兴趣"。

将近一个世纪，英国努力应对如何对待其天主教少数派这一问题，1570 年庇护五世对伊丽莎白一世处以绝罚，并宣布她是不合法的女王，基督徒没有服从她的义务，此后现行的反天主教的刑法大幅收紧。对她来说问题是如何辨别那些对君主保有忠诚，或至少愿意和平生活在君主治下的天主教徒，和那些积极参与密谋杀害女王、将国家陷入内战的天主教徒。16世纪 80 年代，西班牙入侵的威胁增长。天主教徒所受的压力增大；天主教神父踏进英国变得非法，任何英国国民用任何方式为天主教神父提供住宿和帮助亦为非法。处罚是死刑。拒绝参加新教仪式者亦课以高额罚金。当无敌舰队从西班牙起航，绳套再次收紧。地方官员受命将被视为安全威胁的天主教徒系狱。一旦入侵威胁消散，法律实施就得以放宽。②

在伊丽莎白余下的统治时期，天主教徒法律地位随着与西班牙的战争危险多寡而恶化或改善。1605 年前所未有的未遂恐怖行动③为天主教徒们带来了在她的继任者治下更黑暗的新时期。

---

① *Speeches of Oliver Cromwell*, *ed.* Ivan Roots （London：J. M. Dent & Sons, 1989），85.

② R. B. Merriam, "Some Notes on the Treatment of the English Catholics in the Reign of Elizabeth," American Historical Review 13, no. 3 （April 1908）：481.

③ 英国人把 1605 年 11 月 5 日叫作"炸药阴谋日"或"炸药叛国日"（Gunpowder Plot 或 Gunpowder Treason），或者叫盖尔弗克斯日（Guy Fawkes' Day）。1605 年 11 月 4 日的深夜，英国一群天主教贵族密谋暗杀国王，将詹姆斯一世 9 岁的女儿伊丽莎白扶持为天主教君主，因詹姆斯一世截获密报而行动未遂。——译者注

1605 年 11 月 5 日，一个极端天主教团体将多桶炸药放在位于伦敦的议会大厦下，计划上、下议院议员和国王都在此聚会时引爆炸弹。尽管只有少数天主教徒与这一事件有直接关联，尽管大多数英国天主教徒可能反对所谓的炸药阴谋，旧有的法律恢复效力，新的法律很快通过，反对如今被看作比以往更危险的少数派。任何拒绝向詹姆斯一世行效忠誓言的人会被剥夺地产、终身监禁，这一誓言的措辞方式令虔敬的天主教徒宣誓尽管并非不可能，也是很困难的。

直到 1642 年内战爆发，天主教徒的境遇才得以逐渐改善；冷战中这样的时期会被称作解冻时期，由于不存在安全威胁，反对天主教的法律实践得以放宽。1632 年，一位英国天主教徒能够出版向圣母玛利亚致敬的一组十四行诗；至少有一位法国耶稣会士的著作译成英语并在牛津出版。[①]

当内战来临时，英国宗教的政治化发展不断滋生忧虑。内战中天主教徒大部分支持王党。如今的国王查理一世娶了信奉天主教的法国公主亨利埃塔·玛丽亚（Henrietta Maria），17 世纪 30 年代对天主教不断增长的宽容来自王室的影响，而不是议会。胜利的清教徒很快实施报复；天主教徒同时被认定是保王党和异教徒。至少 1600 人的房屋和土地被没收充公。[②]

1653 年克伦威尔夺取政权时，他放宽了反天主教法律的实施。连年内乱后，英国需要和平与稳定。克伦威尔希望妥协与宽容能够巩固王国。与西班牙的战争改变了局势，关注国家安全的保守新教徒要求对少数派采取强硬行动。

25

---

① The Catholic Encyclopedia, s. v. "Edward Bradshaigh."
② Godfrey Davies, *The Early Stuarts, 1603 – 1660* (Oxford：Oxford University Press, 1959), 211.

在克伦威尔发表邪恶帝国演讲约一个月后，一个新议案提出了。有天主教徒嫌疑的人会被传唤到法庭发弃绝誓。这一誓词比炸药阴谋后提出的誓词更强硬。没有一个忠诚的天主教徒可能这样起誓：

26

> 我（名字），痛恨、厌恶和弃绝教宗的权柄，总体而言对教会也持这一态度，我自己尤其如此。我谴责和诅咒任何将报酬归于善功的教义。我坚定相信和公开承认不应崇敬圣母玛利亚或其他任何天堂中的圣徒；没有偶像崇拜，对他们不应祈求或崇拜。我主张对由人献祭的圣餐或献祭后面包和酒这类元素不应敬拜和崇敬。我相信炼狱并不存在，这是教宗治下天主教的虚构；授予赎罪券也是教宗的旨意。我也坚定地相信无论是教宗还是天主教神父都不能赦罪，那是信奉教宗制的天主教徒胡言乱语。①

不肯如此起誓的人立刻失去三分之二的财产；第二次拒绝导致余下财产的三分之二充公，以此类推。过去天主教徒可以通过将财产记在妻子名下逃避惩罚。情况不再：漏洞已被补上。

即使在那个年代法律仍充满争议。在议会中代表肯特郡的律师兰伯特·戈弗雷（Lambert Godfrey）认为这一法律令人厌恶："我认为这与宗教裁判所没有区别，只是一边是钱袋受到

---

① Patrick Francis Moran, *Historical Sketch of the Persecutions Suffered by the Catholics of Ireland Under the Rule of Oliver Cromwell* (Dublin: Callan, 1903), ch. 8, point 2.

榨取和折磨，一边是人。"① 兰伯特能言善辩，但法案通过了，异议票数只有 53 张。这一法案被证明在把爱尔兰天主教徒和他们的故乡隔绝开来这一方面很有成效。

对克伦威尔另一问题的呼应声也在冷战中响起。反抗天主教的浩大战役常常逼迫他建立奇怪的联盟，甚至与信奉教宗制的天主教国家结为盟友。杜鲁门发现他自己在帮助南斯拉夫共产党领导人铁托元帅。尼克松（Nixon）和里根与共产党苏联的对抗导致了与共产党中国改善关系；克伦威尔发现他自己试图解释为什么天主教法国是对抗天主教西班牙有价值的盟友。

相似的问题又一次找到了相似的答案。正如杜鲁门和他的继任者注意到南斯拉夫共产党独立于莫斯科，克伦威尔声称法国实际上独立于教宗制，因此可以依据自身意愿缔结条约。克伦威尔也论辩说他与法国枢机主教马萨林的秘密联络会改善那个国家新教徒的待遇；感到不舒服的美国总统一贯主张对改善中国人权的展望，替冷战中的迂回曲折做辩护。让克伦威尔的立场更为困难的是，马萨林指出他改善法国新教徒待遇的能力取决于克伦威尔在让英国天主教徒生活在更宽容的环境方面获得的成功。

任何试图理解奥利弗·克伦威尔治下的英国政策的人与尝试理解美国冷战时期政策的历史学家会面对很多相似的问题。克伦威尔抨击爱尔兰的天主教徒和他们的西班牙同盟在 1649 年至 1652 年杀害了约两万爱尔兰新教徒，但他自己在爱尔兰

---

① Thomas Burton, Diary of Thomas Burton, esq., April 1657 – February 1658, http：//www. british – history. ac. uk/report. asp? compid = 36843（accessed February 12, 2007）, 153.

犯下残酷罪行的军队却仍然势力强大。① 冷战中亦有同样的争论，美国支持那些有时与它反对的共产主义政权一样凶残的独裁政权。克伦威尔对西班牙天主教的反对"真诚"吗？或是外交政策中的意识形态因素只是他为英国国家利益具有进攻性和扩张性的追求寻求公众支持所采取的不光明正大的策略？当克伦威尔决定帮助新教荷兰对抗西班牙人，他与天主教法国结盟施予援手——在得到海峡港口敦刻尔克作为他施予援手的报酬之后。他是一个为上帝而战的宗教狂热者，还是一个推进英国利益的精明政客？

克伦威尔可能会说他政策中的两种元素，即为上帝而战和为英国国家利益而战，扭结在一起，并且这本身就是天佑的标志。通过做好事和与信奉教宗制的天主教徒作战，英国将进展顺利、获得财富。对上帝好的事就是对英联邦好的事，反之亦然。可以想见这一令人舒适的综合体赢得了那个时代众多英国人不加批判的支持。

不论克伦威尔的私下观点如何，他的政策无疑吸引了不那么关心他宗教信念的人的支持。很多在爱尔兰的英国士兵也许对重新分配爱尔兰农田比对神学争论更有兴趣。毫无疑问，他们的一些指挥官和赞助者有意识却冷笑着运用时代的意识形态思潮来充实他们自己——虽然这常是一种犯罪手段。船长和船员乐意掠夺西班牙的贸易，甚于推进新教前途。另一方面，众多顽强的为信仰而战的战士在鄙视中获得物质收益，对克伦威尔在反抗天主教的神圣之战中妥协以获得一些转瞬即逝的暂时

① *Speeches of Oliver Cromwell*, ed. Ivan Roots (London: J. M. Dent & Sons, 1989), 83.

性好处，约翰·伯奇协会强硬派的类加尔文派式成员有时会摇头否定，就像伯奇派痛斥与任何类型的共产主义有所"通融"。

在克伦威尔治下的英国，"现实主义"与"理想主义"交织在一起；只有上帝本人能分清贯穿那个历史时期的线索中的黑暗与光明，英国人的友邦更可能将英国的政策归功于英国的高尚道德信念；英国的敌人更可能归之于它的国家利益。两种解释都可以在与西班牙进行的长期战争期间克伦威尔的言论和英国的行动纪录中找到支撑。

西班牙不是与讲英语世界对峙的最后一个邪恶帝国。撒旦幸运地在塞万提斯的土地上被征服，他从埃斯科里亚尔被驱逐没多久就在凡尔赛新建的大厅找到了住处。1689 年，英国称之为奥兰治的威廉即王位，取代了被推翻的天主教徒詹姆斯二世，英国发现自己被锁定在与法国的一系列战争中，和先前与西班牙的战争一样长久、一样危险。英国作家约瑟夫·艾迪生（Joseph Addison）于 1707 年出版的一篇文章以此为主题，在一个更为世俗化的时代更新了克伦威尔的论辩。

"法国的确是英国最不可调和、最危险的敌人，"他写道，"他们的政府形式、他们的宗教、他们对英国实力的妒忌，还有他们的商业诉求、他们对实现世界帝国的追求使他们对我们充满仇恨与厌恶，令他们抓住所有机会推翻我们的宪法、摧毁我们的宗教、破坏我们的贸易，并降低我们在欧洲国家发挥的作用。"①

换句话说，他们是决心征服全球的邪恶帝国；他们不能受到信任；他们雇用了间谍来颠覆英国自身；他们制订了长远计

28

---

① *The Works of Joseph Addison*, vol. 2, ed. George Washington Greene (Philadelphia: J. B. Lippincott & Co., 1870), 553.

划危害英国的财产与声誉。

但英国的理由当然高于狭隘的利益。艾迪生附和了克伦威尔将自由视作英国全部追求的呐喊，将自由描述成一位女神：

> 你，女神，你，不列颠的岛屿在敬拜，
> 为什么她常常耗尽所有的积蓄，
> 多少次你在死亡之地求索，
> 也不认为巨大的奖赏代价昂贵！……①

不仅如此，与克伦威尔一样，对艾迪生而言，英格兰的原因许多是她的疆界以外的原因。

> 英国关心守望欧洲的命运，
> 并维持每一个开展竞争的国家的平衡，
> 用战争威胁大胆放肆的国王，
> 应答受折磨邻居的恳求。②

29   与太阳王和他的邪恶盟友、继任者的战争和与西班牙的战争一样，迁延数十年。有时候是热战，有时候是冷战；很多战斗发生在第三世界，包括美洲的殖民者与法国印第安同盟之间的战役。

① Joseph Addison, A Letter from Italy to the Right Honorable Charles Lord Halifax in the Year MDCCI, in *A Collection of English Poems, 1660 - 1800*, ed. Ronald S. Crane (NewYork: Harper and Brothers, 1932), 280.

② Ibid., 280.

为了保卫自由又一次必须，至少看起来必须剥夺自由。隐秘的天主教徒查理二世和他公开的天主教徒兄弟詹姆斯二世取代克伦威尔后，天主教徒的处境逐渐得以改善，尽管偶有艰难时期。反天主教的法律依然存在，但国王们用他们的宽恕和豁免权令天主教徒更为自由地参与公共生活，自由程度是伊丽莎白一世时期第一部刑法通过以来所未有的。

詹姆斯二世流亡法国后局势发生了变化。路易十四待他以王室之礼，许诺法国军队将帮助他恢复源自他父亲的王位。入侵舰队将詹姆斯载至爱尔兰，那里大部分人为支持他的天主教徒。

爱尔兰的二世党人战争（支持詹姆斯的人被称为二世党人）很快不光彩地结束了。"女士，你的同胞逃避战斗"，战败的詹姆斯向一位匆忙从败退的战场返回的爱尔兰支持者诉说。"先生，"她回答，"你看上去赢得了角逐。"然而，来自法国和来自二世党人兴起的威胁都没有随着詹姆斯的失败而结束。

尽管意大利教宗国的统治者教宗是威廉三世反法战争中的军事同盟，尽管梵蒂冈庆祝詹姆斯在博因河的新近失败，天主教徒几乎普遍被看作是忠诚于老国王的。他们又一次从公共生活里被驱赶出来，承受新的压力和罚金。1715 年二世党人起义占领了苏格兰大部分地区；受惊的新教徒把这看作是天主教十字军。老的刑法典抹去灰尘重新使用，誓言被拿出了图书馆，经过长期准备的紧急计划投入使用，天主教徒和被认为是天主教徒的人必须向现在的国王、信奉新教的乔治一世发效忠誓言，誓绝教宗的要求。拒绝的后果严重：首先，天主教徒的活动受到限制，他们的马匹和装备充公，任何有"背叛"嫌疑的人会被预防性拘禁。①

对国内的天主教徒少数派会站在国外的天主教敌人那边的恐惧导致了新的约束和迫害，与法国的战争在 18 世纪 40 年代再一次爆发。反天主教的暴徒在大街上横冲直撞，焚烧教宗和被称为年轻的王位觊觎者的詹姆斯二世孙子的肖像，有时攻击有天主教徒嫌疑的人。又一次，地方官员手攥誓言巡视辖区寻找天主教徒和有天主教徒嫌疑的人。马和装备又一次从拒绝宣誓的人身边剥夺。其他惩罚也在迫近。

30

这一时代英帝国内唯一可公开举行天主教弥撒的城市是公谊会的首府费城。刑法在其他地方已实施，避免天主教第五纵队与法国勾连。

奉行绝对王权的法国这一邪恶帝国最终于 1763 年战败。撒旦换了外套，但没换房子，1791 年，人们发现他掌控了法国大革命中得胜的军队。发现天主教不再适合他的企图，撒旦抛弃了它，拥抱革命时期法国的世俗哲学。邪恶帝国曾经是保守主义和天主教的；法国大革命期间邪恶帝国成为世俗和现代的。拿破仑统治时期又有短暂变化，从无神论转回天主教，但撒旦翻来覆去所做的这一切不是好事情。英国的观察者看到了克伦威尔谴责过的同样的景象：一个邪恶帝国与完全正确的国家作战。

伟大的爱尔兰政治家埃德蒙·伯克（Edmund Burke）和小威廉·皮特（William Pitt, the Younger）非常明智地观察到，邪恶帝国罪行相似：违反人权，有计划地实现世界帝国，阴谋颠覆英国，以及不忠无信，令谈判变得危险、和平无法

---

① Davies, 211.

实现。

23 岁的皮特成为英国历史上最年轻的首相，1793 年 2 月 1 日，他向议会警告法国雅各宾派带来的危险：

> 他们利用他们军队的出击抓住每一次机会来摧毁每一个国家最神圣最有价值的机制；以自由为名，他们决定通过雅各宾派的独裁把每一个国家实际上而非形式上变成他们的附属省……法国将所有的法律、人类和神践踏在脚下。它最后宣明最贪得无厌的野心、对各国法律最大的轻蔑，而这些法律是迄今所有公开声明对宗教最为虔诚的国家所遵守的；并且除非它止步于这一事业，全欧洲必然很快认识到从法国加农炮嘴里吐出的正义理念——国际法——政府模式和自由原则。[①]

1793 年，路易十六被处死，英国震惊了、震惊了，英国人开始组织一个又一个联盟反对法国，漫长的战争开始了。100 多年前，克伦威尔治下的英国是一个弑君的国度，其敌人是君主制合法性的支持者；幸运的是那时上帝与魔鬼都随机应变，对原则进行了必要的调整。 31

在随之而来的敌对年代中，英国及其同盟与法国及其同盟在第三世界战斗；数十年的敌对状态，也因间歇的缓和局势不断被打断。

当然，对外战争中撒旦的意识形态对英国形成的挑战是不够的。英国的内部有雅各宾派的利益：激进派、自由派、通信

---

① 　William Hague，*William Pitt the Younger*（New York：Knopf，2005），145.

委员会和其他在英国自己的中心地带抬头的危险思想的巢穴。皮特的政府受到了挑战。

在 1792 年和 1793 年，有比过去 87 年更多针对暴动的审判；诗人和画家威廉·布雷克（William Blake）对一名擅自进入的士兵说，"国王该死，他的所有士兵该死，他们都是国王的奴隶"，由此因暴动而受审（后被无罪释放）。1792 年末，法国大革命政府给予推翻他们国王和暴君的外国革命者"兄弟般的帮助"；因此暴乱遍及北英格兰和苏格兰地区。当战争于 1793 年爆发时，英国政府镇压国内真实或假想敌人的行动升级了。

1793 年 5 月，英国政府获取了通信委员会这一由自由和激进行动者组成的网络的文件，中止了《人身保护法》的实施。这尤嫌不足，《叛国行动法》和《危及治安集会处置法》问世，对全国言论和集会自由实施严格限制。在这些被称作"禁口法"的法律管制下，即使是合法集会也会被地方官员下令解散；抵制这一命令的处罚是死刑。一位律师被判入狱 18 个月，因为说了"我赞成平等……为什么，不是国王！"托马斯·潘恩（Thomas Paine）的著作《论人权》的出版商也获刑 18 个月；潘恩不得不逃亡法国，但被缺席审判为煽动诽谤罪。

同时，当局建立了威廉·威克姆（William Wickham）称之为"预防性警戒体系"的机制。外国人办公室对有嫌疑的外国人贴身跟进；邮局和海关检查颠覆材料；地方官员监视辖区内有问题的组织和个人的行动。

32   自反天主教狂热的高峰时期以来，英国从未采取这么多反对异见者的措施，它们也受到英国国会反对派的尖锐批评，但是，新措施的捍卫者争辩道，自天主教形成威胁以来，来自英国内部的敌人从未如此危及英国。禁口法的通过获得了压倒性的支持。

　　英国在这场战争中与传统天主教君主并肩作战，对抗新的革命危险，天主教看上去不像是一种威胁。1763 年，法国战败后英国天主教几乎立刻开始了缓慢的解放的历程。刑法仍然有效，但很少执行。1774 年的《魁北克法》是血腥玛丽死后第一部宽容天主教徒的议会法律。

　　在左翼受到打击的时候天主教的解放历程在延续。1791年，接着又在 1793 年，议会通过《天主教援助法》，去除了所有天主教实践会导致的刑事处罚。1801 年对爱尔兰天主教做了进一步的让步。激进的法国革命党雅各宾派，而不是二世党，是皮特任首相时期英国内部的敌人，皮特本人竭其所能说服顽固的乔治三世给予天主教徒和新教徒完全平等的权利。

　　拿破仑几乎与皮特一样憎恨雅各宾派，但拿破仑的世界帝国对英国而言和雅各宾派的革命一样危险。正因如此，皮特能够推敲两大挑战存在的共同之处，早在 1800 年 2 月 3 日，他提出这样一个论点，即永远不能相信拿破仑的政权并和它谈判，因为这一政权显示出"背信弃义，不受任何约束，不受条约束缚，对所有国家都接受的原则无动于衷，对人和神都不存在义务而不受约制"。① 正如之前的西班牙哈布斯堡王朝和法国波旁王朝，拿破仑寻求建立世界帝国，这是全世界自由和人类自由的敌人，拿破仑也憎恶英国价值和文化：与他战斗是为全人类而战。

　　正因如此，所有人类的联合行动彻底打败了拿破仑，以拿破仑做伪装的撒旦最后被放逐到圣赫勒拿岛，各位胜利者开会建立新的世界秩序。1815 年的维也纳会议中，英国伙同欧洲天

① The Speeches of the Right Honorable William Pitt in the House of Commons, vol. 4 (London: Longman, Hurst, Ree and Orme, 1806), 28.

主教君主们建立保住他们王位的政治秩序。哈布斯堡王朝和波旁王朝如今是欧洲秩序的新支柱，英国希望它们能支撑得住。

接下来一世纪的大部分时间，撒旦给了英国喘息的时间。33 英国只有少数时间感到焦虑，譬如偶尔法国用贪婪的眼睛盯住曾属于奥地利的荷兰的一部分，这一地区 1815 年短暂地并入荷兰，1831 年之后成为独立的比利时，由维多利亚女王的舅舅利奥波德稳妥掌控。俄国看起来也不时和那个恶者①调情，打量着君士坦丁堡和英国在印度北部的边界。

尽管间或警钟鸣响，直到 19 世纪末才出现新的邪恶帝国，德国皇帝承担了腓力二世、路易十四和拿破仑一世的角色。1914 年 8 月一切注定，威廉二世军队的所作所为将英国自伊丽莎白一世统治以来第一次卷入欧陆战争：他们侵入低地国家，攻击比利时。

当时的英国首相赫伯特·阿斯奎斯（Herbert Asquith）从来不是引人入胜的演讲者，但他在议会关于向德国宣战的演讲又带回了陈旧的主题：

> 我相信没有任何国家卷入这么巨大的争论，这是我们所知的最伟大的历史时期之一，对此有更清晰的意识和更强烈的确信：我们不是为了侵略、不是为了保有一己之私利而战，我们为捍卫对保全世界文明至关重要的原则而战。②

1914 年 9 月 19 日，阿斯奎斯的财政大臣戴维·劳合·乔

---

① 指撒旦。——译者注
② Charles F. Horne and Walter F. Austin, Source Records of the Great War, vol. 1（New York: National Alumni, 1923）, 398 - 404.

治（David Lloyd George）提供了更令人信服的理由。劳合·乔治引用威廉二世对即将开拔去前线的部队的演讲作为开始。"记住，德国人乃是上帝的选民。"威廉二世（据说）这样说。

> 上帝的灵与我，与身为德国大帝的我同在。我是他的剑，他的武器，他的副手。不从命的人有祸了，懦夫与不信的人必遭死亡。

劳合·乔治明白其中寓意。对一些威廉二世身边的人而言，至少这是新的邪恶宗教的呼召。依劳合·乔治的措辞，这是威廉二世和他的奴才们所想的：

> 条约。条约束缚了德国的手脚。拿剑砍掉就行了。小国。小国阻挡了德国前进的道路。用德国的脚后跟把它们踩入泥沼。……英国。它是德国主宰世界的恒久威胁。从它手里把三叉戟抢下来！

劳合·乔治能看到将走向何方。

34

> 不仅如此，德国的新兴哲学打算摧毁基督教，这种提倡为他人牺牲的病态感伤主义，全然不对德国人的胃口……自由将消失，民主亦将遁迹。人类的前途将一片黑暗，除非英国和英国老百姓出面扭转乾坤。[1]

---

[1] "A War for Honor, Lloyd George Says," *New York Times*, special cable, September 19, 1914.

撒旦又一次举剑，前去摧毁基督教文明、小国、英国海军和英国的自由。

当德国经由比利时发动侵略，陈旧的模式愈加清晰地显现出来。英国急于为其事业进行国内公共舆论动员和赢得中立者的支持，公布了一系列关于德国暴行的令人震惊的指控。例如，前英国驻美大使、西奥多·罗斯福（Theodore Roosevelt）的好朋友布赖斯勋爵（Lord Bryce）发布了一份记录德国在比利时城市哈瑟尔特暴行的报告：

> 几个儿童遭到杀害；一个两三岁的孩子手脚被钉在农舍的门上，这真是令人难以置信的罪恶，但证据充分，让我们必须承认暴行已发生。①

报告也引用了目击者关于德军推进到梅赫伦的证词：

> 我看到一个小孩出了房子，我看不清是男孩还是女孩。小孩大约两岁。孩子走到路中间，正好挡了士兵的道……右边一个人出列，双手将刺刀捅进了小孩子的胃部，用刺刀将孩子举到空中，再用刺刀把孩子运走，他和他的同伴还在唱歌。士兵用刀刺时，小孩发出惨叫，随后就再没有声音了。②

---

① James Bryce, ed., Report of the Committee on Alleged German Outrages Appointed by His Britannic Majesty's Government and Presided Over by the Right Hon. Viscount Bryce, Committee on Alleged German Outrages（N. P. : Kessinger Publishing, 2004）, 23.

② Ibid., 48.

即使不是全部，大部分这类指控在战后被证明并不足信。

第一次世界大战标志着世界历史上一段重要的时期，并不仅仅因为冲突是如此具有破坏性和可怕。1917 年 3 月，美国向德意志帝国宣战，两个最大的英语国家、克伦威尔和光荣革命的继承人自法国战争和印第安人战争以来首次并肩作战，那 35 两次战争发生时北美殖民地还是大英帝国的一部分。

在愤怒的分离岁月中，两个强国不时站在不同的战壕中，但苹果掉下来不会离树太远。美国人和英国人一样把他们的战争看作是对邪恶帝国的抗争，虽然有时邪恶的中心在伦敦。即便在独立战争最火热的时期，美国人也不认为英国文明是邪恶文明；美国认为英国文明是自己的文明，因此显然是好的文明。但他们确曾争辩说，美国革命是英帝国内部善与恶之间恒久战争的最新回合。对殖民者而言，英国历史是一场法治、民权、在征税和供养军队方面的有限王权和毫无约束、不讲道德的王廷这一凶险堕落的力量这两派传统英国价值之间的漫长战争。1215 年，英格兰国王约翰在兰尼米德被迫签署《大宪章》，至少承认了他一些臣民的权利，循此逻辑，美国革命也是这样一场战斗。克伦威尔和热爱自由的圆颅党人为摧毁腐化骑士集团（这些人很有可能支持天主教）而引发的英国内战也是这样一场战斗。革命者的标签钉在了保王党身上，在战争中支持乔治三世和诺斯勋爵（Lord North）的美国人是托利党人——这个名称最早给予了为詹姆斯二世与威廉三世战斗的爱尔兰天主教势力。

在美国内战中，北方人和南方人都从英国历史中寻找依据为自己的行为进行辩护和解释。北方把自己比作圆颅党。南方声称代表来源于骑士制度的骑士精神和贵族政治，同时有几分自相矛盾地援引英国内战、光荣革命和美国革命作为先例来为自己辩护。南方将联邦政府与滥用权力的英国国王们相提并论；若政府滥用职权，公民有权反抗。

曾任马萨诸塞州州长的爱德华·埃弗里特（Edward Everett）为北方在葛底斯堡发表重要演讲，同日林肯也发表了著名演讲。英国上议院议员罗素伯爵（Earl of Russell）和众多英国贵族一样对邦联抱有同情，他新近用 1640 年和 1688 年的先例指明南方反叛的正当性；埃弗里特绝不同意，向爵爷指出情况非常不同。在美国内战这一最伟大的战场，**36** 在一次纪念成千上万献身的联邦士兵的活动中，提出邦联反叛的合法性建立在英国历史事实上这一复杂的论点，对埃弗里特和他充满赞同的听众而言似乎完全适宜。南方将其反叛与美国革命相提并论？埃弗里特指出，1776 年美国人在议会中没有代表。另外，在内战爆发之际南方在政府中得到了很好的代表：

> 一个持公正立场的反抗乔治三世的美国革命的后裔本应怎么考虑，如果殖民者在议会中一直被非常公平地代表，詹姆斯·奥提斯（James Otis）、帕特里克·亨利（Patrick Henry）、华盛顿、富兰克林、亚当斯、汉考克、杰斐逊和在邮票中留下肖像的革命者在两个世代受到最高统治者的信任并治理帝国的政府？

南方声言要为宪政自由的原则与北方开战，就像英国人在英国内战中对查理一世、光荣革命中对詹姆斯二世的反叛。但这种类比也是错的。

1640 年的清教徒和 1688 年的辉格党反叛专制政权以建立宪政自由。如果他们会因查理和詹姆斯这些君主赞成平等权利而奋起反抗，并且为了他们自己"在世界历史上第一次"建立"以奴隶制为基石"的寡头政治，他们本可为南方的反叛者提供一个先例，但因皮姆（Pym）或萨默斯（Somers）的雄辩，他们的理由并不成立，汉普登（Hampden）或罗素（Russell）的鲜血也未印证他们的理由。①

指出"基督王国每个教会的连祷"与英国国教会意见一致，认为向上帝的祈祷会令我们免于"暴动、密谋和反叛"，埃弗里特继续援引玫瑰战争和英国内战的先例，说明曾因内战而分裂的国家可以得到完整修复。

在 20 世纪的战争中，美国人和英国人并肩作战。在这些战争中，美国政府和英国政府与克伦威尔、艾迪生和皮特的诉求产生共鸣。威尔逊和劳合·乔治、丘吉尔和罗斯福、撒切尔和里根在争取动员公共舆论面对他们时代所面临的挑战时，都从痛击邪恶帝国的丰富传统中汲取养分。

就像那些寡廉鲜耻的前辈，威廉一世/希特勒/裕仁天皇/斯大林/勃列日涅夫无法宽恕地反对所有美好的事物；他们邪恶的哲学令他们不受道德约束；他们的军队犯下违反人权和国际法的罪过；向他们开战是为了捍卫所有正派的世人；就算是

---

① John Pym、John Somers、John Hampden 和 William Russell 是英国内战中的英雄，他们成功地抵制了查理一世对新教不遵国教者的迫害和对国会的解散。

建立最不可能的联盟反对他们也具有可取之处；他们的目标就是获得对全球的统治，并招募了第五纵队以力图从英国和美国内部着手进行破坏。不管他说俄语、德语或日语，或悬挂鹰徽、纳粹标志、日出之阳，或臂章上镶着锤头和镰刀，邪恶国家的策略和目标从未改变。

英国人和美国人在 20 世纪加上一系列新的论证：共同的起源、共同的价值和两国的共同命运。两国的领袖都谈及两国间深厚的纽带，这建立在历史记忆和相互联系中，埃弗里特在葛底斯堡亦如是说。美国卷入一战后不久，时任纽约联邦储蓄银行行长的本杰明·斯特朗（Benjamin Strong）向一群自由公债销售者讲述了盎格鲁—美国传统和反对暴政的长期战争的故事：

> 在四百余年的时间长河中，我们讲英语的民族，和我们所容留的来自其他国家的人民在宪法基础上发展了我们的机制。40 年来……德国对权力充满贪婪，建立了一个雄伟的军事结构，基础是个人专制政府这一全然不同的理论，由此他们发生冲突……问题是，谁会赢得胜利？这是人类所曾面临的最大问题——宪政政府与个人为中心的、以德皇为首的军政府。[1]

美国政治家在论证方面可能比他们的英国同行稍微少些急迫；富兰克林·D. 罗斯福是一个太好的政治家，以致遗忘了爱尔兰裔选票的重要性。

---

[1] Priscilla Roberts, "Benjamin Strong, the Federal Reserve, and the Limits to the Interwar American Nationalism," *Economic Quarterly* 86, no. 2 (Spring 2000): 10.

但到痛击邪恶帝国的时候，美国人迅速显示出他们能和英国人一样大打出手。前任国务卿伊莱休·鲁特（Elihu Root）将一战称作"基督教文明原则与异教残忍行为和野蛮武力原则之间的伟大战争"。对 J. P. 摩根（J. P. Morgan）而言，形势同样严峻："全德在'主宰或消灭世界'的呐喊中开战，我们公认由德国主宰世界将使世界其他地区的自由完全被摧毁。"①

伍德罗·威尔逊向国会发表的战争咨文强调类似的主题：德国是全人类的敌人。它"把法律或人道的所有限制抛在一边"；它对那些医务船只和装载为痛失亲人、极度痛苦的比利时人民带去救援物资的船只发起的系列袭击，揭露了它"毫无同情心或原则"。德国发起"一场反人类的战争"。德国人的罪行"切入人类生活的根基"。②

福音布道者比利·森戴（Billy Sunday）用更平易的语言进行述说："基督教与爱国主义是同义词，地狱与卖国贼是同义词。"③ 普利茅斯公理会教堂由亨利·沃德·比彻（Henry Ward Beecher）牧师建立，这一位于布鲁克林的具有历史意义的教堂内曾发表了近 400 次演讲，讲述德国在比利时和其他地方的暴行。④

德国是全人类的敌人，像拿破仑一世、雅各宾派、波旁和哈布斯堡这些老敌人一样，对英国和美国的内部结构感兴趣。

① William Appleman Williams, ed., *The Shaping of American Diplomacy* (Chicago: Rand McNally, 1956), 582.

② President Woodrow Wilson, War Message to Congress, on April 2, 1917, to Joint Houses of Congress, 65th Cong., 1st Sess.

③ George M. Marsden, *Understanding Fundamentalism and Evangelicals* (Grand Rapids, Mich.: W. B. Eerdmans, 1991), 51.

④ Marsden, 52.

在宣战之日，议会授权政府发表关于敌对国家侨民待遇的规章。基于《外侨限制法案》，英国政府要求所有敌对国家侨民进行注册，防止他们拥有武器、炸药、无线电和汽车；甚至信鸽也被禁止。敌对国侨民常光顾的酒吧和餐馆可被关闭；3万多这类侨民最终被拘留。

在美国，德裔是排在英裔之后的第二大单一民族群体，对国内敌人展开的战争也达到特殊水平。

1917年4月，所有14岁以上、仍是德意志帝国"本地人、公民、居民或国民"的男性被宣布为敌侨；第二年，国会扩大这一范畴，将14岁以上的妇女和女孩也包括在内。根据伍德罗·威尔逊在宣战之日颁布的条例，敌侨不能拥有火器、航空器或无线电设备。他们不能在出版物中"攻击"美国政府的政策。他们只能生活在总统允许的区域并按照总统指令迁徙。12月颁布的新条例禁止敌侨进入哥伦比亚特区，或靠近铁路、码头、仓库设施。敌侨不能航空旅行。司法部长获授权颁布任何他认为适宜的对敌侨的限制，并且要求侨民每周到地方当局进行登记。[1]

39　　1917年《反间谍法》将螺丝拧得更紧。正如英国在革命和拿破仑一世战争时期检查颠覆出版物的邮件，美国邮政总局基于这类判断可能拒绝递送故意妨碍战争行动的物品。[2] 根据这一法令《国家》杂志被禁止邮寄，还有其他十余种社会主

① "Proclamation of Additional Regulations Prescribing the Conduct of Alien Enemies." *American Journal of International Law* 12, no. 1, Supplement: Official Documents (January 1918): 6.

② "Espionage Act, Title XII, Sections 1 and 2," *American Journal of International Law* 11, no. 4, Supplement: Official Documents (October 1917): 197.

义出版物也在禁邮之列。《对敌贸易法》授予邮政局长额外审查权；在向报纸主编们解释这一条例时，艾伯特·悉尼·伯利森（Albert Sydney Burleson）局长声称出版物不能

> 说本届政府参战是错误的，参战的意图是错误的，或对政府参战动机有任何指责。他们不能说政府是华尔街或军火商的工具……这是错误表述，这是谎言，这是不允许的。[①]

显然这还不够。1918 年 5 月，《惩治叛乱法》加强了已有立法并将"妨碍国家军队的成功"列为罪名，如阻碍政府公债发行，或言行损害美国目标或有利于敌人。全国 25 万志愿者签约协助联邦调查局的前身识别叛徒和间谍。德裔美国人被掷石头、被殴打、被鞭打、被骚扰、被监禁、被排斥和被嘲笑。在一些州的公立学校中禁止教授德语，到处在焚烧德语书籍。一位德裔社会主义者被赶出国会席位，因为他的反战立场和他浓重的奥地利口音，他继续这么说话显得对美国不忠诚。众议院以 311 比 1 的投票结果褫夺了他的席位。

我们内部的敌人被清洗，德皇进入充斥拿破仑、路易十四和腓力二世这些战败的侵略者的殿堂，但邪恶并未远离我们。在德皇倒下的同一个时代，富兰克林·D. 罗斯福于 1940 年的最后一天在全国广播的"炉边谈话"中向美国人民描绘纳粹的新威胁。

> 德国的纳粹主子显然表明，他们不仅想主宰他们自己国

[①] Donald Johnson, "Wilson, Burleson, and the Censorship of the First World War," *Journal of Southern History* 28, no. 1 (February 1962): 51–52.

家的所有生命和思想，也想奴役整个欧洲，随后运用欧洲的资源主宰世界其他地方……换句话说，轴心国并不完全承认，但轴心国宣称在他们的政府理念和我们的政府理念之间可能没有根本的和平……美国没有权利或理由支持谈论和平，除非有一天侵略国家有明确意愿放弃其主宰或征服世界的想法。

40

这种邪恶十足的政权还备有在美国活动的传统第五纵队，需要美国对付。罗斯福准备好了：

> 让我们不再对不可否认的事实视而不见，邪恶力量压碎、毁坏和腐化了我们自己国门里的许许多多人。你们的政府对他们了解很多，每天都在将他们查获。

二战中美国对敌侨的监督和限制在众多案例上比一战更强硬；日裔美国人，包括众多生长于美国的日裔受到囚禁，这是美国历史上史无前例的举措。

当乔治·W.布什总统在恐怖分子对世贸中心和五角大楼于2001年9月发动攻击后九天在国会参众两院联席会议上发表演讲时，古老逻辑再次出现。我们正在进行一场永恒的战争："自由和畏惧、正义和残暴始终在进行交战，我们知道，上帝在两者之间不是中立的。"①

---

① President George W. Bush, Address to a Joint Session of Congress and the American People, on September 20, 2001, to Joint Houses of Congress, 105th Cong., 1st Sess., http://www.whitehouse.gov/news/releases/2001/09/print/20010920-8.html (accessed January 5, 2005).

奥萨马·本·拉登（Osama bin Laden），小布什总统将他称作"恶魔"，他的基地组织寻求实现以往的目标：主宰世界。"它的目标是改变这个世界——把它的激进信仰强加于世界各地的人民。"

我们的战争是各地善良人们的战争——为阿富汗人民的权利、为穆斯林的自由、为所有友好亲善的人们的安全而战。基地组织"对我们内部的兴趣"必须得到遏制；与俄罗斯、巴基斯坦这样道德信誉可疑的政府联盟因共同的事业而受到支持。

2001 年，英美传统的继承人在又一个五百年后给一个自由的敌人送行，小布什认识到新战争后隐藏的历史。基地组织将自己演变成了纳粹主义和极权主义的继承人，他说，他们将在那条道路上"一直走下去，直到尽头：走进没有墓碑的被摈弃的谎言的历史坟墓"。① 尽管一些修辞有所不同，国会迅速通过《爱国者法案》，给予政府新的权力反对美国国内任何可能的第五纵队；英国很快跟进，用严格的新法律反对以清真寺为庇护组织或支持恐怖活动。

老的工厂重又开业；反对撒旦的战争再次展开。

41

---

① President George W. Bush, Address to a Joint Session of Congress and the American People, on September 20, 2001, to Joint Houses of Congress, 105th Cong., 1st Sess., http://www.whitehouse.gov/news/releases/2001/09/print/20010920 - 8.html（accessed January 5, 2005）.

第2章　在沙滩上

教宗格列高利（额我略）一世据说有一次在罗马市场看见几个英俊的奴隶在被出售。他问他们来自哪个国家，他被告知他们是盎格鲁人，或我们现在所称的英国人。机智的教宗回答："不是英国人，而是天使（Non Angli, sed angeli）。"历史没有记载他是否买下奴隶。[①]

16个世纪之后，伴随着四百年来英语世界与欧陆强国之间的争夺，少有欧陆人会认同教宗的观点。他们不是天使，而是盎格鲁—撒克逊人（Noangeli, sed Anglo-Saxones），今天他们更可能这样回答犯了与格列高利类似错误的人：他们不是天使——他们是盎格鲁—撒克逊人。

尽管与母国的联盟历时漫长且联系紧密，美国人更常讶异和更少愉悦地发现外国人经常把自己归属于英国人。美国人常听闻自己被称作盎格鲁—撒克逊国家；美国人太清楚他们的种族和文化多样性，并不欢迎这样一个标签，看起来将他们整个国家等同于民族马赛克中一块远未受到普遍欢迎的鹅卵石。此外，对美国人民盎格鲁—撒克逊性格令人欣赏的证言普遍具有双刃效应。历史上这一术语曾运用于美国的话语中，将"优

---

① Angela Partington, ed. , *Oxford Dictionary of Quotations* (New York: Oxford University Press, 1992), 317.

　　Probably an oral rendition of words that appear in Bede's *Historia Ecclesiastica Gentis Anglorum: History of the English Church and People* (bk. 2, sec. 1; completed 731).

良的"具有老牌血统的美国人与"下等的"可能危险的少数民族和移民区分开来。这不是一套美国人想复兴的理念，事实也确实如此。

然而，今天不仅很多欧洲人将这一术语用来指代美国人和他们的英国堂兄弟，拉丁美洲人、非洲人和亚洲人也这么用。我们用不着惊讶；随着大西洋彼岸一个伟大的讲英语的共和国的兴起，补充并最终替代了大英帝国长期在欧洲维持的均势，欧陆人（并且日益发展的是，日本人、中国人和其他非欧洲的观察者）开始用这一新术语来描绘这一世界事务中的联合力量。

冷战中美国权力渗透到世界，同时英国的影响力节节下降，这一术语淡出使用，通常被"美国佬"（Yankee）取代。但当英国在玛格丽特·撒切尔（Margaret Thatcher）和她的继任者领导下更坚定、更自信、更明确地与美国结盟，陈旧术语卷土重来，外交的老生常谈重又谈论盎格鲁—撒克逊国家，比如在联合国安理会。

当他们谈论我们时，他们所说的经常不是很好的话。

奇怪的是，他们对我们的观点用英语的最佳表达是"海象和木匠"，这首诗是《爱丽丝镜中奇遇记》中叮当兄和叮当弟向爱丽丝朗诵的。

这首诗一开始，海象和木匠——我们可以假设它们比喻和分别代表英国和美国，它们将自己塑造为有典型新教和盎格鲁—撒克逊氛围的超验理想主义。世界海滩上的状态让其无法再承受：

> 他们看见那么多沙子，
> 不由得泪流满面。

"能把它们扫掉，"

他们说："那可真妙！"①

益格鲁—撒克逊国家频频困扰于和人类存在一样古老，而且很可能同样历时长久的情况，国外舆论经常因此而困惑。贿赂、贸易保护主义、残忍对待动物、抽烟、工作场所的性骚扰、烹饪中饱和脂肪的过量使用、给底层社会群体起不厚道的绰号、种族清洗：在世界众多地方这类事情受到谴责，但通过有力的清教徒式严谨的行动去试图压制这类行为，尽管并非完全不合理，但这种治疗可能比疾病本身还要糟糕。这不是益格鲁—撒克逊国家采取的方法，这也不是海象和木匠采取的进路。民主必须在全球盛行。必须不计代价废止恶习。必须清理掉海滩上所有的沙粒。

益格鲁—撒克逊人精神中具有超现实品性，欧陆人这么认为。这种品性只能通过改革者加施于己的不可能完成的任务之类"可行的"计划而更彰显，且透过统计数据和规划而更密集地显示出来。可能海象在今天会这么看：非政府组织能解决世界上的问题，如果这类组织有足够的资源和时间。

海象说："七个侍女拿七个扫把，

扫上半年的时光，

你想想看，

她们能不能把沙子扫光？"

① Lewis Carroll, "The Walrus and the Carpenter," *Through the Looking-Glass : And What Alice Found There* (New York : Macmillan, 1906), 73.

"我怀疑。"木匠回答说，

一滴热泪流出他的眼眶。①

建起他们理想主义的信用后，他们在一些方面略微更为实际：邀请海滩上的牡蛎与他们一起散步——有人会说，这是一种总体哲学和社会进步的联盟。除了最年老的和最聪明的，软体动物们跑了过来。

牡蛎和盎格鲁—撒克逊人一个接一个地在平静的沙滩上漫步，直到他们找到一处舒适的对话地点。

"到时候了，"海象说，

"咱们来东拉西扯。

谈谈密封蜡、靴子和船舶；

还有皇帝和白菜。

谈谈海水为什么滚热，

谈谈小猪有没有翅膀。"②

这一议程与今天国际会议上可能提议的议程出奇相似。开始于制成品贸易，转向运输，在短暂涉及一下农产品之后再转向服务（密封蜡用于法律文件的封缄）。这是关于政治改革的探讨，是一场关于全球变暖的磋商，会议结束于制造转基因动物是否适当。

---

① Lewis Carroll, "The Walrus and the Carpenter," *Through the Looking-Glass: And What Alice Found There* (New York: Macmillan, 1906), 73 – 74.

② Lewis Carroll, "The Walrus and the Carpenter," *Through the Looking-Glass: And What Alice Found There* (New York: Macmillan, 1906), 75.

但令人愉悦的社会集会有一个幕后日程：海象和木匠计划进食。牡蛎的反应让人想起发展中国家在发现世界贸易组织贸易协定将他们的市场向发达国家的出口和企业敞开，但却大幅限制他们出口农业和纺织业核心产品能力之后的反应。"吃东西？"他们问。

> "但是别吃我们！"牡蛎们叫道，
>
> 它们吓得颜色有点变蓝了。
>
> "你们刚才对我们那么好，
>
> 现在来这一手真糟糕。"①

45

海象陷入困惑，怀疑他们是否做了正确的事情。务实的木匠没有时间想这些，只是咕哝着回答："奶油涂得厚了点！"这只是让海象更戏剧化地表达出了他具有理想主义色彩的关怀：

> "我为你们哭泣，"海象说，
>
> "我深深地同情你们。"
>
> 他不停地抽泣，
>
> 顶大一颗的泪珠儿淌了满脸……②

这首诗结束于对海滩没打扫、牡蛎吃光了的描述。爱丽丝多少被吓到了，说她更喜欢海象。至少她还对牡蛎感到有些抱歉。

---

① Lewis Carroll, "The Walrus and the Carpenter," *Through the Looking-Glass: And What Alice Found There* (New York: Macmillan, 1906), 77.

② Lewis Carroll, "The Walrus and the Carpenter," *Through the Looking-Glass: And What Alice Found There* (New York: Macmillan, 1906), 78.

叮当弟说，但是他只是为了让木匠不会注意他吃的牡蛎最多而哭泣。

"那么说我还是喜欢木匠一点，如果他吃得不像海象那么多。"爱丽丝说。

"但是他吃得再也吃不下了。"叮当兄回答。

"哦，"爱丽丝说，"他们都是非常可恶的东西。"

今天衰老过时的可怜海象已经失去了他曾经令人畏惧的獠牙，通常是木匠在将最美味的食物堆在一起时发表最令人感动的演讲，但在其他方面这一描述依然保持着不可思议的准确性——至少从并不奉承的角度来看。

英国在废止奴隶贸易方面发挥的作用不断地满足着英国舆论的需求，这是美国人权政策在 19 世纪的先驱。然而，这并没有阻止巴西的蔗糖生产商特别注意到，英国鼓舞人心的道德皈依恰恰发生在英国生产蔗糖的殖民地害怕效率更高、进口奴隶的种植园在巴西大量涌现，使得糖业竞争日趋白热化之际。

今天，美国引领反对第三世界血汗工厂和易让海豚致死的金枪鱼围网渔业。当巴西、菲律宾这样的国家思量与之类似的鼓舞人心的美国运动之时，他们对我们天真脱俗的理想主义的赞赏至少被略微调和，因为这类政策有助于美国纺织业工人和金枪鱼公司获利，就像限制巴西的奴隶进口曾有利于英属殖民地的糖业生产商一样。

1997～1998 年的金融危机部分起因是不受约束的资本流动，之后讲英语的投资者用极低价攫取亚洲的财富，众多亚洲商人也如此感知盎格鲁—美国人对资本市场解放的倡议。

或公平或不公平，盎格鲁—撒克逊世界里唱着赞美诗、手在不停扒窃的使者到处受到怀疑。太多海滩没有打扫；几乎没有牡蛎还没被吃掉。这开始看上去像一个周而复始的模式。

道地的英国人

无论我们如何判断海象和木匠的品行和意图，美国人应该向世界其他地方学习，并且接受我们是盎格鲁—撒克逊国家中的一员。这并不是种族歧视。当欧洲人、拉美人和亚洲人称我们为盎格鲁—撒克逊人，他们并不是认定我们全部或绝大多数是由首领霍萨和亨吉斯特率领在 6 世纪到达肯特郡海滩的部落民之后裔。他们也不是基因传统命定要统治世界，或是将闲暇时间放在反对移民申请的有特权的美国种族群体，他们认为这些移民对著名郊区乡村俱乐部来说进取心似乎太强、皮肤颜色太深，并且/或者还吃大蒜。他们更多是指心理和文化：一整套关于世界如何运作的理念和价值。"盎格鲁—撒克逊"若今天还有任何意义，那它是一个文化术语，不是种族术语，并且从某种程度而言，它或多或少表示所有说英语世界的理念和价值，还具有描述的实用性。

有时候别人怎么看你会令你震惊。南方人在国外旅行时经常因被称作"美国佬"而惊骇不已；洛杉矶的犹太人会为他们"盎格鲁"的本地地位而心神不安地反复斟酌。玛德琳·奥尔布赖特（Madeleine Albright）、康多莉扎·赖斯（Condoleezza Rice）和科林·鲍威尔（Colin Powell）并不比沃特·李普曼（Walter Lippmann）和玛莎·斯图尔特（Martha Stewart）（波兰裔）得到来自埃塞雷德二世（Ethelred the Unready）的传承更多。这无所谓。白人盎格鲁—撒克逊新教徒（WASP）今天意味着一种心理状态，绝大多数美国人都拥有。

美国人很大程度上已经停止在学校教授英国史。这是错误的；美国殖民地自 1607 年至 1783 年是英帝国的一部分。德克萨斯州成为美国的一部分的时间要到 2021 年才与其一样长。加利福尼亚要等到 2024 年，夏威夷则要到 2074 年。8 位英国国王、2 位女王和 2 位护国公统治过美国殖民地；① 仍有一些在世的美国人记得那些日子，美国人将经历了 1689 年的英国历史看作是美国历史的一部分，至少是美国历史的序曲。

　　沉溺于例外论，但在事实方面有一些薄弱，美国人的历史知识倾向于强调美国和大不列颠王国之间的区别。亲英派将英国政策中想象上的复杂性和旧世界现实主义与美国人据说是天真的理想主义和鲁莽的道德主义相比较。仇英派总是涂抹出相同的图画，却在将美国的道德高调、民主社会秩序和进步政治议程和以阶级为主导的英国的腐化体系进行对比后，得出具指导意义和令人释然的比较。

　　实际上，与我们很多人承认的事实相比，两个盎格鲁—撒克逊国家在其政策的理想主义和现实主义之间显示出更为连续的平衡。至少对美国人来说，历史上很引人注目却不被赏识的事实是，英国人把自己看成是非常有道德的，同时他们相信，美国人是貌似虔诚的伪君子，以道德为借口遮掩他们贪婪的食欲。"怎么了？"塞缪尔·约翰逊（Samuel Johnson）在美国革命时这样发问。"我们怎么总是在黑人的主人那里听到为捍卫

---

① 从 1587 年英国首次尝试在新世界建立殖民地，到 1783 年的《巴黎条约》中英国承认美国独立，8 位国王分别是詹姆斯一世、查理一世、查理二世、詹姆斯二世、威廉三世、乔治一世、乔治二世和乔治三世；2 位女王是玛丽二世和安妮；2 位护国公是奥利弗·克伦威尔和他的儿子理查德。

自由而发出的最响亮的喊叫？"① 当英国向世界权力的巅峰崛起时，英国新闻界和政治家感到，为了抽象易变的道德目标，英国对基督福音的良知显出过于小心谨慎的本色，进而牺牲了国家利益。他们并未看到美国兄弟为此受到任何约束。我们仍能听到今天那些接受美国军事权力具有毋庸置疑的优越性的加拿大人牢骚满腹，从鼻腔中发出自以为充满正义的高调，乃至有时令人受到刺激的评说，认为他们对联盟做出了卓著贡献，这是一种美国人缺乏的品质，而加拿大人的道德内涵特别丰富，甚至到了独一无二的程度。（对外国人而言，美国人最令人烦恼的事情之一是我们有时用加拿大人向我们喊话的方式来对待他们。）

英国背景与美国历史的更多亲密性有助于美国人理解两国社会之间的文化和政治纽带有多深。美国人思维中的众多价值、理念和倾向是美国人独特的例外论的一部分，却确实来自大不列颠。尤其是光荣革命体现出来的理念和倾向同样给美国政治文化留下了深刻持久的印记。例如《独立宣言》很明显地模仿了英国的《权利法案》。美国人将他们推翻乔治三世的统治视为正当，理由正是英国人用来证明他们推翻詹姆斯二世是正当的那一套。

丹尼尔·笛福（Daniel Defoe）因写了《鲁滨孙漂流记》而在今天广为人知，昔日是光荣革命的强力支持者。詹姆斯二世党人在继续反对革命后的政府时指出新国王从荷兰带了大批官员，抱怨"道地的英国人"在新政权下没有获得公平待遇。

---

① James Boswell, *Life of Johnson*, vol. 2（London：Oxford University Press, 1927）, 155.

笛福认为他们走得太远了，他写下一首讥讽诗作答，诗名为"道地的英国人"，这首诗很是畅销。在这首诗中，笛福亮出他对英国社会和英国政治的观点，揭示出他的对手是孤陋寡闻的精英，附带显示出 1701 年英国的态度与今日美国有多少一致之处。

笛福在诗的开头就显示"道地的英国人"是虚幻的理念。他说，英国是一个由移民组成的国度，并不存在英国"种族"。那些为他们纯正的英国血统而骄傲的人丧失了对他们起源的感触。

> 忘记了他们全都源自
> 世界上存在过的最卑鄙的种族，
> 可怕的不断蔓延的小偷和懒汉；
> 洗劫王国、使城镇的人口锐减。
> 皮克特人和花脸不列颠人，奸诈的苏格兰人，
> 饥饿、偷窃、劫掠，把这些人带来。
> 挪威海盗、丹麦海盗，
> 到处都有他们的红发后裔，
> 加入诺曼法国人复合繁殖，
> 你们道地的英国人就此产生。

这首诗继续深入：自诺曼人抵达，移民不断如潮水般涌入英国，这些移民绝不是最好的。笛福的隐喻比传统的美国是熔炉的形象的说法更惊悚：他把英国比作一只便壶，一座化粪池，所有污水流到这里并融合在一起。

> 我们曾是欧洲的污水坑和茅厕，

排放了她所有的下脚料外放子孙。

英国有悠久的传统欢迎那些向往呼吸自由空气的疲惫、贫困而拥挤的民众。

49

从亨利五世的时代，
来自邻国的被驱逐逃亡人士四处流亡
在这里发现了固定的庇护所：
流浪者永久的避难所。

受迫害者和受压迫者受到欢迎，不论他们的宗教信仰，甚至不论他们的罪行：

宗教，上帝啊，我们感谢你，把他们遣至这里；
牧师、新教徒、恶魔，所有加在一起：
所有信仰、所有行业，
所有受到迫害或令人恐惧的；
无论他们因为债务或其他罪行而逃离。

我们在金门旁边举起灯烛。但英国移民和美国移民一样很快被熔炉同化。笛福写道，最近迁入的移民是成千上万逃避欧洲宗教战争的难民，他们正在安顿扶植他们的家庭：

在他们成年之后可以看到，孩子们
脾气很糟，像我们一样骄傲：
把他们称作英国人，外国人鄙视他们，

但确实像我们大家，像我们一样聪明。①

　　关于移民的涌入，笛福是对的，英国对移民的开放是使这个国家更为富有和进步的重大力量。戴维·兰德斯（David Landes）指出荷兰移民给 16 世纪的英国带来了新型的纺织和排水工艺；英国金融业实质上得助于逃离 17 世纪西班牙帝国和其他地方迫害的西班牙系犹太人，法国新教徒（胡格诺派）17 世纪晚期因国家不断恶化的宗教迫害而流入英国，其中有高比例的专业贸易和金融工作者。②

　　笛福的英国从另外的方式说就是美国。当法国、奥地利、和西班牙赞美有绵延千年的家谱的他们的贵族家族时，英国贵族更多扎根于自身的成就，而不是家族的价值。

　　　　财富，无论如何得来，在英国成就了
　　　　机械勋爵，钉耙绅士：
　　　　古老和出身在这里多余无用：
　　　　厚颜无耻和金钱成就了贵族。

50

　　唐纳德·特朗普（Donald Trump）在笛福的英格兰会如同在自己家中，并且无疑会成为泽西勋爵，或者可能成为维加斯公爵。杰里·斯普林格（Jerry Springer，美国著名脱口秀主持人）爵士，夏普顿（Al Sharpton，黑人浸会牧师，著名脱口秀

---

①　Daniel Defoe, *The Earlier Life and the Chief Earlier Works of Daniel Defoe*, ed. Henry Morley（London：Routledge，1889），186.

②　David Landes, *The Wealth and Poverty of Nations*（New York：W. W. Norton，1999），223.

主持人）勋爵，麦当娜（Madonna）女爵士：有着无尽又有趣的可能性。同时，笛福告诉我们，他所在时代的英国人思想独立（"英国人鄙视任何约束"）、平等、乐于争论。

> 最低劣的英国农夫学习法律，
>
> 让地方法官心存畏惧；
>
> 大胆地告诉他们，他们应该做什么，
>
> 有时也惩罚他们的疏忽。

不仅如此，在笛福给出英国的政府理论之际，他展示出了《独立宣言》的基本理念。若统治者侵害国民权利，国民有权推翻统治者。[①]

如果君王们的统治不能给他的国民带来利益，他们就丧失了合法性，他们的国民有天赋权力进行反叛。美国殖民者宣布乔治三世丧失了统治他们的权利，这是像笛福这样的思想者和这类的文本曾指出的事实。殖民者是英国人，拥有英国人的权利，是英国人决定捍卫他们的权利。

霍萨和亨吉斯特

笛福相信英国人作为种族是存在的，但他们的认同不是来

---

① 惩罚君王并不是这样一种罪行，
不过英国人已经干了很多次……
头衔是虚幻的，王冠是无意义的事物，
国民的好处是君王的目标（这是适合的任务）；
在战争时光受到保卫，在和平年代获得保护：
一旦暴君出现，君王就会下位：
对强权来说，这是很奇怪的事，
强权塑造出暴君，却让君王消失。

自他们种族的纯净性。血统不能造就一个英国人，共享的价值 51
观可以。这些价值观深植于英伦岛屿的历史，通过选择这些共
享的价值观和进入由这类价值观所形塑的群体，移民和难民可
以开始新的英国式生活。

> 命运把他们混杂在一起，
>
> 上帝知道这是为什么；
>
> 他们是谁，
>
> 他们如今是地道的英国人。

　　这个喧嚣而好争论的群体，他们乖戾尖刻、野心勃勃、
自力更生、不受约束，就是笛福所说的英国人，当时的英国
作家和思想家把这个群体和他们的价值观称为盎格鲁—撒克
逊人。将盎格鲁—撒克逊人按种族、基因而不是按文化认同
来识别是之后的事情，即当维多利亚时代的"科学种族主
义"对过去进行审视，当"盎格鲁—撒克逊种族"在社会达
尔文主义者为在生存和竞争中胜过其他种族而展开的斗争中
成为领导者。

　　源自英国内战的经验，笛福所在时代的辉格党人不相信在
与国王神圣权利的战斗中他们是反传统向前看的革命的一部
分。他们是为了捍卫传统价值观而与现代主义者和篡位者而
战。他们回顾日耳曼部落的制度和法律——塔西佗（Tacitus）
对此有过记载，也可以在关于英国习俗和法律的破碎虫蛀的古
籍中找到——争辩说盎格鲁—撒克逊人在公元七、八世纪就是
一个自由的民族，英国应将自己的自由和绝大多数重要的机制
归功于这些古老的传统。

英国普通法，对国王权利和权力的限制，有权立法和保留纳税许可权的人民大会，所有这些，辉格党争辩道，是优秀的英国古老宪法的一部分。历史学家赖格纳德·霍斯曼（Reginald Horsman）在《种族与天命：美利坚种族盎格鲁—撒克逊主义的起源》中写道，这些理念随美国殖民者跨越大西洋。"柯克论利特尔顿"［自爱德华·柯克爵士（Sir Edward Coke）《英国法总论》］是美国法律教育的必读文本；柯克指出，盎格鲁—撒克逊法律是英国自由的基础。封建制度因是诺曼舶来品而遭到拒绝；盎格鲁—撒克逊农场主曾是自由的自耕农，不是诌媚的佃农。［帕特里克·亨利（Patrick Henry）把他反对《印花税法》的解决方案写在一本柯克著作的衬页上。］[1] 法国作家孟德斯鸠（Montesquieu）和曾一度扬名的历史学家保罗·德·拉潘—德瓦耶（Paul De Rapin-Thoyras）也将英国的自由追溯到盎格鲁—撒克逊过去的历史中。写于 1771 年的《英国宪法的历史随笔》是一本小册子，在英国和殖民地都得到广泛阅读和讨论。这本书的作者将盎格鲁—撒克逊人提到了一个新的高度，写道：

> 如果全知全能的上帝也曾关心为人类的幸福生活而组织一个政府，由我们的撒克逊祖先在英国建立的政府就是这样的。[2]

---

[1] Reginald Horsman, *Race and Manifest Destiny: The Origins of American Racial Anglo-Saxonism* (Cambridge, Mass.: Harvard University Press, 1981), 18.

[2] Reginald Horsman, *Race and Manifest Destiny: The Origins of American Racial Anglo-Saxonism* (Cambridge, Mass.: Harvard University Press, 1981), 17.

这些理念对托马斯·杰斐逊（Thomas Jefferson）来说特别有吸引力，他终生都是盎格鲁—撒克逊研究和价值的支持者。多亏杰斐逊的影响，弗吉尼亚大学多年来都是美国少数学生可以阅读原版《贝奥武甫》（Beowulf）的地方。杰斐逊看来成年时期一直相信盎格鲁—撒克逊时代的法律基于自然法之上；邪恶的诺曼人征服将国王、神父、封建制度、腐败和暴政的整套机制带进来。他编写了一本语法书，帮助年轻美国人学习盎格鲁—撒克逊语言，希望他们会"汲取政府自由原则的语言"。[①]

1776 年夏天，盎格鲁—撒克逊人尤其在杰斐逊的脑海中萦回。据约翰·亚当斯（John Adams）说，美国的国玺由托马斯·杰斐逊设计，有两面。一面是"以色列在旷野中的子民，由日间的云柱和夜间的火柱引路；另一面是霍萨和亨吉斯特——撒克逊的首领，我们声言因是他们的后代而得荣耀，我们采取了他们的政治原则和政府组织形式"。[②] 杰斐逊和每一个真正的盎格鲁—撒克逊人都将激进主义和保守主义奇怪地混合在一起。同一年夏天他这样发问：

> 不是恢复每一种古老的撒克逊法律都会让人开心？我们一旦回到我们祖先的巧妙体系，这是 8 世纪前由人类智慧所构建的最睿智最完美的体系，现在不会更好吗？[③]

---

① Reginald Horsman, *Race and Manifest Destiny：The Origins of American Racial Anglo-Saxonism*（Cambridge, Mass.：Harvard University Press, 1981）, 19.

② Reginald Horsman, *Race and Manifest Destiny：The Origins of American Racial Anglo-Saxonism*（Cambridge, Mass.：Harvard University Press, 1981）, 22.

③ Reginald Horsman, *Race and Manifest Destiny：The Origins of American Racial Anglo-Saxonism*（Cambridge, Mass.：Harvard University Press, 1981）, 22.

美国独立之后的岁月里，共同的盎格鲁—撒克逊认同的纽带对于推动英美人的友谊和合作是重要的。美国内战后，这些观点常被社会达尔文主义隐藏；作者们会号召盎格鲁—撒克逊人联合起来，在与其他种族不可避免的种族冲突中胜出。在那个时代以前，共同认同和讲英语国家共同拥有征服世界的命运已经成为很普遍的事情。在评论麦考利（Macaulay）的《英国史》一书时，一位美国评论家这样写道：

53　　　　我们也是英国人，英国姓名相传久远的荣耀也通过传承成为我们的荣耀……我们的种族在哲学、科学、商业技能、统治艺术和基督教美德等方面成为世界之师。我们在轻佻无聊的艺术方面大大落后。

作者写道，盎格鲁—撒克逊的使命是："正如那些在迦南地的犹太人，'征服这片土地，拥有这片土地。'"[①]

这意味着盎格鲁—撒克逊人要拥有多少土地，天意确实不明，但很多作者都有过暗示。"如果大不列颠和美国的盎格鲁—撒克逊人真心对待彼此和人类自由的目标，"阿博特·劳伦斯（Abbot Lawrence）在 1850 年他担任美国驻英国公使时写道，"他们可能不仅把他们的语言，还把他们的法律传给世界，并且对抗地球上所有暴君的权力。"[②] 另一位同时代的作者相信"地球上没有国家会修建船坞或支持海军，除了盎格

---

① Reginald Horsman, *Race and Manifest Destiny: The Origins of American Racial Anglo-Saxonism* (Cambridge, Mass.: Harvard University Press, 1981), 174.

② Reginald Horsman, *Race and Manifest Destiny: The Origins of American Racial Anglo-Saxonism* (Cambridge, Mass.: Harvard University Press, 1981), 292.

鲁—诺曼这一种族，它的亲属和同盟"。① 罗伯特·沃克
（Robert Walker）在波尔克政府担任财政部长，他相信自己知
道事物发展的方向。

> 一个时代将要到来，人类将成为一家人，我们盎格
> 鲁—凯尔特—撒克逊—诺曼的卓越血统将领导各国走向这
> 一结果……这一伟大的邦联将最终环绕我们所居住的地
> 球。②

他相信《圣经》预示了这一成就。

商业、英语、民主政治制度和基督宗教：这是盎格鲁—撒
克逊人带给世界的赐福；这也是世界允许他们进行统治的工
具。

---

① Reginald Horsman, *Race and Manifest Destiny*: *The Origins of American Racial Anglo-Saxonism* (Cambridge, Mass.: Harvard University Press, 1981), 292.

② Reginald Horsman, *Race and Manifest Destiny*: *The Origins of American Racial Anglo-Saxonism* (Cambridge, Mass.: Harvard University Press, 1981), 293.

第 3 章　他们如何憎恨我们

　　德国《时代周报》的编辑和出版人约瑟夫·约菲（Josef Joffe）讲述了一件事，一名 15 岁的德国汉堡男生在 2003 年写了后面附的这封信给当地报纸。

> 森林里的舒适所在。棕松鼠们欢快地从一根树枝跳到另一根树枝。但突然一只黑松鼠猛冲进来，对与他同一种类的棕色成员穷追不放。第一伙黑松鼠从美国滑到这里。从那以后，黑松鼠的数量激增……现在，他们的数量和欧洲松鼠一样多了。他们取代了我们心爱的棕松鼠……这是动物王国里的美国化。[①]

黑松鼠最令人惊恐的故事不是出自西欧，也不是出自美国（那里黑松鼠稀少，现存的黑松鼠往往源自从加拿大输入的种群），而是来自俄国的远东。最近 BBC 报道了一个故事，一群黑松鼠围杀了一条狗，并且吃了它。[②] 俄国和其他地方的自然学家对此表示怀疑。传闻说富有进攻性的黑松鼠正在驱赶比它们更文明的竞争者（在美国攻击灰松鼠，在欧洲攻击棕松鼠）

[①] Josef Joffe, *Uberpower*: *The Imperial Temptation of America*（New York: W. W. Norton, 2006），88.

[②] 《俄国松鼠群杀死一条狗》，BBC，2005 年 12 月 1 日，http://news.bbc.co.uk/2/hi/europe/4489792.stm（2005 年 3 月 18 日查阅）。

没有严肃的科学根据，自然学家的报告中，黑松鼠并无超常的进攻行为。

　　隐藏在年轻汉堡人的关注之后的真相是美国灰松鼠（学名东美松鼠）在欧洲红松鼠（学名欧亚红松鼠）的部分分布区域里逐渐代替了欧洲红松鼠。然而，灰松鼠并没有追杀红松鼠；红松鼠更喜欢居住的欧洲针叶林在萎缩；灰松鼠更适合在落叶林和郊区林地生存。

　　东美松鼠在欧洲的散布不是独特或孤立的现象。随着人类旅行和贸易的增长，动物种类，有时候是搭了旅行和贸易的便车，有时是有意被人带出，也从它们的原居地向外散布。欧亚红松鼠并不是这一进程中唯一的失败者。在美国，很多欧洲动物和植物种类及亚种数量激增，并且将本地物种驱逐出去。一种猪属的欧洲野猪成为众多美国森林的主要害兽。紫翅椋鸟（一种欧洲八哥）和欧洲舞毒蛾是美国农业部网站上列出的入侵物种中的两种。① 杉叶蕨藻，也被叫作地中海克隆草和杀手藻，偶然在斯图亚特水族馆繁殖。没有在源头加以根除，斯图亚特水族馆将其传播出来，直到长到摩纳哥海洋博物馆才被放回地中海。源自德国的杀手藻已将海底数千英亩变成废地，近来在美国水域也探查到其生长。

　　汉堡的年轻作者对此背景并不知晓，把表面的也许是有争议的事实，即欧洲红松鼠数量的下降和世界上动物种群迁徙的不断增长引发的生物多样性导致的更广泛的后果，变成一场完全基于幻想的情节剧。恶毒的美国入侵者在摧毁无辜且有趣的

---

① 可在美国农业部的国家入侵物种资讯中心查阅野猪和其他物种的信息。http：//www.invasivespeciesinfo.gov/index.shtml（2007 年 7 月 12 日查阅）。

欧洲人。他们对欧洲人穷追不舍并进行杀戮。

另一位担心他"心爱的棕松鼠们"被取代的欧洲人是罗伯特·莱伊（Robert Ley），被希特勒任命为德国劳工阵线领袖的纳粹官员。"奥立弗·克伦威尔总是声称上帝与他的暴行同在，"莱伊1942年写道，"并把他邪恶的士兵看作上帝的选民。丘吉尔和罗斯福学到并牢记残忍伪善的克伦威尔的办法，并证明了在过去三百年的英美世界没有变化，完全没有变化。"①

德国左翼可能同样尖刻不留情面。1953年，有一份获得批准的术语清单对德国共产党演讲者如何描述英国人进行了建议，给出以下词语以备挑选："麻痹的谄媚者，衰老的人类叛徒，吃腐肉维生的卑屈模仿者。"② 其他受到推荐的词语包括极端的懦夫和通敌者、堕落的暴民、寄生的传统主义者、花花公子士兵、自负的纨绔子弟。

民主社会党，德国共产党的继承者，包括一些演讲者，他们今天会找到一些他们曾用于过去共产党执政时期的绰号，很适合形容托尼·布莱尔（Tony Blair）；同时，"盎格鲁—撒克逊资本主义"对这个党来说仍像以前一样是个怪物，演讲者声称这种社会模式留下的"只有胜利者和失败者"，同时，欧洲资本主义有社会保障，这种保障"在美国不存在"。③ 这些人不是说

56

---

① 罗伯特·莱伊，"罗斯福背叛了美国！"http：//www.calvin.edu/academic/cas/gpa/ley1.htm。

② Lance Morrow, "Oh, Shut Up! The Uses of Ranting," *Time*, March 18, 2005.

③ Eberhard Richter and Ruth Fuchs, "Rhine Capitalism, Anglo-Saxon Capitalism and Redistribution," *Indymedia UK*, October 10, 2004, http：//www.indymedia.org.uk/en/2004/10/299588.html（accessed October 22, 2005）.

美国的保障不如欧洲那样慷慨，或没有那么广泛；他们是说完全不存在。显然这些胜出的食人黑松鼠对欧洲人穷追不舍，从一根树枝跳到另一根树枝，很快就会把它们赶尽杀绝。

对世界上很多地方来说，憎恨盎格鲁—撒克逊的一切已成为一项古老而光荣的传统。仇英心理是 19 世纪最普遍的状态，当时英国是世界上最强大的国家，拥有世界动力最强劲、最先进的经济；反美主义是当今的首选形式。但不讨论直接目标的话，从极左到极右，从共产主义者、法西斯主义者、纳粹、天主教神父和神学家、世俗的传统主义者、激进的雅各宾派和疯狂的保王党，自克伦威尔时代到现在，谩骂的狂流一直倾泻在盎格鲁—撒克逊世界。在盎格鲁—撒克逊领袖们数世纪用高度一致的元素展开修辞时，敌人们对白人盎格鲁—撒克逊新教徒的攻击也一直绵延不断。

当海象和木匠邀请牡蛎和他们一起散步时，有些贝类没有接受。

> 顶顶老的牡蛎看着他们，
> 一言不发；
> 顶顶老的牡蛎眨眨眼
> 摇摇沉重的头——
> 它想说它不会选择离开这个家。

这只牡蛎可能是法国。在 2003 年法国总统雅克·希拉克（Jacques Chirac）在联合国反对英美入侵伊拉克之前很久，是法国最长久、最一贯地反对盎格鲁—撒克逊帝国建设者的国家；是法国最辛苦最深入地思考他们哪里错了，是法国最频繁地试图打败或至少遏制他们。

现代的对抗可追溯到 17 世纪晚期，那时英国是路易十四
57 计划统治欧洲的主要障碍。伟大的天主教神父和神学家波舒哀
（Bossuet）1682 年在梅茨的一次布道中谴责"背信弃义的盎格
鲁人"。① 路易十四本人轻蔑地评论道："英国是个长满酸臭杂
草的小花园。"②

美国革命和拿破仑战争见证了两国之间意义深远且具有原
则性的冲突的加剧。英国人把他们自己看作是为自由而战；法
国人将此看作是文明和有钱有势的野蛮社会之间的战争。"卑
鄙粗野"是罗伯斯庇尔（Robespierre）对邻居的结论。③ "我
以一名法国人、人民代表的身份宣布，我憎恨英国人……我们
可以看看一个商业民族是不是农牧业民族的对手。"④

在法国人眼中，法英对抗是虔敬、以土地为基础和文明的
罗马与残酷、攫取钱财、重视海洋和商业的迦太基之间古老战
斗的重演。一首反英歌曲依据"马赛曲"的曲调而作，攻击
"野心勃勃的迦太基/不正当移民的支持者，"⑤ 将折磨法国的
所有国内灾难都归咎于英国。

拿破仑掌权只不过是加剧了这种对抗和憎恨。"英国的贪

① H. L. Mencken, ed. , *A New Dictionary of Quotations on Historical Principles from Ancient & Modern Sources* (New York: Knopf, 1991), 343.

② H. L. Mencken, ed. , *A New Dictionary of Quotations on Historical Principles from Ancient & Modern Sources* (New York: Knopf, 1991), 343.

③ Norman Hampson, *The Perfidy of Albion: French Perceptions of England During the French Revolution* (New York: St. Martin's Press, 1998), 30.

④ Norman Hampson, *The Perfidy of Albion: French Perceptions of England During the French Revolution* (New York: St. Martin's Press, 1998), 133.

⑤ H. D. Schmidt, "The Idea and Slogan of 'Perfidious Albion,'" *Journal of the History of Ideas* 14, issue 4 (October 1953): 610 – 611.

婪和野心终于大白天下，"1803 年法国官方报纸《环球箴言报》(Le Moniteur Universel) 一篇署名为拿破仑的文章又一次吹响了反迦太基的主题。"影响她政策和野心勃勃目标实现的唯一障碍是胜利的、稳健的、繁荣的法兰西；她朝气蓬勃的开明政府；[并且拿破仑冒险地说到自己] 她高尚杰出的领袖……但欧洲在观望。法国在武装。历史在记录。罗马摧毁了迦太基。"①

迦太基主题在第二次世界大战期间重现。维希广播记者让·埃罗尔德—帕基 (Jean Herold-Paquis) 在法国被德国占领期间每天广播，每天都重复他的口号："英国就像迦太基，必被毁灭。"②

法国支持美洲殖民地反抗英国，希望高尚正直的美国农场主与法国解放者并肩反对掠夺他们两者的英国商人。希望很快变成失望；看美国人越久，他们越像英国人。塔列朗 (Talleyrand) 在法国革命特别险恶的阶段在美国流亡，报告回痛苦的新闻：美国人和英国人，不论他们说他们之间的差别有多大，本质上是完全一回事。每个英国人到那里都像到了家，塔列朗说；没有法国人有这种感觉。③ "确确实实，"1864 年埃内斯特·迪韦吉耶·德·奥雷内 (Ernest Duvergier De Hauranne) 醒悟后写道，"这里不再是美国：这是英国，而且 58 这个国家正确地命名为新英格兰。"④

---

① J. Christopher Herold, ed., *The Mind of Napoleon: A Selection of His Written and Spoken Words* (New York: Columbia University Press, 1955), 125.

② Philippe Roger, *The American Enemy* (Chicago: University of Chicago Press, 2005), 356.

③ David Strauss, *Menace in the West: The Rise of French Anti-Americanism in Modern Times* (Westport, Conn.: Greenwood Press, 1978), 51.

④ David Strauss, *Menace in the West: The Rise of French Anti-Americanism in Modern Times* (Westport, Conn.: Greenwood Press, 1978), 39.

只是在美国更强大后，法国人思想中盎格鲁—撒克逊国家之间的关联开始消失；20世纪恐英心理从法国（更普遍地说，是拉丁）思想的最重要位置中逐渐撤退，对美国佬的憎恨和恐惧越来越多；内战中北方的胜利紧随着法国支持的"皇帝"马克西米连·哈布斯堡（Maximilian Hapsburg）在墨西哥令人震惊的失败，向法国社会发出了恐惧和敌对的冲击波，人们开始思考和平文明的拉丁人和野蛮无情、强大得令人惊骇的美国"种族"在国际赛场上的对决。美西战争加速了法国和拉丁美洲将最大的恐惧从恐英到反美的转变，法国人认为，这场战争是无礼的美国佬对温柔友好的西班牙人的野蛮攻击。①

"我谴责美国，这是永久犯有危害人类罪的国家"，小说家、法兰西学院院士亨利·德·蒙丹朗（Henri De Montherlant）说。弗洛伊德（Freud）更温和："一个错误；一个巨大的错误，确是如此，但依然是一个错误。"② "我不憎恨美国，我为它感到惋惜。"③

不仅是法国，在世界众多地方，反对盎格鲁—撒克逊和他们各种沙滩清扫和世界秩序的方案是右翼和左翼的共同基础。拉丁美洲坚守传统的天主教徒、平民主义者和社会主义者共享他们的核心价值；在一定程度上，这三种力量的政治关系历来存在竞争，看三者中谁能提供击败或阻挠白人盎格鲁—撒克逊

---

① Roger, 159.

② Gerald Emanuel Stearn, *Broken Image: Foreign Critics of America* (New York: Random House, 1972), 175.

③ Gerald Emanuel Stearn, *Broken Image: Foreign Critics of America* (New York: Random House, 1972), 221–222.

新教徒的最佳希望。卡尔·马克思（Karl Marx）、夏尔·波德
莱尔（Charles Baudelaire）和庇护九世（Pius IX）在众多问题
上并不会达成一致，但英美主宰世界的危险是一个他们意见一
致的主题。人们可以看到在伊朗和整个阿拉伯世界也存在同样
的模式，那里的世俗主义者、社会主义者、伊斯兰激进主义者
寻求形成对英美权力的抵制。

很难了解这种自发形成的系统性憎恨和恐惧，以及对英美
文明和权力的反对应该怎么称呼。这是一种元意识形态，如母
亲般喂养着左右两翼的孩子。这超出仅仅是反美主义，也超过
仅仅是恐英主义的范畴，虽然两者都包括在内。

尽管是塑造世界历史最强大的力量之一，它并没有一个名　59
称。"恐白人盎格鲁—撒克逊新教徒症"是最切近对它进行描
述的一个词语；恐惧和憎恨英美国文明的政治、社会和经济基
础。不论我们怎么称呼它，对白人盎格鲁—撒克逊新教徒和他
们所作所为的憎恨和恐惧是驱动世界的发动机之一。

成为一名恐白人盎格鲁—撒克逊新教徒者，憎恨英国或美
国，或憎恨这两国是不够的。就像罗伯特·莱伊一样，恐白人
盎格鲁—撒克逊新教徒者需要对英美人在世界上的存在有一个
综合完整的观点，以相信英美文明核心上是邪恶的，盎格鲁—
撒克逊国家的政策和实践证明了自身内部的罪恶。

马克西姆·高尔基（Maxim Gorky）是列宁和斯大林的辩护
者，他认为美国是"一台机器，一台冰冷的、看不见的、没有理
智的机器，其中的人只是一枚无关紧要的螺丝钉"！① 恐白人盎格

---

① Gerald Emanuel Stearn, *Broken Image: Foreign Critics of America* (New York: Random House, 1972), 175.

鲁一撒克逊新教徒者，无论是左翼还是右翼，无论是坚守传统的天主教徒或伊斯兰原教旨主义者，高尔基对美国的描述抓住了英美文明的本质属性：冷酷无情的机器，对个人没有一丝关怀。

残忍和贪婪在服务于顽固、专制和完全没有人性的权力欲时，会因粗鲁傲慢的伪善更可怕，散发出无法抵制却无法容忍的粗俗：这就是我们的敌人们自 17 世纪以来对我们的评价。

特别冷酷无情，这是一切的起点。英国与西班牙战争的英雄，如弗朗西斯·德雷克（Francis Drake）爵士、[①] 沃尔特·雷利（Walter Raleigh）爵士和约翰·霍金斯（John Hawkins）[②] 可能并经常被描绘成袭击西班牙领土的海盗，贪婪而不顾战争法，后世由此把英美看作是"空中劫匪"，在二战中倾泻暴雨般的火力摧毁了欧洲的城市（英国轰炸了鲁昂这座圣女贞德被绑在火刑柱上烧死的城市后，维希宣传机构制作了一幅海报，声称"他们总是回到犯罪现场"）。[③]

一位西班牙年鉴学家描绘了德雷克在圣多明哥的行为，在那里伊丽莎白女王二世喜爱的水手发动了袭击，他的手下"严重地冒犯了我们天主教徒的虔敬，他们侮辱了最受尊敬的耶稣基督和圣母玛丽亚的肖像，砍掉手脚，将它们当成座位或

---

① G. Jenner, "A Spanish Account of Drake's Voyages," *English Historical Review* 16, no. 61 (January 1901), 46 – 66. Pedro Simon's 1623 Spanish biography of Drake, Noticias Historiales de las Conquistas de Tierra Firme, includes accounts of how Drake robbed, pillaged, and held ransom Spanish settlements (including churches) in South America.

② Harry Kelsey, *Sir John Hawkins: Queen Elizabeth's Slave Trader* (New Haven, Conn.: Yale University Press), 26 – 27.

③ Robert Gibson, *Best Enemies: Anglo-French Relations Since the Norman Conquest* (Exeter: Impress, 2004), 33.

用它们烧饭……两个年老体弱的修士没有力气逃走……因为抗议这种行为被拖出来，在公共广场上被绞死。"①

　　这种反对英美国家暴行的宣传并不难找到。克伦威尔对爱尔兰的征战即使用那时的标准而言还是令人震惊。17 世纪末和 18 世纪早期对苏格兰高地部落的镇压因沃尔特·司各特（Walter Scott）爵士的小说而广为人知，成为欧洲世界的巨大丑闻。格拉斯哥屠杀，在对整个村庄进行屠杀之前，忠于威廉三世的部队作为苏格兰高地人的客人在村子里度过了 12 个冬日，这令欧洲舆论在充满暴行的时代陷入惊骇之中。无论在和平年代还是在战争年代，近代大多数时间英国对于爱尔兰的政策令人既羞耻又恐怖。在盎格鲁—撒克逊的领导下，对众多欧洲之外土地的原住民进行了灭绝，这给欧洲大陆的批评，提供了充足的弹药来攻击海象和木匠的道德优越性。非洲奴隶贸易和美国南北战争前南方的种植园奴隶制，谢尔曼（Sherman）远征穿越佐治亚（美国南部的一部分，那时法国的舆论错误地相信那里从人种的角度上是"拉丁"的），英国人把布尔平民押在集中营，战后重建时期南方的种族政策，这种种恐怖现在看来与其说是浪漫拉丁色彩的，不如说是侵略成性的盎格鲁—撒克逊式的：所有这些组合而成这个种族的肖像，只有它对黄金的贪欲才和它对权力的贪欲相匹配（当然，现代是对石油的贪欲）。

　　对英美人在战争中的残暴所进行的抨击在 20 世纪仍在持续。德国宣传机构抨击两次世界大战中英国海军的封锁和所导致的欧洲饥荒和食品短缺，认为这是谋杀数百万无辜平民的蓄意行为——很相像的是，两次海湾战争间对伊拉克的

———————————

① Jenner, 57.

禁运被攻击为冷血行为，用无助妇女和儿童的苦难作为政治武器。二战中英美的恐怖轰炸，在美国对广岛和长崎的核袭击中达到顶点，在战争中被德国和日本引用，后来又被共产主义者引用，用以激起对作恶者的憎恶和愤恨。在朝鲜和越南发生的冲突中，国际新闻社的新闻满溢着有关暴行的故事，一些是基于事实，其他则由苏联和共产党宣传机构和假情报办公室捏造而来。推翻萨达姆·侯赛因（Saddam Hussein）后美国在阿布格莱布和关塔那摩虐囚的报告和在伊拉克战场如费卢杰等地平民苦难的详尽描述是这一虐行长单上的最新内容。正如 2006 年 2 月伊朗总统穆罕默德·艾哈迈迪 - 内贾德（Mahmoud Ahmadinejad）在回应小乔治·布什总统时那样，将经典的苏联冷战宣传与截然不同的伊朗理念混合在一起：

61

　　这些人的胳膊肘浸在其他国家的鲜血中。世界上哪里有战争和压迫，他们都参与其间。这些人用他们的工厂制造武器。这些人在亚洲和非洲发动战争，杀害千百万人民以促进他们的生产、就业和经济。这些人的生物实验室制造细菌并输出到别的国家，从而征服其他国家的人民。这些人在上世纪导致了数场毁灭性的战争。仅在一场世界大战他们就杀死了 6000 余万人。[1]

---

[1]　"Iranian President Mahmoud Ahmadinejad in Bushehr Responds to President Bush: Superpowers Made of Straw Are Behind All Wars and Conspiracies in the World," MEMRI Special Dispatch Series, no. 1084, February 1, 2006, http://memri.org/bin/articles.cgi? Page = archives&Area = sd&ID = SP108406 (accessed November 3, 2005).

一位叙利亚新闻工作者持相似观点。"谋杀在美国文化的基因中根深蒂固，"胡斯努·马哈里（Husnu Mahlli）博士在据说与政府有关系的土耳其报纸（*Yeni Safak*）上写道。

> 让我们回到费卢杰（的主题）……美国人用伊拉克平民做人肉盾牌保护他们自己……对没有信仰、奸诈阴险、杀人成性的美国人，人们不能有什么期望……费卢杰清真寺爆炸后，美国士兵对着清真寺的墙撒尿拉屎，进行亵渎。在搜捕完人们的家后，美国士兵剥光妇女和女孩的衣服，并猥亵她们……美国人想毁灭这一地区所有人的人类价值。就像（以色列总理阿里尔·）沙龙，美国人想玷污和羞辱我们，污损我们的尊严。美国人与沙龙一道想把我们拖进绝望和自弃，从而奴役我们。①

盎格鲁—撒克逊用残忍来服务于其贪婪，这一主题成为众多观察者用以对神秘事件言之有理的关键性组织原则。"别斯兰：屠杀责任指向盎格鲁—撒克逊人"是一篇文章的标题，此文于 2004 年 9 月 27 日由自我认定为中立不结盟的新闻来源 Voltarienet.org 头版头条刊登，讲述了 300 名俄罗斯学童死于和车臣有关的恐怖分子的袭击的事件。俄国军事分析家论证说可怕的事件是更广阔的盎格鲁—撒克逊阴谋的一部分，意在北高加索推进美国和英国的利益，报道引用了一些专家的名字。

---

① Husnu Mahalli, "'USA—the God-Damned Country'; 'Murdering Is Genetically Ingrained in American Culture,'" MEMRI Special DispatchSeries, no. 857, February 2, 2005, http://memri.org/bin/articles.cgi? Page = archives&Area = sd&ID = SP85705 (accessed November 3, 2005).

无情、贪婪、残忍和影响深远：到处都是盎格鲁—撒克逊威胁看不见的手，甚至追捕孩子以满足他们对石油的贪求。①

很遗憾，对盎格鲁—撒克逊暴行的控诉并不总是如此偏执且不切实际；远非如此。但恐白人盎格鲁—撒克逊新教徒症与众不同的标记不是对英美暴行的敌意。反对罪恶不是恐白人盎格鲁—撒克逊新教徒症。讲英语的世界中很多最伟大的领袖谴责并与这类罪恶作战。在攻击奴隶制时，威廉·威伯福斯（William Wilberforce）没有恐白人盎格鲁—撒克逊新教徒症；在揭露英国工厂和作坊的状况时，查尔斯·狄更斯（Charles Dickens）没有恐白人盎格鲁—撒克逊新教徒症；在为爱尔兰寻求地方自治时，威廉·格莱斯顿（William Gladstone）没有恐白人盎格鲁—撒克逊新教徒症；在与种族隔离斗争之际，小马丁·路德·金（Martin Luther King Jr.）不是反美者。众多揭露英国和美国军队在不同战争中错误行为的新闻记者所作所为是出于爱国主义；他们是力图拯救病人的外科医生，不是挥舞斧头砍杀的杀手。

当然，如果英美人可能为他们国家的各种邪恶和罪行而感到震惊并进行抗争的话，外国人指出罪恶的存在，谴责并反对他们，这没有错。反对美国在越南或伊拉克的战争并不必然是恐白人盎格鲁—撒克逊新教徒症；相信美国印第安人未获得很好待遇，这不引发恐白人盎格鲁—撒克逊新教徒症。

恐白人盎格鲁—撒克逊新教徒症者，与人道主义者相反，他们绝不仅仅把这些暴行看作是军事史上的事件。它们里面有

---

① Marivilia Carrasco, "Beslan: Responsibility of SlaughterPoints Towards the Anglosaxons," Non-Aligned Press Network, http://www.voltairenet.org/article30021.html (accessed January 7, 2006).

兽的印记，可以看见白人盎格鲁—撒克逊新教徒灵魂的窗户——看到潜藏在盎格鲁—撒克逊心脏之中的可怕而空洞的残忍。它们不是年轻士兵在激烈行动中犯下的过分荒淫的行为、愚蠢莽撞的错误或令人遗憾的判断错误。恐白人盎格鲁逊新教徒症认为它们经过冷静的计算，是故意犯罪，致力于获得收益，并且没有什么比它们更能揭示盎格鲁—撒克逊人非常伪善地称之为他们的"文明"和"文化"核心中没有底线的道德堕落。

暴行从家中开始。对众多观察者而言，盎格鲁—撒克逊人用以寻求海外权力的残忍反映了英美社会的内在动力，从历史的角度而言，这种残忍可追溯至英国历史的开始时期。卡尔·马克思的著作反对亚当·斯密（Adam Smith）关于资本主义兴起的经典假设，写下了英国历史中"原始积累"的过程。英国宗教改革、反对斯图亚特王朝的战争、议会制政府的兴起和英国"自由"的发展：这些是英国贵族用以掠夺佃农的方式，他说。地主通过圈地将佃农驱离土地；城市资本主义者付给那些面临饥饿威胁的几近绝望的前佃农们难以维系温饱的极低工资。信奉天主教和坚守传统的作者，比如希莱克·贝洛克（Hilaire Belloc）和 G.K. 切斯特顿（G. K. Chesterton）加入了马克思进行的抨击。他们批判辉格 63 党这样的推翻了詹姆斯二世的支持者的继承者，辉格党同时还认为英国需要开明的新教主义才能通往自由和繁荣。这个批判行为以"辉格迷思"而为人所知。对于反对辉格党的人来说，近代新教英国的历史是一部犯罪史。

无论是左派还是右派，许多作者将英国宗教改革描绘成对土地寡廉鲜耻的攫取，与其说改革是受宗教驱动，毋宁说是受到英国都铎王朝统治者夺取天主教会财富的渴望驱使。贵族霸占了农民传统上对土地的权利，以建立无情且不敬神的资本主义，这标志着这一过程的开始。在英国，他们圈起传统上的公共用地，将佃农逐出土地，从而令贵族得益；在苏格兰，1745年邦尼王子查理［Bonnie Prince Charlie，即查尔斯·爱德华·斯图亚特（Charles Edward Stuart）］反叛失败后，高地人被谋杀和受迫离开土地。在伊丽莎白女王一世到乔治五世统治时期，爱尔兰天主教佃农受到无穷迫害，财产被霸占，人受到剥削和强制移民，乃至被绞死。

对于有顽固恐白人盎格鲁—撒克逊新教徒症的人来说，白人盎格鲁—撒克逊新教徒的残忍服务于系统且压倒一切的贪婪，这是英美的主导特征。并不是有一个特定的地主压迫佃农、偷窃他们的土地，或是有一个特定的工厂主剥削他的工人；英国土地体系和工厂体系建立在偷窃和剥削的基础上以运转。

对于有恐白人盎格鲁—撒克逊新教徒症的人而言，资本主义，至少是在18世纪展现出凶猛的自相残杀形式的时期，是一个偷窃成性的不人道的体系。此外，不仅是马克思主义者这么想，天主教知识分子也从这个残忍野蛮的体系后撤，他们相信中世纪社会发展出来的所有保护和人性都被这个体系革除了。1792年，宗教裁判所将《国富论》列为禁书。被称作是盎格鲁—撒克逊资本主义模式的激烈竞争，包括"公平价格"在内的一些传统概念非同寻常的残酷，想展现这些很容易。

一次又一次，欧陆人关注无比贪婪的盎格鲁—撒克逊世界，雅各宾派和拿破仑一世经验知识中的"新迦太基"。迦太基是重商航海社会；其商人因其财富和（那时罗马人仍为自己对物质利益的漠不关心而骄傲，有点不太准确）贪财而著称。迦太基人也因其残忍而著称；那里崇拜摩洛神，仪式包括焚烧婴儿献祭。

"英国人对财富如此重视，当他们向任何人表示赞赏时，他们会说他非常值钱，他们甚至能明确说出数目。"法国旅行者约瑟夫·菲耶韦（Joseph Fiévée）在 1802 年写的《英国书信》中这样写道。① 托克维尔对美国的民主就整体而言非常赞赏，这大大降低了他在法国的声誉。他非常肯定地把美国人归在同一阵营："人们常常发现热爱金钱是每一个美国人最为根本的首要或次要目标。"② 他写道："美国人描绘起来高尚可敬的志向，我们中世纪的祖先会称之为基于贪婪。"③

共鸣更少的观察者更不留情面。对这一民族性格中不讨人喜的成分证词甚多，如费利克斯·德·博茹尔（Felix de Beaujour）以 19 世纪早期所做的观察展开了常见的控诉：

> 美国从不浪费机会让自己发财致富。获利是美国人所有话语的主题和行为的杠杆；因此世界上简直没有一个文明国家像美国一样情操上更少宽宏大量、灵魂上更缺崇高，柔和美好的幻觉更少，而正是这几方面构成了生活的魅力。美国人为自身利益权衡一切、计算一切和牺牲一

64

---

① Gibson, 137.

② Alexis de Tocqueville, *Democracy in America*（New York：Harper Perennial, 1969），615.

③ Alexis de Tocqueville, *Democracy in America*（New York：Harper Perennial, 1969），621.

切。美国人只生活在个人天地、为自己而活，将无私的行动看成是非常愚蠢的事情，谴责纯粹让人愉悦的才能，显示出对各种英勇和光荣理念的疏远，不关注历史。①

恐白人盎格鲁—撒克逊新教徒者相信，英美人为追求经济收益施暴是第二天性。确实，用这种方式思考，他们的残忍和贪婪构成了他们不讲道德原则、剥削成性的国际体系的基础。爱尔兰流亡者阿瑟·奥康纳（Arthur O'Connor）为拿破仑写下宣传材料，对英帝国进行了描绘，在很多有趣的方面都符合反对者们仍在进行的对美国的世界体系的指控："一个欧洲尽头的岛屿，人口刚过 1100 万，横跨世界其他四分之三的土地；一只脚踏在美洲广阔的土地上，另一只脚踩在印度，它把非洲交托给未开化和奴隶制，安的列斯群岛的产品会使它进口商品的名录膨胀。"②

英国利用这种地位，通过一种贸易、勒索、掠夺和朝贡混杂在一起的体系，搜集它用高企并垄断的价格售往欧洲的商品，由此那些仍保持"疆域自主"的国家也被帝国"在海洋上征服了"。对恐白人盎格鲁—撒克逊新教徒者而言，自拿破仑时代以来变化甚少；诺姆·乔姆斯基（Noam Chomsky）几乎很难把它阐释得更为清晰。

迦太基幸存下来，拿破仑登陆圣赫勒拿岛，在那儿他继续反思这个背信弃义的岛屿的短处。"在我的印象中，你浪漫而有骑士风度，我为此付出了昂贵的代价，"他懊悔地说，显然忘记了他更

① Stearn, 17.
② Gibson, 138.

早的评论，"英国人没有高尚的情操，他们都可以被收买"。[①]

　　拿破仑的帝国灭亡了，但奥康纳对英美权力体系全球征服的分析获得了一代又一代恐白人盎格鲁—撒克逊新教徒评论家的共鸣，他们认为英美体系在讲英语的世界创造了财富，因为他们在现在称之为第三世界的地方创造了贫困——正如他们抑制了欧洲竞争者的财富和安逸。在随后的年代和世纪中，奥康纳的分析，就那个年代有思想的爱尔兰人而言合乎常情而且可能不可避免，对被英帝国体系的束缚和限制折磨的印度人、拉丁美洲人、法国人、德国人、奥斯曼土耳其人、埃及人，以及众多其他国家的人而言是非常显明且不可抗拒的。列宁对帝国主义的分析、希特勒对全球政治的分析、斯大林和毛泽东的政治战略都包含这些核心观点，这些观点也鼓舞了委内瑞拉的查韦斯（Hugo Chavez）和津巴布韦的穆加贝（Robert Mugabe）的讲话。

　　一些观察者谴责英国，一些观察者希望进行模仿。德皇威廉二世感到德国需要殖民地以突破英国体系的束缚。日本需要一个在中国的帝国以成为"亚洲的英国"，这是日本的民族主义知识分子所期望的。其他日本人指望美国人，他们提倡"亚洲门罗主义"，这会给日本在这一区域与美国在美洲同样的垄断权力。希特勒的"生存空间"理论，这一理念认为德国需要广袤的资源区域，这样德国的人口可达到在长远时段维持强国所必需的规模，这基于美国、加拿大、澳大利亚和新西兰殖民地对以英语为母语的人所发挥效用的观察。

[①]　H. L. Mencken, *A New Dictionary of Quotations* (New York: Knopf, 1991), 344.

但不论你是想与他们作战，还是以他们为榜样成为世界强国，故事很明晰：首先是英国人，随后是美国人在残忍和贪婪的基础上建立了世界帝国。

这类堕落的社会当然不能创造出体面的文化或生活的品质，而且一长串的英语非母语的观察者描绘和分析了英语世界令人震惊的文化匮乏。法国又一次占了主导地位。"在国家的光鲜之下，英国人郁郁不乐地寻欢作乐"，1638 年叙利公爵（duc de Sully）在他的回忆录中这么写道。①

古代的迦太基没有高雅的文化，新时代的迦太基也没有。"我读了（莎士比亚），"1803 年，拿破仑告诉他的顾问们，"根本比不上高乃依和拉辛（Racine）。不可能读完他的任何戏剧；真是令人怜悯……法国不须羡慕英国任何东西。"②

"欧洲最不开化的是英国人"，约瑟夫·菲耶韦写道。③"你发现他们天性不善社交，主要原因有三：一，他们高度重视金钱；二，他们厌倦有妇人在场；三，他们对自己的夸张印象，近似于狂热。"

美国人更差。法国总理乔治·克里蒙梭（George Clemenceau）有个很有名的观察，"美国是历史上唯一一个神奇地直接由野蛮走向堕落、没有惯常的文明间隔的国家"。

英美世界是集清教主义和放任于一身的令人恐怖的混杂，教士与妓女为一体的可怕混合。欧洲来访者频繁记录下英国安

---

① "Maximilien de Bethune Sully on England," http：//encarta. msn. com/quote_ 561549110/England_ The_ English_ take_ their_ pleasures_ sadly_ . html （accessed July 12，2007）.

② J. Herold Christopher, *The Mind of Napoleon*：*A Selection of His Written and Spoken Words*（New York：Columbia University Press，1955），156.

③ Gibson，137.

息日的沉闷枯燥和维多利亚时代英国的古板伪善。少有社会实验会像美国禁酒令的疯狂一样引来开怀大笑。

另一方面，美国人强烈的欲望让人既感惊慌又有乐趣。法国访问者被口香糖的传播吓坏了，把这看作是恶魔般的美国式健身，让下巴更强健、欲望更强烈。当代美国既是世界最肥胖的国家，也是纳粹式营养痴迷者和食物偏执者的家园，这引发世上很多欢乐。没有什么比注重养生的肥胖疯子不停狂踩跑步机更有盎格鲁—撒克逊特色了。

然而，这不是盎格鲁—撒克逊社会单一的粗野：女性的莽撞无礼，道德的伪善自负，橄榄球这类野蛮的运动，或是啦啦队这类最有力地击中欧陆人的不可思议的行动。大众文化粗俗——这在英国的音乐厅已是显而易见——证明了盎格鲁—撒克逊世界已经掉进可怕的深渊，对世界在欧洲自身呈现的一切善、美、真构成威胁。

乌拉圭散文家和批评家何塞·恩里克·罗多（Jose Enrique Rodo，1872~1917）才华横溢地描述了这一观点，他的《爱丽儿》协助形塑了一个世纪来拉美对美国的回应。罗多说，我们曾经认为英国人差——他们的实证主义，他们的实用主义，他们对占有专一的执着到了忽视更高尚的文化和价值的地步，这曾经、现在都是可怕的。他说，但美国人则更糟糕——他们是好的品质没有留存、坏品质吞噬填满了空间的英国人。英国贵族保护英国社会免于商业阶级引发的最坏后果，但在美国，"没有樊篱减缓粗野心灵水位上升，并散布开来，膨胀起来，就像洪水漫过无边的平原"。①

---

① José Enrique Rodó, *Ariel* (Austin: University of Texas Press, 1998), 80.

苏联作家根里赫·沃尔科夫（Genrikh Volkov）将问题的来源放在美国资本主义体系的核心结构上："总体上它对人、对个人和精神文化有敌意，对获取收益有着夏洛克①般的激情，不仅存在于血液中，也存在于活生生的灵魂和他跳动的心脏中。"②

有了它的夏洛克式的一磅肉，美国体系于是对它疲惫困惑的牺牲者给予"补偿"："廉价的文化、令人震惊的粗劣电影和电视作品、低品质的展览、色情文学、麻醉毒品和迷幻剂。"③

亚历山大·索尔仁尼琴（Alexander Solzhenitsyn）和苏联的辩护者沃尔科夫在很多方面意见不一致，但对美国文化这一主题他们意见完全一致。索尔仁尼琴1978年对哈佛毕业班的著名讲话有一部分可能源自根里赫·沃尔科夫的笔下，他是一个伟大的异见者，将美国大众文化归纳为"令人反感的入侵式宣传……电视蠢蛋，和……无法容忍的音乐"令人迟钝的混合。④

赛义德·库特卜（Sayyid Qutb）是穆斯林兄弟会著名思想家，也是穆斯林反美主义史上的重要人物，对他所看到的美国文化持相似观点。他首先描绘美国女孩：

> 美国女孩非常了解她身体的诱惑力。她明白这种诱惑

---

① 莎士比亚作品《威尼斯商人》中贪婪、吝啬、冷酷和狠毒的犹太人高利贷者。——译者注
② Stephen P. Gibert, *Soviet Images of America*（New York：Crane，Russak，1977），57.
③ Stephen P. Gibert, *Soviet Images of America*（New York：Crane，Russak，1977），57.
④ Aleksander Solzhenitsyn, *East and West*（New York：Harper and Row，1980），58.

体现在她的脸、她善于表达的眼睛、她饥渴的嘴唇。她明
白她的魅力体现在浑圆的乳房、丰满的臀部和匀称的大
腿、光滑的小腿——她们乐于展现自己，并不隐藏。

美国男人在他的观感中并不更好：

> 这种原始性可从粉丝追捧橄榄球的景观中看到……或
> 是在观看拳击比赛或血腥怪异的摔跤比赛中看到……这种
> 景观让人无从质疑那些迷恋强健肌肉并渴望得到的人的感
> 受体现出来的原始性。

所有这些放在一起，即使在教会地下室有监护人在场的舞
蹈，可怕的事也开始发生：

> 他们随留声机的曲调起舞，舞池的地板满是敲打地面
> 的脚、诱人的腿、环着腰的胳膊、嘴唇贴着嘴唇、胸贴着
> 胸。空气中满是欲望……牧师……走近留声机，选择一首
> 适宜气氛并怂恿仍坐着的男女参与的歌曲。并且神父
> （原文如此）来挑选。① 他挑选一首有名的美国歌曲《宝
> 贝，外面很冷》。②

这种丑恶的底层文化，令人生厌却从某种角度而言具有危

---

① 一个穆斯林通过基督教专有名词的微妙之处来感受，库特卜显然既用了
新教术语，又用了天主教术语（牧师和神父）来指代同一个人。

② David Von Drehle，"A Lesson in Hate," *Smithsonian* 36，no. 11（February
2006）：96 – 101.

68

险的魅力，具有清教徒式的拘谨却也猥亵淫荡，近两个世纪来一直让外国人惊骇。相比巴尔扎克（Balzac）、左拉（Zola）与萨克雷（Thackeray）、特罗洛普（Trollope），大部分时间内英美文化对性主题比世界其他地方的文学和艺术更为抑制；英国和美国文化中这种社会许可，而并非性许可，震惊了众多外国观察者：下层社会和妇女参与文化的制作和大众消费的程度，相对弱势的高雅文化和充满活力不断发展的大众文化之间的悬殊差异。

英美高雅文化，如果存在的话，被看作是"庸俗"的：对艺术持敌对态度，与微妙精细为敌。说英语世界中的上等阶级更愿意骑马打猎，而不是聆听歌剧；下层阶级对文化的主导水平不断增长，途径是音乐厅、歌舞杂耍，以及 20 世纪以来的电影。

大批量生产和工艺，如留声机放大了平民主义者和说英语世界粗俗的底层文化的影响。大众文化第一次能够旅行。随着电影的兴起，全世界的普通民众都能看到美国的生活方式：傲慢的女性，独立的工人和农场主，年轻人准备好开始他们自己的生活，不用顺从传统或父母。专为美国大众市场设计出来的文化产品源源不断倾泻出来，世界各地的精英和传统主义者对此引发的政治和社会后果并不欢迎。

69　　从拉格泰姆音乐（多切分节奏的一种早期爵士乐）和爵士乐的时代到嘻哈音乐的时代，美国音乐也被看作是文化灾难的标志、对欧洲文明的威胁。在种族和民族措辞中常见这一危险。乔治·杜哈梅（George Duhamel）是法兰西学院院士和《美国：一种威胁》（1931）等书籍的作者，他写道："北美对画家没有鼓舞，对雕塑家没有激励，音乐家没有发表歌曲作品，除了单调的黑人。"①

著名社会评论家阿道夫·希特勒基于这种先前已存在的欧式分析，曾注意到，"美国社会行为的方方面面揭示，它一半犹太化了，另一半黑人化了"。② 诺贝尔奖得主、挪威小说家克努特·汉姆生（Knut Hamsun）优雅地表达了这一点："美国建立了黑白混血儿种畜场，而不是培养有智慧的精英。"③

在欧洲人谴责美国的种族政策残忍且不公正之际，他们害怕美国的非洲一面（America's African side）的蔓延。人种潜台词在1950年《明镜周刊》一篇关于美国音乐的可怕文章中不难读到：这种来自贫民窟的淫荡有节奏的音乐使美国青少年成为"只受音乐统治的热带丛林部落里幽灵上身的巫医"。一篇关于埃尔维斯·普里斯利（Elvis Presley）的文章暗示，普里斯利主要对"忘形的野蛮人"和"原始人"有吸引力。④

最近，阿拉伯世界拥有憎恨美国的能力，因为它虐待黑人——并且蔑视美国，因为它满是黑人。最近有一幅沙特报纸的卡通画以极度厌恶黑人的想象力，用老一套夸大的讽刺描绘国务卿康多莉扎·赖斯，并用大卫之星（Star of David）的耳饰增进恐惧。⑤

赛义德·库特卜称爵士"这种音乐由野蛮的丛林人创造

---

① Strauss, 208.

② Stearn, 246.

③ Knut Hamsun, *The Cultural Life of Modern America* (Cambridge, Mass.: Harvard University Press, 1969), 144.

④ Uta G. Poiger, "Rock'n' Roll, Female Sexuality, and the Cold War Battle over German Identities," *Journal of Modern History* 68, no. 3 (September 1996): 577.

⑤ Joffe, 77.

出来，满足他们的原始欲望，他们对噪声的渴望是一方面，大量动物噪声是另一方面"。①

希望捍卫他们的音乐成就的美国知识分子和他们海外的同盟者指出，爵士是美国大众音乐能最终获得一些力上的声望的方式。法兰克福学派的西奥多·阿多诺（Theodor Adorno）未被打动："随着大众文化地位的日益上升，任何因为单簧管吱叫吹出的虚伪音符，就被诱导将流行歌曲等同于现代艺术；任何错误地把用'下流音符'装饰的三和音听成无调性的人，已经屈从于野蛮落后。"② 美国大众文化"宣告容忍过度的麻木是自由王国"，阿多诺写道。

对叙利亚国会议员穆罕默德·哈巴什（Muhammad Habash）来说，美国大众文化的庸俗与他相信的美国生活的 70 尼采式哲学基础有关。"我个人将他看作，"哈巴什对尼采（Nietzsche）如是下笔，"美国行政机构的哲学家和美国政策的哲学家。"哈巴什特别援引了尼采的格言作为美国今日世界政策的基础："如果我们想建立我们的文化，我们必须压榨弱者、压迫弱者，粉碎他们，踩着他们的尸体攀爬。为了建立自己的文化我们必须履行这一职责。"③ 哈巴什告诉我们，这不是对美国文化的攻击，尼采终究是受到高度尊敬的哲学家。

对哈巴什而言，美国流行文化不仅是商业；总的来说是通

---

① Von Drehle, 96 – 101.

② Theodor Adorno, *Prisms* (Cambridge, Mass. : MIT Press, 1981), 127 – 128.

③ "Syrian MP Dr. Muhammad Habash Denounces the American Culture of 'Violence' and 'Cruelty'", MEMRI Special Dispatch Series, no. 832, December 22, 2004, http: //memri. org/bin/articles. cgi? Page = archives & Area = sd&ID = .

过文化传播暴力和堕落以实现美国社会的尼采式计划。

> 这一文化今天通过例如好莱坞等方式出口，这是一种暴力的文化，在这一文化中电影通常结束于警察喋血、强盗抽着雪茄拥抱爱人。这一意象美化了残忍，美化了暴力，美化了因其能力和武器而胜利的人。[①]

迦太基由来自邻近的古朱迪亚（Judea）的移民建立，这尚有疑问，希特勒、斯大林等恐白人盎格鲁—撒克逊新教徒症患者常常也是反犹太主义者。根里赫·沃尔科夫对英美社会"夏洛克"本质的攻击秘密暗示了英语母语者的敌人中重要性不断增长的主题。

悠长的欧洲传统现在在穆斯林中东繁盛，将盎格鲁—撒克逊人和他们党羽的不信神的资本主义与犹太人力量的上升联系起来。1290 年爱德华一世迫使犹太人离开英国；他们在克伦威尔治下回到英国，尽管经常边缘化和备受猜疑，自 17 世纪以来在英国生活中发挥了日益增长的作用。19 世纪胜利进入英国政治圈的本杰明·迪斯雷利（Benjamin Disraeli），他在信仰上是基督徒但公开为他的犹太祖先感到自豪，让全欧洲为之惊讶。19 世纪末，尤其是布尔战争时期，大多数欧洲舆论将这一战争解释为对有道德的农场主（布尔是一个荷兰语单词，意为农场主）的攻击，以保护犹太财阀的利益。犹太人和英

---

① "Syrian MP Dr. Muhammad Habash Denounces the American Culture of 'Violence' and 'Cruelty'", MEMRI Special Dispatch Series, no. 832, December 22, 2004, http://memri.org/bin/articles.cgi? Page = archives & Area = sd&ID = .

美资本主义之间的联系对众多观察者来说是不言而喻的。

这一主题20世纪早期出现在法国天主教和民族主义者反德雷福斯的护卫者的宣传中，并成为法国在两次战争之间的一种困扰。"离散的""世界主义的"犹太人观念上适合离散的、世界主义旺盛的盎格鲁—撒克逊社会，人们除了金钱不相信其他的有支配能力。又一次，美国比英国更差。当范妮·特罗洛普（Fanny Trollope）在明确美国与众不同的标志时，她注意到在对收益的热爱方面，美国佬像"亚伯拉罕的儿子们"。①

欧陆批评者认为盎格鲁—撒克逊资本主义很快堕落到财阀统治，盎格鲁—撒克逊人引以为豪的民主制度和价值只是门面。少数亿万富翁在幕后拉着绳子——而且这些金融家和财阀当然常常是犹太人。纳粹煽动者欣喜于细述这种把富兰克林·罗斯福和"犹太人"串联在一起的联系，不管是真实的还是捏造的：罗斯福有一位犹太人财政部长，国务卿科德尔·赫尔（Cordell Hull）娶了个犹太人。温斯顿·丘吉尔是另一个有吸引力的目标。反犹的阿尔弗雷德·道格拉斯（Alfred Douglas）勋爵暴怒的父亲曾经采取行动，使奥斯卡·王尔德（Oscar Wilde）因与年轻的阿尔弗雷德的同性关系招致不幸。他指控丘吉尔收取了犹太金融家欧内斯特·卡塞尔（Ernest Cassel）爵士4万英镑，提供了内部战争资讯，使欧内斯特爵士和他的伙伴收获了投机暴利。当一家报纸称这一情况是伪造的，道格拉斯控告这家报纸诽谤罪，并在法庭作证，说丘吉尔

这个野心勃勃的杰出人物，缺钱用又渴望权力，跳进了

---

① Roger, 159.

犹太人的陷阱，欧内斯特·卡塞尔爵士为他装修了房子。[1]

道格拉斯赢了这个带有嘲讽意味的审判，获赔一法新（四分之一便士），并在怒火中继续复印了 3 万份小册子，指责丘吉尔受到卡塞尔影响。道格拉斯因诽谤罪被捕，案子又回到法庭，如今道格拉斯是被告。丘吉尔和生于德国的富有金融家关系的更多细节浮出水面。卡塞尔投资了丘吉尔的著作和讲座的收益，给了他相当于 2006 年 4 万美元的现金作为结婚礼物。卡塞尔也为丘吉尔在伦敦南博尔顿大街的房子装修了一个"小型图书馆"。

没有显示出丘吉尔一方做过不道德的事，关于丘吉尔与犹太金融家隐蔽财务联系的谣言一直存在，20 世纪 30 年代纳粹令这一谣言复燃。[2]

在 20 世纪 20 年代和 30 年代，法国舆论对在美国的犹太金融家可能的权力而愤怒，比对美国要求法国偿还战争债务还要气愤。在很多法国人心里"夏洛克大叔"替代了"山姆大叔"，反犹主义和反自由主义合流而成令人憎恨的犹太—撒克逊权力图景，这不是最后一次。"自此以后世界将被盎格鲁—撒克逊人统治，受到犹太因素影响"，[3] 欧洲批评 1919 年凡尔赛和约的人哀叹。人们现在可以在伊斯兰网站上感受这种悲痛之情。

---

[1]　Michael McMenamin, "Churchill and the Litigious Lord," *Finest Hour*, no. 95 (Summer 1997).

[2]　Michael McMenamin, "Churchill and the Litigious Lord," *Finest Hour*, no. 95 (Summer 1997).

[3]　Dr. E. J. Dillon, *The Inside Story of the Peace Conference* (New York: Harper and Brothers, 1920), 497; now found at the Web site of Radio Islam.

又一次，不止是纳粹在新显示出来的令人惊恐的盎格鲁—撒克逊威胁中看到犹太人的手。犹太人在流行音乐出版界和好莱坞的成功，有点像新一代非裔美国艺术家和企业家在这些领域所取得的成就，打击了众多欧洲观察者，将它看成是盎格鲁—撒克逊／希伯来综合体另一个灾难性的迹象。财阀政治和粗俗与对权力无法满足的贪婪和顽固不妥协的愿望联系在一起：这就是盎格鲁—撒克逊展现在对抗他们的人面前的形象。

犹太人蜂拥至好莱坞，众多著名工作室领导、演员、作家是犹太人，这些第一代和第二代移民能很快融入英美世界的文化权力结构，给恐白人盎格鲁—撒克逊新教徒症火上浇油，使对白人盎格鲁—撒克逊新教徒的憎恨与对犹太人憎恨之间的联系更为紧密。显然这两个群体已经开始狼狈为奸，策划一些大阴谋以摧毁世界的道德品质，同时令他们的人民屈从于最最糟糕、原始野蛮的盎格鲁—撒克逊—犹太人"文化"和资本主义。

恐白人盎格鲁—撒克逊新教徒的世界

真正的恐白人盎格鲁—撒克逊新教徒者憎恨美国，因为这是傲慢粗俗的海洋，耀武扬威、无拘无束的暴徒毫无顾忌地践踏脚下只有有教养的少数人能支撑的复杂微妙的成就；他憎恨美国，也因为这是一块充满可怕的不平等的土地，全能的财阀将受苦受难的沉默穷苦大众践踏到尘土里。他憎恨美国，因为美国像老派清教派一样憎恨娱乐和性；他憎恨美国，因为在美国颓废的快乐主义中存在着商品化的色情行为。恐白人盎格鲁—撒克逊新教徒者既憎恨美国的好战精神和野蛮使用武力，同时又轻视美国人的怯懦和不愿意为他们的信仰战斗和死亡。

美国人必须受到憎恨，因为他们对世界漠不关心，局限在自己　73
有关的事情中，排斥其他所有一切；他们必须受到抵制，因为
他们永远不屈不挠地将自己的价值观强加于世界其他地方。人
们轻视美国这个卑劣、枯竭和衰微的社会；人们拒绝美国，因
为美国有贪得无厌的动力，富有扩张精神。美国人是天真而不
谙世故的；美国人善于谄媚又狡猾。美国人是对上帝痴醉的五
旬节派信徒；美国人是愤世嫉俗的犹太人的机械手，没有宗教
或世俗价值观。美国人是像霍默·辛普森（Homer Simpson）
这样又肥又懒的电视迷；美国人是精明残酷的商人，凭借既冷
淡又邪恶的超常智慧无情地剥夺对手的财富。美国男性是鲁
莽、决断迅速的牛仔，践踏所有的限制和文明规则；美国男性
是女性化的懦夫，臣服于跋扈妻子的指尖。美国女人是荡妇和
勾引者，轻易就和任何男人睡觉；美国女人是脸形瘦削、冷漠
又刚勇好战的男人杀手，毫无女人味。美国是哀鸣者和需进行
十二步疗法的上瘾症与强迫症患者柔软却悲哀的国度，自恋般
地斤斤计较纠结于情感问题；这是机械性的野蛮土地，赢家吃
掉输家，团结和同情在脚下被踩得粉碎。美国压迫和镇压它高
尚的黑人少数族裔；美国是堕落的杂种社会，大众文化向世界
易受伤害的青年人喷射出非洲的污秽。美国用不现实的理想主
义危害世界和平，不负责任地对国际体系产生威胁；美国无情
且不人道地挑起战争，全世界都对它愤慨并抵制。美国是邪恶
的，因为它是基要主义者和基督徒；它是邪恶的，因为它被犹
太人统治。

　　这一模式的反美主义不仅是一种情绪；这是包罗万象的，
尽管不一定一直是这样一种连贯的世界观。作者伊恩·布鲁玛
（Ian Buruma）和阿维夏·马格利特（Avishai Margalit）把这和

一种他们称之为"西方主义"的现象联系起来——欧洲和非欧洲的作者和政治思想家进行诸多尝试，发展出一种反对18世纪启蒙运动的多个方面的连贯意识形态。西方主义与恐白人盎格鲁—撒克逊新教徒者共享对自由资本主义现代性的系统化憎恨和嫌恶；两者的不同之处在于，西方主义者可能不会将英国或美国（或两者兼有）作为这种他们憎恨的现代性的首要来源和主要权力，恐白人盎格鲁—撒克逊新教徒者则会这么看。

讽刺的是，对非恐白人盎格鲁—撒克逊新教徒的西方主义者而言，法国经常是主要的恶棍。为将德国文化从法国启蒙运动令人憎厌的影响中解放出来而战斗的德国浪漫主义者，反对法国文化和政治控制的阿尔及利亚叛军，天主教反对世俗现代性的传统主义者，以及不仅要分离教会与国家，而且要将教会在国家中边缘化的激进雅各宾传统都把法国大革命（由共济会和巴伐利亚光明会协助）看作是折磨人类的罪恶渊薮。再往东，俄国知识分子史满是西方主义者——泛斯拉夫主义者或其他人——他们起来反抗他们看作是冷酷残忍的德国启蒙之光，保护俄国灵魂丰富的内在世界。在中亚，西方主义者需要消灭令人憎厌的俄国的西化影响。

然而，随着时间的流逝，美国政治、经济和文化权力在世界上取代和胜过法国、德国和俄国的权力，西方主义开始更紧密地与恐白人盎格鲁—撒克逊新教徒症联系在一起——正如美国人逐步代替英国人成为恐白人盎格鲁—撒克逊新教徒者的想象中十恶不赦的恶魔。西方主义同样不太可能消失，但对美国的关注增强了。对西方主义者而言，憎恶美国是在西方乃至全世界均可见到的一种趋势的最纯粹的表现。恐白人盎格鲁—撒克逊新教徒者憎恶西方其他地方，因为这部分世界充斥的美国社会价值和理念最多，最像美国；西方主义者憎恶美国，因为他们最蔑视的西方意识形态和价值在这里表达得最纯粹、能找到这类意识形态和价值的政治拥护者。

在西方主义者和反美人士中也必然有反犹主义者。西方主义者和反美人士憎恶犹太人，因为犹太人和/或以色列人是西方或美国人的同盟者；反犹主义者憎恶西方和美国，因为他们是犹太人的奴隶。

对所有三类憎恶现代性的人来说，美国和它所代表的一切远胜任何其他烦恼。美国，它的文化、它的生活方式和它的价值观溢出疆域给他们造成威胁。这种威胁无所不在，全方位且令人恐惧。一位摩洛哥女权主义学者这样描绘阿拉伯男人对于1991 年海湾战争期间麦加置于美国空军保护之下的感受：

> 敌人不再仅仅是在地球上；他占领了天堂和星球，统治长久。他引诱人妻，不论她们是否蒙着面纱，借着电视的天窗。炸弹只是新主人的附带物件。巡航导弹用在大场合，造成无法避免的牺牲。在正常情况下，他们用"软件"来滋养我们：广告信息、青少年歌曲、每日科技资讯、文凭课程、要掌握的语言和代码。我们的奴役状态流动易变，我们遭受羞辱麻木不仁。① 　75

在当前条件下，到处都充斥着现代消费经济的商品、到处都是携带当下媒体信息的电波，美国无所不在。无形中世界每

---

① Josh Pollock, "Anti-Americanism in Contemporary Saudi Arabia," *Middle Review of International Affairs* 7, no. 4 (December 2003): 33.

一个国家公共舆论和精英中强大的部分带进了"美国化"这个项目——从经济层面而言，即便不是从政治层面来说。帝国主义不再是有关征服或殖民的问题。这是一种精神入侵，是基于消费主义的征服，有如二战后困扰法国知识分子的恐惧：马歇尔计划会使法国臣服于"可口可乐化殖民"。

"我们穆斯林的生活空间里，还有没有一个地方是没被美国腐化的？"埃及人塔里克·希尔米（Tareq Hilmi）写道。在联合国、世界银行、国际货币基金组织和关贸总协定，美国运用国际体系分化、削弱和剥削倒霉的伊斯兰世界。然而这里也有希望。他们越大就越难以倒下。引述"著名经济学家林登·拉鲁什（Lyndon LaRouche）"的话，希尔米期待迫近的金融危机和崩溃。圣公会按任命"所多玛"式的主教为相信长久以来不知为何延迟的英美巨灾现在即将到来增添了理由。①

今天系统化的反美者把体现美国在世界上重要性不断增长的各方面看作是旧有的盎格鲁—撒克逊主宰世界的"天命"的一部分。

他们的担心并非毫无根据。不论是听取乔治·W. 布什这样的政客讨论美国推进世界民主的使命的人，还是听取美国女权组织急切地在全世界推动确定模式的性别关系并决定运用美国政府压力帮助他们做到这一点的人，不论是阅读五角大楼强调美国对确信没有国家曾寻求达到相同军事实力的需求的计划文件的人，或是关注美国商业寻求渗透到新的市场同时指出美国人不顾国际反对继续主宰和控制互联网的人，非美国公民想知道他们是否有办法来减少美国的全球影响力，这一意愿能获

---

① Tareq Hilmi, "America That We Hate," *Al-Sha'b*, October 17, 2003.

得理解。

对于反美人士来说，这些和其他美国权力的迹象太让人不安。它们是对人类生活中有价值的一切不断增长的极大的威胁。把美国的胜利等同于机器对生命的胜利，这通常是悠久的法国传统，但德国哲学家马丁·海德格尔（Martin Heidegger）最好地诠释了反美观点。美国的文化和生活，"美国主义"在海德格尔的思维中是人类道路岔离富有意义的人生之路后可怕的最终目的地。美国把人生贬损成无意义产品的消费和无意义的事件体验，人际关系把每一样有价值的东西都清空。通过电视引诱人妻、通过电影和电子游戏窃走别人儿女，这是对非地缘的却仍然是帝国的美国的观感。

76

20 世纪 30 年代初，海德格尔把苏联和美国看作是双生恶魔：都用它们的方式表现出机器、工具手段对真实人生的胜利。至少有一段时期，海德格尔行之过远，把纳粹德国看作是让欧洲脱离双生威胁最好最高贵的保护者。就像莱顿和年青的德国松鼠爱好者，海德格尔害怕可爱的棕松鼠陷在富有进攻性的黑松鼠的爪间。纳粹德国倒台后，海德格尔总结道，马克思主义者的所有罪恶其危险性小于美国人；他希望与马克思主义展开思想对话会打通建立有效反美同盟的新路。

海德格尔的观点在今天众多左翼和右翼的欧洲和拉美反美主义者中仍占主流地位；穆斯林世界的思想家尽管思考进程略有不同，结论相似。今天看来马克思主义左翼、激进的绿党、色彩斑斓的各类后现代激进主义者和激进的穆斯林中的一些残余元素在寻找一种方式把它们联合起来，只有一个议题把它们联结在一起：对自由资本主义现代性、以色列和美国的憎恶。

2002 年 10 月，本·拉登向美国人民发布了一条消息，总结了盎格鲁—撒克逊人（和他们的犹太盟友）的敌人和反对者数世纪来认可的大多数主题。他将美国人称做是"婚外性交、同性恋、麻醉、赌博和高利贷的"的民族，"人类历史上可见的最差文明"，本·拉登发表了一份要素甚多的控告。

宪法上教会与国家的分离违背了上帝的权柄。高利贷这一美国经济的基石允许犹太人操控媒体，并使美国人成为他们的仆人。美国人将淫乱等同于个人自由——这使克林顿总统在总统办公室的不道德行为未受惩罚。美国人赌博。他们剥削妇女，像对待消费品，却声称支持妇女的解放。商业化、商品化的性渗透在美国经济和文化中。美国科学家发明和传播艾滋病。美国核污染在毁灭世界——并且即便如此，美国拒绝批准京都协议。美国政治只是假装是民主的；事实上它是财阀体系，犹太人在幕后拉着线操纵。美国是世界历史上最充满暴力的社会，把核武器投向日本是众多罪行的一种。美国的伪善无可比拟；美国民主为有特权的白人专设。美国不尊重国际法，尽管它推动其他国家贯彻这类法律。"9·11"后爱国者法案和其他严厉措施完全展示了美国声称捍卫人权的伪善。①

尽管反美主义在恐白人盎格鲁—撒克逊新教徒者中已经取代恐英心理成为主导范式，海象和木匠，连同犹太人仍在世界上有着诸多想象的海滩上出没。说起英国和美国，本·拉登对一位采访者这样说："这两国的政策对伊斯兰世界最具敌意，这一点众所周知。"② 他随后回到主题：

---

① Bruce Lawrence, ed., *Messages to the World* (London: Verso, 2005), 160 - 171.
② Bruce Lawrence, ed., *Messages to the World* (London: Verso, 2005), 160 - 171.

　　我是说在斗争中有两方，一方是与犹太复国主义者联盟的世界十字军，由美国、英国和以色列领导，另一方是伊斯兰世界。①

　　什叶派的伊朗人同样仍然看到老的伙伴关系仍在运作，并准备好抵制它。在国际基础上建立一个新的伊朗组织以为其革命输出服务，总部设于伦敦的一家阿拉伯语报纸报道说，伊朗革命卫队的一位"理论家"这样描绘伊朗反对首要敌人未来行动的计划：

　　　　难道犹太人和基督徒没有借着坚韧和压迫取得进步？我们制定了战略去摧毁盎格鲁—撒克逊文明、把美国人和英国人斩草除根。②

　　伊朗总统内贾德在 2005 年的一次演讲中的调子也表现出相似的乐观，预测伊朗的敌人会倒台，这是他们弃教导致的结果："今天，美国、英国和犹太复国主义者政权注定要消失，　78因为他们偏离安拉的教导太远，这是安拉的应许。"③ 牡蛎吃完了，沙滩还没扫——海象、木匠和他们的犹太主计长需要受

①　Bruce Lawrence, ed. , *Messages to the World* (London: Verso, 2005), 160 - 171.

②　"Iran's Revolutionary Guards Official Threatens Suicide Operations: ' Our Missiles Are Ready to Strike at Anglo-Saxon Culture. . . There Are 29 Sensitive Sites in the U. S. and the West. . . , ' " MEMRI Special Dispatch Series, no. 723, May 28, 2004, http: //memri. org/bin/articles. cgi? Page = archives&Area = sd&ID = SP72304 (accessed January 10, 2006).

③　Sarah Baxter, "UN Imposes Nuclear Sanctions on Angry Iran," Sundy Times (London), December 24, 2006.

召进行解释。

那些反对盎格鲁—撒克逊文明和秩序的人长久以来寻求从军事、政治和文化层面反对盎格鲁—撒克逊权力。四个世纪以来，为抵抗这种威胁而形成的对泛欧洲联盟的需求在欧陆治国安邦的讨论中显得非常突出。查理五世和西班牙的腓力二世尝试在天主教正统的旗帜下把欧洲联合起来反对迷雾笼罩的岛屿，但失败了。拿破仑催促他帝国的臣民支持他推翻背信弃义的店主实施的古老暴政；法国知识分子提倡建立一个欧洲联盟，甚至包括 1870 年以来令人憎厌的德国这一敌人以抵制盎格鲁—撒克逊威胁。德皇和希特勒都倡议促进欧洲团结，而德国站在无私的立场上，从而抵制盎格鲁—撒克逊威胁。冷战期间共产主义的宣传用尽办法离间欧洲和它盎格鲁—撒克逊保护者之间的关系。在冷战结束后的欧洲，热心于欧盟的人争论说，只有一个统一的欧洲能足够坚定有力地抵抗美国全球化的阴险力量和盎格鲁—撒克逊社会模式。让—保罗·萨特（Jean-Paul Sartre）将海德格尔的反美思想引入战后欧洲马克思主义的主流中，在共产主义者瓦解西方冷战同盟中发挥了作用。今天这一理念就算不是海德格尔的系统哲学，这一世俗的德国前纳粹思想在西方共产主义者中长久以来颇为流行，并在中东地区一些穆斯林中成为新的时尚。那些人发现，在他们分别寻找反对和摧毁危险的美国体系和其扩散性工事的有效方法时，海德格尔原则性强的反美主义是有用的工具。

因此，四百年来，两种话语渐渐成型。母语是英语的人认为他们自己捍卫、有时促进自由，保护弱者，为穷人提供机会，将道德和民主原则引入国际社会，而且在国内国外创建更

平等更公正的社会。他们的敌人看到同样的现实，看到的是对
社会和道德体系各方面的残酷攻击。

人们可以争论这些意识形态的不同是讲英语国家和他们邻
国之间频繁战争的原因，或是结果，我们是因为我们彼此憎恨
而争战，或是因我们争战而彼此憎恨。

当然，细微之处的阴影多有参差。不是所有恐白人盎格鲁—撒克逊新教徒者都是反犹主义者；不是所有盎格鲁—撒克逊人都讨厌高雅文化。在盎格鲁—撒克逊地盘上也有恐白人盎格鲁—撒克逊新教徒者，在法国也有亲白人盎格鲁—撒克逊新教徒者。

然而，总体而言这一结论很难避免，即在讲英语的社会和它们邻居、对手的频繁冲突中，一些非常真实、非常重要的事情起到了非常关键的作用。本质上这是宗教冲突。

"我们通过厌弃美国而敬拜安拉"，希尔米写道。他属于反英分子和反美分子长队中的最新一拨，得出了这个结论。

我们的敌人，克伦威尔说："都是世界上邪恶的人，不管是在国内还是国外，这是这个国家存在所面对的敌人……他们怀着很大的敌意，反对任何服事神的荣耀和他子民的人；——这个国家这些人看来更显著，是的是最显著受到庇护和承认——我们不是虚荣地这么说——超越世上所有国度。"

他们不可能都是对的。

漫长的战争

统一的"西方"崛起的传统叙事掩饰了一个世界历史上最古老且最尖锐的文明冲突：盎格鲁—撒克逊人与欧陆持续数

世纪的战争。在长年的战争中，盎格鲁—撒克逊人和他们的欧陆对手在争执中墨水几乎和鲜血溅得一样多，笔墨之战甚至日益超过真正的战事。盎格鲁—撒克逊世界向它的批评者学习一些东西；牡蛎有它的道理。"他们"说的很多关于"我们"的事是真实且重要的。我们能够，而且应当从中学习。

尽管如此，在所有伪善和欺骗、罪行和贪婪之下，一些非常真实的东西在白人盎格鲁—撒克逊新教徒的战争中作用关键。盎格鲁—撒克逊强权的自由帝国和欧陆不自由的帝国之间确有不同，不论盎格鲁—撒克逊国家一侧是否有过错，令人惊讶的是对恢复天主教绝对主义、雅各宾派的恐怖、拿破仑的狂妄自大、普鲁士的尚武、纳粹德国和日本帝国疯狂的残酷、列宁主义浸透鲜血的"科学"狂热，斯大林的杀人偏执，或列昂尼德·勃列日涅夫令人头昏脑涨、思想贫瘠的官僚压迫却令人吃惊地少有需求。某种程度上有人感到，正当或一旦像本·拉登和阿亚图拉·霍梅尼这样的狂热分子的偏执和恐怖主义像其他那些人一样被丢进历史的垃圾箱，世界将同样对发掘和复兴这些克伦威尔及其继任者最新对手的教义和实践少有渴望。

在有人努力弄明白这个漫长的战争时，有其他东西值得回顾：胜利。

自伊丽莎白女王一世时代以来，盎格鲁—撒克逊人不仅与欧洲和其他地方不自由的反对者作战，而且取得了胜利。首先是英国，接着是美国成为世界强权，且在文化上有主导地位，这前所未见。可能这样说没有礼貌，但这样无损其真实性。盎格鲁—撒克逊国家建立了有史以来最广阔、最强大、文化意味显著的霸权——不顾其他有能力发动军事和意识形态战争来反对英美秩序的富裕强大的国家的激烈反对。英美人已经不断壮大，越来越富有，而他们的对手遭受耻辱而蒙羞，直到他们学会适应英美秩序。

正如克伦威尔，而不是海德格尔会提出的，从 17 世纪到现在，撒旦和他在地球上的奴才憎恶以英语为母语者，并努力打碎他们的骄傲、削弱他们的权力。强大的邪恶轴心兴起，反对以英语为母语者，所能见到的最大规模的武装部队集结和经济权力结合在一起反对讲英语的世界——并且他们失败了。德雷克烧焦了西班牙国王的胡须；克伦威尔助力让他悲痛心碎。马尔博罗（Marlborough）打败了路易十四的军队；老皮特（the elder Pitt）摧毁了路易十四继承人的帝国。小皮特（The younger Pitt）组织了对拿破仑的抵抗。威尔逊和劳合·乔治抵抗德皇；罗斯福和丘吉尔粉碎了纳粹，并用天火惩罚了纳粹反全世界的罪行。杜鲁门遏制斯大林；里根活着见到了戈尔巴乔夫（Gorbachev）的倒台。

在所有战争中以英语为母语者都有同盟。总的来说是和艾迪生一样相信，以英语为母语的国家会"回应受折磨邻居的祈祷"，这些国家常常是更小更弱的国家。然而以英语为母语的国家孤立或近似于孤立的时刻反复出现：当整个欧洲在梦魇般的单一权力统治之下——当一个类似斯大林、希特勒、拿破仑或路易的人看来行将胜利。极权意识形态的崇拜者自信而狂喜；英美人受到轻蔑地摒弃，因为他们是过时的、与此无关的。暗黑领主成功了，联盟瓦解了，黑暗之塔升向天空，末日火山让人内心充满恐惧的有毒烟雾覆盖中土世界。

然而总是在最终，不知何故，狡猾的小霍比特人赢了。高塔轰塌，夏尔重又繁盛。纳尼亚兴盛了，女巫逃走了。

81

这是现代最大的地缘政治故事：英美权力的诞生、兴起、胜利、防卫和继续上升，尽管反对和冲突持续不断、方式更新。今天，了解那一体系最坚定的敌人强烈愤怒和狂热憎恨的最后要素是连续胜利的历史。对恐白人盎格鲁—撒克逊新教徒者而言，自17世纪以来，历史被领进了导致灾难性错误的方向；每一次对抗令英美体系比上一次对抗时更强有力。抵抗是必需的；抵抗是无效的。在像本·拉登和阿布·穆萨布·扎卡维（Abu Musab al-Zarqawi）这样的人憎恨与反抗的尖叫后面潜藏着一个常识，即历史潮流长久以来偏向讲英语的人。

我们中的其他一些人回望跨越四世纪的英美权力，询问这意味着什么。显然是这样：上帝是自由的；恶魔不是。很难让克伦威尔、杜鲁门、艾迪生和皮特都赞同一个给他们所战斗的目标所下的精准定义，但出于做得更好的愿望，里根1987年在柏林的大声呼喊有这个意味："戈尔巴乔夫先生，推倒这堵墙！"

上帝是自由的，这是自英国宗教改革以来讲英语国家的根深蒂固的体认，而且如果历史是天意的镜子，他们是对的。自16世纪以来，每一个世纪英美人都面临威风凛凛、实施不自由政策的对手，每一个世纪结束时英美及其领导的世界秩序比世纪之初更加强大。英美寻求在不断发展的自由民主资本主义基础上建立一个全球贸易体系；他们的敌人进行抵制，并建起壁垒保护他们的社会免于盎格鲁—撒克逊实践和理念的破坏性效应。这些壁垒的下场是倒塌；盎格鲁—撒克逊人相信这一模式反映的是上帝，或至少是自然力量应许给世界的路。

罗伯特·弗罗斯特（Robert Frost）写道："有一件事摆在这里，壁垒不讨人喜欢。"

现代历史中没有像英美世界秩序的发展和兴起这样持久或 82
重要的事情。自从伊丽莎白女王一世要求德雷克爵士出海抵抗
西班牙无敌舰队，几乎每件事都发生了变化：科技、社会、政
治、文化、宗教。过去的四百年间空前的变化不断加速产生。

但有些事并未改变。世界政治的基本结构在伊丽莎白和克
伦威尔治下隐然成形，自由的海权帝国反对团结起来的不自由
的欧亚霸权，这走向成熟并一直存续。确实，筋疲力尽的海象
在海浪中喘着粗气，只是有时抬起患有风湿的鳍，喊叫着用尖
利的言辞提出建议（"现在，乔治，没有时间摇摆不定！"正
如玛格丽特·撒切尔在准备进行第一次海湾战争时对第一位布
什总统所说的）；但是木匠——曾只是伊丽莎白女王眼中一闪
而过的光芒——仍然在沙滩巡逻，一只眼睛竖起来防着恶魔，
另一只眼睛望着深蓝的海洋。

第二部分

他们全都恐惧又嫉妒

当不列颠奉天承运，
率先从蔚蓝的海洋中崛起，
这是上天特许的土地，
守护天使齐声唱响这一曲

"统治，不列颠！
不列颠统治着海浪；
不列颠人永不、永不、永不成为奴隶。"

那些国家不如你蒙福，
暴君必定依次陨落：
当你自由地强大兴盛，
他们全都恐惧又嫉妒。

——詹姆斯·汤姆森（James Thomson）

第4章 格林尼治长老们的协议

恐白人盎格鲁—撒克逊新教徒有一件事情是对的：英美人 确实有一个主导世界的秘密总体规划，三百年来他们都忠诚地依此行事。在这段时间里，英国和美国有意愿并能够坚持以一种特殊方式介入世界政治，这种方式已经持续让讲英语国家比它们的对手在世界事务中获得更大的成功。

这种讲英语国家的大战略并不总是有意为之的。在某种程度上，它植入在假设、习惯和讲英语国家的机制中。里根没有研究克伦威尔的演讲以筹划对他所在时代邪恶帝国的攻击；乔治·凯南（George Kennan）没有通过研究马尔博罗公爵在安妮女王之战中的经济和政治战略来发展他的战略去遏制共产主义。

尽管众多英国和美国政治家都认识到，他们成为世界大国采取的是和他国截然不同的路径，但格林尼治长老们的协议这一盎格鲁—撒克逊人夺取世界权力的秘密计划从来没有书写成文。自古以来没有秘密社团密谈这一总体计划。通过自然而然地行事，通过遵从他们地缘、文化和社会的逻辑，英国人，后来是美国人恰巧走到一条在国际社会上管理自身事务的路上，这条路为持有灵活而持久的形式的全球权力做好了预备，适合他们的环境，同时相对于其他主要大国而言，英美面对的任务的复杂性和冲突矛盾都要少很多。

然而回顾一下，人们可以清楚地看到通往全球政治和世界权力的基本路径，体现在盎格鲁—撒克逊霸权国家的外交政策中。英语世界核心地缘权力战略用海军上将马汉（A. T. Mahan）的语言可以做最好描述。在描述英国在 17 世纪和 18 世纪反抗法国的战争中崛起时，马汉写道："一个势不可挡的强国的崛起，它注定是自私的、好斗的，但并不是残忍的，并且它比任何曾获得这一位置的国家更成功。这就是海权。"[①]

然而，尽管盎格鲁—撒克逊国家贯彻海权战略，他们并没有发明创造这一战略。贸易帝国多见于古代，并且雅典人认为他们是海权国家，和陆权国家斯巴达长期对抗。就罗马人如何建立优势海权以打败他们的迦太基敌人，马汉自己写下了长篇叙述。在更近的时期，威尼斯和热那亚以资本主义企业和海军的结合为基础，建立了强大的海上帝国。

海权的现代版本由荷兰发明。荷兰建于 17 世纪的全球贸易、投资和军事力量体系是那时世界上的奇迹，令世人嫉妒，这一体系的诸多基本特点在随后岁月中被英国人和美国人采纳。荷兰体系像操作软件的 1.0 版本，当今世界仍有很多国家运行这一系统。18 世纪开始时，英国引用了 2.0 版；到二战后美国引用 3.0 版后，沿这一路径进行了一些更新升级。

在每一版本中，海权建立了全球贸易和实力体系；自荷兰首先发展现代版本的海权以来，这一海洋秩序在世界历史中的重要性与日俱增。过去 400 年的世界史可以用 10 个字母归纳，这么说并不为过。海洋秩序的领导权从荷兰联合省（The United Provinces of the Netherlands，U. P.）转移到联合王国，

---

① A. T. Mahan, *The Influence of Sea Power upon History*, *1660 - 1783* (New York: Dover Publications, 1987), 63.

并最终转移到合众国，世界权力的故事从荷兰转到英国，再到美国（U. P. to U. K. to U. S.）。

"我一直尊敬西班牙国王"

一切始于低地国家——西北欧洲一些省的集合，如今分散在荷兰、比利时和法国之中。在很长一段时间里，这里是欧洲最为繁荣和先进的地区。羊毛衣服是中世纪欧洲制造、世界其他地方渴望购买的少数产品之一；从英国采购高质量羊毛，把羊毛再加工成精美或粗糙的织物，在意大利贸易商的帮助下把它们卖到中东城市的富裕市场里，数世纪以来这为低地国家带来了繁荣，并为复杂的制造工业和技艺精进的造船工业奠定了基础。 87

中世纪晚期这些富裕省份直到 1477 年仍在封建领主勃艮第公爵的领导之下，当时的公爵大胆查理（Charles the Bold），也以可怕查理之名而为人所知，死于意在夺回南锡的失败尝试。查理被称作封建精神的最后化身；无论如何，随着他的死亡低地国家转到追逐遗产的哈布斯堡王朝手中，因为查理唯一存活的继承人嫁给了神圣罗马帝国的马克西米利安一世（Maximilian I）。

强悍的联姻很快带给哈布斯堡家族另一块富矿脉：马克西米利安的儿子娶了西班牙斐迪南和伊莎贝拉的女儿（继承人）。在马克西米利安的孙子查理五世（Charles V）治下，哈布斯堡家族统治了欧洲众多地方，西班牙征服者迅速攫取了新世界帝国。低地国家由勃艮第公爵最重要的领地转变成一个卷入欧洲政治所有骚乱和斗争的广袤帝国里小而富裕的一部分。

起程非常顺利。哈布斯堡家族对富裕的市民课以重税——但巨大的帝国政府也对商业有益处。低地国家出类拔萃的士兵、造船专家、贸易商和店主在新兴的哈布斯堡帝国中发挥重要作用，从美洲掠夺而来的黄金有许多到了阿姆斯特丹市民手中。

　　然而，随着时间的流逝，环绕世界的帝国和它的低地国家臣民之间的关系恶化。低地国家反对为遥远的战争而征税，比如哈布斯堡家族与奥斯曼帝国之间在匈牙利和地中海的争战。对这些越来越难以驾驭的省份里的贸易商和贵族而言，这些战争于贸易而言很糟糕；缴纳重税而为损害了贸易的战争付出代价，这是亏本的交易。1556 年查理五世退位，哈布斯堡的奥地利和西班牙领地又一次分离开来。查理五世把那不勒斯、米兰、西西里、荷兰和西班牙的王位留给了他的儿子腓力（Philip）；腓力的弟弟斐迪南（Ferdinand）① 接受了帝国的王冠。当腓力二世试图重组他仍在蔓延发展的帝国的行政事务，并进行中央集权时，他的低地国家臣民对本地人丧失了对本地事务的控制而充满愤恨——并怨恨派驻而来维持哈布斯堡王朝秩序的外国统治者和士兵。

　　宗教改革运动令局势恶化。荷兰尤其倾向于新教徒一边，并且约翰·加尔文（John Calvin）的教义在那儿有现成的听众。哈布斯堡家族是西班牙宗教裁判所的庇护人，希望能对其帝国进行严格的天主教控制。

　　1568 年，荷兰革命爆发。虽然屡被休战打断，事情没有得到最终解决，但直到 80 年后它最终在《威斯特伐利亚条约》中联合省获得了正式独立。正如 1776 年 7 月之前的美国革命所显示的情形，首批荷兰革命者声称他们是腓力二世的忠实臣民，只是与他的邪恶顾问作战。荷兰的国歌仍然包含他们

---

　　①　实为查理五世之弟。——译者注

第一位革命领袖的辩护："我一直尊敬西班牙国王。"这一过程并没有持续很久，荷兰革命很快发展成为第一次欧洲战争，这可以称作是第一次世界战争，建立了自己的海军和世界贸易的荷兰在中国、东印度群岛和巴西与哈布斯堡的军队作战。

在最早的阶段，这场战争是为生存所做的殊死搏斗。害怕哈布斯堡战胜荷兰会导致西班牙对英国的征服（Mary I，玛丽一世，血腥玛丽，因她治下的宗教迫害，她广为新教徒所知晓，在她和腓力二世结婚后她亲切地将他列为继承人），伊丽莎白一世派遣部队保卫荷兰共和国。这种挑衅最终导致了1588年西班牙无敌舰队的出动，这标志着英国试探性地争夺它终有一日会赢得的全球霸权地位。

对于未能继承玛丽的英国王位，腓力二世感到失望，但并不气馁，1580年腓力二世相当幸运地从他另一位死去的妻子玛丽亚·曼努埃拉（Maria Manvela）①手中继承了葡萄牙和它广袤的海外帝国。西班牙和葡萄牙的联合力量反对荷兰人；他们遭受了毁灭性的失败，并丢掉了国家的南部地区。

但他们所为不只为生存。在他们击退了西班牙、葡萄牙、间或是法国或英国的同时，荷兰人建立了 1.0 版本的海事系统。荷兰的贸易、金融机制、独创性和科学令世界震惊：近代第一批股份制公司，第一个股票交易所，第一个巨大的投机泡沫（17 世纪 30 年代的郁金香狂热），宗教宽容乃至自由的来临伴随着主要科学和技术进步导致的一个特别富裕而有权力时期的开始。荷兰的"黄金时代"是欧洲那一世纪的奇迹；它

---

① 腓力也声称从其母亲、葡萄牙国王曼努尔一世之女伊莎贝拉那里享有王位继承权。

89　的艺术成就，它的军事胜利，它的科学功绩，和它的自由宽容的社会传统今天仍令我们尊敬。

　　小规模的荷兰共和国（面积与马里兰州相当）建起了海军，在其巅峰时刻主宰了世界海洋贸易线路。荷兰海军配有 1 万艘船、16.8 万名水手，每年荷兰贸易业的商品价值超过 10 亿法郎。[①] 荷兰东印度公司在远东彻底涤清了葡萄牙的势力，建立了一直延续到 20 世纪的荷兰帝国。一度荷兰看起来还要从葡萄牙手中拿下巴西，那时他们的北美殖民地新阿姆斯特丹看起来已准备妥当在今日的美国成为荷兰强权的支柱。荷兰在开普敦建立了殖民地，坚强勇敢却或许心胸狭窄的荷兰殖民者后代在 20 世纪公然反抗英帝国和世界舆论。阿姆斯特丹的金融市场是世界贸易的中心。直到 1803 年，荷兰金融市场仍在路易斯安那购地案的金融运作中发挥核心作用。

　　17 世纪的旅行者惊讶于联合省一般劳动者的富裕与独立。来自葡萄牙的犹太人和来自法国的新教徒涌入荷兰，带来了他们的技艺，有时还带来了他们的财富，荷兰人夸口说他们在成为一个熔炉、一个向全世界最有才能的人开放的社会。固执己见的殖民地行政长官彼得·史岱文森（Peter Stuyvesant）试图禁止葡萄牙犹太难民在新阿姆斯特丹定居，这被荷兰西印度公司坚决制止——犹太人获得了接纳。富裕商人与贵族家庭联姻，身无分文的劳工挤出成为贸易精英的道路，荷兰社会拓展了这一形式的社会流动性，这在封建欧洲是罕见的——但在新兴世界体系中越来越普遍。富有的荷兰青年和他们不那么富有

---

　　① A. T. Mahan, *The Influence of Sea Power upon History*, *1660 – 1783* (New York: Dover Publications, 1987), 96.

却更博学的导师们开创了最早版本的"教育旅行"（Grand Tour），横跨欧洲访问大学和有意义的地点。学者云集阿姆斯特丹以享有他们在故乡所不能及的自由和智识启发；荷兰的大学成为著名学术和辩论中心。富裕的赞助人提供往日仅来自王廷的资助，艺术家俊采星驰。荷兰科学家和学者的发现和发明令世界为之震惊。

世界出现了新型社会和新型权力。一个开放、充满活力的资本主义社会在金融、科技、市场和通信方面促发创新。这种创新在世界贸易中给予开放社会巨大优势。用这种方式获得的财富为抵御当时最强大最有能力的与之对抗的帝国的军事权力提供了基础。开放社会、世界贸易和世界权力的这一基本形式是海权国王们的权力秘密，是过去四百年历史的主要驱动力。

西进历程

荷兰人发明了体系，但他们未能维持他们的中心地位。世界政治有了不同的转向，18 世纪到 19 世纪的世纪之交，新兴海洋秩序的中心渡过北海，转到伦敦。

法国是问题所在。从旷日持久的衰弱时期中苏醒过来，一连串杰出的统治者替代了过去的弱势政府、停止了内战，建立了绝对的君主制和强大的中央集权国家，同时西班牙衰弱了，法国寻求在陆上主导西欧，并运用权力和财富将它的权力投射到全世界。在海上，英国人和荷兰人有时因全球海上贸易的财富而滋生的越来越激烈的对抗而分裂，有时被来自法国的共同危险所驱动而联合起来。对西班牙的恐惧曾使法国对联合省友善；随着西班牙的长期衰落，这种恐惧逐渐消失，法国寻求从西班牙哈布斯堡王朝越来越弱的控制中攫取低地国家南方信仰天主教的地区。法国在邻里任何显著的进展都给荷兰独立带来致命威胁；下一阶段欧洲历史上的长久战争在这一时期大局已定。

这一阶段大部分时间法国的核心战略是弱化和分化英国。西班牙在衰落。在伴随宗教改革运动而来的毁灭性战争后，德国的土地仍然瘠弱而枯竭。若是英国置身事外，法国在西欧的仅有潜在对手是荷兰。

只要是斯图亚特王朝仍在伦敦统治，持续弱化英国可谓是相对简单。对查理二世（Charles II）和詹姆斯二世（James II）摆脱议会进行统治的支持经常非常到位。斯图亚特王朝的国王们依赖他们从巴黎得来的金钱和支持，从未有资源和权威挑战法国的政策。有时路易十四（Louis XIV）会拉着弱小又分裂的英国一起与荷兰争执；其他时候，当法国带给微小共和国（荷兰）压倒性的军事压力时，英国则保持中立。

1688～1689年，随着英国最后一个信仰天主教的斯图亚特王朝的国王詹姆斯二世被推翻，法国分而治之的政策最终失败。主要荷兰省份的执政、奥兰治的威廉三世（William III）娶了玛丽（Mary）——詹姆斯二世长女（新教徒）。当强大的荷兰舰队在英国着陆，詹姆斯的精英支持者，像约翰·丘吉尔（John Churchill）、康伯里子爵（Viscount Cornbury）和克拉伦登伯爵（Earl of Clarendon）投诚到新教阵线，荷兰领导人和他的妻子赢得了王位。经过紧张而复杂的谈判，奥兰治的威廉成为威廉三世，开始他的统治，与他的妻子实行共治。

威廉的第一项任务是将不列颠、荷兰和所有其他对法国国势上升产生忧虑的国家集结而成大联盟（The Grand Alliance）。

这一联盟，有着不过是常有的倒戈和变化，却历经两场战争一直存在，直到 1713 年的《乌得勒支和约》建立了欧洲的新秩序。路易十四是一个强硬的对手，奥格斯堡同盟战争和西班牙王位继承战争都是残忍而困难的战争。然而最终英国—荷兰联盟战胜了法国。

然而在联盟内部是英国获益了。当荷兰舰队载着它的总督在 1688～1689 年成为英格兰国王时，两个国家大略是相当的；1713 年，正在崛起的英帝国明显取代了荷兰共和国成为公司里的高级合伙人。直到富兰克林·罗斯福在协助英国人防御他们的德国和日本敌人时领导美国取代英帝国成为海事系统中的领袖国家，再没有任何国家如此灵巧地运用联盟。

马汉上将论证说，在这些战争中，海权是英国对其荷兰盟友和法国敌人取胜的关键。荷兰的问题在于他们极度需要保卫祖国免于法国入侵，这迫使他们把兵力集中于陆上，只留下很少的一部分给舰队。英国没有这一问题，并且他们相对于荷兰的海军优势在战争期间加强。在威廉的战争委员会中，英国海军将领比他们的荷兰同僚更具优势，海军战略趋向于遵循英国人的直觉。

和荷兰一样，法国遭受了战争中资源分裂的创痛。路易十四因他自己陆上的沉重任务而分心，不能有效集中力量建立海权，这本可令他在海洋上打败不列颠，令法国而不是英国成为新兴全球体系中的领导力量。

1689 年春，法国船只将詹姆斯二世载往爱尔兰，然而在爱尔兰战争的最紧要阶段，法国海军害怕海上战争，未能增援詹姆斯二世蹒跚的远征。在奥格斯堡同盟战争升级期间，法国海权逐渐减弱；法国的贸易受损、资金短缺，最终迫使路易十 92

四缩减了海军的必需装备。

奥格斯堡同盟战争结束于 1697 年，这是由妥协换来的和平，但英法之间的竞争才刚开始。仅几年之后，随着西班牙王位继承战争的爆发，这一情势更为明朗。

路易十四从哈布斯堡家族的剧本中找到一个点子，并将巧妙的谱系主张与复杂的政治策略结合在一起，从而在不断衰弱的西班牙哈布斯堡王朝最后一位国王于 1701 年死后把路易十四自己的孙子指定为西班牙王位继承人，这场战争开始了。因为极度恐惧虚弱却巨大的西班牙帝国与咄咄逼人的法国联合，英国加入奥地利、荷兰和大多数德意志侯国的阵营，卷进另一场世界战争。

这场战争法国的结局并不好，在杰出的联盟将领马尔博罗公爵与欧根亲王（Prince Eugene）在法国舰队在海上消失的时候帮助在陆地上击败法国军队时尤其显而易见。尽管英国国内的政治争论和联盟国家内的争吵让法国逃脱了失败的最坏结果，终结了西班牙王位继承战争的 1713 年《乌得勒支和约》对英国而言是伟大的胜利，对荷兰而言也是这样，虽然程度上差了一些。不仅路易的孙子被迫分割他在欧洲的继承权，放弃了在意大利的众多额外领地——这足以削弱法国的综合地位，而且海权令英国在全世界范围的获得主要收益。荷兰乐见西班牙属荷兰（现为比利时）转由奥地利哈布斯堡王朝实施力度微弱得多的控制，这移除了法国入侵对荷兰本土的直接威胁。

然而，最大的收益在海上，英国把他们都赢了。《乌得勒支和约》将直布罗陀给了英国，在地中海区域，那时和现在它都是海权的关键所在。英国也轻松得到了米诺卡岛，这是个有用的地中海海军基地。在北美它的战利品更大，法国抛弃了加拿大的重要部分，同意英国对其他大部分地方的要求。在让荷兰和法国都因战争无暇顾及其他之时，战争促进了英国在印度权力的稳固增长。在南美，英国接受了道德上可疑但经济上有利可图的西班牙钦颁贩奴许可证（asiento），这一向西班牙殖民地输入奴隶的特许事实上开放了其他巨大的贸易机会。英国在争议中取代西班牙在拉丁美洲权力的进程始于这一时期，缓慢却不可阻挡。类似的是，战争巩固了英国与葡萄牙的关系；英国贸易商乐享与葡萄牙领土之间在随后的几十年中日益紧密且有利可图的关系。同时，法国由战争形成的州金融状态比以往任何时候都要糟糕；法国与以前相比，更不可能维持与英国的海军竞争，况且英国的经济优势开始增加。

当法国为最终以《乌得勒支和约》为结果的谈判做好准备时，路易十四的首席外交大臣警告，允许英国在太平洋拓展任何有进取意义的前哨会是致命错误：

> 人们可以确信，尽管可能今天还是荒芜之地……如果到了英国人手里，人们会看到那儿在几年内会有大量居民，建成的港口，欧洲和亚洲产品最大的转口埠，在那儿英国人把产品供应给秘鲁王国和墨西哥王国。[①]

这一午夜梦魇随着新加坡和香港的建成而最终成真，这些城市由英国人建造，为太平洋盆地提供了新的能源和动力。

海事系统的 2.0 版本成型，在荷兰的设计上增添了一些新特色。其一是均势的概念。在这一多极对抗的时期，这一词语

① Landes，223.

首次出现；西班牙王位继承战争结束后，均势成为欧洲政治体系的基础建筑模块。在《乌得勒支和约》中有提及，欧洲的均势成为国际政治中合法性的一个原则；在需要保存它时，国家有权利甚至的确是有义务采取行动。

对英国而言，欧洲均势的建立是一个主要的战略胜利。受到与之竞争的大陆国家的困扰和挑战，英国的潜在竞争者总在陆军与海军两边分散资源。英国拥有英吉利海峡和英国海军的保护，可以确保其海上优势。

从那之后，任何意图挑战英国全球海洋秩序的欧洲国家不得不打败欧陆所有对手及潜在的对手。这些战争进行时，英国当然不会袖手旁观。英国援引均势原则可能并且会出手干涉，这使强大的欧陆国家主导欧洲，并进而开始征服全球变得困难，也许甚至并无可能。

从那时到现在，英美在欧洲的外交遵循这一路线：加入或组织更为弱小的国家反抗最强国家的联盟。杜鲁门总统在冷战初期组建北大西洋公约组织时，踢走了我们二战时的盟友苏联，将弱小的西德纳入我们的新联盟中，他遵从的外交战略第一任马尔博罗公爵非常明白。

美国人将这种传统的英国进路全球化，很典型的是在任何地缘政治学中成为更弱小国家的同盟，倡导这些国家反对最强的国家。例如，今日美国继续致力于促进亚洲稳定均势的出现，与越南这样的旧敌人培育伙伴关系。冷战期间，美国把苏联看作是亚洲均势的巨大威胁，与能结盟的所有国家站在一起进行平衡，中国和日本都被纳入这一联盟。自第一次世界大战到1949年，美国路数有所改变，遵从同样的均势逻辑，与中国为伍反对日本。

在国际关系中均势是具有普遍性的元素；不仅是英国、美国和荷兰，所有国家都运用这一元素。然而，在海事系统中对其独特的运用是海权强国用全球战略来联结和平衡它，随着时间的流逝，这带来了越来越多的回报。

从威廉国王和安妮女王统治开始，英美战略的首要目标是全球性的。欧洲的均势将英国和美国从相邻区域的暴政中解放出来。这两个国家不像德国和法国，随着战争的命运变化来回交换阿尔萨斯和洛林这些省份。对英美人来说，巨大的奖赏是拥有和维持全球体系的建构，这符合他们的经济和安全需要。

英国从 17 世纪晚期就直接看到此后越来越清晰的图景，成为世界强国的关键不是在欧洲战场上的优势。这与其说是源自深层战略反思，不如说是历经国内政治中贸易和经济利益的尝试、错误和挣扎。中世纪英国国王为诺曼底与安茹这样的领地与他们的法国对手交战。这类目标日益被他们的近代继承人看作是粗鄙而无用的；近代英国国家的帝国建设目标有时是半清醒的，有时是坦率承认的，不再只是征服一片领地，这更新了世界体系。

奠定了有史以来最强大的世界帝国基础的英国人将欧洲的竞争对抗更多看作是战略资产，而不仅是一场竞赛。让法国和普鲁士公爵在莱茵河上一决雌雄；让奥地利和普鲁士两相争斗，血战西里西亚这一不规则、略呈腊肠状的领地，这块地如今属于波兰，大致与康涅狄格州和马萨诸塞州相加的面积相当。当那些国家忙于互相争斗时，英国会建立一个世界经济体系，把所有对手远远抛在身后。正如乔治二世和乔治三世的首相、纽卡斯尔—泰恩公爵托马斯·佩勒姆—霍利斯（Thomas

Pelham-Holles）曾做的评论："世界每个地方对我们都有影响，这个国家的大臣们应该以各种方式对全球进行考量。"①

在英美人的战略思考中，这是一个包括众多剧场的世界。所有剧场通过海洋连接起来，谁控制了海洋谁就能选择世界的建筑模式。英美国家主要的野心不是主宰一个特殊的剧场，而是主宰世界每一个剧场演员们生活的环境的结构模式。欧洲政策、亚洲政策、非洲政策、中东政策：这些政策都是手段而不是目的。这个目的是对把这些政策捆绑在一起的体系达成控制。

只要可以，海象和木匠寻求主宰全部地区和半球——英帝国在印度，美国在西半球。但如果那是不可能的，或者是基于可行成本的不可能，在一些关键的战区他们乐于接受均势。世界强国不需要主宰每一个地区来确保它的目标。一些战区可以忽略，另一些战区可以允许对手或伙伴控制。在一些战区，国家可以建立自己的体系；在其他战区，有利的均势确保国家的关键利益。

在马汉的认知中，海权不仅仅只是海军。这不仅是对战略性贸易线路的控制，这意味着运用海洋的流动性建立一个全球体系。这建立在经济联系和军事实力的基础上。这意味着运用离岸强国的战略灵活性，一定程度上保护来自被强大邻国包围着充满竞争关系和敌对关系的陆地实力，从而建立权力战略，使其他国家不能与之对抗。这意味着运用对海洋的掌控建立殖民地，而殖民地的财富和成功又巩固强化了母国。这涉及发展一个相对容易建立的全球体系，这种体系一旦建立起来，则被

① John Brewer, *Sinews of Power: War, Money and the English State, 1688 - 1783* (New York: Knopf, 1989), 181.

证实是极端难以去除的。

《乌得勒支和约》的结果是，使得在 1707 年《英格兰与苏格兰联合法案》之后被大家所知的大不列颠（联合）王国 96 崛起成为海事系统的领导国家。另一个世纪的战争会将这一体系投入测试，直到拿破仑在滑铁卢的最后失败令大不列颠成为这一世界毫无争议的主人。

下一个回合的军事斗争始于 1739 年，西班牙军官登上一艘在西班牙水域从事非法贸易的商船，船长罗伯特·詹金斯（Robert Jenkins）申诉说他的一只耳朵被西班牙军官割掉了。当愤愤不平的船长在下议院会议中挥舞着一只装着他受到虐待的耳朵的罐子时，首相罗伯特·沃波尔（Robert Walpole）别无政治选择，只能对西班牙宣战。东拉西扯、断断续续的詹金斯耳朵之战没留下什么持久性的影响；伦敦的波特贝洛大街以英国军队在巴拿马一场最终没有意义的胜利而命名。殖民地年青的爱国者劳伦斯·华盛顿（Lawrence Washington），未来美国总统的同父异母的兄长，以舰队司令爱德华·弗农爵士（Edward Vernon）的名字将家族位于弗吉尼亚的居所命名为弗农山，这位爵士赢得了波特贝洛战斗，一场庆祝弗农报捷的宴会为歌曲《天佑吾王》提供了首次演奏机会。然而，直到 18 世纪末，这首歌曲才代替更为传统的《古老英格兰的烤牛肉》成为流行的国歌，否则詹金斯耳朵之战的结果就并没有太大意义了。这场战争逐渐融入另一场规模更大、从英国的立场来说几乎同样没有意义的奥地利王位继承战争，在这场战争中，奥地利历经大量破坏和屠杀后将西里西亚割让给普鲁士。这场战争期间，小王子查理（Bonnie Prince Charles）与一小群支持者成功到达苏格兰；他引发了高地部落对英格兰进行不顾一切的冲击，迫使在欧洲的小股英国军队惊惶回撤，但法国舰队太弱小，不能支持他，这一冒险落败了。

这一时期英国所面临的更为严峻的挑战是法国重新努力，试图建立与之对抗的世界体系。自早年并无希望的起步以来，英国权力在印度增长相当快。英国东印度公司建造好一个越来越重要的贸易王国，这带来了大量财富。随着孟买、加尔各答和马德拉斯①贸易站点的巩固，英国人期待利润和权力的稳步增长。

然而，法国是问题所在。法国在英国之后很快来到印度，建立了贸易点和他们自己的政治关系。至 1740 年，尽管法国贸易规模仅为英国的一半，却也相当可观，在重要的印度土邦朝廷，精明能干的法国贸易商与英国人竞争获得青睐和影响。

97　　曾经强大的莫卧尔帝国在迅速衰弱，武器装备更精良、组织和训练更好的欧洲人领导的军队对于不同印度土邦显示出不断扩大的军事优势。英国或法国会在未来印度发挥引领作用，这变得很明晰——但不明晰的是，两国中谁会占主导地位。

在北美也是这样，法国人从他们在西班牙王位继承战争中蒙受的损失中恢复过来。从人口数量和总体经济发展来看，位于大西洋海滨的英国殖民地迅速超过了位于加拿大的法国殖民地。即使如此，法国探险家在地图上标出了有战略意义的密西西比和俄亥俄谷大部分地区，那时讲英语的殖民地仍然紧攥着沿海的平原。对忧心忡忡的英国战略家和法国的乐观主义者而言，有了印第安盟友的帮助，法国会成功在密西西比和俄亥俄殖民，把英国人限制在沿海狭窄的地带，这是可能的。

---

①　即今天的孟买、加尔各答和金奈。

法国全球权力的增长也在加勒比地区有所反映，蔗糖种植园对奴隶的残酷剥削造就了那个时代主要的经济引擎之一。法国在拉丁美洲的属地肥沃而广袤。法国的糖很快从欧洲市场上驱逐了英国的糖。英国在美洲的殖民地的贸易越来越多地被吸引到繁荣昌盛的法国前哨，比如瓜德罗普岛和马提尼克岛。

英国和法国军队以及他们的土著盟友开始在全世界发生碰撞，在印度和北美都发生了冲突。美国人所称的法国—印第安战争始于 1754 年，由青年军官乔治·华盛顿（George Washington）率领的北美殖民地军队与法国卫戍部队在俄亥俄河附近交火。战争中的第一场战斗于 7 月 3 日在大雨中爆发。经过八小时的战斗，法国人迫使陆军上校华盛顿在生命中第一次也是最后一次投降——很讽刺的是在 7 月 4 日。法国媒体后来贬损他为懦夫，所为与战争法则相反。华盛顿穿山越岭撤退回到他在弗吉尼亚的家。

北美舞台上的冲突而令法国相当满意，这还是第一次。羽翼未丰且缺乏组织的美国殖民者不能组织有效的军事行动；专业的英国将领不熟悉前沿战争的地形和条件，这导致他们臃肿的军队接连失败。1755 年，华盛顿又一次与爱德华·布雷多克（Edward Braddock）将军越过山岭，但 7 月的另一场压倒性的失败又一次把他遣回弗农山，他的军事记录与弗农司令在波特贝洛的记录相比相当令人气馁。

这些遥远殖民地的战斗擦出火花，落在欧洲的场域中，这里炮火已蓄势待发。以往不引人注目的普鲁士王国崛起进入强国范畴，这动摇了欧洲的国家间关系。法国和奥地利从前是死敌，它们克服了两者间的分歧，要与俄国并肩粉碎普鲁士这个暴发户。如果他们成功的话，这一联盟将把欧洲集结到反对英国力量的领导之下。在帮助普鲁士的同时，英国需要保护其海

98

外帝国免受法国侵扰。战争蔓延开来，1756 年 5 月，英国对法国宣战，战争正式开始。

法国在北美的胜利持续到 1755 年，但当战争蔓延到全世界时，新的英国领袖威廉·皮特（William Pitt）决定集结海事系统的所有资源对法国开展一场全力以赴的战争。皮特是特殊时刻的特殊人物。他因是"伟大的平民"而为人所知，不像那个时期其他主要的英国政治家，他没有、显然也没有寻求一个贵族头衔，在他接受主计大臣这个英国政府里极好的职位之一后引起公众注意——他立即招摇地拒绝了随同这一职位而来的巨额惯例性贿赂、酬金和其他报酬。

皮特不仅支持更为现代、有效和精英统治的国家，而且他对全球战略和海事系统有自己本能的理解。皮特的家族财富由托马斯·皮特（Thomas Pitt）奠定，他出发到印度进行非法贸易，挑战东印度公司的垄断。出离愤怒的公司代理商对无照经营者施以罚款和监禁，但他非常坚定和精明，以至于公司最后让步了。他们让狐狸负责鸡舍：他们任命他担任公司马德拉斯据点的主管。在那里安顿下来后，皮特买了一块 410 克拉的钻石，尽管这块钻石有着跌宕起伏的过往经历（他从一个持有钻石的人那里买了钻石，出售者从一个英国船长那里买下，船长从一个奴隶那里偷来钻石，而那个奴隶把钻石藏在腿上的伤口里从矿坑里偷运出来）。皮特把钻石出售给法国摄政王（切割成 136 克拉），获得了丰裕的财富，摄政王则把钻石镶嵌在法国的王冠上。这颗钻石在法国大革命期间失窃，后来又重新找到，拿破仑把它镶在他的剑柄上。人们在罗浮宫仍可见到这颗钻石。

有了他在印度获得的财富，托马斯很快成为托马斯爵士，获得了对老塞勒姆有名无实的选区的控制。这里曾是一座繁荣的城镇。自安妮女王时代始，老塞勒姆主要包括一些无人居住的遗址，分散在靠近巨石阵的长满草的小山上。幸运的是，它虽然因人口匮乏而在议会中缺乏选区实质，但仍在下议院中保留了一席位置。实际上这个席位成为皮特家族的财产，确保威廉·皮特可以沉着镇定地面对选民，无论政治气候如何变化。

但这也意味着英国 1757 年有了这样一位首相，他了解开放社会和自由的资本主义企业如何使一个国家及其公民在全球竞争中获胜。他明白这一经济权力如何能转变成为军事和政治权力。

此前从未有人具备这一水平，皮特了解英国权力的完整形式和本质。他明白他在打一场世界大战，英国的两大优势是它的全球海权和它繁荣的经济。他决定用一个优势去发展另一个优势，向英国人征收前所未有的重税，利用英国的信用等级和金融市场拆借巨额资金，令同时代人难以置信。他耗费巨资把英国的军事力量的规模和效率带上新的巅峰。一方面，他慷慨地补助英国的盟友、孤注一掷的普鲁士在欧洲敌人包围的困境中幸存下来。另一方面，他命令军队和舰队向世界大战的主要剧场进发：印度和美国。

让敌人破产同时粉碎敌人：这是罗纳德·里根 20 世纪 80 年代用于对付苏联的战略。里根通过制裁苏联及其卫星国的经济打击苏联利益；他为苏联自中美洲到阿富汗的敌人和对手提供军事援助。并且在进行这些行动时，他发起苏联不可能赢的高科技军备竞赛。美国经济成为战争的决定性武器，英国在皮特领导下对法国也是这么做的。

在印度，1756 年爆发的七年战争达到的高度是：英法两国为控制南部而将战斗不断升级。足智多谋的法国代理人行动坚定，与土邦统治者建立了联盟网络，法国把英国驱赶出他们在马德拉斯赚钱据点的希望不断增加。一连串岛屿基地——留尼旺岛、塞舌尔群岛、毛里求斯、马达加斯加，能在欧洲之外长期庇护法国军队和贸易船只。与母国大本营的沟通是法国人和英国人在当地力量的关键所在。武器和补给来自祖国；没有安全通信，母国贸易会枯萎和死亡，没有贸易他们在本地的权力也同样如此。

皮特的海军把法国的旗帜驱逐出了印度洋。英法两国代理人在印度为获得霸权地位的最终对决开始后，法国的通信和补给被完全切断——同时英国的通信和补给线路都得到安全保障。胜利不是在一天内就来到的，但补给更好、资助更多和装备更优的英国及其盟友逐渐在与法国的对抗中占了上风。到 1760 年，法国在印度的权力永久性地被削弱了。只有少数要塞和基地仍有保留，但法国再未在亚洲获得与英国同等的地位。英国继续发展，不仅在印度建立了一个帝国，而且主宰赚钱的中国贸易。直到第二次世界大战，英国仍在收获它于皮特领导下的印度大捷的果实。

在美国也是如此，海事系统给予英国无法抵挡的优势。早期法国在俄亥俄谷的胜利被证实是徒劳无功的。英国和殖民地的压力无情地转向魁北克。在步枪和弹药变稀少后，印第安部落友善地对待被削弱的法国人；英国的封锁阻止补给进入法属加拿大。随着他们在法国的市场受到封锁，法国商人和他们的印第安盟友眼睁睁看着他们的海狸皮堆在码头上。在法国产品从世界市场上消失后，英国商人和他们的盟友享受着更高的价格。

英国人可按照自己的意愿向新的冲突发生地带派遣新的军队和提供新的补给。皮特相信美国是法兰西帝国最后彻底粉碎的地方，他决定竭尽全力来打破法国对圣劳伦斯、俄亥俄和密西西比流域的控制。巨大要塞保卫着到法属加拿大的道路，也困扰着新英格兰的梦想，它们在英国的进攻下一个接一个倒下。法国军队英勇抵抗更出色、装备更精良的英国对手，终因寡不敌众，使得魁北克和蒙特利尔最终沦陷了。

征服的狂欢在继续。西班牙参战时犯了错误；一支英国舰队占领了哈瓦那和佛罗里达。瓜德罗普和马提尼克这些盛产食糖的岛屿依次落到他们手中。英国打散了法国在印度的势力，财富落在一些幸运的英国东印度公司官员身上。

尽管如此，皮特在战争结束时并不完全满足。下议院和新国王乔治三世被不断攀升的支出和不断增长的对继续征服所获收效的怀疑震惊，他们起用布特勋爵（Lord Bute，John Stuart）取代了皮特，乔治三世很快在 1763 年签署了一项妥协的和平协议，恢复了一些法国的失地，把古巴归还给西班牙。

在欧洲，当反普鲁士的俄罗斯女皇伊丽莎白（Elizaveta Petrovna）由她亲普鲁士的儿子①继承在莫斯科即位，英国的盟友普鲁士在最后一分钟获救。在 13 年毁灭性的战争后，普鲁士把西里西亚保留下来。另外，对那些居民来说，欧洲或多或少维持了原状，就像弗雷德·安德森（Fred Anderson）在他

101

————————

① 应为外甥。——译者注

的著作《战争坩埚》中所言，"六年壮烈的付出和残酷的杀戮准确地说无所成就"。

另外，英国建立了世界帝国，人员伤亡少于普鲁士为保有一个地区而损失的人口，少于奥地利为未能成功获得它而失去的人口，这个地区就是存在争议的波兰山间的腊肠状地带。①

---

① 指西里西亚。——译者注

第5章 法国吐司

在七年战争之后，法国仍然是欧洲大陆最强大的国家，把英国在战争中运用过的战略记了下来——并且绝不向失败妥协。在与英国绵长战争接下来的回合里，法国明白海事系统是英国实力的基础，并且他们越来越注意英国大战略中制海权与贸易的整合。

伏尔泰这样写道：

> 什么令英国强大，事实上从伊丽莎白时代开始，各方都赞同重商的必要性。英国议会这边将国王送上断头台，那边同样忙于海外贸易据点的建设，仿佛什么也没发生。查理一世的血仍热气腾腾，这个几乎完全由狂热分子组成的议会已于1650年通过了《航海法案》。①

路易十六的财政和军事支持令英国的13个北美殖民地赢得了独立，拿破仑是1791～1815年震动欧洲的战争中法国的领导人，从基础上动摇了英国的权力，这两个人都知道除非英国的海事系统受到成功的挑战，否则英国不可能被打败。

在首次这类冲突中，法国成功地促使北美殖民地从英国母邦中脱离出来。英国权力在印度也受到严重挫折，英国军队被迫从迈索尔统治者、法国的盟友蒂普（Tipu）苏丹那里接受有所妥协

---

① Landes，234.

的和平。这些挫折是真实的，但当英国在美国革命之后权力恢复
103 甚至增长，海事系统显示出被证实是其核心特征的另一面：回弹
力。一旦建成，海洋秩序成功地抵御了意在颠覆它的每一次尝试。

英国在七年战争中获得的胜利令众多欧洲国家忧虑一个过
于强大的英国可能给欧洲均势带来的危险。荷兰害怕英国的全
球优势；西班牙担心自己全球帝国的安全。两国都乐意跟从法
国进入反对英国巨人的战争的新回合。这一三角联盟预先把恐
惧注入足够多的欧洲国家的心脏，让在美洲和印度的全球争斗
引发了在欧洲发生的大型陆战。然而，这一次他们对法国在美
国的胜利会破坏欧洲的均势一点也不害怕，并且荷兰、法国和
西班牙很轻松地参与了反对英国的全球争斗，不担心在自己的
国家同时进行代价高昂的陆战。普鲁士、俄国和奥地利安静地
消化着各自首次瓜分波兰后获得的领土，开始充满希望地期待
第二道菜。这些国家对协助英国攻击法国没有特殊兴趣，并且
俄国在终于对美国战争有兴趣后，打造了一个有违英国利益的
武装中立联盟（League of Armed Neutrality）。

在美国革命的每一个阶段，海权都发挥了决定性的作用。
英国对海洋和海事秩序的控制容许乔治三世的军队到处战斗，
英国的巨大财富令它有能力征募赫斯雇佣兵并给予酬金，这些
人占英国驻美军队的三分之一。海权支配了英国的战争策
略，英国舰队夺取了主要的美国沿海城市，并通过派遣军队走
出主要城市中心和港口以安抚这个国家。

这个战略不止一次差点成功。在战争前期，华盛顿领导的
大陆军自豪地在剑桥公有地①集结，要把英国人驱赶出波士

---

① 现为公园，位于马萨诸塞州剑桥。——译者注

顿，却被赶出新英格兰、赶出纽约、赶出新泽西、赶出费城，进入位于贫瘠多风的福吉谷①的营地。若没有法国的贷款和报仇心切的阿姆斯特丹友善银行家的帮助，大陆军早就解散了。

然而，最终是海权为反叛者赢得了战争。没有了陆地敌人的折磨，法国有能力集结和部署一支舰队，这支舰队暂时在美国水域中战胜了英国海军。法国舰队到达约克城，将康华利勋爵（Cornwallis）加强了防御工事的营地变成了监狱；康华利被迫向法美陆军投降，并且英国自光荣革命以来第一次被迫承认这场重要国际冲突的失败。然而，从 1783 年到今天，英国还没有重复上述的经历。

具有讽刺意味的是，美国革命的成果证实了英国海事系统的力量。在一定程度上这是因为法国对这场战争的主要地缘政治希冀遭遇阻碍。法国希望新成立的美利坚共和国会成为对抗英国和海事系统的盟友。事实上，美利坚合众国很快发展成为这一体系的支柱。

也存在其他因素。一个因素是法国继续在其不利的经济条件下努力。美国战争的花费对法国君主制而言是毁灭性的打击。战争债务最终实质性地导致了经济危机，迫使路易十六采取一系列步骤，最终引发了法国大革命。同时，法国的战争债务紧缩了法国预算。路易无法通过继续建设他的舰队以跟进他的军事胜利。法国财政步入紧缩时期，不再进一步推进。

同时，英国的失败并不是完全的失败。在北美输给法国人和美国人后，英国战后在印度非常迅速地重拾失地。临近瓜德罗普岛的一个重要的海军胜利让英国人重新获得对大西洋的控

①　位于费城西郊。——译者注

制。法国海军在约克城的优势是侥幸的，并不是一个潮流走向。此外，战争中英国人设法给予了他们的前盟友荷兰一个彻底的失败。与美国革命大致同时的第四次英荷战争导致了英国在远东的横扫式胜利。荷兰同意 1784 年的条款后，他们（短暂地）收回了对锡兰的控制，但英国保有在印度的领土的收益，并且在现印度尼西亚的荷兰属地获取了新的贸易特权。胜利生发了法国的政治和经济危机，致使政府衰落无力；失败对于荷兰也导致了相同的后果。

胜利令英国的实力增长；失败也不能危害英国的实力。法国大革命给英国带来的，直至阿道夫·希特勒的侵略跨越英吉利海峡之前都可谓是最严峻的挑战，海事系统的力量在这里显现出来。

伟大的敌手

105　　起初，大多数欧洲观察家认为法国革命会进一步削弱法国。当三级会议通过一系列法令废除封建主义，当王权缩小，当暴徒控制了巴黎的大街，这显示出法国权力的基础——中央集权瓦解了。军队中训练有素的军官一般忠于旧政权。普通士兵和一些低阶军官可能支持革命，但他们想必缺乏那个时代复杂战争所需的战术和后勤技能。不仅如此，随着旧政权的坍塌，政府的权威在乡村地区弱化。佃农夺取了他们往昔地主的城堡；名人委员会从王权中接管了市政府。政府成了一个烂摊子，随着革命中纸币因通货膨胀而一文不值，法国的信用像一朵娇弱的花朵般凋谢下垂。

令几乎全世界惊奇的是，法国的革命政权很快被证明是世界历史上最强大的军事政权之一。1792 年 9 月，法国挫败了普鲁士和奥地利的入侵，法国革命军队很快占领了现在的比利时。

这是英国必须反对的情势。比利时港口和斯凯尔特河口从战略角度来看正对着英国最重要的通联线路。自从伊丽莎白一世派遣部队帮助处于困境的荷兰反叛者在尼德兰土地上避开西班牙的攻击，英国在欧洲实施的均势政策的主要元素之一就是不让比利时落到强大的敌对国家手中。1914 年德国入侵比利时，这令英国卷入第一次世界大战。

1792 年 11 月，法国横扫比利时。英国虽然早期曾很欢迎法国的君主制被推翻，却是革命政权最坚定的敌人。

第二年初，英国建立了第一个反革命联盟；直到第七个联盟才赢得了最后的胜利。同时，法国很快就由鼓舞人心的领袖拿破仑·波拿巴领导，对海事系统提出了前所未有的挑战。

荷兰和英国版本的海事系统建立在欧洲均势存在的基础上。当路易十四非常强大，以入侵威胁荷兰本土时，荷兰不再能保持对海事系统至关重要的海权，英国获取了秩序的领导权。在接下来的战争中，英国据有了全球优势，因为法国不能把它所有的资源都投入海军；它总是受制于自己后方的陆权。在一场法国不担忧陆地情况的英法战争中，英国败在了法国手上。

在拿破仑领导下，法国人系统性地破坏了欧洲的均势。征服比利时只是一个开始。18 世纪 90 年代有撤退亦有进攻，但法国权力像泛滥的河流越过河堤横扫所有河岸。1799 年，在拿破仑推翻越来越不起作用的平民政府自任为"第一执政官"之际，法国已经征服了荷兰和比利时，占领了莱茵河两岸德国

106

西部的大部分地区，并且控制了意大利的大部分地区。

海权仍然至关重要。当拿破仑侵略埃及，这显然是挑战英国在印度权力的第一步，英国海军在尼罗河之役中击败了法国舰队。拿破仑的军队征服了埃及，入侵了巴勒斯坦，然而没有海军的支持，战役是徒劳的。拿破仑不能率领他的军队越过英国海军主宰的海洋，他返回了法国，秘密而迅速地发动政变，从而成为执政。

在霍亨林登战役中，法国人打垮了奥地利人，一系列的胜利仍在继续。1802 年英国人和法国人达成一项和平协定，承认拿破仑的庞大征服成果。战争于次年再次爆发，1804 年 12 月 2 日，拿破仑带着被俘的教宗到巴黎圣母院，在那里他自己加冕称帝。

现在英国面临新情况：一个单一的强大陆权国家主宰了欧洲大陆。

自夺取帝国皇冠后，拿破仑对世界权力的动力有了他的所有前任都没有的清晰理解。法国革命的战争开始后，其他国家接连组织了两个联盟反法。每一个联盟都被法国击败，但每一次英国的黄金都能使法国敌人的财富再次复苏，帮助他们征募新部队来替换在战场上的伤亡，并且英国制造业威力赫赫，为他们提供了武器和弹药。反法联盟就像希腊神话中的九头蛇：拿破仑能一个接一个地砍头，然而只要有英国这一蛇的心脏存活，这些头就一次次重复长出。怎么办？

拿破仑的第一个计划是打击英国本土。1798～1799 年，法国人试图用寻常的方法激励不安宁的"凯尔特边缘地带"（主要是苏格兰和爱尔兰）反叛，并运送武器和部队支持沃尔夫·托恩（Wolfe Tone）领导的爱尔兰反叛。像以往一样，这一支持不足以令缺乏训练、装备不善的反叛军队所为超出骚扰和困扰英国政府的水平。1803 年，战争再次爆发，拿破仑尝试做更为戏剧性的事情：他在布伦集结了一支侵略军，并建造交通工具运载他们渡过英吉利海峡。

有了在他支配下的西欧的资源，有了西班牙的帮助，拿破仑拼起了一支舰队，他希望这支舰队至少能使他暂时控制英吉利海峡。罗尚博（Rochambeau）上将在美国水域的优势只持续了很短时间，却足以迫使康华利投降，并终结美国的战争。

迄今为止这是英国海事系统面临的最大考验。经过非常复杂的航行、对航行的反击、封锁，在特拉法加海战中，由 33 艘战舰组成的法国—西班牙舰队被纳尔逊勋爵（Nelson）指挥的由 27 艘战舰组成的英国舰队彻底击溃。纳尔逊在战役中殉国，但法国—西班牙舰队 33 艘战舰中的 22 艘损毁；所有的英国战舰都幸存下来。

"大人们，我不是说法国人不会来，"英国海军大臣约翰·杰维斯（John Jervis）在上议院如是说，"我只是说他们不会从海上来。"

他们没有这么做。甚至在特拉法加海战之前，拿破仑已经转向第二个击败海上帝国的计划：他将把欧洲整合成为一个单一的整体，用统一的欧洲所有的力量发动一场经济战争，让英国陷入瘫痪。拿破仑在数月内击溃了第三次和第四次反法同盟，又一次在一系列摧毁性的战役里（奥斯特利茨、乌尔姆、耶拿、奥尔施塔特）打败了奥地利、俄国和普鲁士，这些战役都是他最为辉煌的战果。1806 年 11 月 21 日，拿破仑颁布柏林敕令，宣布封锁欧洲与英国的贸易，从而让英国的商业和权力陷入绝境。

这是可怕的威胁。那时候拿破仑的法兰西帝国和它的盟友不管是在自愿还是不自愿的情况下，占据了欧洲大部分地区。在日新月异的工业革命中，英国经济已在经历迅速的变迁与增长；丧失所有主要的外国市场有扰乱经济发展的巨大可能性、削弱政府在继续进行与法国之间漫长且迄今为止几乎完全不成功的战争的能力。

入侵失败后，大陆体系——这个拿破仑声称要用来替代英国的海事系统的体系，是唯一给予对终结英国的抵抗颇多希望的战略——只要英国没有被征服，拿破仑的欧陆帝国就不安全。英国的全球贸易和快速扩展与快速工业化的经济使国家足够富裕，可以建立越来越多的反法同盟（只要它的国外市场不受影响）；只要英国屹立不倒，法国就被困锁在没有尽头的消耗战中，阻碍了拿破仑权力的巩固和法国霸权之下稳定的欧洲秩序的出现。1806 年后，拿破仑的大战略是最好能维持大陆体系，从而永久性地打败英国，确保他广袤的新兴帝国持久存在下去。

这么做代价高昂。欧洲人与英国和世界其他地方进行贸易的积极性很高，而且英国控制了欧洲人通往全球市场的入口。不仅各地有组织的走私日渐大众化，众多国家的本地精英们的钱包也深受柏林敕令的打击，它们开始重新考虑与法国合作的政策。然而大陆体系的运转要求普遍性遵守，拿破仑发现他自己执行法令更为辛苦，因为对他统治的支持开始减弱。

大陆体系也将拿破仑卷入两场最终导致他失败的战争：在葡萄牙和西班牙的半岛战争和入侵俄国的战争。

葡萄牙是一个弱小的国家，担忧西班牙的陆上实力，试图保护自己庞大而分散的全球帝国，对抗法国和荷兰这样的捕食者，17 世纪和 18 世纪它转向英国寻求帮助。两国的贸易联系紧密，英国和葡萄牙商人乐享这种全球范围内的合作伙伴模式。葡萄牙没有加入拿破仑的大陆体系的愿望，但拿破仑不能容忍他的封锁中有这么巨大的口子。

从军事角度来看，葡萄牙对拿破仑的权力不存在威胁。葡萄牙是一个位于欧洲边缘的孤立贫穷的王国；然而因为它是英国的贸易伙伴，这对拿破仑构成了威胁。拿破仑职业生涯中有两个最致命的决定，迫使葡萄牙顺从是其中之一。

一开始事情进展顺利。到 1807 年 12 月，拿破仑的军队已经占领了里斯本和葡萄牙大部分其他地方。但随后局势开始背离拿破仑的意愿。葡萄牙王室在英国支持下逃离，并从巴西继续战斗。（"这毁了我"，拿破仑数年后这么写，彼时他流放至圣赫勒拿岛，回忆他人生的重要时刻）西班牙微妙的格局崩溃了，王后玛丽亚·路易莎（Maria Louisa）的情人曼努埃尔·德·戈多伊（Manuel de Godoy）领导的软弱无能的政府被军事政变推翻了，此人于 1795 年受封为和平王子。拿破仑急于确保稳定，他趁机推翻了西班牙王室（被废黜的法国波旁王朝的亲戚），并封自己的兄长约瑟夫为西班牙国王。

西班牙人不喜欢他们无能的波旁统治者，但他们憎恨外国军队用一个科西嘉暴发户独裁者的傀儡取代他们。反抗法国的游击战争在西班牙全境爆发；英国抓住了葡萄牙和西班牙两地动荡给予的机会，英国军队登陆开始了战斗，历史上称之为伊比利亚半岛战争。漫长而昂贵的冲突束缚了法国军队数年之久，给予阿瑟·韦尔斯利（Arthur Wellesley）最终在滑铁卢战役中击败拿破仑所运用的军事经验。

在严格的军事领域中这些不是必需的。驻扎在比利牛斯的少量军队即可保护法国，不管是谁在统治西班牙，并且无论如何，如果拿破仑与葡萄牙的战争没有动摇伊比利亚的局势，和平王子会在皇家绿帽子查理四世亲切的漠视中继续维持西班牙的亲法政策。

战胜英国的重商主义和海权是战略需要，却使拿破仑陷进了沼泽地。同样的需要导致了入侵俄国这一灾难性的决定。

将俄国沙皇亚历山大一世拉进大陆体系是拿破仑反英战略的关键所在。俄国不只是一个自女王伊丽莎白一世时期就与英国有重要经贸关系的国家；其军事和外交分量在波罗的海国家中对确保对体系的支持是必需的。确实，俄国于 1804 年①《提尔西特条约》后加入他的体系，这令拿破仑欢欣鼓舞；那时瑞典拒绝加入，俄国入侵瑞典，攻占其东部疆域（现代芬兰）并迫使瑞典服从。

然而大陆体系在俄国极度不得人心。与英国的贸易有利可图；无论如何，由于法国的强大对俄国来说非常危险，增强法国实力去对抗一个仍有能力约束它的国家，这样的外交政策在众多俄国爱国者眼中几乎看不到任何优势。

俄国和奥地利在奥斯特利茨和弗里兰德的接连失败剥夺了俄国找到陆上盟友以反抗所向披靡的法国的所有可能性，沙皇亚历山大被迫与拿破仑为盟。然而，当拿破仑继续将其影响向东扩展，如再建一个准独立的波兰，将波罗的海海岸的不同地方合并到巨大的法国中去，亚历山大认识到，和平没有给他足以对抗拿破仑野心的安全。俄国船队重启了与英国之间秘密且非官方的贸易，并且俄国考虑重建某种形式的欧洲联合战线以

① 实为 1807 年。——译者注

反对波拿巴国家的各种方法。

为了将反叛扼杀在萌芽状态，拿破仑集结了有史以来世界最大规模的军队，并远征俄国。基于一系列一个世纪后亦缠绕和摧毁希特勒的理由，拿破仑穿越英吉利海峡的失败令他展开对俄国的毁灭性入侵。

伊比利亚半岛战争和法国军队的损失（为数 80 万到达俄国的军队只有 2% 仍可作战）导致了拿破仑的失败和被放逐。但除此之外，英国从拿破仑战争中赢得了特别的声望和权力，只有 20 世纪的美国在战争中获得的类似胜利才能与之媲美。随着法国在道德上耗尽、力量上榨尽、回归于不得人心的波旁王朝的统治，数十年没有国家有能力成为海事系统强大的敌手。撒旦从凡尔赛宫放逐，找不到地方安顿，直到 19 世纪晚期威廉二世时期德国的崛起扰乱了欧洲的平衡。

在漫长的战争期间，不仅英国的全球贸易在其敌手的贸易在海域受到束缚和干扰的时候繁荣昌盛，而且英国像往常一样运用战争契机在全世界选择了几个基地和殖民地。不仅如此，战争岁月扩大了英国在经济和技术上对邻国的领先水平。自 1791 年至 1815 年，在法国革命和拿破仑战争的岁月中，英国的经济领先水平得到了前所未有的扩大。工业革命给予英国新的挑战，并最终增强了新一轮的敌手急于从大不列颠头上抢下全球霸权的王冠的渴望，但在拿破仑战争后不久，英国的地缘政治声望因英国工业与其机械化进程更慢、效率更差的欧陆对手之间大幅度且不断增长的差距而得到增强与巩固。

经过一个多世纪几乎蔓延到全球的连绵战争——大多数战争中英国都是对抗更多人口、更大规模经济、有更多自然资源的诸国，此后英国位于一个地缘政治居于主导地位、经济不断攀升的海事系统中心，从而更强大、更富有，建制更安全。

一个世纪之后，英国将开始放弃在海事系统中的主导地位，转交给崛起的强国美国。即使如此，直到现在，这一荷兰发明、老皮特据此建立世界最强大帝国、小皮特为捍卫它而与拿破仑对抗的体系，仍在继续驱动着世界历史的进程。

一次又一次，英美人在欧洲和日本遭受可怕的失败；一次又一次，他们掌控全球体系，拒绝把资源交给他们的敌人，并且获取他们需要的新资源，培植新的联盟，取代已分崩离析的旧有联盟。

英美人的敌人逐渐破产。他们在陆上的胜利看来就没什么区别。从莫斯科到马德里，拿破仑征服了欧洲——但他从未击中英国权力的心脏，并且英国的财富随着它的海外贸易逐年增长，令它能支持弱小的盟友，继续战斗直到最后的胜利。大约有三年的时间，希特勒在各个要面对的英国及其盟友们的方面都取得了胜利，然而在三年惊人的、历史性的胜利之后，希特勒比丘吉尔更担心输掉战争。1944 年的阿登战役中，德国人曾短暂突破美军营地，一位德军将领看到美国士兵从自己家乡收到巧克力蛋糕时，意识到战争已经输了。德国人极度渴望每一盎司燃油、每一口食物，美国人有足够的食物和足够的海运能力，跨越大西洋运送生日蛋糕给普通的士兵。

温菲尔德·斯科特（Winfield Scott）将军为南北战争发展了一种版本的战略，美国媒体称其为蟒蛇计划；对所有南部港口实施联邦封锁，同时保护了北方世界范围的贸易。南北战争后期，南方的货币已经不值钱，南方的经济毁了，战场上的邦联军队武器、服装和食品短缺。相反北方在战争结束时比开战时还要富裕。

乔治·凯南为冷战复活了经典的海上之王战略，管这叫遏制。美国和英国海权将在欧亚大陆遏制苏联的影响，从欧洲北大西洋公约组织得到资助的盟国和亚洲的日本更为西方联盟增添了分量。

这是一种联盟战略，皮特据此抵抗法国革命和拿破仑；法国赢得了一场接一场的战役，推翻了一个接一个的联盟，最后疲惫而贫穷，向英国及其盟国投降。

在所有这么多战争中，在陆权国家历经一场又一场具有毁灭性且代价高昂的巨大战争而精疲力竭之际，盎格鲁—撒克逊人自身拥有的是权力策略皇冠上的明珠。通过窃取战争对手们的殖民地，英国深深地根植在全球体系中，达到前所未有的程度。采用这一手法，英国人迫使法国离开印度和北美；他们也如此从荷兰人那里取得了开普殖民地。他们借助拿破仑战争摧毁了在美洲的西班牙帝国；第一次世界大战中他们把德国赶出非洲、把土耳其赶出阿拉伯中东；第二次世界大战中他们对意大利如法炮制。有时英国从敌人那里攫取土地；有时，这些土地属于他们的盟友，然而，随着时间的流逝，英国有系统地拆毁了与之竞争的殖民帝国。

美国一直厌恶欧洲殖民帝国，在冷战期间也采取了同样的策略。美国坚决反对英国对印度的统治，这是英国不得不在二战后放弃印度的原因之一。以暂缓马歇尔计划援助为威胁，美国迫使荷兰放弃今天的印度尼西亚。1956 年苏伊士运河危机意味着英法殖民帝国在中东的终结，美国迫使英国和法国放弃对纳赛尔（Nasser）领导下的埃及的进攻。

然而，第二次世界大战之后，美国没有在英国的模式上为自己创立新的殖民帝国。相反，美国遵从英国帮助南美人从西班牙和葡萄牙统治下获得自由的模式。美国支持前殖民地对独立的渴望，随后准许新国家进入美国建立的世界经济体系。帝国的缺点是总是必须先征服各个国家，然后控制它们；秩序的优点是人们自由选择是否归属。

秩序或是帝国，它不仅仅是地盘。它是贸易线路、市场份额、金融市场和关系。战争结束，其他国家回到世界市场后，他们发现英美人比以前安顿得更好。由此，英美人带着过去战争的战利品，有着为胜利准备的更好的装备，参与每一场重大国际权力斗争。

这是一个简单的计划，但运转良好。至少，自荷兰人400年前首先进行构想后它一直在运转。

第 6 章　世界是他们的牡蛎

1815 年，威灵顿（Wellington）在滑铁卢战役中精心安排 113
着对拿破仑的终极击溃，彼时拿破仑又一次试图入侵低地国
家，美国是英帝国在大西洋彼岸的强大衍生物，它慢慢认识到
在英国海事系统内运行的得益，迅速成长和工业化。尽管 19
世纪后期英国的技术和经济领先优势开始缩小，但美国的进步
和发展水流汹涌，这令英语世界继续居于世界权力和大事件的
前沿。

那时英国是世界上唯一真正的工业强国和世界强国，英国
资本和英国贸易率先开始把广袤的非西方世界大规模地拉进全
球资本主义经济。英国移民填充了加拿大、澳大利亚和新西
兰，英国征服者、管理者和投资者改变了印度，英国商人和海
军拆毁了中国为寻求保持一成不变的古代生活方式而建立的壁
垒。在新世界，英国的影响协助摧毁了西班牙在拉丁美洲广袤
的帝国，同时，葡萄牙王室在巴西巩固了一个新的帝国。在这
两个地区，随着老殖民主人权力的逐渐消失，英国投资、英国
贸易和英国政治影响发挥不断增长的重要作用。在全世界，英
国传教士开始在最不可能传教的地方传布福音；今天基督宗教
是一种全球宗教，这很大程度上源自从那时开始的努力。

换句话说，我们所知的今日世界的基础已良好而真实地奠
定，英国人利用了他们在滑铁卢战役后的机会，他们开始开凿
文化、经济和政治通道，世界事务很大程度上在这些通道中流

114　动。美国人熟悉他们自己国家 19 世纪西进扩张、人口增长和经济发展的故事，不过值得把这些事件放到他们在海事系统内的权力和覆盖范围引人注目的增长这一更广阔的背景来看。在这一背景中美国的扩张是至关重要的部分，但只是一部分。

从拿破仑战争的结束中可以看到两个有关联的历史走势，它们对今日政治具有深远影响。一是移民从英伦诸岛到美国、加拿大、澳大利亚和新西兰的洪流。二是在不断扩张的英帝国内外，空前的巨大投资使世界越来越多地方的经济和政治关系更紧密。两股洪流汇聚起来，有助于建立重要的新兴地缘政治实体，增强环绕全球的海事系统。盎格鲁势力范围，由一组人口中显著多数以英语为母语、社会价值和文化主要由盎格鲁—撒克逊价值形塑的国家组成，仍然在世界政治中保持重要位置。在两次世界大战中，加拿大、澳大利亚与新西兰从战争开始到战争结束都与英国并肩作战；所有讲英语的国家在冷战期间从始至终也是如此。澳大利亚是世界上唯一一个在朝鲜战争、越南战争和与伊拉克的两次战争中派遣军队与美国人并肩作战的国家。

英国进行了有意识的努力以避免曾经导致了美国革命的错误再次发生。从加拿大起步，英国制定了规划，给予海外不断发展的讲英语的殖民地当年美国殖民者费尽力气没有获得的权利。此后再也没有一个讲英语的"女儿"社会不得不运用武力脱离母国。接下来的一个半世纪，英国在危险来临之际可以依靠这些国家的支持。

大流散

当拿破仑出海流亡到英国遥远的圣赫勒拿前哨，英伦岛屿

之外唯一蔚为可观的讲英语的人群是由美国公民组成，在拿破 115
仑战争的最后阶段，美国在 1812 年向英国宣战。

英帝国曾称为"白人的领地"的那些国家——加拿大、
澳大利亚和新西兰，那时还不存在。开普殖民地是帝国未来南
非殖民地的核心区域，是最近才从荷兰人那里抢来的。当地居
民不论肤色如何均不通英语。印度本土的英语社区还没有奠定
基础；没有多少本地印度居民学会了在次大陆建立新领地的最
新帝国主义入侵者的语言。

在所有这些地方和其他地方，1689～1815 年英法战争
和 1914～1945 年英德战争之间的漫长间歇见证了一系列特
别的进步。在世界历史的传统叙述中，这经常与同时期几乎
完全分开并且并不引人注目的欧洲帝国主义插曲混为一谈。
这就像马克·吐温所说的，把闪电和萤火虫混为一谈。德国
人、比利时人和意大利人这一期间建立了殖民地；法国人建
立得更多一点，但不是多太多；而英国人则建立了一个新
世界。

这一时期英帝国和其他带有试探性质的冒险国家之间最大
的差别是讲英语的自治殖民地的兴起。就像已脱离英国的 13
个殖民地，19 世纪的英国殖民地有着不同的历史，建立目的
也各不相同。但是这第二波殖民化浪潮，几乎是在美国早期移
民登陆马萨诸塞两百年后出现的，是英国继续在世界上留下历
久弥新的印记的方式之一，彼时英国人已经在他们对抗法国的
系列战争中崛起，成为世界的领导力量。

在美国独立战争期间以及紧随其后，估计大约有 9 万保皇
党逃离美国，大多数定居于加拿大滨海诸省，来自美国的政治
难民强有力地推动了英属加拿大的兴起。并非所有的人都留在

了那里，不过"迟到的保皇党人"① 至 1812 年一直持续涌入。但直到海上安全在拿破仑覆灭后得以重建，从英国到加拿大的大量移民潮才开始——甚至是到约 1830 年后，工业革命造成的经济混乱令众多英国人试图在新的国家试试运气。在众多移民仍选择在美国生活之时，大量的移民涌向加拿大，并越过魁北克和蒙特利尔进入内地，到达今天讲英语的加拿大的中心地带安大略。

116   直到 19 世纪中澳大利亚淘金热的兴起，加拿大是成长最为迅速的殖民地，经常被称作"第二大英帝国"。为此，也因为在这些混杂、有时候怀有不满的人群中可以看到不安定的不祥之兆，加拿大的事务令英国人严肃地思考新的方式来组织他们海外殖民地。1838 年，杜汉伯爵（The Earl of Durham）在一系列叛乱之后被派遣到加拿大。同行的是爱德华·吉本·韦克菲尔德（Edward Gibbon Wakefield），一个被证明有罪的重罪犯，他因引诱一位年轻的女继承人与之私奔曾在监狱里服刑三年。这项婚姻由议会法案宣布无效，韦克菲尔德进入监狱，这是他第二次犯罪。维多利亚时代的道德底线更高，本应拒绝韦克菲尔德的职业生涯在公共视野范围内继续，但作为杜汉伯爵的职员之一，他有能力把他的观点放进有影响的《杜汉报告》中，而这份报告对下一世代英国对加政策具有指导作用。韦克菲尔德，还有他不那么张扬的写作伙伴查理斯·布勒

---

①   美国革命期间和革命后流亡加拿大的保皇党，传统上效忠英国王室。晚于 1783 年后抵达加拿大的被称为迟到的保皇党，他们在美国革命中保持中立，或者对王室公开敌视，但出售自己在美国的土地和财产北上，因为当时英国在加拿大给予移民 200～1000 英亩的免费土地，移民只需进行效忠宣誓即可获得。——译者注

（Charles Buller）和杜汉伯爵告诉英国当局，过渡到责任政府
是让加拿大人和平地留在帝国之内的途径。不仅如此。这一观
点的另一表达是，会让英裔加拿大人站稳脚跟，让美国人出
局，让法裔加拿大人倒下，就像英国伊斯梅勋爵（Lord
Ismay）对北大西洋公约组织的评述。①

　　英国人在全部这三个目标上获得了相当大的成功，到
1867 年，加拿大开始形成一个亲英、以英语为母语者主导的
联邦，对自身事务的责任不断提高。盎格鲁—加拿大认同和文
化那时和现在都公认与英格兰、苏格兰、爱尔兰、美国、澳大
利亚和新西兰的认同和文化相关。

　　帝国成为一个英语世界。

　　韦克菲尔德对最小、最晚起步的新英语国家的发展也同样
具有影响力。1838 年，当杜汉勋爵致力于在加拿大安抚愤怒
的印第安人、法裔加拿大人和爱尔兰反叛者时，有人数不到三
百的欧洲移民生活在今天称之为新西兰的地方。原有的波利尼
西亚居民毛利人设法组织足够凶猛的抵抗，这样他们可以强迫
英国人承认他们的大量土地和政治权利；19 世纪 40 年代，殖
民地一直在开拓，尽管偶有冲突；基督城和奥塔戈这两个殖民
地尤其受到韦克菲尔德这类人在殖民领土内培植英国文化这类
理念的鼓舞。基督城以牛津大学的一个学院命名，人们打算把
它建成圣公会城镇的典范，并拥有主教。奥塔戈是苏格兰国教
会（苏格兰长老会）的城镇，有着相似的规划。主教很快就
不愉快地离开了，但两个殖民地繁荣发展，仍然保留着一些原

117

---

①　莱昂内尔·伊斯梅（Lionel Ismay）勋爵，1952～1957 年任北约秘书长，
　　声称建立这一组织是为了让美国人"站稳脚跟"，苏联人"出局"，德国
　　人"倒下"。

来的特征。到 1852 年，尽管讲英语的人口数很少，这里已经要求"地方自治"。这里被授予了地方自治权；和加拿大人一样，新西兰人最后拥有了他们自己的议会和法律，同时仍是更广阔的讲英语世界的一部分。

讲英语的社会在澳大利亚的建立，从某种程度上说是美国革命的后果。一旦大西洋殖民地独立了，这些地方就不再适合作为罪犯流放地。英国有超过 200 种以上的罪行要严格按照法律判处死刑，加上大量不安分的、经常无法无天的贫困人口，没有能力建造或支撑足够的监狱来容纳所有的罪犯，英国当局急于为判处"流放"的罪犯找到新的放逐地。还有什么地方比澳大利亚更适合安置他们——离英伦诸岛如此之远？殖民地会为英国海权在南太平洋提供基地是一个附加考虑因素。1787 年，第一艘从伦敦开来的船载有 730 名罪犯。到 1830 年，5.8 万多名罪犯加入了这一行列，包括 8000 名妇女。

罪犯继续涌入，其中有一般刑事犯，也有与爱尔兰及工人起义等不同事件有关的政治犯，这意味着即便按照边陲社会的标准，早期澳大利亚人的生活和政府是野蛮而严酷的。"叛舰喋血事件"中的威廉·布莱（William Bligh）担任过一个任期的总督；位于诺福克岛一座监狱内的一个监狱是这个星球上最恐怖的地方之一。

开端是如此严酷和缺乏希望，然而另一个拥有责任政府的自由社会成长起来。甚至在故土的政府停止船运罪犯之前，英国议会决定不再重复他们失去美国的错误，给予澳大利亚省级议会更多的地方自治权利。在这里，当有组织的殖民者以家庭为分组在澳大利亚南部大多数地方居住发展，爱德华·韦克菲尔德的理念又一次结出果实。19 世纪中期的掘金潮威胁并淹没了澳大利亚生

活中有利于家庭生活的那一面，因为全世界的流浪汉和梦想家冲
进了金矿，促进了澳大利亚的经济、人口和犯罪率的增长。然而
负责任、民主的自治和自我监管（警察曾经一度集体流失去挖金
矿）很快恢复了秩序，澳大利亚继续着它鲁莽的进步，走向全面　118
自治，成为全世界最民主和最平等的社会之一。

　　为了抓住衍生的讲英语社会对海事系统权力和财富的重要性，
人们必须考虑美国、加拿大、澳大利亚和新西兰已提供和仍在提
供的战略深度与资源。除此之外，还有这些遥远、广袤而又富有
的国家带给这一体系的资源和贸易。18 世纪，来自美国的木材、
沥青和焦油使得英国船只占据优势。美国、澳大利亚、加拿大和
南非的黄金是英语世界银行体系和资本市场用以调节的主要因素，
它带给这些国家长期的经济优势，人们今天仍能感受到这一优势
的影响。美国南方的棉花、加拿大和美国北方的麦子、澳大利亚
和新西兰的羊肉和羊毛：丰饶的资源和机会倾泻在英语世界深感
震惊的居民身上，推动这些国家的富裕达到前所未有的水平。

　　这些土地为海事系统奉献了更多。到达这些地方的通路为
英国人提供了一个出口，否则那些在本土的不满者本可能会威
胁国内的稳定。相反，那些最有能力和希望的人（因此在特定
条件下也是最危险的人）发现了让他们出发到新殖民地的路，
在那里他们不仅成为社会栋梁，而且成为海事系统的坚定支柱。
1812～1914 年，2000 多万人离开英伦诸岛移民海外；很大一部
分人定居美国，余下的人中绝大部分去了白人的领地。①

---

① John Gallagher and Ronald Robinson, "The Imperialism of Free Trade,"
Economic History Review, vol. 6, no. 1 (1953): 5.

不仅如此，近两个世纪以来，这些土地蕴含的希望召集了世界上一些最有能力、最勤奋和最有事业心的人离开他们的家乡，在英语世界建立新的家园。数千万的德国人、俄国人、波兰人、意大利人、希腊人、挪威人、瑞典人、葡萄牙人、墨西哥人、阿拉伯人、非洲人、印度人、巴基斯坦人、中国人和日本人蜂拥到达英语世界——现在仍然如此——把他们的能力和雄心放进了普通股的股本里。海外英语社会欢迎和同化全世界数目巨大的移民的能力是直到今天美国（和其他国家）继续保持其力量的关键因素。

119 英国对哈布斯堡、波旁和波拿巴王朝的胜利令此成为可能，英语世界成为有史以来最富有和政治、经济、军事力量最强大的力量。并且，当英语世界开始收获他们的征服提供的财富和机会，海权国家变得更强大、更富有，它们的全球地位开始更值得艳羡，并且也更安全。

当然有受害者。澳大利亚和塔斯马尼亚的土著、美国和加拿大的印第安人，甚至相对幸运的新西兰毛利人很可能希望海象和木匠从未离开过肯特郡的海滩。乡愁和神话的美丽光芒如今将移民和放逐者在全过程中面临的严峻情势变得柔和了些许，那时数百万为饥荒困扰的爱尔兰人和全欧洲失去产业而忍饥挨饿的佃农被推向这些地方，我们不能无视这些移民在登陆后所经历的剥削和困苦，不论他们是在蒙特利尔、埃利斯岛、悉尼或奥克兰。我们也不应该忘记歧视和排外限制了亚洲移民抵达这些传说中土地的机会。

在英语世界中，璀璨的城市确实光芒四射，但很难去争辩道，用《美丽的亚美利加》中的歌词来说，它们是"即使泪眼模糊依然美景在前"。

另一个英帝国

英帝国的闪电（Lightning）和 19 世纪不同的欧洲国家拼凑在一起的萤火虫（Lightning-fly）帝国之间最明显的差异是，任何其他国家所拥有的都无法和英语国家的领土相提并论。但即使我们在衡量 19 世纪帝国的财富与成功时，把眼光从这些涌现在大西洋和太平洋另一侧的新兴不列颠国家转向更传统形式的国家，英国在欧陆的竞争帝国相比较而言，是用廉价的金属箔装饰起来的，华而不实。

正如所预期的，最顽强持久的对手是法国。被英国在漫长战争中的胜利逐出公海，即便如此，法国越过地中海，在北非扎下根，在那儿，尤其是在阿尔及利亚，法国的殖民影响持续长久，并且很难被连根拔起。后来法国对西非，尤其是中南半岛的征服从面积上讲是坚固持久的，并且法国内阁部长和学童对地图的大片区域涂画着令他们满意的高卢蓝而欣喜不已，但法国海外帝国从规模、财富和战略意义而言，都被不列颠粉红所超越并被映衬得黯然失色。

英帝国在第一次世界大战后达到巅峰，那是英国人最后一次有能力在被打败的德国和奥特曼帝国最好的领土上进行传统式的收获，这些地方覆盖地球表面的四分之一强，有超过四分之一的世界人口。首先也是最重要的，英国掌控了财富惊人的印度次大陆，包括今天的印度、巴基斯坦、孟加拉、斯里兰卡和缅甸等国家。即便托马斯·皮特爵士把摄政王的钻石出售给了法国王室，在印度旁遮普邦锡克王国被英国征服时，英国夺走了价值连城的巨大的科·依·诺尔钻石；进行指挥的英国将领把钻石急急装进一个盒子，放入自己的口袋，秘密将其运回

120

伦敦献给维多利亚女王，女王将钻石镶嵌在了她的皇冠上。

英国控制了这些从伦敦到印度主要海上航线上或附近的土地。拿破仑的失败令英国拥有了今天的南非这一好望角传统航线的战略要地。从直布罗陀，最后到亚历山大和苏伊士，在地中海英国也拥有一连串海军基地。在苏伊士运河开采前后，当苏伊士航线开始让开普敦路线显得有些黯然失色，英国权力迅速穿透埃及及其卫星国苏丹，以及阿拉伯半岛和波斯湾。

马六甲海峡是从印度洋进入南海和太平洋的关键海运航线，同样与地图上让人很踏实的不列颠粉色接壤。新加坡是一富有战略意义的港口，1809 年由托马斯·斯坦福德·莱佛士（Thomas Stamford Raffles）爵士修建为一贸易站，迅速成为且至今仍保持其重要港口的地位——印度和中国之间主要的转口贸易中心。（尽管尽了最大努力，在早期的英国殖民时期，当地的老虎平均每天杀死一个人）

在道德上堕落但无疑有效的鸦片战争后，英国从中国人那里夺取香港，这个城市被证明是同样有价值的，在这里进行的鸦片和其他商品贸易为英国和中国贸易商行创造出神话般难以置信的财富。

英帝国在非洲的版图是随意拼凑起来的样式，但这里的英国领土也同样总体上优于其对手的领土。埃及是这个洲人口最多的国家；英属南非有最好的黄金和钻石矿藏，那片土地也最适合欧洲的移民。桑给巴尔是非洲东海岸的关键战略点；西部土地肥沃、富产石油的尼日利亚是四分之一撒哈拉以南非洲人的家园。英国人在第一次世界大战中夺取德国人在东非的殖民地后，英国控制了从好望角到尼罗河口完整的一系列土地。

看不见的帝国

经过前大英帝国的旅行者，仍常有机会访问英国人在南非的德班和肯尼亚的内罗毕这些地方建造的非凡的植物园，并为之惊叹不已。这些花园通常都布局极为精美，至今仍被细致地维护着，它们比人们说出来的见证之词更胜一筹地说明了英国人对园艺的爱，或者甚至对科学的好奇心，这引导了博物学者如查尔斯·达尔文（Charles Darwin）进行他们的探险。培养有用的植物是英国的特性之一，也的确是帝国通向成功的关键。

糖是 18 世纪大英帝国及其殖民地繁荣兴旺的伟大动力，其重要性甚至超过烟草。生产糖的岛屿在那个时代对世界经济非常重要，法国在七年战争失败后有机会选择拿回或是加拿大，或是瓜德罗普和马提尼克等产糖的岛屿，在这样的选择当前，法国可以说是毫不犹豫。

英帝国花园中有另一种植物罂粟对帝国崛起发挥了巨大作用。清王朝与世隔绝的消费者对英帝国提供的消费品不感兴趣——但鸦片发现了一个现成的市场，而且英国人准备好了供应这个。由于对海洋的掌握而拥有的全球眼光和全球权力，英国人开始从现在的土耳其购买鸦片，经好望角海运到中国。当英国在印度开始种植醉人的罂粟花之后，抵达中国的航程缩短了数月，土耳其种植者被挤出了市场。

更为凑巧的是，英国的植物学家认出了生长于如今缅甸和印度边境的野生茶树；英国人在锡兰（今斯里兰卡）所有的茶园很快成为中国茶叶在世界市场上的有力竞争者。

经济植物橡胶树（拉丁名为 Hevea brasiliensis），就像它

的名字显示的那样是南美洲的原生植物。然而今天世界上约
90%的天然橡胶来自亚洲的种植园。在橡胶市场还是巴西人财
产关键的那个时代，受命于位于伦敦的印度事务部的英国植物
学家，他们把橡胶树的种子带出了巴西。一开始橡胶树生长在
英国皇家植物园，随后被运到锡兰和新加坡的植物园。马来亚
的橡胶园后来成了英国走向繁荣的核心资源，直至1963年马
来西亚获得独立。

　　英国有着世界最大的疆域之集合，其疆域分布在这个星球
上的每一个气候带，将世界最大的金融和贸易体系整合在一
起，有着世界上最好的科学家和最有资源的企业家。幸福而富
裕的海象发现，在拿破仑倒台之后的这个世纪，世界的确是英
国的牡蛎。

　　英国人有条件了解橡胶树和它非同寻常的树液的种植和使
用，这不是偶然的。在哥伦布时代之前很久，阿兹特克人和其
他印第安人就曾以多种方式使用橡胶树的树液。第一位详细报
道橡胶树价值的欧洲人是法国远征队的成员，这支队伍在西班
牙和奥地利王位继承战之间访问了南美。1736年，探险家康
达敏（Charles-Marie de La Condamine）将样本发回欧洲，这一
材料的新用途被逐渐发现。当过女傧相，却从没当上过新娘，
法国人没有享受到对这一热带产物不断进行研究的好处，而这
本来可以令其在发展中处于领先地位。

　　两个英国人在此基础上继续发展。1820年，托马斯·汉
考克（Thomas Hancock）发现了制造大块薄片橡胶的方法；苏
格兰发明家查尔斯·麦金托什（Charles Macintosh）改进了方
法，可把一层橡胶放在两片毛料之间。橡皮防水布和近代橡胶
工业诞生了。

英国与巴西的关系那时好到极点。1807 年末，英国舰队护送葡萄牙王室家庭逃离拿破仑军队对葡萄牙的入侵，越过大西洋逃向巴西，那时拿破仑企图扩展他对大陆体系的支配。若昂六世 1808 年初到达里约热内卢，他宣布巴西是葡萄牙帝国享有同等权利的一部分，并以向英国开放巴西港口贸易作为对英国的回报。这一条约在写给英国的详细说明中，将英国出口巴西的税率定得低于葡萄牙出口巴西的税率，并且很不寻常的是包含了要求"本条约无时间限制，条约中明示或隐含的责任和条件永久不变"。①

前往里约热内卢的旅程是不愉快的。若昂六世乘离欧洲的船上跳蚤太多，女人们，包括公主们都不得不剪掉头发以减轻害虫之苦。② 里约抚慰了王室；若昂延迟返回葡萄牙，直到那儿的政治问题在 1821 年变得迫切需要解决。他把他的儿子唐·佩德罗（Dom Pedro）留在巴西当摄政王。葡萄牙议会致力于让巴西重回殖民地地位，尤其显著的是废除其与其他国家，包括英国进行贸易的权利，王子拒绝敦促其回里斯本的命令，随后，在他的父亲和伦敦的默许下，宣布巴西为一独立帝国，他是巴西皇帝，现在是佩德罗一世。永久不变的条约得以继续执行。

尽管两国争吵主题分布于从乌拉圭（其从巴西和阿根廷手中获得独立受到英国支持）到奴隶贸易的不同领域，英国与巴西维持着牢固的经济和政治关系，英国企业和英国资本深

123

---

① John Gallagher and Ronald Robinson, "The Imperialism of Free Trade," *Economic History Review*, vol. 6, no. 1 (1953): 8.

② Alan Manchester, *British Preeminence in Brazil* (New York: Octagon Books, 1972), 69.

深扎根在新兴的南美帝国。

采用类似的方式，英国在整个南美的影响急剧增大。西班牙总是对英国，确切说来是所有外国商人充满怀疑。当西班牙的实力在拿破仑战争中坍塌，英国商人很快利用西班牙帝国实力的下降来强化贸易规则。英国人和美国人在南美的生意都发展了，但英国有着更大的经济规模；受惠于巴西往东方延展到非常远的地方，国土离赤道以南主要城市很近，英国由此获得了好得多的区位，成为这一地区的占主导地位的贸易伙伴。

第十代邓唐纳德伯爵托马斯·科克伦（Thomas Cochrane）曾任海军上将，是帕特里克·奥布莱恩（Patrick O'Brian）的奥布雷/马图林系列小说的原型之一。他试图滥用其在海军内的职权传播关于拿破仑退位的谣言，从而在金融市场搵钱，之后他暂时退出了英国海军，接受了智利革命政府的邀请［由名字有趣的智利英雄贝纳多·奥希金斯（Bernardo O'Higgins）领导］协助反抗西班牙的战争。奥希金斯和科克伦摧毁了西班牙在大陆西部海岸的海军力量后，智利和秘鲁独立，科克伦继续为巴西在争取从葡萄牙独立而展开的海军冲突中提供类似的服务。勇猛的上将继续协助希腊人为从奥斯曼帝国独立而进行的战争（获得英国支持），直到 1828 年，并于 1832 年满载荣誉回到海军。他 1860 年去世，葬在威斯敏斯特大教堂。

同时，在汉考克和麦金托什改进橡胶生产工艺的时期，拉丁美洲国家的独立被确保了。英国政府非常肯定，不允许复辟的法国波旁王朝帮助他们的西班牙堂兄弟再次收回他们的美洲帝国。在《门罗宣言》中美国人发表了重要外交声明，但在巴黎和马德里是英国人的声音算数。拿破仑倒台不到 10 年，英国取代了它在战争中两个最亲密的盟友成为拉丁美洲的主导权力。下一个世纪英国资本带头修建铁道和发展工业，开发大部分地区的资源，甚至在今天，英国影响的标记仍清晰可见。

英国在 19 世纪所拥有的和美国今天所拥有的是权力和影响的复杂混合。巴西从来没有正式成为英帝国的一部分，并且在两国出现利益冲突时，巴西反对英国政策。英国没有垄断巴西的商业、政治和学术。法国的思想和法国公司也很活跃，并且随着因前往气候更温和的巴西南部的移民而不断增进影响。晚至第二次世界大战开始，德国对巴西的影响不断增大。然而英国的地位是独特的，随着英国的权力开始不可逆转地下滑，美国权力的增长深化了巴西和盎格鲁—撒克逊世界的关系。

不仅是拉丁美洲，英国看不见的帝国覆盖了世界大部分地方。以伦敦为中心，投资和贸易网络跨越全球，在北京、君士坦丁堡、德黑兰和曼谷这些地方，英国大使和英国社团商业领袖的声音都很有分量。一些政府比巴西更独立于英国的影响，其他政府比巴西更多地受到英国影响，但是没有一个国家可以匹配英国的全球影响力。

这一更广阔帝国的重要性在英国的对外投资数据上可得到体现。自 1815 年至 1880 年，据信英国投资者全球投资额为 60 亿英镑（按 2006 年价格计算约 3500 亿美元）；其中只有 1/6 在英帝国之内，印度也包括在内；[①] 英国投资是欧洲资本的主要来源；不仅如此，英国是整个 19 世纪北美（包括美国）、非洲、亚洲、拉丁美洲和澳大利亚外国资本的首要来源地。

---

① Gallagher and Robinson, 5.

影响还有其他衡量标准。1847 年，有犹太血统的葡萄牙公民戴维·帕西菲科（David Pacifico）居住在雅典。他的房子在反犹暴行中被烧毁，当时希腊警察袖手旁观，对制止暴徒一无所为。由于帕西菲科生于英国属地直布罗陀，他声称也拥有英国国公民身份，并请求英国支持他从希腊政府获得赔偿的要求。

英国外交大臣帕默斯顿勋爵（Lord Palmerston）完全支持帕西菲科，告诉议会，一个英国公民在世界任何地方应该能说，"我是一个英国公民（拉丁语：Civis Britannicus sum）"，就像圣保罗自豪地在审判中宣称他的罗马公民身份，而且"无论他在哪一块土地，他应确信英国警醒的眼睛和强大的武力会保护他不受到不公正和错误的对待"。

众多知识分子和政治家不相信"帕默的"威吓和小题大做，但投票者支持有关英国权力和荣誉的主张。欧洲大陆呈现均势局面，亚洲、拉美和非洲的科技和政治组织大大落后于欧洲，北美仍然有一半是荒无人烟的，英国确实在权力上达到了全球规模，就像罗马一度在地中海地区所拥有的权力。

英国统治者不是万能的，远远不是。英国在 19 世纪大部分时间能维持欧洲的均势局面，但它不能支配任何欧洲列强。日本的崛起使它成为英国在远东危险的竞争者；海象日益把西半球的事务留给木匠酌处。在从拿破仑垮台到第一次世界大战之间漫长而和平的世纪，随着时间的继续推移，俄国和德国在欧洲及其他地方向英国权力发起日益严峻的挑战。在 20 世纪到来之时，英国的全球霸权看上去一年比一年脆弱。

然而岁月荏苒，海权赢得了胜利。两百年来英国睥睨群雄，当英国权力不再足以维持海事系统，美国接过了担子。

第7章 权力的支柱

1692 年，下议院面对一场旷日持久且费用高昂的战争， 对手是欧洲最富裕的国家法国，其人口和经济总量均远超英国。政府需要金钱，需要大量的钱，但得到它不是那么容易的事情。政府财政在那个年月完全处于原始阶段，具有不确定性；财政记录被保存在有凹槽的木棍上，金匠从事与银行业最相似的事情。威廉三世的革命政府与乡绅的关系十分紧张，这些乡绅传统上忠于斯图亚特王朝，而威廉三世刚推翻其首领詹姆斯二世。17 世纪土地税是最重要的财政收入来源。乡绅是土地的主要所有者，增加他们已经繁重的赋税去资助一场战争，而要打的那个人在众多乡绅心目中仍然是合法国王，这看起来是个糟糕的主意。更高的赋税不能增进公众对不得人心的战争的支持。

另一方面，很多伦敦的贸易商和店主有大量现金，没有安全的地方可以投资。那时的股票市场混乱且不安全；更可靠的投资没有流动资金，现金要在其中冻结很长时间。欧洲政府应对财政危机的传统方法是从商人那里勒索钱财，在薄薄的伪装下强迫贷款。我们现在所知的"莫顿之叉"，是亨利七世的英格兰大法官约翰·莫顿（John Morton）① 所"发明"的以巧取豪夺钱财为目的的征税理由，他把商人搁置于进退两难境地的技

---

① 1487～1500 年任英格兰大法官，1479～1500 年任坎特伯雷大主教。

艺炉火纯青。访问一个商人，如果他住房宽敞、娱乐奢侈、衣着昂贵、佣仆众多，莫顿会告诉商人，他明显太富裕，必定拥有一大笔钱可借给国王。如果一个商人生活节俭，用莫顿的理论来说就是他必然省下了很多的钱，也必定可献给国王一大笔钱。

127 　　这类技艺从来不受商人欢迎，查理二世陷入近代英国历史上第一场财政危机，暂停政府偿付一年（1672 年的国库止兑），政府信用等级下降到前所未有的低水平。回到约翰·莫顿的时代，亨利七世能够依靠星法庭让顽抗的英国人理解顺从君主要求的智慧；然而，星法庭被废止了，威廉三世是外来者，政治力量弱小，头上的王冠还颤颤巍巍，他不能强迫商人支持他；他只能去说服他们。

　　政府领袖制订了一项计划。对含酒精的饮料征收特别消费税；政府承诺将把这些新收入奉献给一个特殊的政府贷款利息。这看起来对商人有益，国库获得 100 万英镑。乡绅们高兴了，陆军和海军得到了薪酬和补给，商人们乐于在相对安全的短期投资中得到 10% 的利息。

　　两年之后，议会特许英格兰银行组织管理不断增长的国债。（这主意出自一个苏格兰人，他波折甚多的简历中包含一趟去西印度群岛的旅程，他说他去那儿是担任传教士，其他人说他是去当海盗。）那些把钱贡献给政府贷款的人可从银行获得股票分红；银行借款给政府，但像商业银行那样运作，贴现汇票，并开展各种其他类型的服务。随着时间的流逝，这家银行在国家商业生活中发挥着越来越重要的作用，最终演化成为第一家大型中央银行。

　　从最开始，银行筹集的国债被看成是最危险的警报。历史学家托马斯·巴宾顿·麦考利（Thomas Macaulay）在看待 150

年里国债的效应时，认为英国国债"曾令睿智陷入迷茫，挫伤了政治家和哲学家的骄傲"。

> 在国债增长的每一个阶段，国家都充满痛苦和绝望。在国债增长的每一个阶段，明智的人都严肃地声称，破产和灭亡近在咫尺。然而，债务继续增长；破产和毁灭仍像以前那么遥远。

英格兰银行建立的目的是为与路易十四的战争筹集资金。路易十四去世时，国债从最初的百万英镑增长到超过 5000 万英镑。麦考利报告了继起的痛苦悲叹：

> 考虑这些债务的，不仅仅是粗鄙的群众，不仅仅是猎狐的乡绅和咖啡馆的演说家，而且有敏锐渊博的思想者。在他们看来，这些债务将会永久地削弱国家政体，成为巨大的累赘。

128

然而灭亡并没有真正来临。国家在这种前所未有的极其严重的负担下努力奋斗，麦考利写道，"由于贸易繁荣，财富增长了：国家越来越富有"。

接下来随着奥地利王位继承战于 1740 年爆发，债务增长到 8000 万英镑。然后是代价高昂的七年战争；债务达到 1.4 亿。现在，当然，末日正临近。麦考利总结了杰出哲学家和历史学家大卫·休谟（Davaid Hume）所撰关于这一债务巅峰的论断。休谟指出，英国领袖层承担这一债务的疯狂甚于十字军考虑通过征服圣地获得救赎的疯狂。毕竟，证明征服圣地并不

导致救赎，这无法证明——但是，休谟的论辩如此继续，

> 数据可以证实，通往国家灭亡的道路是国债。然而，现在谈论这条路是没有意义的，这条路我们已经走完了：我们达到了目标：一切都已结束……对我们来说，被普鲁士和奥地利征服是比负担 1.5 亿英镑债务更好的出路。

著名经济学家詹姆斯·斯图亚特（James Steuart）的著作曾引起德国哲学家黑格尔（Georg Friedrich Hegel）的高度景仰和兴趣。他于 1767 年尖锐地警告：

> 如果不审查公债的增长，如果允许公债持续累积，如果国家精神有耐心屈从于这样一种计划的自然后果，那么结果只会是，所有的财产，所有的收入，被税收吞没。①

但是，尽管债务是毁灭性的，英国没有在足以碾碎国家的债务重担下呻吟，反而比以往更为繁荣。麦考利写道：

> 城市发展了，耕地扩大了，对于群集的买家和卖家来说市场太小了，港口不足以容纳船运，运河将主要内陆工业区与主要海港连接起来，街道比以前更亮了，房子布置得更好了，华丽的商场里陈列着更昂贵的器皿，更快捷的四轮马车行驶在更平坦的道路上。

---

① Niall Ferguson, *The Cash Nexus：Money and Power in the Modern World*（New York：Basic Books, 2001）, 128 – 129.

乔治三世的政府吓坏了，无视于这一悖论，政府惊慌地到 129
处寻找方法来减轻这一难以承受的灾难性的债务分量。解决方
案显而易见：北美殖民地繁荣富有，为什么不通过向殖民者征
税来减轻债务负担？

这一决定很大程度受到对国债愚蠢的恐惧的驱动，不仅导
致失去美国殖民地，而且美国革命那场悲惨的失败战争又在已
往债务上添上 1 亿英镑，而原先的债务人们已经认为是无法支
撑之巨。现在，一个没有殖民地可征税的缩小了的帝国要应付
掉 2 亿 4000 万英镑债务的利息。末日当然将来临。

灭亡又一次得到预言；但是，又一次，它没有来临。接下
来另一轮战争打响了，真是比以往更糟糕的战争。反抗法国革
命和拿破仑的战争持续了一代人成长这么长的时间，战争结束
时，最终震惊英国政府的是战争留下的 8 亿英镑的国债。灭亡
和破产的哭喊达到新的高度；然而，又一次发生了非常奇怪的
事。英国在史无前例的重负下，远离了瓦解、疲惫和衰竭，麦
考利写道：

> 抱怨在继续，说她会沉没在贫困中，直到各种迹象
> 显示了她的财富，这令抱怨显得荒谬。贫穷破产的社会
> 不仅证明其有能力履行其所有职责，而且在履行这些职
> 责时，发展得越来越富有，速度是如此之快，几乎可以
> 用肉眼探知。在每一个乡村，我们看见垃圾场变成了花
> 园；在每个城市，我们看见新的街道、广场和市场，更
> 明亮的灯，水的供应更为充足。在每一个工业区的边缘，
> 别墅以乘法速度倍增，每一个都有着长着艳丽丁香和玫
> 瑰的小乐园。

那些为国债忧虑的人应该是判断错了，但他们的担心是可以理解的。历史学家尼尔·弗格森（Niall Ferguson）估计，在法国战争期间，英国国债占国内生产总值的百分比的水平今天仍让我们震惊。美国革命末期，国债占国内生产总值的222%；1822 年达到巅峰，占 268%。[1] 英国承担这一重载和在承担这一重载时繁荣昌盛的能力是世界的奇迹之一。

如果英国不能借到并管理这一天文数字的债务，就不会在与法国的长期系列战争中获胜。自 1689 至 1815 年，战争费用激增；西班牙王位继承战令政府年度开支增加了 2 倍。到美
130 国革命期间，战时政府的年度开支又翻了两番。[2] 正如约翰·布鲁尔（John Brewer）指出的，"18 世纪多数战争终结于领导者濒临财政枯竭"。[3] 这一时期预算赤字肆虐。自 1610 年至 1800 年，普遍认为法国政府除了 1662 ~ 1671 年，每一年都背负赤字。[4] 如果法国在处理政府财政和公债方面可达到英国的水平，那么毫无疑问，是法国而不是英国会胜出。拿破仑战争后，杰出经济学家让 - 巴蒂斯特·萨伊（Jean-Baptiste Say）被复辟的波旁王朝国王路易十八派遣去考察英国优势的起因，他的报告在开始就声明，英国的优势主要不是因为军事力量，而是在于其财富和信用。[5]

英国财政成功的秘密不仅在于其拆借的能力；在税收艺术

[1] Niall Ferguson, *The Cash Nexus: Money and Power in the Modern World* (New York: Basic Books, 2001), 124 – 125.
[2] Brewer, 38.
[3] Brewer, 122.
[4] Ferguson, 113.
[5] Donald Winch and Patrick O'Brien, eds., *The Political Economy of British Historical Experience* (New York: Oxford University Press, 2002), 69 – 70.

上，英国也比它的对手强。听到这个，一些美国保守主义者会感到震惊，但在英国打败法国的世纪中，奠定了世界秩序的基础，而且今天依然存在，工业革命的开始重新形塑了世界，英国人的税收比法国重很多。英国的借贷体系很大部分是借鉴荷兰，很多年内被称作"荷兰财政"，但税收体系是英国自己的。税收比荷兰联合省和法国更高、更一致，征收和控制更集中和专业。

1688 年光荣革命不仅是争取自由的革命；那也是解除日益攀升的税负的时期，议会最终证明如今愿意给予君主更多资源，议会和王权之间的多年斗争安全地结束了。总的来说，普遍认为税收从 17 世纪中期查理二世时期国民收入的 3.5%，增长到 18 世纪初期安妮女王治下的 16%，再增长至美国革命时期的 23%。对比拿破仑战争，这些都黯然失色，彼时税收达到国民收入的 35%。① 税收水平是同时期法国的两倍——光荣革命之前，普遍认为伦敦政府的收入是在凡尔赛宫的路易十四的 20%，但在制度设计和管理方面乏善可陈的法国税收体系导致相较而言更少的收入。法国人未能发展出像英格兰银行那样专业可靠的国家财政体系，这增添了他们的麻烦。

《旁观者》是一份发表个人散文和观察的杂志，在那个时代发挥的作用好比今天的一些博客。1711 年，约瑟夫·艾迪生（Joseph Addison）在其中发表一篇文章，描述了英国的筹资体系。文章描述的是一个梦境。艾迪生发现自己在一座宏伟的大厅中，英格兰银行的职员和主管在这里辛勤工作，但不是银行家，而是一位美丽的青年女性坐在黄金王座之上。她的名

131

---

① *Brewer*, 90 – 91.

字是政府信用。《大宪章》副本和近期的一些法案确立了有限的宗教自由、新教君主，担保了政府债务的不可侵犯，这些挂在墙上，取代了白天可见的图片和地图。她的王座之后，是"数量惊人的一堆堆钱袋"，一直堆到天花板。金币覆盖在地板上，在她左右堆成金字塔。艾迪生在他的梦中听到，她有迈达斯的点金神手；她能如她所愿，将任何东西变成黄金。

就她的所有财富和能力而言，政府信用是一个特别紧张的年轻人。职员在她脚边，分派来自世界各地的最新消息；她专心听取他们所说的每一件事，若任何事情令她惊慌，她迅速变得苍白病态。

艾迪生观察到，六个人两两一队进入房间。暴政与无政府，盲从与无神论，斯图亚特家族的小王位觊觎者和"联邦精神"——希望回到克伦威尔时代联邦的精神。当政府信用看到他们，她"晕倒了，并立刻委顿"。一袋袋钱在地板上立即缩成粗麻布碎片。大堆大堆的金子变成总账和会计账簿。

幸运的是六个非常不一样的人进了房间：自由、君主、节制、宗教、命定要成为乔治一世的青年王子，以及"大不列颠的精神"。这些人一出现，政府信用就从晕厥中醒了过来，诸多钱袋子又装满了钞票，总账和会计账簿又一次变成了大堆大堆的金币。

艾迪生的寓言总结了英国体系的运转方式。英格兰银行是合理可行的，因为英国社会长久以来建立在自由和法治的基础上。因为人们感到议会政府是合法、顺应民意的，总的来说人民同意政府为信守职责而征税。专制会摧毁政府和人民之间的约定，即使一个专制的统治者试图维持财政体系。不合法政府的债务是一项更高风险的投资。

同时，银行并不仅仅是从私人投资者那里吸进资本并转交政府用于战争，他们做的远不止这些。政府债务成为银行的资产。因为人们相信政府会信守和履行其职责，政府和银行的证券可以被私人投资者当作资产并使用，例如，把它当作其他借贷和投资的抵押品。银行促进私人信贷的流动，对可靠公司贴现汇票，授权公司基于未来预期收益筹集资金。有稳定积存的国债促进了投资和商业企业掌握在正确的人手中。英国的筹资体系令其经济更繁荣，同时仍向国家提供资源。尽管税务和债务上升，战争一场连着一场，英国的国内生产总值据估计在光荣革命和滑铁卢战役之间仍增长了三倍。①

不仅如此，银行把国家团结在它的机制和价值周围。针对银行生存和兴旺条件的任何威胁都会导致经济恐慌和巨大损失。具体而言，银行组织者和艾迪生非常明白，英格兰银行建立在继续把詹姆斯二世和他的继承人排斥在王座之外的基础上。组建这一银行是为了发动一场反对他的战争；身为国王，他显然会拒绝支付如此用途的贷款，银行钞票和股票将一钱不值。对于英国几乎每一类重要的经济利益而言，银行崩溃的经济后果是灾难性的。随着时间的流逝，更多的投资者将银行股票和钞票看作优质投资，他们形成了和银行的成功与否利益攸关的圈子，以及因此在基于 1688 年光荣革命的政治安排下，扩展得更为广泛，也更有影响力。

政府债务这个历史上的衰弱之源泉，得以转变成力量的工具。威廉国王和他的继承者安妮女王借贷得越多，他们越有钱打仗，越能团结一个甚至更为繁荣的国家支持他们。并且，由

① *Winch and O'Brien*，251.

于法律在最后时刻进行了修订，银行有权将国王未获得议会批准向银行借钱视为非法，若无下议院授权，新任国王不能动用银行的财政力量进行统治。

亚历山大·汉密尔顿（Alexander Hamilton）在设计美国第一银行时，审慎地复制了英格兰银行的政治和经济影响，这一体系在美国运转得和在英国一样有效。像很多当众不愿意承认美国该多么感谢母国的人一样，丹尼尔·韦伯斯特（Daniel Webster）说汉密尔顿：

> 重击富有自然资源的岩石，充裕的资源顺流涌出。他触摸到了政府信用的僵尸，僵尸的脚弹回了。密涅瓦自朱庇特脑中神话式的诞生也不比从汉密尔顿头脑中爆发的美国金融体系更突然和更完美。①

133

事实上，自汉密尔顿脑中喷涌而出的金融体系已经存在几乎一个世纪之久。

对艾迪生和麦考利而言，这一体系既有效又道德。它要求道德品行起作用，并以权力作为道德品行的奖励。这就是为什么艾迪生将宗教和节制归纳在"好的"幽灵之中，而无神论和盲从在"坏的"行列。在艾迪生的观点中，无神论切断了商业道德的根；盲从导致滋生派系与不和。

麦考利的分析根植于艾迪生的思考。他如此描述新的筹资体系令英国更强大："力量飞扬，这种力量决定了大事件的结

---

① John Steele Gordon, *Hamilton's Blessing: Extraordinary Life and Times of Our National Debt* (New York: Walker, 1997), 41.

果，这类事件远不只是一场激烈冲突，通过其本质规律，从粗野和欺诈，从专制和无政府，到追求文明和美德、自由和秩序。"政府信用是脆弱的东西：形成和繁盛的条件都必须是只适合它的。但只要这些条件存在，稳固的筹资体系和强有力的中央银行将托起一个藐视所有敌人的强国。

实际情况下，英国掌控信用和贸易的艺术是取得对法系列胜利的关键因素。外国观察者惊讶地注意到，法国曾是一个比英国更广阔、本质上更富有的国家，18 世纪的战争令法国穷困，其财政遭到毁灭性打击，同时英国的繁荣程度日益提高。伏尔泰特别明白英国机制和实践的优越性如何为英国权力提供了坚实基础。他的言辞在痛楚中透出羡慕：

> 子孙后代很可能会惊奇地听说，一个岛屿，仅有的出产物是一点点铅、锡、漂白土和粗羊毛，由于其商业发展得非常强大，1723 年，它能同时派遣三支舰队到世界上三个遥远的不同地方。一支去了直布罗陀，这个地方被英国征服、现在仍据有；第二支去了波多贝罗，霸占了西班牙国王在西印度群岛的财产；第三支进入波罗的海，阻止北方国家前来缔约。①

伏尔泰对一事件有着等量的钦佩与懊恼：在西班牙王位继承战中，英国的哈布斯堡盟友欧根亲王率领一支军队越过阿尔卑斯山抗击法国进攻、保卫都灵。由于缺乏补养资金、受到围

---

① Frances M. A. Voltaire, *Letters on the English* (New York: P. F. Coller and Son, 1909 – 1914), vol. 34, part 2, letter 10, "On Trade."

134 困，亲王写信给附近的一些英国商人。90 分钟内他们回应给予贷款 500 万英镑，这帮助他击败了法国、拯救了城市。没有银行协助给予英国的商业繁荣，那些商人几无可能贷出这么大一笔款项；没有对政府的财政廉洁和资源的信心，他们就不会想这样做。

在七年战争结束时，艾萨克·德·平托（Isaac de Pinto）写道："完全且神圣不可侵犯地遵守时间，在这样的条件下，（英国债券所孳生的）利息一直得以支付，议会的保证建立了英国的信用，英国所能拆借的数目可让欧洲惊讶得目瞪口呆。"①

国债转而成为国家资产，这促进了私人信用体系健康繁荣地发展；英国革命政权的福祉和幸存与国家最高权威和利益的联系密不可分；议会和王室之间的新型权力平衡具有安全保护功能，王室从而无法试图滥用新体系产生的巨大权力。有了这么到位的安全措施，那个年代无论怎么说也算不上欧洲最大最富有经济体的英国，在战争中凭借独特的财政管理动摇了它的对手们，也令它有能力征服世界。金制王座上脸红神眩的处女打败了路易和拿破仑，使得英国有实力建立自己的海洋秩序。

私人信用

英格兰银行是英语世界政府信用与私人信用体系的基础，并在自与法国的战争到 20 世纪期间一直保持这一地位，直到美国的联邦储备系统将其取代。这座高耸的大厦仍在体系中不断攀升，包括英语世界的资本市场、商业和消费者金融行业，

---

① P. G. M. Dickson, *The Financial Revolution in England* (New York: St. Martin's Press, 1967), 11.

这座大厦至今仍是世界最强大的防波堤和工具。通过英国经济的发展，美国崛起成为全球经济主宰者，英国和美国的权力和影响力在全世界绝大多数地方不断延伸，还有，盎格鲁—撒克逊金融体系塑造了我们今日生活的世界，并且仍在继续塑造。

这种金融体系最初在很多方面以荷兰体系为模本，并最终取代了荷兰体系。在英格兰银行建立之前它已经开始组建，但银行的建立协助提供给私人金融体系稳定性和支持，这令它超出所有人的预期而繁荣发展。

英国人建立的全球金融体系没有什么新的原则。罗马帝国、中国、意大利、德国和荷兰银行家已经开通运行了洲际金融体系，商人可以处理离家数千英里之外的业务。意大利银行业占绝对主导地位的时代给英国自身留下深刻印记。朗伯德街以时常出入于此的意大利银行家们命名，直至 20 世纪晚期仍是伦敦金融中心。然而论及所有这些更早体系中体现出来的势头强劲和大胆果敢，之前历史中没有体系比盎格鲁—撒克逊金融体系更为复杂、灵活且比例均衡。就像在音乐领域德国有巴赫、贝多芬和勃拉姆斯，在绘画和雕塑领域意大利有米开朗琪罗、拉斐尔和达·芬奇，伦敦和纽约在金融领域也做出了类似的贡献。对理解金融学科复杂微妙的初学者而言，三百年的洞见、发明和不懈的辛劳为人类思考的独创性树起了丰碑，也许任何领域上的任何学科都不能与之相提并论。银行家、会计师、投资者、商人和公司管理者共同努力持续带给这个体系的一切改变了世界，其影响程度远较他们同时代任何人更为深远。

金融在核心层面关注资源的有效调配。盎格鲁—撒克逊霸权在近代金融中意味着，从世界历史的史无前例的程度来说，盎格鲁—撒克逊世界提供了资源调配的最高水平。在与

135

法国的战争中，优越的国家财政赋予英国具有决定意义的有利条件；在近代历史的绝大部分时期，优越的私人金融令英语世界在几乎每一个商业领域至高无上。这一霸权的政治和军事优势是无法估量的；即便在今天，这类优势仍在形塑世界历史。

英美金融这一主题和它跨越工业和政治每一个领域的分支具有智识上的复杂性，是一个值得用一生研究和反思的主题。这样的人生度过得很有意义，也会得到很好的回报，但基于我们现有的意图，我们必须迅速一瞥以达到目的。

136 　　将国家财政这个世界与私有经济联结起来是一些大型金融公司的职权范围。从某种程度上说，摩根财团和巴林银行这样的公司处理主权国家的事务。巴林财团提供金融服务，容许美国在 19 世纪初完成路易斯安那购地案的手续；银行驻巴黎代表协助降低了其要价，令其达到与银行处理交易的能力相匹配的水平。[①] 1871 年法国在普法战争中的失败是灾难性的，之后摩根财团组织了一个辛迪加，为新的共和国提供了 5000 万美元，帮助稳固新的法国政府。[②] 1895 年和 1896 年，摩根财团非正式地担当了美国中央银行的角色，提供金融服务使得美元保持金本位制。西奥多·罗斯福（Theodore Roosevelt）寻求摩根的资助，购买法国在巴拿马地峡 4000 万美元的资产，这使

---

① "Fortis Bank and ING Group Celebrate Bicentennial of Historic Louisiana Purchase Bond Transaction," *Business Wire*, June 3, 2004, http://www.findarticles.com/p/articles/mi_m0EIN/is_2004_June_3/ai_n6053882 (accessed April 10, 2007).

② Ron Chernow, *The House of Morgan: An American Banking Dynasty and the Rise of Modern Finance* (New York: Atlantic Monthly Press, 1990), 26.

得美国的旗帜飘扬在那个修建运河的工地上。① 1915 年，摩根筹集了 5 亿美元财团放款提供金融支持，无此英国和法国都会处在强大压力下而无法继续第一次世界大战。②

但是，即便金融家的头脑处在云端，在平等的基础上与政府首脑进行谈判，他们的脚还是根植在私有经济的土壤中。他们是商业银行家和投资管理者，通过他们的行动，银行获得了资源和声誉，令他们得以管理国家财政。并且，为国内外的私有商业和投资提供便利，这是他们的成功之处，这使得这些银行和这些银行所在的国家非常有权势。

1694 年，英格兰银行组建，那时英国金融市场还处在粗糙原始的状态，接下来很快完善成为投资者和"项目企划者"（向公众进行新公司和新项目推荐以期获得投资的人），成长得更为复杂和富有经验。股份制公司是现代公司的鼻祖，曾经很稀少；它们变得越来越寻常，并且慢慢地在犯过多次错误之后，成为更为安全的投资工具。事物在潜移默化中不断发展，证券法、股东权益、信息公开要求和证券市场监管逐渐艰难地建立起来。引进的新型金融技术发挥了意想不到的作用；新出现的弊端推动了新的改革。

大规模国际投资可追溯至 19 世纪早期，英美共同的法律体系和文化传统与两国的经济动力结合在一起，建立了已问世的最为复杂和系统化的经济相互依赖模式。美国开发的是一个广袤的大陆，有着未开发的资源，长期缺乏资金；英国投资者因

137

---

① Ron Chernow, *The House of Morgan: An American Banking Dynasty and the Rise of Modern Finance* (New York: Atlantic Monthly Press, 1990), 111.

② Ron Chernow, *The House of Morgan: An American Banking Dynasty and the Rise of Modern Finance* (New York: Atlantic Monthly Press, 1990), 197.

为工业革命和全球贸易体系而获利极丰，希望能进行比在家乡市场投资利率更高的投资。这一趋势始于英国投资者购买美国第一银行和美国第二银行的股票；确实，害怕英国投资者会从银行获得太多，这是他们的政治对手用于阻止其执照更新的论据之一。

19世纪30世纪，美国发生了一场金融危机，众多私人公司甚至政府部门不再履行其金融债务，英国的商业银行在巴林银行的领导下积极介入对美国证券及其发行商行为表现的监管。同时，扎根在美国的新一代金融家在伦敦建立办公室，他们更有力地诱导英国资本进入生机勃勃的美国市场，同时从世界金融中心伦敦的商业贸易中获利。美国出生的跨洋银行家中最重要的一位是乔治·皮博迪（George Peabody）。他出生在马萨诸塞州东部一户中产阶级家庭，是第一位进行大规模捐赠的美国慈善家，在大洋两岸分发了一笔当时数额巨大的8万美元捐款给慈善机构。皮博迪没有自己的亲生子女，他的银行合作伙伴之子J. P. 摩根（J. P. Morgan）最后接收了公司，并按时代的风俗重新命名，将其并入不仅是美国历史、也是世界历史上最为重要的金融公司当中。

英美银行的商业和投资生意蓬勃兴旺。英国和美国急剧的工业化和经济增长生发出对资本的迫切需要和给获利丰厚的行业投资的充足机会。尽管时有丑闻和恐慌，19世纪英国资本如潮水般涌进美国，修铁路、建钢厂、铺电话线和电缆线。1865~1890年，巴林银行对价值3400万英镑的美国铁路股票负责；在摩根的推广下，巴林银行在后来成为AT&T和其子公司纽约电话公司的第一次股票募集中发挥了领军作用。[1]

---

[1]　Philip Ziegler, *The Sixth Great Power* (New York: Knopf, 1988), 216, 293.

摩根与巴林的关系指明了另一项重要发展。与英国投资的其他接受方，如阿根廷和巴西不同，美国是技术、文化价值、法律之集成，这令美国公司和机构成为平等合作伙伴，并且最终平等地在世界金融市场与英国人竞争。

138

到 19 世纪末，英国在美国的投资达到了惊人的水平。19世纪 90 年代，英国公民每年储蓄约 1.6 亿英镑；其中很大一部分用于在美国投资。巨额投资基金汇集不同来源的资金，对不同的海外事业进行投资，一般对任何特定公司的投资有一定百分比的限制。

在其他方面，在银行业发展的同时，金融行业也在成长，并变得更为复杂。保险业尤其成为世界的主要力量。收缴保费令公司通过风险管理而更好地预测公司的未来，保险公司亦成为更成熟的投资者和基金管理者，配置资本以获得最佳回报。今天保险业是价值 3.3 万亿的全球产业；和银行业一样，在盎格鲁—撒克逊世界从事这一行之前，保险业已经拥有悠长的历史，但也和银行业一样，近代保险业的规模和范围要归功于 17 世纪伦敦金融市场的形成。1666 年伦敦火灾后对火灾保险的要求导致了许多人认为是世界第一个近代保险市场的出现。英国不断增长的海外贸易导致了 1688 这一革命之年海上保险业务在伦敦一家咖啡馆建立起来。咖啡馆经营者爱德华·劳埃德（Edward Lloyd）1691年把他的业务迁到隆巴德街；伦敦的劳合社至今仍是世界上最大的海事保险商。北美是世界最大的保险市场，而有着不到世界人口 1% 比例的英国，仍占有世界全部发行的保险业务的 9% 以上。

消费信用

英美世界的金融基础架构不限于政府和公司的需求。一项

2003 年的研究显示，美国人持有世界 13 亿张信用卡的一多半，这只是金融系统以前所未有的规模渗透进入个人和家庭生活，并支持小企业形成发展的后果之一。（在 2003 年的研究中，英国持有信用卡的总数占世界第二。）①

139　　近代家庭金融资产的发展始于 17 世纪的英国。法律的变化使得地产成为"固定的"，使其本质上是不可分割的。矛盾的是，这也许扩大了想从土地收益中借贷，而不是卖掉他们一些面积土地的人的市场。乡绅为他们的后代增加嫁妆的需要，促使他们抵押一些收入，同时为未来保存财产。

　　由英格兰银行建立的稳定、长期债券进一步扩大了家庭金融的范围。商人和店主有能力并进行"基金投机"，并且，就连个人投资者的利益在股市狂潮遭受到的惨烈损失，比如南海泡沫事件，都没有粉碎投资可能性中的公众利益。公债市场的流动性也提供了一个衡量不同金融产品风险的基础，这样人们可购买有更多保证和风险更易于管控的人寿保险和养老金。规避风险的投资者可以拿回报更少但风险最低的政府债券；其他人可以购买回报更高的股票和私人债券。从这一时期开始，即使是谨慎的成功中产阶级店主和其他这样的人也可以开始为无忧无虑的退休做好计划。

　　尽管近代保险业是在英国发展起来的，19 世纪这一行业在美国的广泛范围内大众化了。人寿保险、火灾保险、盗窃保险、丧葬保险：发展规模前所未有，在 19 世纪行将逝去之际，即使是贫穷的美国人也购买保险来防范人生中的变化

---

① Niall McKay, "Playing with Plastic, How It Works in the Rest of the World," PBS Frontline, http://www.pbs.org/wgbh//pages/frontline/shows/credit/more/world.html（accessed April 10, 2004）.

无常。①

19 世纪的最初几年也见证了另一个重大发展：1807 年，纽约第一家家具销售商考珀瑟韦特和儿子公司（Cowperthwaite and Sons）开业，五年后开拓了分期付款购买家具的新业务。允许人们租用家具，同时保留购买选项的"分期付款购买业务"在 19 世纪 30 年代引进到伦敦。②

当更加复杂和昂贵，却也令人称心如意的新型产品出现在市场上，对分期付款信贷的需求增长了。生产者和销售商迫切地寻找新途径让消费者有办法支付得起。商业金融复杂体系的存在允许制造者和消费者管理他们的现金流以适应消费者延时进行小额支付的潮流；建立在家庭信贷基础之上的大众消费市场开始成型。

19 世纪典型的美国家庭形式是家庭农场；正如伦德尔·卡尔德（Lendol Calder）在《融资美国梦：消费信用的文化史》一书中所揭示的，农场设备和缝纫机推动了新的信贷体系的普及化和制度化。从 19 世纪 50 年代开始，农场主可以购买赛勒斯·麦考密克（Cyrus McCormick）出产的弗吉尼亚收割机，首付 35 美元，收割后再付 90 美元。尽管他给现金付款打折，但三分之二的客户赊账购买。③

在同一个十年中，缝纫机也用分期付款的方式提供给城市和农村的家庭。胜家公司在 1856 年开始提供赊销。销售额立

140

---

① Daniel Boorstin, *The Americans：The Democratic Experience*（New York：Vintage, 1974）, 186.

② Lendol G. Calder, *Financing the American Dream：A Cultural History of Consumer Credit*（Princeton, N. J.：Princeton University Press, 1999）, 158.

③ Lendol G. Calder, *Financing the American Dream：A Cultural History of Consumer Credit*（Princeton, N. J.：Princeton University Press, 1999）, 164.

刻增长了三倍，胜家在十年中成为工业领域的全国市场领袖。购买缝纫机，可以首付 5 美元，月付 3 ~ 5 美元，并在未付的余额上收取利息。[①] 到 1876 年，胜家已经出售了超过 25 万台缝纫机，约占全国缝纫机销售市场的一半。[②] 这一成功引起其他生产商和销售商的注意，消费信贷日益广泛传布。1896 年后，美国人的人均债务水平逐年稳固递增。[③] 20 世纪 20 年代这一水平进入爆炸式发展阶段，当时全部未偿债务总额增加了一倍多。[④] 尽管经济大萧条导致了暂时的退步，现代美国经济当时建立在这种消费带动、借贷融资增长的路径之上。汽车业的发展方式是，早在 1926 年，美国每三辆车就有两辆是赊账购买的；另外，那时包括冰箱、收音机和吸尘器在内的电子产品的突破也发挥了同样的作用。[⑤] 其他形式的消费借贷的增长也发展迅速，在小型企业和工薪阶层业务方面，授权的监管借贷公司开始挑战传统高利贷和其他服务。1911 年纽约市的一项调查估计，约 35% 的城市雇员（他们的信用风险通常好于平均水平）向非法贷款人借钱；在全国范围内，据信 20% 的城市工人一年至少一次求助于非法贷款人。[⑥] 正式小额贷款行

① Lendol G. Calder, *Financing the American Dream: A Cultural History of Consumer Credit* (Princeton, N. J.: Princeton University Press, 1999), 164.

② Lendol G. Calder, *Financing the American Dream: A Cultural History of Consumer Credit* (Princeton, N. J.: Princeton University Press, 1999), 165.

③ Lendol G. Calder, *Financing the American Dream: A Cultural History of Consumer Credit* (Princeton, N. J.: Princeton University Press, 1999), 18.

④ Lendol G. Calder, *Financing the American Dream: A Cultural History of Consumer Credit* (Princeton, N. J.: Princeton University Press, 1999), 18.

⑤ Lendol G. Calder, *Financing the American Dream: A Cultural History of Consumer Credit* (Princeton, N. J.: Princeton University Press, 1999), 28.

⑥ Lendol G. Calder, *Financing the American Dream: A Cultural History of Consumer Credit* (Princeton, N. J.: Princeton University Press, 1999), 118.

业的发展改变了数百万以前不能从正规公司获得贷款的人的景象。授权借贷企业对家庭和小型企业的贷款从 1916 年的 800万美元增长到 1929 年的 2.55 亿美元。[①]

　　信用局（The credit bureau），这一公司通过向贷方提供贷款人过去财务记录的（通常）可靠信息便利了信贷向大众市场的扩张，这是另一种深植于我们历史的特别具有美国特色的制度。就像被称为人寿保险之父的伊莱泽·赖特（Elizur Wright），刘易斯·塔潘（Lewis Tappan）是一名热心的废奴主义者和社会改革家。塔潘于 1841 年开始建立一个代理商的全国性网络，大部分人招募自废奴运动（亚伯拉罕·林肯是他雇用的 2000 个人之一）。塔潘的代理机构声称其能于七天内在美国任何地方查找任何人，并保留进入其调查范围的人的个人和金融习惯的深入报告。他创造出像"坏蛋""没用的人"这样的术语，成为美国语言不可分割的部分。塔潘的网络是规模巨大的事业，单单一年就有 7 万人的名字进入其记录。[②]

141

　　由塔潘开先河的强有力的侦探工作有些不为人喜，现在这一事务由各大信贷公司完成。然而总的来说，通过允许贷方做出更好的决定、降低他们的损失、降低可靠借贷者的信贷费用，这样的机构促进而非限制了普通美国人的信贷通道。但不论一个人是否赞同这样的事业，其发展开始很早、分布广泛，这是英语世界以消费为导向的金融体系最为显著的例证之一。

　　房屋自那时到今天都是大部分工薪家庭最大的单一支出。

① Lendol G. Calder, *Financing the American Dream: A Cultural History of Consumer Credit* (Princeton, N. J.: Princeton University Press, 1999), 147.
② Benjamin Schwartz, "Born Losers," *Atlantic Monthly* (January-February 2005), 159.

自欧洲殖民地最早的岁月开始，一户家庭独有的农场的普遍性
意味着绝大多数美国人拥有自己的住房。但城市里的美国人很
快就通过信贷购买或建造房屋。第一个建房互助协会 1831 年在
费城组建，到 19 世纪末，约 160 万个家庭在遍布全国的约 6000
个建筑和借贷协会注册。这些社团的成员通常会为购买一幢房
屋偿还一大笔贷款，或进行一段时期的按月分期付款。分期付
款包括本金、手续费、应付款和利息。[①] 美国家庭金融低调起
步，这一体系为普通美国家庭带来大量财富，向大多数美国人
提供了他们所拥有的最巨大和最有价值的资产，承保了美国的
资本市场的发展，令一个成熟的抵押贷款证券化的二级市场成
型，帮助千万美国人迁往郊区，有助于美国梦定义的明晰。

美国银行（The Bank of America）

142　　如果英格兰银行的故事展示出英美人的金融成就如何奠定
了全球海洋秩序的基础，美国银行的故事则展示了这一秩序的
金融潜力如何被发掘出来，改变了全世界消费者的生活方式和
习惯。总体而言，针对中等或者更低收入的家庭的消费信贷、
小额贷款和开放的金融市场在过去的两百年间在大西洋两岸已
粗具规模，这一趋势汇聚成为一个独特的金融机构，现在仍是
世界最大和最为赢利的银行。

　　英格兰银行和美国银行的源头和本质并没有太多的不同。
英格兰银行尽管是由一个肮脏的冒险家打造，却是在乡绅和贵
族看管下成型。成立伊始它就与英国国家机构和王室家庭密切
相连；与规制最好的蓝筹公司进行业务往来。

---

① Calder, 161.

意大利银行，也就是美国银行，直到 20 世纪 30 年代才为人所知，由 A. P. 贾尼尼（A. P. Giannini）建立，他是意大利移民的儿子，自学成才。父亲在贾尼尼 7 岁的时候，就因一次纠纷而被雇员射杀。未来的银行家在旧金山北岸的意大利杂货商、劳工、小生意人中长大，当过搬运工和劳工。多年以来因诚实可靠而建立了声誉，也对身边小生意人的品质有了判断。31 岁时，他说服了投资者交托他 15 万美元，这是他死时已是世界最大银行的机构的原始资本，该行 1931 年更名为美国银行。

贾尼尼的商业模式简单却富有革命性。他的诚实名声令他可以说服有猜疑的移民将积蓄存入银行；他把这些存款借给他认为从品行到判断力都值得信任的小本生意人。贾尼尼的银行建立在更多成熟的金融机构觉得太小太边缘以至于不能协作的存款人和借款人的基础上。

意大利银行成立两年之际，旧金山大地震来袭。考虑到火灾的可能性，贾尼尼赶着骡车到银行，装载着从地窖拿出的价值 200 万美元的金币和他的档案记录，用一箱箱蔬菜把金子盖住，赶着车到郊外的家。这个城市其他大部分银行及其档案记录毁于随后的火灾。地震后几天的时间里，贾尼尼在港口的码头重开银行，在两个桶子上面架一块板的临时办公室，他给顾客发放重建贷款，向需要的储户支付余额，并借钱给港口里的船长，这样他们可以往北航行到西雅图和波特兰，置办重建旧金山所需要的木材。

接下来的四十年里，贾尼尼和他的银行成为现代加利福尼亚诞生的助产士。他帮助开创了加州电影业。在贾尼尼为电影业提供服务之前，制片人拿不到银行贷款。银行进行抵押借

143

贷，电影公司能提供什么抵押品来补偿制作支出？贾尼尼找到了一个答案：每天拍出来的镜头胶片。好莱坞新兴的电影移民聚拢在这位富有远见的银行家和他提供的低廉可用的金融服务周围。多年以来，他为联美公司的形成、电影《白雪公主》的制作和建造迪斯尼乐园融资。

然而，贾尼尼最重要的创新和成就源自其核心洞见，即向普通加利福尼亚人提供金融服务。贾尼尼的银行普及30年期分期偿还住房抵押贷款，一种令普通美国工人家庭掌握房屋所有权的贷款产品，后来成为联邦住房政策模型。就非常现实的意义而言，贾尼尼和他的银行创造了现代美国郊区生活方式，首先在加利福尼亚，之后扩展到全国。30年抵押贷款让消费者有了自有房屋。贾尼尼也向汽车经销商和购买者提供消费信贷，美国银行是向普通工人提供分期付款的领军者。美国银行帮助城镇和城市发展和发行地方债券，令它们得以修建道路、铺设下水道和自来水基础设施，这又形成了新的细分小地块。新的土地上充斥着以30年贷款形式卖给消费者的房屋，债券的利息由更高的土地价值支付。

好莱坞梦工场的非凡成长，与拥有郊区房产和一部家庭用车的美国梦的普及成真是贾尼尼将金融服务推向大众这一革命性举动产生的后果。这一革命在他死后仍在继续：美国银行是第一家发行个人消费信用卡的银行。这种信用卡，是维萨信用卡的原型，仍然是世界上最为普及的信用卡，它将大众化的银行服务推向新的前沿，既方便又有利可图，促发了一场至今仍在向全球传播的运动。

就像艾迪生和麦考利，以及塔潘和J. P. 摩根，就此而言，贾尼尼认为他的业务是植根于性格和道德，在自由和负责的政府管理之下不可思议地具有例外性。存款人必须相信他或她的存款会由银行妥善管理；贷方必须找那些致力于偿还他们贷款的个人。作为一种伟大的机制，以合法形式接受和遵守，诚实公正地在同样诚实并有能力执行的法庭里合理地迅速执行合同法对处理数以万计个人消费者的大众业务而言，比处理与知名公司的业务时显得更为重要。

144

英美人建立的金融基础设施在过去的三百年间协助英国和美国赢得了战争，改变了世界经济和政治图景。它也促进了英语世界的国内发展，助其对世界文化和社会产生自世界历史肇始以来比其他文化更为深远的影响。

第8章 伊顿的球场

145   想象一下两个 19 世纪中期的农夫——一个是康涅狄格州的美国佬，另一个是缅甸的稻农——合计如何做一个更好的捕鼠器。康涅狄格州的美国佬把他的新设计拿到专利办公室，组建一个公司生产捕鼠器；缅甸的农民向邻居说明他们如何自己做。年复一年，美国佬的捕鼠器得到了改善，修修补补，形成标准制式。工厂的廉价系统和廉价的铁路运输将原材料从全国各地运来，产品在国内和国际网络分发，如有必要采取分期付款的方式进行销售，通过四处扩散的大众传媒做广告，美国佬的捕鼠器卖到全美国、英语世界，最终到欧洲。所有介入这一产销过程的公司都利用了世界上最复杂的金融市场，令它们得以用最少的资本进行利润最大化的配置。

如果在后来会导致他正在上升期的公司身陷麻烦的专利诉讼中获胜，农民可能会摇身一变成为众所周知的捕鼠器之王。他带着他的妻子和女儿们去欧洲旅行，伦敦上流社会的女主人出于尊重美国佬的钱财吞咽下对他们粗俗的异议，出身可疑的意大利伯爵们扑向这些女孩。

同时，随着时间的流逝，缅甸的捕鼠器也被修修补补，新的改良版本逐渐分布一个又一个村庄，一家又一家。最初的制造者受到邻里的尊敬，但他的家却无人问津，他（或她）的名字迅速被遗忘。

很多年以后，美国佬商人乘坐蒸汽船来到缅甸，带着标准制式的廉价捕鼠器，通过英国人建造和拥有的铁路向全国的零售商配发了新奇的装置。手工制作、自产自销的模式很快只能在内地的村庄和穷人中得以保留。

英美人对不断改进、修修补补和营销的狂热并不仅限于金融市场和产品。新的技术、新的产品、公司里人们工作的新组织方式、新的市场战略、新的媒体、新的交通和通信方式、新的研究资助、组织和指导方式：过去三百年间这一以英美为中心的全球性运动对世界的改变超过我们的认知，不仅改变了人类的生活，也建立了世界权力和贸易的新模式。这不仅是一个更好的捕鼠器和更快的网络服务器的问题。文化和社会的转型起因于英美资本主义日益扩大的全球化规模所引领的人类生活物质条件变迁，这协助创建了第一个真正的全球文化和社会。

更重要的是，英美世界具有革命性的资本主义社会实现了政治经济的革命，就像政治民主化的兴起一样具有惊天动地的重要效应。在民主社会，政治权力最终成为给人民的礼物。有抱负的政治领导人必须忍辱取胜；他们必须研究他们希望赢取信任的大众的价值观、渴望，甚至偏见和错误。

大众消费社会源于英美的金融与急剧发展、市场驱动的技术变革的联姻，财富同样是给人民的礼物。如果普通消费者不喜欢你公司制造的汽车，公司会衰落。如果狗不喜欢狗粮，狗粮公司、股东和行政管理层全要蒙受损失。在现代世界，从好莱坞明星到服装设计师，每一个人都必须研究大众。

在传统君主制和寡头制社会，必须研究统治者和出身高贵者的口味，纵容他们的偏见和反复无常。

大众消费的力量通过灵活的市场与有才能者的经济利益连接在一起，是人类驯服火以来最具革命性的发现。精英们的雄

146

心联合起来，且有大众的渴求作为支持，因而已经产生和将要产生的变化是无法估量的。在政治层面，英语世界是三百年来技术、产品、研究和文化的首要源泉，协助建立和形成了海事系统。

戴维·兰德斯（David Landes）和丹尼尔·布尔斯廷（Daniel Boorstin）等历史学家对这一历程进行了研究，用这一历程所值得拥有的关注和技巧来研究其各个不同的方面；读者应该阅读兰德斯的《国富民穷》和布尔斯廷的《美国人：民主的历程》，两书的研究比其他研究都要深入和全面。然而，我的目标只是表明英美的历史、经济史和科技史是相互关联的，包含所有这些主题的更广阔的知识为其中研究外交政策和权力史的学者提供了重要、有益的洞见。

经济史，尤其是随着时间推移所累积的改变日常生活的细小变化的历史，虽然相比战争史来说显得缺乏戏剧性，但是它们却是非常重要的。近现代大国兴衰的宏伟历史都是扎根于平凡的生活小事，如同饮茶和捕鼠器的历史。

从佩皮斯（Pepys）到百事可乐（Pepsi）

开始一场由消费引导的经济革命的匆匆之旅的最佳地点同样是金融之旅的起点：17世纪伦敦的咖啡馆。在那里展开了对英格兰银行的争论，伦敦劳埃德公司也在那里诞生。这些咖啡馆（那个时代茶被视作更女性化的饮料）不仅是金融革命开始的地方；那里不仅是英国人展开争论的地方，一定程度上那里造就了1688年的光荣革命。那些咖啡馆也见证和推进了影响只会与时俱增的消费和信息革命。

咖啡和茶是提神的休闲饮料。它们并不维持生命，它们让生命更旺盛。社会的发展需要也能够负担得起这类饮料，就像一样不是必需品的糖这种调料，这是一个重要的里程碑。从那时起，人类社会的形态越来越少地受到生活必需品的左右，而越来越多地在寻求方便和愉悦。

这不总是好事。特别是糖，直到 19 世纪末都在最可怕的条件下制造（巴西 1888 年废除奴隶制，古巴是在 1870 年）。据说，直到今天，很多在多米尼加共和国蔗糖种植园的非法海地工人所生存的条件仍然毫无幸福可言。

简·奥斯汀笔下的温雅饮茶的女士和教堂牧师通过他们的喜好和选择改变了世界。他们改变的并不见得都是好事——但他们与之相关。根据历史学家威尔弗里德·普雷斯特（Wilfrid Prest）的研究，英国食用糖用于国内消费的进口量从 1660 年至 1700 年翻了一倍，18 世纪 30 年代又翻了一倍，那时英国为不列颠群岛上的每一个男人、女人和孩子进口 15 磅糖。[1] 1700 年进口 1 万吨糖，此后迅速增长，一个世纪后达到 15 万吨。同样在这一百年中，茶叶的进口从不到 10 万磅增长到 2300 万磅。[2] 咖啡在英国贸易中以前不是重要的东西，1710 年后占了东印度公司收入的 22%。[3] 咖啡、糖和茶叶贸易是全球性的。原料来自全世界，有着很复杂的网络整合，包括货主、市场营销人员、制造商、零售商，他们为伦敦咖啡馆的绅士们提供提神的饮料和小点心。

148

---

[1] Wilfrid Prest, *Albion Ascendant: English History, 1660 – 1815* (NewYork: Oxford University Press, 1998), 50.

[2] Roy Moxham, *Tea: Addiction, Exploitation and Empire* (New York: Carroll and Graf, 2003), 31.

[3] Brian Cowan, *The Social Life of Coffee* (New Haven, Conn.: Yale University Press, 2005), 65.

英国人最早为人所知的对茶叶的需求可见于一封 1615 年的信，东印度公司驻日本的一个代理商请求在澳门的同僚发给他一些质量顶好的"chaw"。[①] 塞缪尔·佩皮斯（Samuel Pepys）这个官员协助奠定了具有征服世界能力的英国海军高组织和管理水平的基础，在他特别坦白和生动的日记中吐露，他在 1660 年 9 月 25 日喝了他所说的第一杯"茶"。[②]

此前十年，一个在历史上只留下雅各布（Jacob）这一名字的犹太人开了英国第一个记录在案的咖啡馆，取名"天使"，坐落在牛津。伦敦第一个咖啡馆在 1656 年开张；到 1700 年伦敦已经有几百个咖啡馆，与之相比阿姆斯特丹只有 32 个。[③]

对这类产品需求的满足有助于建立英国足可用以在接下来两个世纪主宰世界历史的公司和帝国。咖啡和茶叶贸易协助成就了英国东印度公司在印度的霸主地位——这家公司将继续招募和训练军队，像完成商业项目一样在印度建立了大英帝国（the British Empire）。

烟草贸易也很重要，从帝国角度和金融角度看都是这样。仅弗吉尼亚和马里兰两家殖民地在 1703～1718 年就向英国运送了超过 4 亿磅烟草。[④] 船运费用为每吨 7 英镑，这意味着烟草在英国船舶业的利润中占了 8.2 万英镑的分量。[⑤] 保险费

① Claire Tomalin, *Samuel Pepys* (London: Viking, 2002), 374.

② Cowan, 22, 28.

③ Curtis P. Nettels, *The Money Supply of the American Colonies Before 1720* (Madison: University of WisconsinPress, 1934), 53-54.

④ Curtis P. Nettels, *The Money Supply of the American Colonies Before 1720* (Madison: University of WisconsinPress, 1934), 53-54.

⑤ Curtis P. Nettels, *The Money Supply of the American Colonies Before 1720* (Madison: University of WisconsinPress, 1934), 60, 62.

（殖民地人愤愤不平地指出，由种植园主支付类似的运费）是最大的额外开支，这一稳定的收益对建立英国早期的保险业贡献良多。 149

还有很多额外的好处。到达英国的烟草有 65% 再出口到欧洲，产生更多的利润、保险费和工作机会。英国政府积极致力于市场发展，运用外交手段到处撬开市场，如威尼斯、西西里和奥属荷兰。①

烟草贸易令弗吉尼亚等殖民地翻身成为繁荣的社会；出口商品成品和奢侈品给弗吉尼亚种植园主和甚至更富有的加勒比糖业大亨为英国制造业提供了销路，在 18 世纪余下的时间内，不管是战争时期还是和平时期都刺激了经济的高速发展。巨大的国内市场也有助于英国公司在众多欧洲市场居于主宰之位：自 18 世纪 20 年代以来，英国咖啡贸易日益重视对欧洲市场的再出口，部分原因在于茶叶替代咖啡成为不列颠所选择的饮料。那些操纵着船队的旗舰满世界开展商业贸易的人训练水手，这些水手不管是愿意还是不愿意，都成为在英国海军战舰上与法国作战的人。船只建造者的技艺和船长在贸易中制作的海图和地图协助英国成为更为强大的海权国家——同时也变得更为富有。

进口和出口一样，是繁荣昌盛的标志和原因。1725 年，威廉·笛福（William Defoe）在《英国商人大全》一书中夸口说：

> 英国国内消费的外国商品越来越多，从一些生产和加工相应产品比世界上其他任何国家更多的国家进口……除

————————————

① Ferguson，14.

了消费棉花、靛蓝、大米、生姜、辣椒或牙买加胡椒、可可和巧克力，朗姆酒和糖蜜，糖和烟草的进口首当其冲，在英国的消费数量大得难以想象。①

当英国的繁荣扩散到越来越多的人身上，进口的清单只会增加。

如果咖啡馆曾是消费革命最为公开显著的标志，其影响很快弥散到生活的其他方面。18 世纪见证了中等收入和中等偏低收入的英国人在餐具摆设、家庭装饰、自身和孩子穿着方式上的急剧变迁。早在 18 世纪 20 年代对于动产的研究中，人们就表达了他们的需求，茶壶和咖啡壶等瓷器，以及其他的消费品在中产阶级家庭中成为常用品。② 一代人之后，斯塔福德郡大众陶瓷制造业的开创为发展迅速的广阔市场带来了更新更考究的餐具。历史学家保罗·兰福德（Paul Langford）这样描述："18 世纪 60 年代和 70 年代，许多店主和商人家中使用的地毯、壁挂、家具、厨房和客厅器皿让他们的父母吃惊，让他们的祖父母震惊。"兰福德写道，这些店主和商人享受着甚至比仅仅半世纪以前绝大多数贵族家庭更高的生活标准。③

在 18 世纪，中等和中等偏低收入的英国家庭已经越来越习惯于这样一个史无前例的理念，即每一代人会享受比他们父母那一代显著提高的生活标准。

150

① Prest, 154.
② Paul Langford, *A Polite and Commercial People* (New York：OxfordUniversity Press, 1989), 61.
③ Paul Langford, *A Polite and Commercial People* (New York：OxfordUniversity Press, 1989), 61.

在维多利亚时代，厨房成为众多家庭物质生活水平提高的前沿。在 19 世纪来临之际，绝大多数英国厨房肮脏不堪。封闭的厨房炉灶最早出现在大约 1800 年，但只是更富裕的家庭才拥有。到 19 世纪 60 年代，炉灶设计得更好，应用更为广泛方便。油布于 1860 年获得专利保护，厨房迅速变得更明亮、更易清洁。[①] 指南类书籍《现代家居》里有一张清单，列出认为应是一个中产家庭拥有的"便宜的厨房家具"的必需品；这是一张全面的清单，包括以前任何时期都会被视为奢侈品的物件：

炉灶、炉围、火熨斗；一张松木桌；固定在墙上的桌子支架，需要时放下；木制餐椅；地板帆布；烹调时放在火前的粗帆布；清洗玻璃和瓷器的木盆；锌制小洗手盆；两个洗涤用桶；晒衣绳；晾衣架；和面用黄碗；木制悬挂盐罐；小型咖啡豆研磨机；磨餐刀板；盛面包用棕色大陶盘；木制小面粉箱；3 个平熨斗，1 个意大利熨斗，1 个熨斗架；整熨用旧毯；2 架锡制烛台、剪蜡烛芯用剪刀、灭火器；2 把黑色鞋油刷；1 把硬毛刷；1 把鸡毛帚；1 把短扫帚；煤渣筛子、簸箕、滤网、桶；受专利保护的蒸煮锅；平底茶壶；烤面包叉；面包刨刀；瓶式千斤顶（屏风由覆盖着床单的晾衣绳形成）；一套烤肉叉；切肉刀；锡制盖帽黄油调味炖锅；滤锅；3 口铁平底锅；1 口蒸锅；1 口煮鱼锅；1 个撒面粉器；1 口煎锅；1 个悬挂烤架；盐

151

---

① Judith Flanders, *Inside the Victorian Home* (New York: W. W. Norton, 2003), 26, 35.

和胡椒罐；擀面杖和板；12 口馅饼平锅；1 个大锡盘；1
个天平；烤盘。①

　　工业革命带来了丰富的专业化产品，新兴的中产阶级家庭
也触手可及。

　　电的问世引发了寻常百姓家使用器具和工具的新浪潮。烤
面包机、电熨斗、电热水器到 1910 年已在市场销售。② 1915
年，仅 25 美元即可拥有一个 9 磅真空吸尘器。③ 电动洗衣机
最早出现于 1917 年。第一台电冰箱和洗碗机也已研发问世，
但仍被视为有钱人的玩物。到 20 世纪 50 年代，标准的美国厨
房设备包括"炉灶、冰箱、洗衣机、吸尘器，以及各式搅拌
器、搅拌机和咖啡研磨机"。④ 20 世纪 70 年代，洗碗机和电视
是厨房标配；20 世纪 80 年代，微波炉、电蒸锅、电煎锅挤进
了厨房台面的空间。⑤

　　纺织和制衣长期以来是英国的特长，1700 年英国消费者
对亚麻织物有着一位观察家认为是难以计数的选择。⑥ 即便如
此，历史上穷人和中等收入的人拥有的衣物相对而言还是很

　　① Judith Flanders, *Inside the Victorian Home* (New York: W. W. Norton,
2003), 111 – 112.

　　② James Norris, *Advertising and the Transformation of American Society, 1862 –
1920* (New York: Greenwood Press, 1990), 86.

　　③ James Norris, *Advertising and the Transformation of American Society, 1862 –
1920* (New York: Greenwood Press, 1990), 86, 88.

　　④ Victoria de Grazia, *Irresistible Empire* (Cambridge, Mass.: Harvard University
Press, 2005), 418.

　　⑤ Victoria de Grazia, *Irresistible Empire* (Cambridge, Mass.: Harvard University
Press, 2005), 418 – 419.

　　⑥ Prest, 152 – 153.

少。尽管对此少有怀疑，但劳动人民、店主和职员对更多和更好的服装有积蓄已久的巨大需求。纺织工业是首先为工业革命所改变的行业之一。衣物的质量和种类扩展巨大，购买群体更为广泛。源自纺织繁荣的利润、技术创新、金融经验、组织和管理技能使英国人和美国人迅速前进，进入工业革命相继而来的各阶段。

有时进展很慢。直到 19 世纪中期，例如，只用机器制造的鞋被称作"直板鞋"——鞋子的左右脚没有区别。只是在 1850 年之后，技术与市场的结合满足了对更舒适的鞋的需要，"弯曲的鞋"的出售范围更为广泛。[1]

为大众提供成衣造成出人意料的机械和设计问题。"人体测量学"是测量人体形态的科学。直到 20 世纪初，服装业才发展出标准尺码的概念。[2] 那时即使是富裕的人们也乐于购买成衣。[3]

旅行革命

消费革命建立在交通革命的基础上，并与之相关联。对国 152 内商品和进口商品更大的需求导致了对水陆交通更广泛的投资，充满竞争的市场对能削减从制造者到零售商再到终端消费者之间费用和时间的人提供丰厚的回报。

更好的船舶设计和船舶的大型化削减了长途海运的费用和时间。航海技术的改善，特别是开发了精确的计时装置，有史以来第一次使得水手能够定位自己所在的经度和纬度，在削减费用的同时极大地增进了海运的效益。沿海航运和货物装卸；

---

① Boorstin, 100.

② Boorstin, 189.

③ Boorstin, 189.

河流疏浚、运河挖通，这让英国越来越多的地方位于人类最便捷可靠的运输方式的覆盖范围之内，直到发明蒸汽火车。

同时，从 17 世纪晚期开始，英国人开始改善他们的道路网络，对改善国家的桥梁兴趣巨大。在 1685 年第一条这样的路建成后，收费公路这种从旅行者处征收费用补充本地税收，从而更好地建设和维护的方式迅速遍及英格兰。① 19 世纪早期，威廉·笛福这样写道："如今看来收费公路的益处太大，所有地方的人们都意识到这一点，其效果对于道路已经完全建成的各郡（英国各地）的贸易而言难以置信。"② 旅行的速度提高了；1754 年，乘马车从伦敦到纽卡斯尔要 6 天；1780 年时间缩减了一半。③ 到 1770 年，英国只有少数地方距离收费公路超过 20 英里，从伦敦到曼彻斯特的路线上，马车一天能跑 150 英里以上，是法国任何此类服务速度的 2 倍。④ 费用也更低了。⑤ 对旅行的需求增加了。每天从伯明翰旅行到伦敦的马车从 1740 年的 1 驾增长到 1763 年的 30 驾。⑥ 到了约 1800 年，英国拥有的高等级道路的里程和法国一样长，尽管英国只有法国的 1/4 那么大。⑦

不仅如此，戴维·兰德斯写道，步入歧途的法国政策让收费公路不由地方领导，而地方领导正是英国收费公路的成功所

153

---

① Prest, 244.

② Prest, 244.

③ Rick Szostak, *The Role of Transportation in the Industrial Revolution* (Buffalo, N. Y. : McGill-Queen's University Press, 1991), 62.

④ Szostak, 70.

⑤ Szostak, 61, 72.

⑥ Szostak, 77.

⑦ Szostak, 68.

在，因为由此可以保护欠佳的路面和降低政府开支。① 马车受令遵守速度限制，采用宽轮，以便马车的重量分布在更多的路面上——但这让马车的速度下降，降低了效率。② 路易十六和他的家人驾着慢悠悠的马车在糟糕的马路上行进，以逃避革命的巴黎日益紧张的气氛。在这一尝试失败的时候，波旁家族有理由对这管理不善的交通系统后悔不迭。

到以蒸汽为动力的旅行开始取代畜力和风力的时代，英国有约 2 万英里收费公路，2125 英里的通航河流，2000 英里运河，1500 英里由马拉动车厢的铁路。③ 在交通网络的密度和实用性方面，没有国家能够接近这个水平。相对较少的运输时间和成本使英国在拿破仑战争之际成为一个全国性的市场。

蒸汽船最早设计于 17 世纪末。随着发动机技术的改进，它们变得可行，然后可用，最终可盈利。早期法国一些富有前途的实验最终一无所成，官僚主义和个人竞争阻断了达班（d'Abbans）侯爵在公开测试成功后获得政府资助的可能，他发明了一艘应用詹姆斯·瓦特（James Watt）蒸汽发动机设计的船。若是在英国，侯爵就可能会组建一个股份制公司，吸纳私人投资，不管政府怎么说；这在法国是不可能的，达班侯爵不得不放弃了计划项目。接着革命发生了，法国对蒸汽船的研究实践中止，直到 1816 年才重新开始。④ 那时候，罗伯特·富尔顿（Robert Fulton）和其他人已经在英国和北美主要的水路上

---

① Landes，215.

② Landes，224.

③ Catholic Encyclopedia，vol. 8，s. v. "Claude-François-Dorothée de Jouffroy，Duc d'Abba".

④ Prest，245 – 246.

定期往返，将密西西比河船运成本和旅客费用降低了一半。①

在蒸汽火车出现之前很久，英国人就在煤矿和其他地方修建铁轨，这样动物就能在铁轨上拉车轮有沟槽的车厢。大量设计并制造适用的铁路和车轮的工艺已经发展得很成熟。由于早期运用蒸汽动力主要是为了在矿业中替代人和动物肌肉的力量，因此在运煤铁路上使用蒸汽发动机只需短短一步。1812 年建成的第一条蒸汽铁路线把一座煤矿和工业城市利兹连接起来。②

从这里看来，对于人类交通来说采用一个新的系统似乎是水到渠成的；发动机设计的进步令新系统更为安全可靠。斯托克顿和达林顿的铁路于 1825 年开通。当连接主要工业城市利物浦和曼彻斯特之间的铁路在经济方面获得成功后，铁路很快成为主要交通要素。对发展铁路系统的经济和工业需求在从19 世纪初小规模企业发展到数十年后的大型公司和工厂的工业进化中发挥了主导作用。

1830 年，英国约有 100 英里铁路；到 1852 年发展到 6600英里。③ 若没有英国资本市场的支持，铁路的爆炸式发展是不可能的。1844 年有 104 家私营铁路公司，1850 年超过 200家。④ 19 世纪末，英伦三岛的铁路约有 2 万英里，几乎全部由

154

---

① David Oliver, *The History of American Technology* (New York: Ronald Press, 1956), 193.
② Lance Day and Ian McNeil, *Biographical Dictionary of the History of Technology* (London: Routledge, 1998), 509.
③ Michael J. Freeman, *Railways and the Victorian Imagination* (New Haven, Conn.: Yale University Press, 1999), 1.
④ Michael J. Freeman, *Railways and the Victorian Imagination* (New Haven, Conn.: Yale University Press, 1999), 2.

私人注资和建造。

　　美国在那时是看来似乎比英国还更有热情修建铁路的一个国家。美国境内可见的第一个火车头是斯托布里奇之狮，1829年购买自英国。[①] 那时巴尔的摩至俄亥俄的铁路已开始建造。安德鲁·杰克逊（Andrew Jackson）是第一个乘坐蒸汽动力火车的总统。[②] 1831 年，众议院已经在为铁路交通在全国的未来而辩论，军队为 20 个不同的私人公司勘测可能的线路，支持铁路建设。[③]

　　部分原因是人口密度更小、很多土地都没开发，部分是由于公众对铁路要求的呼声是如此激烈，热情如此之高，以至于政客们愿意向急切想从事这一业务的公司提供帮助，美国铁路网的建造获得了比英国铁路更多的政府支持；这导致了许多形形色色的丑闻。一个巨大的铁路网也建造起来。1860 年美国有 3 万英里铁路；到 1900 年，美国已建成足以令人震惊的20.1 万英里铁路。[④]

　　像英国一样，美国金融市场为建造铁路所需延长的工期投入了巨额资金而受到了巨大考验。流氓和投机家群集，但总的说来金融市场得以控制数十亿美元的投资来建造铁路网络。25亿美元从英国投资者手上进入美国铁路市场；资本从全欧洲涌入美国这些增长迅速的股票里。1916 年，美国铁路市值为 210

---

① Oliver, 251.

② John Stover, *American Railroads* (Chicago：University of Chicago Press, 1997), 31.

③ Robert G. Angevine, *The Railroad and the State：War, Politics, and Technology in Nineteenth-Century America* (Stanford, Calif.：Stanford University Press, 2004), 58, 64.

④ Railway Statistics Before 1890, U. S. Interstate Commerce Commission.

亿美元。①

发展大潮在美国历史上的重要性用再夸张的词语来形容都不为过。若无这一铁路网络，北方不可能承受军队和物质供应的集中需求，从而能够在内战中战胜南方。若无铁路为工业化带来的经济优势提供可能性，北方不可能支撑得住冲突带来的经济负担。铁路为向大多数西部农业区殖民打开了通道，这不仅是因为铁路为更多的人提供了比带篷马车更快速的交通，而且是因为农民们若无法通过铁路将他们的小麦和牲畜运到东部市场，就可能会缩减生产规模为自给型农业。若无通向世界市场的途径，农场主不会购买用来将大草原转化为多产的农田的重型机械，没有铁路，制造者也不能按照农场主需要的价钱和数量制造出机械设备。芝加哥和圣路易斯这些城市也不可能在这一区域发展得如此迅速；西部的矿产财富本来大部分都会毫无用处的；没有从遥远的阿帕拉契亚山脉和德克萨斯州油井往大城市中心廉价快速运输石油的能力，约翰·D. 洛克菲勒（John D. Rockefeller）不可能建立美国石油工业。

铁路网络迅速发展出一个全国性市场，甚至比英国市场更大更富有。一时间制造商拥有全国作为市场；用芝加哥的农作物制造出的商品从旧金山到波士顿都有销售。巨型零售业迅速抓住机会资本化运营。

第一份蒙哥马利·沃德（Montgomery Ward）邮购目录发布于1872年。那只是标列了商品和价格的表单，但迅即获得成功，竞争者加入进来。② 目录变得更厚更完全，其中的广告

① Stephen Goddard, *Getting There: The Epic Struggle Between Road and Rail in the American Century* (New York: Basic Books, 1999), 14.

② Norris, 15.

更为精致迷人。1888 年，西尔斯罗巴克公司首次发行 1 本商品目录；1897 年发布 31.8 万本，1907 年突破 300 万本，到 1927 年西尔斯罗巴克公司每年在全国分发 7500 万本商品目录。①

铁路系统也让现代连锁百货公司成为可能。公司的货架相距千里，却依赖可靠的递送系统用可预测的价格售卖同样的商品。许多沃尔玛或其他"大盒子"零售商采用的工艺早在铁路时代就有运用；为了建立更为有效的零售形式，这些大型零售商现在运用的新的运输和存货管理技艺，非常接近更早时期西尔斯、蒙哥马利·沃德和伍尔沃思等公司的所作所为。

美国人用诸多方法响应 19 世纪的铁路网络，就像 20 世纪末 21 世纪初他们对互联网的响应。西尔斯和蒙哥马利·沃德就像易趣和亚马逊，通过目录从达科他草原上遥远农场订货的经验就像农村和小城镇的美国人在互联网开放了他们以前不知道的丰富选择之后的初次体验。互联网股票发起人在起步时和铁路时代他们的前辈一样不择手段，万维网制造和损失了巨大财富，就像铁路时代发生过的一样。此外，美国文化对互联网的响应和对铁路的欢迎一样急切。伴随着各类不一样的结果，美国一跃进入电子商务时代，人们辞去日常工作而去买卖股票、出售纪念品、运行或设计网站——就像铁路曾给旅行推销员、房地产开发商、杂志发行商和旅游推广商打开了崭新的视界。

英美世界，并不是 19 世纪的交通革命释放出新的社会和经济活力的唯一地方。但它是其中富有潜力的新科技得以最为

156

---

① Boorstin, 128.

完全、自由和快速地发展的地方。金融体系的整合为便利新科技和附属商业快速发展做好了准备且态度热切，并寻求对其资本化；社会环境很少为新科技导致的迅速且难以预料的变化设置障碍；公众对参与生发出的有风险的新事物和冒风险寻找途径来利用新开放的可能存在广泛自发的热情。这意味着英美人的世界抓住了最多的机会。

这一模式在 20 世纪的交通革命中得以继续。汽车、卡车和飞机改变了全世界的生活——但在每一个个例中，是英语世界，特别是美国最快地感受到了新科技的全面影响。美国人轻快地跳跃以拥抱新的可能，美国的政治和金融体系有能力响应新科技和工业的需求，这意味着即使在美国人不发明新科技的时候，他们一般也比那些其他国家的发明者能创造更多。

例如，美国人没有发明小汽车，但美国的制造业、市场、道路建设、金融体系使美国成为汽车业最发达的国家。1896年 2 月，美国售出第一台汽油驱动的小汽车；① 当亨利·福特（Henry Ford）的 T 型车于 1908 年从汽车流水线下线时，美国有 515 家汽车公司。② 到 1910 年，美国汽车业的规模超过马车业，③ 美国是世界上拥有汽车最多的国家。④ 1927 年，80% 的汽车在美国注册，美国每 5.3 人就拥有一辆车。接下来三个拥有汽车比例最高的国家是新西兰、加拿大和澳大利亚。⑤ 1895

157

① James Flink, *America Adopts the Automobile* (Cambridge, Mass.: MIT Press, 1970), 25.

② James Flink, *America Adopts the Automobile* (Cambridge, Mass.: MIT Press, 1970), 42.

③ James Flink, *The Car Culture* (Cambridge, Mass.: MIT Press, 1975), 18.

④ James Flink, *The Car Culture* (Cambridge, Mass.: MIT Press, 1975), 18.

⑤ James Flink, *The Car Culture* (Cambridge, Mass.: MIT Press, 1975), 70.

年，德国和法国几乎生产了世界上所有的汽车；1912 年，美国的汽车产量与法国、英国、德国和意大利的产量总和相当。①

道路和高速公路建设的爆炸式发展在美国与汽车的问世相随。早在 20 世纪 20 年代，街道和高速公路建设是国家第二大政府开支。② 美国铺就的公路网络其扩展速度可与铁路网络媲美。

卡车很快跟在小汽车之后上了路。随着点对点递送和相比较而言更快的速度和更低的成本的可能性增加——尽管并不总是低于火车运费，卡车对很多货主而言是有吸引力的另一选项。牲畜、蔬菜和水果尤其受益于这一更为快捷灵活的运输方式；例如，1931 年，几乎 1/3 的牲畜由卡车运送。③

1909 年后，卡车第一次成为富有操作意义的替代工具后，其数量迅速增长，从 1915 年的 15.8 万辆增至 1930 年的 350 万辆。④ 1925 年，300 多家公司进入卡车制造业，然而，正如通常在迅速发展的行业中所发生的那样，只有少部分公司获得了长期意义的成功。⑤

对很多美国人而言，拥有卡车是进入商业领域的途径。独立的卡车司机是早期卡车业的支柱：20 世纪 20 年代末，美国道路上的 300 万辆卡车中的 2/3 业务由它们的主人经营。⑥ 正

①　Goddard，49.

②　Flink，141.

③　William Childs, *Trucking and the Public Interest* (Knoxville：University of Tennessee Press，1985），21 - 22.

④　Kenneth Jackson, *Crabgrass Frontier：The Suburbanization of the United States* (New York：Oxford University Press，1985），184.

⑤　Childs，10.

⑥　Goddard，86.

如更早时代所显示的情况一样，金融体系令这一局面成为可能，它具有独特性，适应了小额贷款者和储蓄者的需要。一个普通的工作者，没有特别资格，只是有着体面的借贷史和驾驶执照，就可以通过卡车衍生的收入偿还分期贷款。

美国对航空旅游业有着类似的领导地位。即使在今天，全世界1.5万个营运中的飞机场有1/3位于美国。[①] 面对各式飞机，就像面对蒸汽船、铁路、汽车和卡车，美国很早就热切地投入使用。1932年是大萧条时期光景最差的一年，美国航空公司的报告显示，共有9500万英里付费乘客旅程；1935年达到2.7亿英里，1939年达到6.77亿英里。[②] 到1977年，有超过63%的美国人乘坐飞机；1979年航空管制撤销，引发低成本的小运营商进入这一行业的争抢，导致有些相对成熟的公司破产。尽管撤销航空管制的众多后果仍存在争议（特别在航空公司的雇员中，他们发现他们的工资、工作安全和养老金下降），但到2000年，欧洲和亚洲的政府得出结论，更廉价更灵活的航空交通体系对经济贡献显著，超过了相应成本。瑞安航空这类低成本的运营商将新的航空运输体系引入欧盟；价格迅速下降，旅行增多，20年后与美国类似的变化发生了。

资讯

17世纪的咖啡馆在创造现代世界时还有另一个作用。在

---

① CIA World Factbook, s. v. "United States," https：//www.cia.gov/cia/publications/factbook/geos/US.html（accessed April 6, 2007）.

② Roger Bilstein, *Flight in America*（Baltimore：Johns Hopkins University Press, 2001）, 104.

政治和经济发生巨变的时代，及时资讯的价值不断增长。商人需要知道从马里兰来的烟草船是否没有遭到法国海盗劫掠而安全抵港的最新消息。最近抵达港口的东印度商船的茶叶开价几何？英格兰银行今天的股价如何？在艾迪生眼中，政府信用提心吊胆地坐在宝座上，紧攥着有着来自全世界资讯的报纸和信件。伦敦和商人、投资者分享着她的困扰。咖啡馆是他们很多人跟踪信息的地方。

1664 年，从面包街开始。一个咖啡馆经营者与一个下院职员达成协议以取得议会新闻；他的顾客来分摊共享新闻的费用。[1] 这一现象蔓延开来，两年内查理二世国王就和他的政府商量，讨论扼制所有咖啡馆的可能性：传播的信息太多，太多宽泛松散的谈话。但没有形成适当的回应，尽管 1689 年下议院拒绝让印刷商记录和分发其投票，以图这些新闻远离咖啡馆贤人和智者。查理二世曾抱怨，所有这些宽泛的资讯和广泛的谈话导致了"对政府最污秽的非难"。[2] 各地的政客仍然对此表示赞同，但在 1688 ~ 1689 年革命之后，政府极不情愿地放弃了扼制。新闻时代即将到来。

这一时代开始得足够平淡。1605 年，第一份新闻出版物出现，但直到英国内战，星法庭仍紧紧束缚着出版商。每周一次的新闻版面内容局限于外国新闻、国王宣言和公告、自然灾害和犯罪事件。1641 年，星法庭被废除，局面有所松动，内战双方都发现出版适合的、准备好的宣传和新闻集合很方便。

随着查理二世 1660 年卷土重来和充满生气的咖啡馆文化

159

---

[1]　Brian Cowan, "The Rise of the Coffeehouse Reconsidered," *Historical Journal* 47, no. 1 (2004): 35.

[2]　Cowan, 36.

兴起，事情开始发生变化。王室官方出版物《伦敦公报》
1665 年末问世。议会在 1679～1685 年未能更新授权法
（Licensing Act），政府审查瓦解了，然后到 1695 年则是彻底
永久失效。早在 1720 年，12 份新闻报纸在伦敦出版，国内其
他地方有 24 份。① 威尔弗里德·普雷斯特告知我们，到 1760
年，伦敦有 4 份日报，同时还有 6 份报纸一周出版数次；1783
年，伦敦有 9 份日报，10 份报纸一周出版 2～3 次，4 份周
报。② 印花销售为发行量提供了一些概念，理论上每张报纸上
要贴一张印花以显明适当的税已付讫。印花销售从 1760 年的
950 万张增长到 1775 年的 1260 万张。③ 其中英国历史上最知
名的两张报纸是伦敦的《泰晤士报》——于 1785 年首发——
和 1821 年问世的《曼彻斯特卫报》。④

　　正如面包街咖啡馆允许顾客查阅议会新闻一样，咖啡馆
发现馆内有当前的报纸对便于他们的顾客使用而言很有用，
咖啡馆也开始吸引关注特定类型的新闻和活动的客户群。到
1729 年，伦敦有辉格咖啡馆、托利咖啡馆、文学咖啡馆、时
尚咖啡馆、金融咖啡馆（像劳埃德）、商业咖啡馆，共有 551
家。⑤

---

① Harold Herd, *The March of Journalism: The Story of the British Press from* 1622
to the Present Day (London: Allen and Unwin, 1952), 39 – 43.

② Prest, 193 – 194.

③ Ibid. , 193.

④ British Library, s. v. "Concise History of the British Newspaper Since 1620,"
http: //www. bl. uk/collections/britnews. html （accessed February 17,
2004）.

⑤ Angela Todd, "Your Humble Servant Shows Himself: Don Saltero and Public
Coffeehouse Space," *Journal of International Women's Studies* 6, no. 2 (June
2005): 121.

咖啡馆和报纸也风行于美国。美国第一家咖啡馆于波士顿开业，比巴黎可以吹嘘这一便利设施的时间早一年。美国革命前，只要有足够的业务可以支撑那个时代笨重昂贵的印刷机的地方，就会有报纸。1840 年，美国统计局计有 1400 份报纸和期刊，《纽约太阳报》日发行量为 4 万份。[1] "在日本，报纸一个月只出版 1~2 次，但在西方报纸每天印刷出版。" 1860 年日本首个赴美使团的一位成员对此感到诧异。[2] 1849 年访问美国的瑞典小说家弗雷德里克·布雷默（Fredrika Bremer）指出，期刊和大众文学的全国市场已经存在："报纸在国内传播广泛，赢得大众喜爱的小说和宗教大众读物印刷成数百万小册子，涌向全国，这本质上都应归功于富有生命力的发行传播。"[3]

布雷默指出便捷通信对于国家资讯市场的重要性，称赞"北美不可胜数的通航河流支撑着自由的发行和通信，河流上成千上万的蒸汽船来来往往。随后的岁月里，铁路和电信线路延展到美国所有地方"。[4]

交通网络的扩展和加速发展与国内市场新兴媒体的兴起引发了另外的重要后果：当全国性品牌推广和分销变得更为可行，广告和市场销售的作用日益显著。美国的广告开支涨了10 倍，从 1867 年的 5000 万美元发展到 1900 年的 5 亿美元。1950 年，总数达到一年 55 亿美元。广告投资以这一速度继续增长，甚至在未来会增长得更快，1972 年达到 224 亿美元，

160

---

[1] Oliver, 214.

[2] M. G. Mori, ed., *The First Japanese Mission to America* (Wilmington, Del.: Scholarly Resources, 1973), 42.

[3] Oscar Handlin, ed., *This was America* (Cambridge, Mass.: Harvard University Press, 1949), 231.

[4] Handlin, 231.

2004 年达到 2637 亿美元。① 从内战后全国性杂志的兴盛，到 20
世纪广播、广播电视和有线电视的发展，再到 21 世纪的互联网，
广告助长了新媒体和新科技的威力——即使在广告饱和的环境中，
日益讲究的消费者还是从制造商那里要求更快的创新和更好的质
量和价格。

少有观察者能像多明戈·萨米恩托（Domingo Sarmiento）
那样抓住广告和美国社会总体经济和社会动力之间的关系，他
1847 年曾到美国旅游，最终当选为阿根廷总统。

> 他们（美国人）性格最鲜明的地方在于，他们有能
> 力将一切最先进的文明给予人类的所有的实践、工具、方
> 法和辅助手段进行总结、普及、保存和完善。在这方面，
> 美国在地球上独一无二。对延宕几世纪的习惯也能克服，
> 改进显著，另一方面，美国人有一种倾向去进行任何尝
> 试。例如，一张报纸里为一种新犁所做的广告，第二天会
> 出现在协会每一种报纸里。接下来的一天，每一个种植园
> 的人们都会讨论这种犁，200 个地方的铁匠和制造者会考
> 虑推出新式样。很快新机器发售，一年后联邦里所有地方
> 都在使用。在西班牙或法国，或在我们所在的（南）美
> 洲，这一切发生会等上一百年。②

161　　　即时资讯的重要性和价值是驱动英美恋物狂发展更快更好
的通信和交通的另一种力量。很早之前对此的关注就驱使英美

① Boorstin，146.
② Domingo Sarmiento, *Travels in the United States in 1847* (Princeton, N. J.：
Princeton University Press, 1970), 123 – 133.

邮政业运转得更为频繁和可靠。1635 年，查理一世将王家邮政向公众开放；1660 年，查理二世建立了邮政总局，为公众和政府邮件提供便利。不同的线路由私有运营方租赁；1696 年，英国人建立第一个"交叉邮寄"这一服务于指定路线邮件的体系，目的地非伦敦的邮件得以避免这个城市的耽搁和拥挤。到 1721 年，东部和南部的郡有了每日邮件服务；其他任何地方一周发送邮件三次。[①]

在美国，第一家邮局 1639 年在波士顿一家客栈开张。18 世纪，13 个殖民地的邮政服务都相当可靠有效。邮政服务之于殖民者重要性的一个迹象是，1775 年，大陆议会认为邮政总局局长是适合美国最著名的科学家和作家的一个位置，并任命本杰明·富兰克林担任这一职务。18 世纪时，英语世界认为获得有效的资讯的可靠途径在政治方面和经济方面都是必要的。没有准确时新的资讯，人们如何管理他们的商务、监督政府？美国宪法授予国会建立和维护全国邮政服务的职责；现有邮政机构建立于 1792 年，数十年内邮政官员几乎是多数美国人在日常生活中遇到的唯一一类联邦雇员。

1840 年，英国采用了世界上第一个固定利率邮政服务，发行了世界上第一张邮票；1847 年美国跟进实施这一措施。收集、组织和投递数量迅速增长的邮件是世界面临的最为复杂的问题之一。在英国和美国，邮政官员和对这一事业有帮助的外人不断建议和尝试新的方法，推动邮件的流动越来越快、越来越价廉。总体而言，他们成功了。在很多方面，19 世纪伦敦和纽约等主要城市的邮件投递甚至比现在还好；信件通常于

---

① Szostak, 75.

交寄当日投递，收信人一般一天收到两封信。在这两个国家，新的邮政系统为期刊和报纸提供有吸引力的价格；布雷默非常钦羡的全国资讯市场很大程度上归功于邮寄的效率。

邮件为努力改善交通网络的企业家提供了收入来源；邮政是收费公路、运河、蒸汽船、铁路，以及航空公司的优质客户。但是，火车、信鸽、飞机不能做到以高速可靠，符合世界金融市场和不断发展的全球企业要求的高时效性去传输资讯。

第一套电报（字面意思是"远距离写作"）系统是1792年克劳德·沙普（Claude Chappe）发明的法国光学电报。沙普的系统包含可移向不同方向指代不同字母和编码的旋转臂的信号塔。这是一个山上篝火的复杂版本，非常简单的消息可快速远距离传输。沙普的系统修建起来造价昂贵、操作要求复杂，需要技术成熟的操纵者控制旗语系统旋转臂可变化的196个位置，而且不能夜间操作。尽管如此，这套系统在法国革命和拿破仑战争期间运转良好，其他欧洲国家也广泛效仿。1826年，沙普的兄弟伊尼亚斯（Ignace）尝试开发一套商业系统，以传输商品价格和其他商业信息，由于缺乏足够的利益和融资而以失败告终。①

1833年，通过电线传递信号的电报由德国的卡尔·弗里德里希·高斯（Carl Friedrich Gauss）和威廉·爱德华·韦伯（Wilhelm Eduard Weber）发明；不久后约瑟夫·亨利（Joseph Henry）在普林斯顿独立制作出一个工作模型。1838年2月，塞缪尔·F. B. 莫尔斯（Samuel F. B. Morse）在马

162

---

① Daniel R. Headrick, *When Information Came of Age: Technologies of Knowledge in the Age of Reason and Revolution, 1700 – 1815* (Oxford: Oxford University Press, 2000), 193 – 215.

丁·范布伦（Martin Van Buren）总统和内阁前演示了他的版本，1844 年，莫尔斯能够通过电线从华盛顿的最高法院的房间向 30 英里外巴尔的摩的一台机器传送信息。这是用后来被称作莫尔斯电码的电码传送，信息引用了《圣经》：上帝创造了何等奇迹？

以此为起点，电报机和电报线在北美和欧洲爆炸式地蔓延开来，连接各金融市场和报社，加速了商业和政治发展的步伐。莫尔斯向巴尔的摩传送信息两年之后，美国铺设了数百英里的电报线，北到波士顿，西到宾夕法尼亚的哈里斯堡。四年之后，佛罗里达是密西西比河以东唯一没有电报设施的州。1848 年波尔克（Polk）总统给国会的信息经由电报传输到圣路易斯，在总统发布信息之后 24 小时才在佛州印刷成文。[1]

推销者和投资者几乎立即开始计划水下电缆服务。1851年，T. R. 克兰普顿（T. R. Crampton）铺设了一条横贯英吉利海峡的电缆。投资者第一次能够比较同一天巴黎和伦敦的市场走势。[2] 1858 年 8 月，第一条横贯大西洋的电缆开始运作，第一条信息由维多利亚女王发送给布坎南（Buchanan）总统。 163 附和众多布道者和博学者在这项改变世界的科技之前所发出的声音，布坎南将电缆称作"是天命设计了这一工具，用以向全世界传播宗教、文明、自由和法律"。[3] 这有点儿为时过早：第一条电缆中断了，直到 1867 年才建成安全电缆维修服务。不仅如此，海象和木匠现在可以即时通信，并且它们希望世界会开始转型。到 1914 年，全世界洋底已有 25 万英里信息传输

---

① Oliver，219.

② Day，174.

③ Oliver，434.

电缆；其中75%由英国人控制。① 早在1897年维多利亚女王
登基六十周年庆典，她就通过电缆传送信息给承认她为其君主
的世界四分之一的人口。1914年英国对德宣战时，对此进行
回应的第一支英国部队驻扎在澳大利亚的墨尔本。②

　　英美人总是热切地采用新科技。1845年，电报首次用于
一场华盛顿和巴尔的摩之间的一场远距离国际象棋比赛。同年
进行了第一次线上信用核查，一位在巴尔的摩的商人与一家华
盛顿的银行核实一位顾客的信誉度。③ 第一场电报婚姻于1848
年进行，新郎在波士顿，新娘在纽约；和其他长距离婚约一
样，这一婚姻是有效的。④ 第一张电报汇票于1851年传输；
到1872年，西联国际汇款公司开发出一个全国性系统，允许
其在主要城市之间转账最多可达6000美元，在美国国内任何
其他地方的转账最多可达100美元。⑤ 到1877年，西联每年发
出约4万张汇票。⑥

　　电报线继续以极快的步伐延伸。1850年，美国电报线长

① "Telegraphy", www. britishempire. co. uk／science／communications／telegraph. htm
（accessed June 13，2005）.

② Oliver，78.

③ Tom Standage，*The Victorian Internet：The Remarkable Story of the Telegraph and the Nineteenth Century's Online Pioneers*（New York：Berkley，1998），52.

④ Tom Standage，*The Victorian Internet：The Remarkable Story of the Telegraph and the Nineteenth Century's Online Pioneers*（New York：Berkley，1998），127.

⑤ Tom Standage，*The Victorian Internet：The Remarkable Story of the Telegraph and the Nineteenth Century's Online Pioneers*（New York：Berkley，1998），119.

⑥ Tom Standage，*The Victorian Internet：The Remarkable Story of the Telegraph and the Nineteenth Century's Online Pioneers*（New York：Berkley，1998），120.

度为 1.2 万英里，而英国有 2000 英里。① 1860 年，驿马快信开辟密苏里和加利福尼亚之间的线路，横穿 2000 英里荒野多山的边疆捎带信息需要不同寻常的 10 天。18 个月后，这一服务被搁置了，因为 1861 年 10 月第一条横跨大陆的电缆建成了。② 1865 年，伦敦到孟买之间的线路建成，传递信息所需的时间从 10 周缩短到 4 分钟。③ 5 年后，香港和日本通往伦敦的电缆贯通。④ 次年，线路延伸到澳大利亚。⑤ 建筑潮与投资潮相伴；总的来说电报股票，尤其是海底电缆股票那时位列最赚钱、最值得出手的有价证券之中。⑥

同时，电报信息承载的数量在英国从 1851 年的 99126 条 164 增长到 1868 年的 600 万条左右，由于竞争和承载能力的上升，每条信息价格下降了 50%。⑦ 到了 1889 年，电报系统成为全球网络，但英国人对电报的使用比欧洲其他国家的人更多。据一个研究显示，那一年平均一个英国人收发一条信息；意大利是每 5 个人收发一条信息。

邮局的旧有技术指标中也存在类似的比较。1889 年，每个英国人每年收到 40 封信件和明信片。在法国，平均水平是 18 封；意大利是 4 封；俄国每个居民一年收到 1.3 封信。⑧ 英国每年投

---

① Tom Standage, *The Victorian Internet：The Remarkable Story of the Telegraph and the Nineteenth Century's Online Pioneers* (New York：Berkley, 1998), 61.
② Clark Manning, *A Short History of Australia* (Victoria, Australia：Penguin Books, 1989), 145.
③ Standage, 102.
④ Standage, 102.
⑤ Standage, 102.
⑥ Standage, 102.
⑦ Mackenzie, 373, 392.
⑧ Floud, 88.

递的信件从 1840 年的 1.69 亿封增长到 1889 年超过 15 亿封。[①]

　　电话的起源有着争议，就像电报一样。一个意大利人、一个德国人、至少两个美国人提出不同的理由宣称拥有这项发明，但无疑是美国工程、资本和市场使电话成为改变世界的科技和工业。有趣的是，是巴西皇帝推动了贝尔电话的巨大突破。1876 年，在费城百年纪念展览中，电话在一个昏暗的角落中不受重视，佩德罗二世（因捍卫他与英国的"永久"条约而建立王权的巴西皇帝之子）拿起了听筒。"我的上帝，它在讲话！"在记者围拢过来的时候，他说。广为宣扬引发的浪潮推动了贝尔电话公司的快速发展。第二年 9 月，1300 部电话机投入使用，波士顿和华盛顿之间有了第一部长途电话。[②] 1880 年，美国有了 5.4 万电话用户，1900 年超过 100 万，1920 年超过 1300 万。[③] 佩德罗二世发现电话后十年，美国和英国投资者总共组建了 12 个公司向拉丁美洲推广电话。[④]

大众文化

　　拥有空前财富的新阶级的兴起，层出不穷的科技和媒体改变了世界，在这样一种很大程度上不受政治（尽管并不是文化的或道德的）审查限制的文化中表达自我：这推动了英语世界的大众文化，从那时起到现在它都令外国人恐惧又

① Floud，88.

② Hugh Thomas，*An Unfinished History of the World*（London：Macmillan，1995），395.

③ Susan B. Carter and others，eds.，*Historical Statistics of the United States*（Cambridge：Cambridge University Press，1996），783.

④ J. Fred Rippy，"Notes on the Early Telephone Companies of Latin America."*Hispanic American Historical Review* 26，no. 1（1946）：118.

着迷。

又一次，它的根源在英格兰咖啡馆的智慧中隐约可见。廉价印刷的出现、正式审查制度的终止、在一个有着新的可能性的世界有着自由支配的收入和生活经验的众多听众的出现，这生发了对不同类型的文学和娱乐的需要。宗教传单、小册子满足了部分需要；旅行指导类读物也满足了部分需要。约瑟夫·艾迪生和理查德·斯蒂尔（Richard Steele）的《旁观者》发挥了我们时代一个成功的互联网博客的作用。它出版频繁。其作者们提炼了个人意见和观点。它涉及的主题范围广泛而特殊，很多是我们今天所说的生活新闻，而且重要的是，它是寻求娱乐效果的。在那个文学作品更常去追求宏大叙事和给人留下深刻印象的时代，它和它无数较小的模仿者和后继者希望成为更人性化的读物。在别的读物很严肃的时候，这份读物爱说闲话，甚至厚脸皮，显得不那么正式。它有宗教感和道德感，但以轻松的形式体现其虔敬和原则。

艾迪生时代的伦敦已经满是有着机智目标的人们，有着不同的天赋和绝望，靠满足不同品味的观众来谋生。他们写情歌、讽刺文章、赞美诗、传单、小说，宗教辩论作品、散文或韵文随笔、译作、历史和传记，以及任何他们或他们的出版商认为可能吸引公众的内容。一半的公众、或许更大份额的进行阅读的公众是女性；小说和非小说类读物非常尊重妇女的观点和她们所关注的议题。男人可能会继续认为女性是他们的下级，但作为作者他们认为冒犯公众毫无意义。随着时间的流逝，英美文学文化中女性的影响和存在增长了，从简·奥斯汀的时代到现在，聪明、充满活力和自信的女人日益战胜愚蠢的男人和男人往往更喜欢的白痴女人。至少在小说的字里行间，深刻、困惑、敏感但明白的阳刚绅士开始不可救药地爱上贫穷、身形平凡，却具有丰富内在美的女家庭教师，这长期统治了文学世界。

使英美世界各股不同的流行文化在全球范围获得胜利的成分深深植根于使英美人达到对世界技术、经济和政治发展的这种影响的海事系统所包含的因素中。一个智识和文化开放的社会，技术的进步和大众的富足与资本发展联结在一起，一个产品经受过检验、成功回报丰厚的充满活力和丰富的市场，由富有经验和成熟的投资者和机构组成的金融体系永远热切支持富有希望的新理念，并能够经济有效地这么做：所有这些结合在一起，滋育了充满活力的大众文化的条件。在每一种新型通信形式发展的早期阶段，从不断高涨的广告大潮中获得的收益给予英语印刷品业，后来是广播和电视业以关键性优势。席卷英语国家的快速变化刺激人们对新主题用新方式来思考、写作、歌唱和行动。因为英美人的"今天"常常是邻居们的明天，那一世界中流行文化中拥有的经验成为外人的指南，他们能感受到自己的世界在接近美国电影和电视中所描绘和论述的事实。同时，因为流行文化的生产和分销需要更高的预算、更长的时期和更雄厚的财力，美国电影公司拥有曾经是主要工业项目才有的融资规模，这一能力使得美国电影的外国竞争对手在电影制作的整体实力上难以匹敌。

然而，最后，当这些条件支撑和强化了美国流行文化形塑全世界的态度和期望的能力，并且附带赚了很多钱——这是艾迪生和斯蒂尔对他们的读者的态度，说明了众多英美的科技和产品，包括文化产品和其他产品在众多地方获得成功的能力。

在资本主义世界，消费者为王。成功取决于市场服务。强有力的高管和迷人的明星可能会对他们的观众不屑一顾，但只要他们知道什么对他们是有益的，他们不会让这种蔑视见光。英美的流行文化旨在取悦，其取悦技巧历经几百年经验、试验、错误和迄今所知的世界上最激烈的经济竞争的慢慢磨砺。

奥卡姆剃刀

另一个因素在运转，英语世界的文化偏见用奥卡姆的威廉（William of Occam）哲学可做最好陈述。这位 14 世纪圣方济各会的修士生于萨里，在牛津受教育。威廉是一个卓越的哲学家；他最令人难忘之处在于他的教导：我们应该对任何现象寻找可能有的最简单解释。哲学家们知晓奥卡姆剃刀这一原则：如果有什么东西不需要，砍掉它。

今天英美人的哲学还受到威廉思想中的怀疑论和简约性的深刻影响。更为根本的是，这一想法表达出英美人商业、文化和娱乐的最深推动力。在好莱坞，人们说："让我们切入正题"，意思是，让我们放下所有阐述和角色发展，转移到吸引人群的场景中。欧洲电影从不流行这样的表达方式；世界票房的成绩不言自明。

快餐业也切入正题。拿走一切与餐饮无关的东西：餐巾、碟子、蔬菜。专注于必需品：尽可能快地让众多消费者进出餐厅。食品本身，尤其是麦当劳的汉堡这一人类历史上分布最为广泛的食物，代表一个类似删繁就简的进餐经验。热、甜、酸、咸：汉堡紧守着人类最基本的四种口味。这种处理食品的方式不考虑微妙或细微之处。像好莱坞的电影，

167

麦当劳的汉堡用最少的时间和忙乱传递其简单的信息给尽可能多的顾客。

对简单的酷爱和认为简单即力量的信仰在很多方面形塑了英美人的生活。切入正题，拿掉那些没用的东西和虚架子直入本质，这不仅是美国哲学、电影和餐饮的标志。正是这种想象力发现更新、更廉价和更快的方式来使用生产线。这种想象力发展出一条简单的广告信息来推动一个新产品问世。它削减掉商业实践当中多余的东西和传统，发现最有效的方式来组织业务。在金融领域，它无情地穿透到命题的心脏。

即使在语法方面，以英语为母语的人也是开门见山、切入正题。就像所有的印欧语言，英语开始是一种高度屈折语。在古老的盎格鲁—撒克逊史诗《贝奥武夫》中，每一个名词都有性的区别，依据它在句子中的作用来确定不同的变格词尾。形容词与其所修饰的名词语法上"一致"。动词有众多不同的形式，有严格的规则主导词形根据时态、语态和语气发生变化。

168　　大多数现存的印欧语言已经看到它们精巧的传统词性变化和词尾变化逐渐弱化，但英语已经把这些去除。就像欧洲电影中的人物，欧洲语言的词性令人们的生活比英美人更为复杂。

一些人把英语形成过程中的急剧简化归功于诺曼底征服：可怜的盎格鲁—撒克逊农夫不能阅读，因此不能掌握复杂语法。这看起来颇奇怪：尽管有类似的外来征服潮，全欧洲不识字的农夫继续使用语法更为精致复杂的语言。无论如何，到14世纪杰弗里·乔叟（Geoffrey Chaucer）书写的英语已经有改进而井然有序。从乔叟到莎士比亚到现代，讲英语的人用奥卡姆剃刀修剪他们的语法与修辞，不断令他们的语言更有效以传输信息。没有人打算这么做,但英语已经成为语言中的麦当劳。其简洁、简单性和易用性(除了拼写)助其成为世界的商业语言。

他们自己的联赛

在 19 世纪,英国在工业革命早期阶段的领先令它以"世界工厂"而著称;英国也是世界的竞技场,而且就像智利社会主义者克劳迪奥·韦利兹(Claudio Véliz)所指出的那样,英国对组织体育运动的热情在全球文化中留下不可磨灭的印记。今天世界上进行的比赛、运动时采用的规则、管理这些比赛的机构、资助比赛的社团和商业结构,以及把整个社会变成他们喜欢的选手狂热的忠实追随者的全国和国际比赛的观念,这都是英语世界消费文化的产物。

足球、篮球、板球、美式足球、棒球、英式橄榄球、高尔夫球、网球、曲棍球、长曲棍球、壁球、拳击、游泳、田径:这些运动中的每一种从规则而言都源自北美或英国。(可以更久坐不动的消遣也是一样:强手棋和拼字游戏是世界领先的棋盘游戏;扑克和桥牌是两个玩家最多的纸牌游戏。所有这些都或是起源于英国,或是美国。)

这些比赛中的一些,像足球、板球,和它们的美国堂兄弟棒球,是规范化、标准化版本的传统英国甚至欧洲的民间娱乐活动。现代高尔夫是起源于苏格兰近代早期的一种用石子和树枝玩的游戏。现代网球在英语国家槌球协会的领导下,从中世纪以室内(王室)网球之名而为人所知的国王的运动有意识地培育而来。长曲棍球和曲棍球是传统北美土著运动的英国版本。拳击在《伊利亚特》中提到过;然而,现代运动起源于以英国昆斯伯里侯爵定下的规则,他在 19 世纪定下这些规则。这些规

169

则是对可追溯到 1743 年的规范的修订，出版于 1865 年。游泳是一种比成文史更早的活动，而且游泳比赛推测起来也同样古老；然而，现代标准竞技游泳运动则可追溯到 1869 年英国第一个业余游泳协会的建立。① 板球规则于 1744 年首次编纂；规则的第一个印刷版（板球爱好者"条例"）出现于 1775 年。② 足球协会 1863 年建立；直到今天这一实体仍对英国足球进行管理，其规则为世界最流行的运动提供了全球性的基础。③ 到 1877 年，全英槌球俱乐部的网球小组委员会已完成了开发现代网球规则的工作。④ 现代第一次有组织的田径竞赛于 1849 年在伍尔维奇的皇家军事学院举行。⑤ 篮球于 1891 年在马萨诸塞州斯普林菲尔德发明；参与广泛的棒球于 1839 年在纽约库珀斯敦第一次以现代形式进行比赛。⑥ 阿尔弗雷德·威利斯（Alfred Willis）爵士 1854 年登顶瑞士维特霍恩峰（Wetterhorn）和 1857 年在伦敦组建的高山滑雪俱乐部标志着现代的有组织的登山运动的开创；世界最高的七座山峰中有六座由英语世界的公民首次登顶。⑦ 曲

---

① John Cannon, ed., *The Oxford Companion to British History* (Oxford: Oxford University Press, 1997), 906.

② John Cannon, ed., *The Oxford Companion to British History* (Oxford: Oxford University Press, 1997), 259.

③ John Cannon, ed., *The Oxford Companion to British History* (Oxford: Oxford University Press, 1997), 259.

④ John Cannon, ed., *The Oxford Companion to British History* (Oxford: Oxford University Press, 1997), 259.

⑤ John Cannon, ed., *The Oxford Companion to British History* (Oxford: Oxford University Press, 1997), 565.

⑥ Claudio Véliz, *The New World of the Gothic Fox* (Los Angeles: University of California Press, 1994), 136.

⑦ Columbia Encyclopedia, 6th ed., s. v. "Baseball." Encyclopaedia Britannica Online, s. v. "Basketball," www. search. eb. com/eb/article - 9108493 (accessed January 10, 2007).

棍球的规则是由成立于 1886 年的英国曲棍球协会制定;[1] 橄榄球有组织形式的形成可以追溯到 1871 年的橄榄球联盟。[2]

即使是像现代奥运会这种在法国人皮埃尔·德·顾拜旦(Pierre de Coubertin)倡议下对古希腊体育仪式进行复兴的活动,也是有意识地模仿 19 世纪英国的运动。据顾拜旦的一位传记作者叙述,这位法国贵族认为,英国本身就有"保存并遵循真实的奥林匹克竞赛山的传统"。[3]

英美人在发展全球性体育运动中的领导地位是由于一些相同的因素,这些因素在塑造现代大众文化的崛起时对这些社会发挥了更为综合的作用。在相对更为富裕的盎格鲁—撒克逊世界有更多的人拥有更多的时间和钱来享受这样的消遣,或支付入场费去观看其他人进行比赛。同时,他们在交通方面的领导地位意味着他们迅速发展起来的铁路网络令队伍有可能定期前往参加地方性和全国性比赛,可以组建范围更广的联赛。由于电报,联盟比赛的赛事进展和在远方的比赛的即时报告,任何人都可以在第二天通过廉价报纸得知。

但还有更多的故事。讲英语的专业和业余运动员在爆发非凡的体育创造性时结合了两种经常对立的热情:竞争的热情和组织的热情。这些新运动的竞争比以往更为激烈彻底,然而这些运动也有了比以往兴起于闲暇的消遣高得多的规范和管理水准。刺激竞争和兴奋是组织者有意识的目标;他们试图制定规

170

---

[1] "The Seven Summits," www.pbs.org/wgbh/nova/kilimanjaro/seve - nf.html (accessed May 4, 2006).

[2] Cannon, 482.

[3] Véliz, 142.

228 / 上帝与黄金：英国、美国与现代世界的形成

则，这会使比赛最大限度地激动人心。在某些情况下，动机其实就是商业性的。更激动人心的比赛会吸引更多的观众。在其他一些情况下，动机是对竞争的热爱。标准化的规则会推动国家和国际比赛，并且共同的规则会认可清晰而无异议的赢家和输家。

新规则并非旨在抑制运动。例如，拳击中的昆斯伯里侯爵规则是为长时间比赛准备的，伴随着增加大脑损伤的可能性。[①] 随着时间的流逝，不同的制定规则实体修订了 18 世纪和 19 世纪的规则，继续密切关注如何为了观众增进比赛的价值，也确保规则促进而不是阻挠球队和联盟的商业福祉。专业和业余体育之间刚性的界限已经模糊，甚至在曾经神圣的奥林匹克运动会中也是如此。设计了更短的板球比赛以增加运动对当代观众的吸引力；美国职业橄榄球的规则经过修改，以提供比赛中适当的中场休息数量，这样在电视转播中就有广告时段出售给赞助商。

英美世界事实上是以规范其金融市场和经济生活同样的精神来规范其体育活动，结果也是一样的。就像常春藤的桩打在棚架里，英语世界的竞争精神必定会旨在提高和维持竞争，而不是检查和阻碍它的规范框架。结果不言自明。

171 　　虽然当今世界进行商业和运动时高度依据英美人拟就的路线，说英语的人并不总赢。美国和日本之间第一次棒球比赛的结果是日本几乎横扫一切的大胜，几乎就像日本汽车公司后来享受的对福特和通用汽车的大获全胜。英国队不常出现在世界

---

① Eric Dunning, Dominic Malcolm, and Ivan Waddington, eds., *Sports Histories* (New York: Routledge, 2004), 25.

杯的决赛，并且近来英国板球队在西印度群岛、印度和巴基斯坦都有了令其惊恐的对手。

　　然而，在很多领域，包括体育和其他领域，今天的世界用盎格鲁—撒克逊规则玩着盎格鲁—撒克逊游戏，并且，当威灵顿公爵说滑铁卢战役在伊顿的球场上获胜，他所说的远比他知道的更为深刻。英美人自己组织起来进行商业和体育竞争的方式一直以来并且仍将是塑造整个世界的生活方式最强大的因素之一。

第9章 金发姑娘和西方

尽管有这样的纪录，当大多数人困扰于对近现代历史的思索之时，盎格鲁—撒克逊人退出了这类思考。传统叙事假定近现代的宏大主题是欧洲的崛起和衰落。这一过程开始于哥伦布的远航，1683年土耳其从维也纳城门撤退后，欧洲国家溯流而上，逐渐建立起世界帝国，1910年达到顶峰，那时欧洲人控制了世界几乎所有地方。

然后形势逆转。20世纪见证了欧洲人在两次大战中消耗他们的力量，同时第三世界的独立运动渐次让老帝国走到了尽头。现在世界期待着一个拥有多元文化的未来，欧洲及其后裔对全球文化和政治的影响将减弱。

这是个好故事，有充足的、令人满意的道德成分。它满足了欧洲人的虚荣心，他们可以在享受他们辉煌过去的同时，让第三世界确信他们的伟大未来。甚至这一叙事中亦有诸多事实和看似真实之处。它只有一个严重的瑕疵：它忽略了近现代世界的主要事件。这就像《哈姆雷特》里没有王子和没有金发姑娘的三只熊。

当然，这并不是说欧洲文明在1910年没有达到令世界其他地方疯狂地妒忌和敬畏的发展程度。古老帝国的代表团走遍了欧洲国家的首都、大学、军校和法庭，以求发现欧洲成功的秘密。19世纪欧洲文化和哲学的成就与文艺复兴或古典时代并肩。这一时期的大部分时间，英语世界受到乡土气息和文化自卑的困扰，理应如此。英国小说在任何场合下都可谓是傲视群雄的，但英国音乐、建筑、雕塑、哲学、历史和神学在与欧洲对手们比较他们的珍品时感到羞愧和困窘，美国在这些方面也是一样。法国和意大利的百万富翁中没有人将英语世界宏伟的住宅或教堂看作是华丽的文物带回家组装；英国和美国的宫殿不会拆成一块块的砖，在卢瓦尔河①上重新装配。英语世界中的半吊子大学不能和德国的图宾根大学、海德堡大学和洪堡大学相比；那个时代绝大多数伟大的科学家、哲学家和神学家也是来自德语世界，让人钦佩的法语世界的阵营也促进了相应发展。在文化领域，欧洲兴衰的旧有图景非常有意义。

　　然而，在全球权力政治的层面上，19 世纪的欧洲几乎是上演助兴节目的。当德意志帝国在凡尔赛宫中宣布成立时，阿尔萨斯易手了，教皇国消失了，奥斯曼帝国在巴尔干半岛萎缩，就像积雪融化在春天，哈布斯堡王朝被驱逐出了伦巴第平原。这一切都很有趣，民族主义和社会主义这类力量诞生在这样的动荡之中，继续走向全球性的扩展。在大背景下这些变化多数是微小的。除了一两个欧洲国家崛起后对英语世界的秩序发起过（不成功的）挑战，欧洲的非英国权力政治在更广阔世界的巨大变迁中相对而言无所作为。

　　在一定程度上，过去几个世纪世界权力政治的故事模式有一个单一的且至关重要的情节。这个情节是海事系统长久持续的崛起，其中心从联合省转移到英国，再到美国。

　　问题是为何如此。500 年前，英国绝对不是世界上的主导国家。仅在欧洲，葡萄牙、法国、西班牙、德国的一部分、低

_____

　　① 法国中部的一条河流。——译者注

173

地国家、意大利一些城邦国家都在相当程度上远远领先于英国。并且，整体而言欧洲绝不是人类长征的先锋，这是无疑的。奥斯曼帝国当时正在它权力的鼎盛时期，恢复了古城君士坦丁堡昔日的荣耀，为处于多种语言文化中的数十个民族的智识和活力提供了便利，在这种文化中，宗教少数派和少数民族的权利远远超过他们在基督教世界任何地方所享受到的。穆斯林统治者在为印度广大地区带来秩序，所积累的财富超过欧洲的任何积累。中国经济在世界生产总值中所占的比例超过今天美国在世界生产总值中所占的比例，[①] 中国的商人、将军、艺术家和学者们可能是世界上最好的。日本的文化、技术和治国之道代表着人类成就的极致。没有观察者看着美洲阿兹特克和印加帝国的财富和权力能够预料到他们即将在西班牙征服者手中毁灭殆尽。非洲统治者平等地对待欧洲来访者和商人。

174

它是如何做到的？

世界注视着这些英语国家实力不断上涨并获得权力，朋友和敌人已经注意到，与欧洲和欧洲之外的其他社会相比，英语世界看来更少为传统所束缚，更愿意拥抱变化、容忍异见者，并且最重要的是，容许资本主义产生和需要的混乱——有时是痛苦的转变。纵观整个近现代时期，英语世界都是人类长征的先锋，一步步更深地进入民主资本主义的世界。

当然，西方是一个相对的概念，它的确切含义的变化基于你何时站在何种立场上。西欧是一个美国人常认为是墨守成规

---

① Angus Maddison, Historical Statistics, GDP and Per Capita GDP, http://www.ggdc.net/maddison/ (accessed August 23, 2006).

和传统的地方，而东欧、亚洲和非洲的人觉得这里惊人地西方。横贯中国迁往东方，在上海找工作的中国农民认为他们接触到了西方，在他们看到这个城市闪闪发光的高楼大厦和经历其经济竞争和文化自由的变迁兴衰之际。横跨美国到东部旅行的加州人一旦到了传统风情浓郁的城市，比如说波士顿和萨凡纳，会以为他们几乎到了欧洲。

西方的相对性有着有趣的政治和文化后果。到达柏林的库尔德移民确信他或她抵达了西方；在谈论德国和土耳其社会的区别时，很多德国人会谈论他们的西方认同。然而与此同时，德国人会经常拒绝他们认为过度的美国式现代化。对 1941 年来自亚洲的游客而言，东京似乎处于西方现代性的前沿，就像今天大多数马来西亚和印度尼西亚的游客对新加坡的看法。然而在柏林、新加坡和东京，从来就不缺知识分子认可德国、日本和新加坡社会的特殊性、非西方性和非现代性，这些特质使他们的家园比盎格鲁—撒克逊世界这种不值得羡慕的西方有着更深厚、更丰富的道德和文化。

175

离主题更近的例子是，50 年前，那时美国南方远没有北方发达，许多南方人都庆幸自己拥有温暖的人类价值观——与没有人性、侵略成性且钻进钱眼里的北方相比。与此同时他们仍羡慕北方的财富和成功，刻骨地厌恶它的权力。

在美国北部，中西部人将他们脚踏实地的温暖和诚挚与东部沿海人民的冷酷算计相比较。东海岸自北至南，人们谈论纽约人的冷酷和虚伪。在纽约，皇后区和斯坦顿岛的人将他们温暖的家庭生活和友善的举止与曼哈顿那些态度冷冰冰的人相比，在曼哈顿，每个人都知道在他们自己的朋友圈里某个人比其他人更野心勃勃、更不合群、更冷酷和更自私。

富有、自由，却也冷酷、不人道：这就是东方对西方的看法。这是欧洲人对盎格鲁—撒克逊世界的通常看法；这是世界大部分地方对欧洲的看法。这是泰国农村对曼谷的看法；这是斯威士兰对约翰内斯堡的看法，这是意大利南方人对米兰的看法。很大程度上，这也是今天中东阿拉伯世界对美国的看法。

这就是西洋崇拜者如何看待他们憎恨和恐惧的西方；这就是恐白人盎格鲁—撒克逊新教徒者在谴责英国和美国的全球霸权和影响时所讨论的。

不是每一个人都希望拥抱盎格鲁—撒克逊模式。整个资本主义的历史中，有一种普遍的感觉，即这种交易就像瓦格纳一部歌剧中阿尔伯利希抢夺莱茵河仙女的黄金时所接受的交易：无论谁拥有黄金，都必须弃绝爱情。

资本主义社会是一个相互疏离的社会，全世界的社会批评家到现在已经这么说了几百年。发达国家比发展中国家更"冷酷"，乡村比城市更温暖，诸如此类。

当这种长征的步伐加快，越来越多的人发现他们处在一个比他们喜欢的环境更冷酷、更危险、更不友好的氛围之中。欧洲数百万中东和北非移民发现他们新家园的要求根本不符合他们对人类基本价值的感知。土生土长的欧洲人在从盎格鲁—撒克逊高地资本主义吹来的不断逼近的寒风中退缩。在全球竞争的寒风中，美国人气喘吁吁地把自己裹得更紧，这让美国经济一直是一个更牢固、要求更苛刻的竞技场。

简单的世界精神图谱让我们重述我们对海洋秩序崛起的疑问。英语国家是如何成为全球车队的先锋的，他们到达后是如何一直保持在这个位置的？为什么他们进行周游，他们如何忍受寒冷？答案似乎可以分成两个部分。一方面，在近现代历史的黎明中，英语世界是某种具有全球效应的金发姑娘。奥利弗·克伦威尔会确凿无疑地告诉我们，或是幸运，或是上帝之天意，英国在正确的地方和正确的时间有着社会和经济条件的正确配合。另一方面，是答案复杂得多的部分，解释了金发姑娘自欧洲近代的黎明至 21 世纪如何设法维持她的领先地位，并令此地位长盛不衰。

做对事情

事后看来，我们可以看到早期现代世界处于一个伟大革命的边缘：资本主义的建立是历史发展的动力。作为一个社会体系，资本主义不仅仅是自由市场；黎明时分已有买家和卖家。相对于个体经济变化资本主义更重视大规模生产性和金融性资源。在传统商品经济中，金融和借贷是必需而复杂的业务，但在成熟的资本主义经济中，金融是这一体系的心脏——许多人会说这是一颗冷酷的黑心，但尽管如此，心脏就是心脏。

向着资本主义进发的比赛所押的赌注是巨大的。任何掌握了这种新型社会组织和骑上资本主义发展这头老虎的国家会获得超过其竞争对手的巨大优势，积聚大量财富，并且成为一个强国。意大利城邦国家似乎是第一个展现出资本主义的动力的社会：威尼斯和热那亚成为强国；其他城邦国家发家致富，足以扶持自古以来最伟大的文化繁荣。面积微小的荷兰比城邦国家大，先是击退了西班牙，然后是法国；在其巅峰时刻，荷兰是一个横跨全球的帝国。

近现代世界早期有许多文化和文明徘徊在成熟的资本主义的边缘。学者已经讨论了几十年，中国和日本这样的国家完全 177 靠内因的话，是否会转型？何时会转型？除了低地国家和意大利北部，德意志北部汉萨同盟的城邦国家16世纪出现跳跃到资本主义的迹象。西班牙的世界帝国依赖于意大利银行家的资本主义技能。① 如果法国没有分心于宗教战争，它很可能已经成为塑造世界的力量。

英国不是第一个敢于走上资本主义道路的国家，但它是设法挤到队伍的前面，然后保持其领先地位的国家。为什么会发生这样的事？我们可以看到至少有一些原因。其中许多和运气有关。令人惊讶的是，对于资本主义的发展而言，16世纪和17世纪的英国是金发姑娘，享受一系列有利的条件，没有其他国家可以与之相比。

当时，英国的地理位置似乎根本谈不上是有利的。处于欧洲文明的寒带和半冻带边缘，其港口远离地中海和经过好望角的南大西洋航线这些有利可图的贸易路线。多风暴的北海海岸只是提供了通往北美荒地的交通便利，没有规模大的、脆弱的、富有黄金的帝国等待采摘，没有贮量丰富得难以置信的矿山等待开采，没有辛香的农作物在友好的港口和海湾散发着芬芳的香气。

然而，随后的岁月明确了这一点，即英国人拥有了这个星球最好的不动产。本来它们是欧洲的一部分，那些国家因它们有力而危险的敌人而保持高度警觉。中国皇帝是所有他能测量的地方的主人；中国文明，与周边国家相比是难以并肩的强大，更为自信、更为先进，在连续不断的蛮族入侵被中国强大有力、自命不凡和自给自足的文化吸收的情境中满足于其现状。奥斯曼帝国的君主也一样足够富有和强壮，可以忽略一种

① Henry Kamen, *Empire: How Spain Became a World Power* (New York: Harper Perennial, 2004), 13.

令人不安的可能性，即他们的帝国有许多需要向邻居们学习的地方。即使他们反对基督教欧洲的进攻陷入停滞，西方小国对于君士坦丁堡造成的威胁的可能性本来还是可以安全化解。颠覆性的发明如印刷机业可能被禁止；国家没必要鼓励学者和将军们去西方旅行以寻找新的知识。

　　德国、法国、英国、意大利和西班牙的小国国王、皇帝、幼年王子和公爵们就没有这样的奢侈享受。政治、商业和军事竞争是多方面的和无情的。英国羊毛商人面临低地国家的竞争；神圣罗马帝国和法国在意大利决战。战争和经济竞争驱使西方文明创新和改进。欧洲未能统一的失败令多极文明得以发展，这个文明包含超越单线的思考，不止一个文化推动力，而且其能够繁荣发展；学者、艺术家、发明家和士兵可以离开一个主人，去跟从另一个主人；相同的部门为成功科技的传播提供奖金。这些国家彼此吵闹不休；如果一个国家改良了弩或发现了更为有效的防御工事，其他国家不得不采用并加以改进。

　　那个时代的欧洲是一个政治和经济增长的温室，在这里竞争加快了历史变化的过程。"随着时间的变化，我的爱会缓缓成长，比帝国的长成更慢，比帝国的疆域更广"，① 安德鲁·马维尔（Andrew Marvell）写给他羞怯的情人；他在思考一些过去的伟大帝国，如中国、埃及和罗马。缓慢的崛起和缓慢的衰落，这些不朽的帝国似乎生活在一个地质的时间标度上。到马维尔的时代，历史已经走向一个更快的节奏，从他的时代到我们的时代，变化以不断加速的步伐席卷全球。更小、更充满

① Arthur Quiller-Couch, ed., *The Oxford Book of English Verse*, 1250 – 1918 (New York: Oxford University Press, 1939), 399.

竞争性的欧洲社会首先加速了通往西方的路，英国处在一个很好的位置，体验了更有动力和更富竞争性的环境的全部力量。

在欧洲内部，英国处于金发姑娘的位置：紧邻欧洲大陆，可以充分得益于欧洲大陆的加速发展，又偏僻得足够避免反复入侵和破坏。它处于欧洲世界远处的西域，但并不是像斯堪的纳维亚或冰岛那样陷入遥远的、远离中心地带的黑暗。不像俄罗斯，许多学者认为蒙古入侵者粉碎和破坏了一个新生的文明，造成在对欧洲领先地位的竞争中的永久性落后和不利；英格兰处于欧洲边缘，四周都是空荡的海洋，而不是拥挤不堪、野蛮入侵者一波又一波出现的欧亚平原。并且，虽然英伦诸岛处于欧洲边缘，但从莱茵河口到泰晤士河口的海路很短，通常易于航行。到葡萄牙的海路是开放的，很容易到达波罗的海。当奥斯曼帝国封锁传统的前往远东的地中海贸易路线，英国的位置突然更有价值，威尼斯和热那亚曾拥有的压倒性优势在角逐未来时变成了可怕的障碍。

从长远来看，从英国起航的海上航线没有很方便地导向富含金银矿的南美洲，这可能是有好处的。加勒比海生产蔗糖的诸岛屿、盛产烟草和棉花的美国南方、大西洋漫长海岸的海军港口最终证明比西班牙和葡萄牙对南美的壮观征服更有价值。

地理位置给予英国另一重赐福：英伦岛屿受到保护，免遭欧洲政治生活诸多最糟糕因素的荼毒，海峡这一护国之峡在这一时期的绝大多数时候有效地保护英国免受外国攻击。荷兰、德国和意大利都在这一时期受创，因为它们在遭受外国入侵时非常脆弱。大陆国家必须维持庞大的常备军队并建立大量防御工事以保卫它们自身。这需要有强大的中央集权国家。少有国家能模仿阿尔卑斯山脉上的瑞士，它在进入现代社会时没有建立一个压倒性的官僚主义和专制的中央政府。

英国也有着金发姑娘的尺寸。英国比荷兰共和国或意大利城邦国家大，可以支持更大规模的人口和工业。另外，在这个缺乏沟通、治理原始的时代，英国不是那样一个庞大而混杂的帝国，这种国家努力将不同的部分联结在一起，导致一长串内战和反抗。发生的那类事端绝大多数局限于我早前所说的"凯尔特边缘"，所有的残忍和恐怖并没有发生在英国的心脏地带。

宗教改革、反宗教改革和因此产生的宗教战争主导了 16 世纪到 18 世纪的欧洲历史，并形塑了每一个欧洲国家的文化和机制。英国非常幸运，有一个金发姑娘式的宗教改革，这和它在地理位置方面的幸运一样，有助于确保英国赢得竞争，完成资本主义革命。一些国家，比如德国，宗教改革太热烈了，宗教改革和反宗教改革的热情如此强烈，以致国家爆发了毁灭性的内战。以德国为例，这不仅意味着像 16 世纪的农民起义和再浸礼派围困明斯特这么可怕的冲突；这还意味着在三十年战争（1618～1648）期间，有三分之一的德国人死去，① 德国经济毁了。

其他国家中有的国家的宗教改革过于冷静，一个基督教宗派确立了安全的位置，驱离了所有对手。在南欧，反宗教改革可以做到粉碎世俗和宗教革新之精神，同时冻结社会模式，阻碍资本主义发展。反宗教改革有很多有宝贵的精神和文化成就值得赞扬。可惜的是，几乎在每个地方，获胜的发现、革新和

---

① Michael Clodfelter, ed., *Warfare and Armed Conflicts: A Statistical Reference to Casualty and Other Figures*, *1500 - 2000* (Jefferson, N. C.: McFarland, 2001), 38.

180　变化之精神被暂时强加的严格一致性粉碎。伽利略因宗教裁判所而沉默；天主教法国将新教学者和商人驱逐流放。斯堪的纳维亚国家和普鲁士也有不热切的宗教改革。在那些国家，正统信义宗确立了一种陈旧而贫瘠的公共生活。普鲁士走的是国教遵奉者的路径，在宗教改革方面成长受阻的意大利则在西班牙哈布斯堡家族的统治之下。

　　英国的宗教改革是恰到好处的，至少从世俗繁荣的立场上看是这样（我们必须将宗教后果的审判留给上帝）。虽然 17 世纪的内战和政治危机让英国尝到了宗教战争的滋味，但它从未陷入德国式的混乱。并且，尽管安立甘宗成为赢家，这一宗派从未强大或自信到像其他成功的建制宗教——新教或天主教，通常在大陆上那样通过消除异己的方式来确立自己的胜利的地步。尽管像大主教劳德（Archbishop Laud）这样的偏执者们付出了极大的努力，他们的成功在于确保英国不信国教的新教徒贴上不受欢迎的残疾者的标签，以及让天主教中不服从国教者遭受更多苦难，这个国家仍然有能力号召宗教少数派中的人才。在英国反天主教狂热达到顶峰之际，天主教诗人亚历山大·蒲柏（Alexander Pope）接替天主教皈依者约翰·德莱顿（John Dryden）成为王国的文学领袖。除了《圣经》，18 世纪最畅销的书是约翰·班扬（John Bunyan）的《天路历程》，他是一位不从国教的浸会信徒，曾因查理二世的宗教法而入狱。托马斯·阿恩（Thomas Arne）是 18 世纪英国仅次于生于德国的亨德尔的最重要的作曲家，音乐《统治吧，不列颠尼亚》的作者。他是一位罗马天主教徒。他的信仰令他没有资格获得学士学位，但牛津大学认可他的成就，于 1759 年授予他音乐学荣誉博士学位。艾萨克·牛顿（Isaac Newton）爵士和约翰·弥尔顿否定三位一体这一四世纪以来成为正统基督教核心的教义；大卫·休谟至多算是自然神论信仰者；两任国王的顾问威廉·佩恩（William Penn）是一位贵格会教徒，这类趋势一直保持着。不仅是有才能的个人是这样，整个行业都由宗教异见者主导。大部分的伦敦商业利益由清教徒主导，羊毛工业更是如此。主要的贵族家庭，包括霍华德家族这一英国最尊贵的家族，仍保持天主教信仰。英国北部主要的煤矿开发商和纺织品生产商大多是宗教异见者；大多数正处上升阶段的中产阶级也是如此。18 世纪伯明翰建造了 22 座教堂，只有 5 座归属英国国教会。①

　　如果这些教会更强大或更统一，英国国教会可能会不那么宽容。17 世纪，牛津和哈佛的教师对哥白尼（Nicolaus Copernicus）的天文学心存怀疑，并且神职人员频频煽动加重处罚、加大宗教服从法的执行力度。在爱尔兰，国教徒和不从国教的新教徒联合起来（人数远不及天主教徒），野蛮的宗教法的采用和严格执行会令宗教裁判所羡慕。直到 21 世纪，伤口仍未愈合。威廉三世统治期间，晚至 1697 年，在坚定的加尔文苏格兰低地，一名年轻的大学生因被认作异端而被绞死，② 直到 18 世纪，宗教案件中仍使用酷刑。

　　然而，与单一宗派设法获得近乎垄断地位的天主教和新教国家相比，英国宗教构成的多样化导致了较为宽松的法律和不

①　William Hutton, *History of Birmingham* (Birmingham, UK: Thomas Pearson, 1839).

②　Arthur Herman, *How the Scots Inventedthe Modern World* (New York: Crown Publishers, 2001), 7. 1697 年 1 月 8 日，神学生（Thomas Aikenhead）因异端被判处死刑，绞死在爱丁堡到利兹之间的道路上。

太严格的执法。除了其他得益之外，这意味着英国人能把他们的不从国教者和少数派变成优良账户，这在欧洲几乎是独一无二的。不为故乡所需要，愠怒的清教徒、不安的再浸礼派、忠诚度值得怀疑的天主教徒、令人烦恼的贵格会信徒在殖民地分配到了安全的天堂，在那儿他们的工业和活动为母国创造出新的市场、财富和力量。在成为美国的 13 个殖民地中，有 5 个的建立是为了给宗教少数派提供避难所（马萨诸塞、罗德岛、康涅狄格、宾夕法尼亚和马里兰）。其他欧洲国家不仅不能在本国容忍不从国教者，他们也不能忍受不从国教者在他们的殖民地出现，在那里他们的工业和活动为母国生发出新的市场、财富和力量。西班牙感到无法向摩尔人与犹太人提供放逐到新世界的选择；1565 年，在联同胡格诺派向现今佐治亚殖民这一运气不佳的尝试在卡罗琳要塞失败后，[①] 法国采取行动阻止胡格诺派移民法国的海外属地。这些殖民地由此因缓慢的人口增长和长期劳动力短缺而失去活力，同时英属北美则飞速前进。这很有意义；英国殖民地庞大的人口和繁荣的贸易支撑了日益扩大的舰队，并且在海关和消费税在国家财政中占据重要地位的时代帮助推动了英国军事力量的增长。

最后，英国是一个拥有金发姑娘状态的国家：既不太软弱——像近代早期的德国，神圣罗马帝国分拆成了数百个有管辖权的小领地，不能进行大规模的行动；也不太强硬——像西班牙和法国，愈发强大的国王和僵化的官僚体系碾碎了地方权威和民间倡议。

此外，这不归功于英国人的卓越眼光与美德。在 16 世纪，

---

① Kamen，249.

英国、低地国家、法国、西班牙和意大利城邦国家都是有限政 182
府——国王（或其他统治者）的权力被贵族、神职人员和其
他财产和利益团体所平衡和限制。17 世纪随着国家的权力和
需要增长，统治者试图集权，并粉碎与之竞争的权力中心。在
欧洲大部分地区，他们胜利了；在英国和荷兰，他们失败了。

斯图亚特王朝四位国王中的两位——查理一世和詹姆斯二
世企图通过削弱议会将英国君主制"现代化"。斯图亚特家族
失败了：查理一世丢了脑袋，詹姆斯二世丢了王冠。以联邦制
为基础，克伦威尔寻求在清教徒军队的基础上建立新的集权，
他领导这支军队在内战中获得了胜利。这一努力在克伦威尔死
后也失败了。英国社会不相信清教徒军队，就像他们不相信拥
有绝对权力的国王。

这一时期的宗教和政治斗争有助于后世称之为强大的公民
社会在英国的早期发展。在地方官员继续行使很大程度上不受
中央集权干扰的民事权力之际，宗教派别的兴起创造了一系列
本地管辖的私人开办的社团和组织。正式和非正式的商人协会
保护共同利益。读写能力的提高和印刷业的传布与恒常的政治
和宗教的不稳定相结合，导致了对当时各事务更广泛的公民参
与。马克思主义历史学家克里斯托弗·希尔（Christopher
Hill）仔细记录了 17 世纪宗教争论对于现在所说的公民社会
的发展的重要性。E. P. 汤普森（E. P. Thompson）的《英国工
人阶级的形成》和罗伯特·森考特（Robert Sencourt）的《纽
曼的生活》都追溯了在随后岁月中大众引领的宗教组织和争
论对英国社会成长为维持真正民主的互换和机构的不可分割的
贡献。卫斯理循道宗这类运动创建了从教派的教会到教育项
目，再到全国协会这样的机构，用以生产和分发世俗和宗教出

版物。

美国历史学家经常注意到殖民地的自治经验为美国人民的民主实验做了准备。他们的英国堂兄在17、18世纪进行准备，迎接更民主和开放的社会；俱乐部、教会、慈善组织和其他组织给予数目巨大且不断增长的普通人新的经验和自信，这同样是真实的。

然而，尽管英语世界的政府比欧洲大帝国的极权君主制**183**更为灵活和柔软，但他们并不是太过软弱。软弱和虚弱的国家会丧失独立，像德国和意大利，并且，在某些情况下，社会会在无政府状态和血腥中解体。太强硬的国家，像法国和西班牙，人民失去了用负责任的方式管理自己的习惯；他们开始认为权力是社会之外的事情，对此不能负责。当局把权力的高尚理念和国家的特权与低效治理和摇摇欲坠的国家结构混合在一起。国家和社会变得疏远，并且在受到各种危机的考验时，国家难以立足。当法国政府无力进行革新，愤怒却没有经验、缺乏实验而且无法平衡的资产阶级领导被驱向革命，路易十六因此掉了脑袋。自18世纪至20世纪，欧洲和美洲的拉丁社会因过于僵化的国家与过于激进的反对之间的振荡而受创深重。

英国处境不同，北美殖民地的立法机关也一样。相对弱小的国家不得不依靠自愿合作，以及建立权力和合法性的公共舆论；最终政治领导人学会把弱点变成优势。弱小迫使英语世界的政治领导人关注他们的人民在公民社会和志愿协会的复杂网络中表达的意见，人民通过这种网络把他们自身组织起来；当民意受到关注，它成为负责任的——并准备好在和平和战争中支持其领袖。不仅如此，地方领导人和各类人群大体上支持代议制政府的努力和决策。

这种弱小和力量的混合今天仍是英语世界政府的特点。在英国、加拿大、新西兰、澳大利亚和美国，面对公众舆论单个政府是软弱而负有责任的，但是国家牢固地建立在人民的支持之上。尽管有着巨大的变化和压力，这些国家都有和平的宪政历史——欧洲与之形成对照，更强大的国家更频繁地受到颠覆。自1789年以来，法国已经有五个共和国、三个君主国和两个帝国。同一时期英国和美国宪政安排基本没有变化。自接受创立宪章以来，加拿大、澳大利亚和新西兰也成为宪法稳定性的模范。自1688年光荣革命以来，美国革命是这五个国家中唯一暴力推翻现有政府的实例。然而，这五个英语国家政府通常有更少的军事和制度壁垒来防备民众的愤怒。这些国家的统治总的来说比欧陆国家更柔和，通常在和平时代消耗的国民生产总值份额比与它们类似的国家更少，对国家社会和经济发展的控制也更少。然而尽管（或可能因为）有这些相对的缺点，这些国家从全球标准而言相当稳定，并且已被证明能够募集巨大的资源来应付各种紧急情况——在和平年代没有因过于卓越而从公民社会进行生活压榨。①

所有这些有助于我们理解金发姑娘如何在具有历史意义的起跑门栅的正确位置破门而出——英国人如何克服他们的落后状态，他们对资本主义较早的接受让他们准备好了，令他们在与不同的邪恶轴心的早期竞争中胜出。他们的一些对手因宗教机构而步履蹒跚，而宗教机构成功地阻止了资本主义需要的社

184

---

① B. R. Mitchell, ed., *International Historical Statistics: Europe, 1750 – 1993* (New York: Stockton Press, 1998), 674.

会和知识革新浪潮。其他国家被强大的邻国压垮，或在缺乏竞争能力的情况下耗尽诸多资源保卫自己。一些国家为因私营部门惶恐不安并粉碎其倡议的政府所累；一些国家沦为无政府状态和无休止战争的牺牲品，因为他们的政府不能维持秩序。金发姑娘躲开子弹，击中最有效点，英语世界已经准备好赢得成为世界强国的竞赛。

金发姑娘有别的运气。英国的运气让它准备好在最要紧的时间关头冲在了队伍的最前头。完全成熟的资本主义即将出现在世界；掌握了这一新的体系的国家会获得远超过去所有帝国财富的回报。

因为英国的资本主义在有利的环境中开始，它的运转相对较好，创造出巨大的财富并深扎下机制之根。伦敦商人从东印度公司获利丰厚；英格兰银行持股者变得富有。政治权力流向成功者；我已经提及，英国商人的利润帮助议会在与国王的争斗中占据上风。若是反革命的力量更强或是革命的力量更弱的话，英国的步伐可能更小，近现代历史会截然不同。有迹象表明，在文艺复兴和宗教改革的能量爆发后，欧洲大部分地区准备放慢步伐。西班牙帝国是吃得过饱的迟缓力量。德国需要时间从 17 世纪毁灭性的宗教战争中恢复过来。如果路易十四成功地把弱小的斯图亚特王朝安顿在英国、孤立荷兰并削弱哈布斯堡王朝，成功却筋疲力尽的法国可能也会躺在自己胜利的荣誉上故步自封——或集中力量与土耳其人作战。欧洲可能会不作任何改变，接下来三个世纪惊人的迸发式发展可能永远不会发生。摆脱了来自西方的压力、面对挑战性和侵略性更逊一筹的领跑者，中国、奥斯曼、莫卧尔和日本可能永远不会倒下得如此悲惨。稍晚的时代，可能它们会在更平等的格局下面对现代性。

这可能通向一个比我们拥有的更幸福的世界——或它可能将人类暴露于我们已经谢天谢地幸免的暴政和恐怖之下。无论如何，我们被留在这样一个世界：英语世界高歌猛进，击败所有挑战者，并且在全球资本主义的基础上建立海上霸权。

然而，早期的成功并不能完全解释为什么英语世界持续领先到今天。资本主义并不是简单轻易的事情。它发动了一个接一个的革命。以农业的变迁为例。从马克思和恩格斯的时代开始，人们努力研究近代早期英国农场、城市和交通系统中经济和技术变迁的互动，从而揭示资本主义变迁的动力。随着城市市场扩大和现金经济的普及，地主们对消费他们生产的作物更缺乏兴趣；他们希望在城市的市场里出售商品。这意味着去追逐高效和高利润的动力。这导致农业技术的改进和科技含量的提高——也导致了圈地运动。有时有补偿，有时没有，佃农和小农户失去了他们对公有地的权利，这些土地圈入了巨大高效的庄园。更高效的农业意味着从事工作的人手需求更少。几个世纪里，英国被驱离土地的农业人口日益增加，城市人口增长，这导致了犯罪和社会动荡的巨浪——但也扩大了农业产品的市场规模，从而增进了对建立在圈地运动和更好的农业资本化进程基础之上的科技化农业的需求。

制造业和采矿业的兴起在国家曾经贫穷和偏远的地区创造了巨大的财富，衍生出新型的富豪巨头和企业家，他们希望在议会中能得到更好的代表——并且期待国家经济政策的变化令他们的利润弹高。蒸汽机、铁路、钢铁厂和汽车：每一样都促使英国人的生活发生了全方位的迅速变化。旧式精英失去了权力，老的习俗没有用途。新的现实是，越来越机械化、冷漠和

186

工业化的社会与在另一个世界形成的价值观和习惯发生强烈痛楚的冲突。

资本主义意味着冲突和变化，资本主义越快速地提高生产率和经济效益，紧随其后的冲突和变化也越多。

沃尔玛不满足于年复一年把同样的产品用同一价格带给相同的购物者。它每年必须开新店，寻找新商品和新消费者，并且给出更好的价格。它必须不断地为其商店寻找新的方法来管理和培训员工，为其商店控制和减少库存，更有效地使用能源，找到便宜的设计，尤其是更有效地管理资本以维持组织的赢利。

变化和发展的重要点在于资本主义与其他形式的社会组织的不同之处。店主、银行家、货运业者、商人，在资本主义制度下他们都进行达尔文式丛林竞争。最适合者兴旺昌盛，差一点的就失败碰壁了。

随着新产业和利益出现，老政治家和政治机制得到检验。英国那些曾是绿茵和羊圈的地方突然矗立起邪恶的黑色工厂。那些工厂主希望政府考虑他们的利益；他们想要议会的席位，并且他们希望政党支持他们的利益。

资本主义在制造中心周围创造出的大城市需要新的运输网络以满足城市的大量人口。新技术需要新的法律来保护知识产权；工会组织起来保护工人的利益，必须发展新的法律和制度以平衡雇主和工人之间的利益。

急剧的社会变迁不断加速，对英美社会形成挑战，但是不知何故，英国人和美国人能够成功接受它有时冷酷的逻辑。自由放任的资本主义的理念使得大多数文化感到紧张；英国人和美国人并不总是对此感到舒适，但总的来说并就整体而言，英国和美国社会一直比世界上其他主要社会更愿意、更有能力在凉爽的水中游向自由放任的泳池的最深处。结果，两个多世纪以来，世界其他地方也充满迷恋、恐怖和嫉妒地看着仍被称为"盎格鲁—撒克逊"的经济模式——这一模式的强大后果首先给予英国人、然后是美国人经济优势，多年来支撑着他们与各邪恶帝国的战役。

187

　　首先是英国、然后是美国帮助定义隐藏在地理隐喻的"西方"背后的现实。在西方，市场是自由的，资本得以积累。人民有权利做他们想做的事。国家相对弱势，公民社会生机勃勃。所有的宗教是自由的，人民可根据喜好信或不信。另外，人们在自由方面有所获得，他们可能会在安全方面有所损失。西方是充满机会的土地，但它也是风险的家园。传统社会的结构——教会、贵族、公会失去了它们控制个人行为的能力，但是它们也失去了保护他们的力量。

　　显然，大西洋两岸的盎格鲁势力范围迅速扩大，英美社会比其他社会更容易适应这些走向进步并不断发展的变化。英语国家门户开放迎接改变，比其他国家更容易、更有规律。虽然19世纪的英国有不稳定的时期，虽然美国内战在一定程度上是缘于在一个半是奴隶制半是自由的社会的工业化方面的压力，但所有英语国家有能力在相对平静中继续驶近西方的隐喻。其他国家的路没有这么平顺；东向的运动，比如社会主义、共产主义、法西斯主义和极端传统的君主制在英语国家外部比其内部强得多，在许多国家它们强大到足以减缓、停止甚至在某些情况下扭转运动的向西发展。

　　金发姑娘不仅在正确的时间出现在正确的地方，而且她通过某种方法沿着曲折、困难和艰苦的路径穿过树林，没有经历其他人所遭遇的痛苦和弯路。她不像可怜的俄罗斯小红帽，在她的艰难路程上，她不允许任何狼用花言巧语让她走引人入胜却危机四伏的"捷径"；她不像格瑞塔，没有受到诱惑，进入森林中的富有民间风味的小屋，在那里魔鬼把孩子们放在烤炉里烧焦。这不是因为金发姑娘避免进入森林或只待在它的边缘；相比其他的孩子，她事实上已经冒险进入更深的密林，并逗留了更长时间。她是如何做到的？

第三部分

盎格鲁—撒克逊态度

第 10 章　"黄蜂"和蜜蜂

我们对于盎格鲁—撒克逊人过往的作为有了一些了解；在国际资本主义经济成长的关键时期，盎格鲁—撒克逊人成功掌握其动态，发展出一种对外政策和一种对内的国内秩序，将这种新的力量充分运用。

但是，又有人会问为什么？为什么盎格鲁—撒克逊人能够如此快速彻底地接受资本主义呢？为什么他们如此热爱资本主义，而且又如此擅长呢？

解答这些问题有助于我们对世界历史的进程有更好的了解，但是要找到这些答案就需要我们离开地缘政治、经济的和宏大全球战略的领域，来看看盎格鲁—撒克逊文化中的社会和心理因素怎样使得英语国家如此轻松和自然地飞跃到资本主义的。

为回答这个问题，我们转向宗教和哲学的领域，更具体地说，是哲学家亨利·柏格森（Henri Bergson）和卡尔·波普尔（Karl Popper）的研究成果。两位哲学家都很关心开放和封闭社会之间的差异（柏格森率先创造了这个词语，之后波普尔沿用下来）；他们的研究对于阐明盎格鲁—撒克逊世界工作中的文化力量大有裨益。

柏格森，这位持进化论的哲学家，一直致力于研究物种进化和个体生存的必要因素是如何影响个人和群体的精神价值和心态的，他于 1932 年出版了《论道德与宗教的两个来源》这部作品。他假定自然界有两种社会组织。一种组织是完全依靠本能来引导的：比如蜂巢或者是蚁丘。这些群体当中没有任何

254 / 上帝与黄金：英国、美国与现代世界的形成

自愿可言，每个个体都是简单地完成指派的任务。在动物王国中的极端本能社会并不是那么多；山地大猩猩和水獭生活在自己的社群，并很大程度地受自己的本能所支配，但它们相对于蚂蚁和蜜蜂，要享有更多的自主权。柏格森认为我们的祖先在人类意识得到发展之前，或多或少地是以这种方式生活的。这种社会被柏格森称作封闭社会。

一个封闭的人类社会和蚁丘甚至是海狸的巢穴都不同，因为人类是有意识的，他们能够意识到自己身为个体，其愿望和本能所指令的行为可能会是不同的。本能并不能起直接作用，如同在蜜蜂和蚂蚁那里一样。它必须通过一种途径被有意识地感知到——使得人们去"选择"这种行为方式，而不是另一种。柏格森认为，宗教在某些特定情况下，可以满足这种实质上的保守社会功能。

在一个封闭社会中，所有人都明白自身的位置。习俗、道德和法律，互相巩固。部落或氏族的方式就是大自然的方式；违反习俗就是违抗神的旨意。

然而，人类不是蚂蚁，他们并非仅仅受本能控制。道德和伦理的两难问题，甚至在封闭社会中也会出现。大部分希腊悲剧都是围绕着这类困境展开：俄狄浦斯①在不知情的情况下娶了自己的母亲；当克吕泰涅斯特拉②设计谋杀了丈夫阿伽门农时，她的孩子们无论选择什么行动都是罪孽——杀死他们的母

---

① 俄狄浦斯（Oedipus），外国文学史上典型的悲剧命运人物。是希腊神话中忒拜（Thebe）的国王拉伊奥斯（Laius）和王后约卡斯塔（Jocasta）的儿子，他在不知情的情况下，杀死了自己的父亲并娶了自己的母亲。——译者注

② 克吕泰涅斯特拉（Clytemnestra）在希腊神话中是阿伽门农的妻子，和情夫一起统治迈锡尼，并合谋杀害了阿伽门农，后被自己的儿子杀死。——译者注

亲或是不替父亲报仇。

不仅如此,个人意志会渐渐蔓延开来。青年男女不愿意奉父母之命而结婚,因为爱可以冲破旧有的规则。

传统和习俗捍卫着它们自身。柏格森的观点是,宗教产生了一种心理习惯,结合人类智慧和本能驱动而达到团结和延续。这使本能听上去有了意识的声音。违反禁忌的事情会让这个人颤抖并感到不适:那就是本能的力量。它会激发一种有意识的反应,从而推动人类遵循本能驱使。柏格森将这种宗教称为"静态宗教":旨在使人类和社会保持原位。

意识领域之外,伴随着本能之声而来的是美丽、恐怖和意义。神话、传说、直觉、远见、诗歌和畏怯均超出我们普通的感知,而它们都在丰富并塑造着人们的生活。

对于柏格森来说,无论如何繁荣发展,人类社会和蜂巢都还有另外一个显著的不同。假如说蜜蜂也有历史的话,那它们的历史应该已经结束。作为一种社会形式,蜂巢在蜜蜂社会中运行完善,但是蜜蜂似乎并不会朝任何方向发展前进。

对于人类社会而言,那显然不能适用。作为一个物种来看,人类还处于起步阶段。有文字记载可寻的短暂历史,辅佐以考古学家和古生物学家的一些口头传统和零散证据,都表明变化和发展对于人类是非常自然的,就如稳定性是蜜蜂的自然属性一样。在相对不长的时间里,人类的生存足迹蔓延到了整个地球,遇到各种各样的居住环境和挑战,都需要去重新应对。人类文化本身就有要发展和变化的趋势;狩猎、农业、陶瓷和冶金等方面的技术在地球上某个地方出现,通过交往和贸易传播到了全世界。

人性中接受学习和变化的一面使得人类社会远离封闭世界

的传统和模式。这种求新求变求自治的本能是人性中不可或缺的部分，如果没有它，人类很难发展，甚至是生存下来。柏格森定义的"开放社会"是一种人类对变化的渴求能得到满足的社会。开放社会和封闭社会是截然相反的。开放社会中的传统一致性被打破了。传统在个人生活面前丧失了强制力。女性可以从事从前只是男性专有的事情，反之亦然；农民不再需要屈从于贵族。开放社会选择立足于自己的理想和抱负，而不是传统和古老的法则。传统在道德面前让步。

柏格森认为，每一个社会都有其开放和封闭的元素在其中。小家庭群落中的部落民对广阔世界一无所知，他们生活在一个复杂的社会环境中，不断回应外部事件或社会力量，以及群体成员的感觉和需求。另外，现代工业社会保留着很多封闭社会的功能。非理性的传统和喜好塑造了那些自认为是个人主义者的行为；部落的忠诚塑造了人们对于政党、民族和工作等级的态度。

综上所述，应该明确的是，我们称作的"西方"指的是开放社会的世界，而从东方向西方行进的旅程，则是从相对封闭到相对开放的过程。开放社会比起封闭社会来说更高、更冷酷。在一个封闭的社会中，传统作用和家庭纽带提供了一个温暖的——尽管有时令人窒息的环境。在开放社会中，个人较少会被这些束缚所牵累，但是这种确定性和关系的缺乏会是冰冷又疏远的。

还有一点要明确的是，资本主义不仅是开放社会的产物，也是其原动力。作为一个经济机制，它令拥抱它的社会富裕而强大。试图倒行逆施的封闭社会力量被削弱，陷入贫困，最终被征服了。随着资本主义的发展，一些新的事情也随之发生：

历史不再记录开放、随之而来的反作用和封闭的循环。取而代 194
之的是持续西进、不断废除防护墙的过程。开放社会是向动态
社会转变的开始,这种转变仍然继续塑造着我们当今的世界。

　　卡尔·波普尔借用柏格森的社会类型学,并使之成为其历
史哲学的核心要素。波普尔目睹了数亿人在法西斯暴政下丧失
了自由,人类心智都被封闭社会强有力地掌控了的情景。他在
20 世纪的一部分时间内进行写作。开放社会可能有自由,却
令人恐惧。历史在很大程度上是记录封闭社会的拥护者去关闭
开放社会所做出的努力,通常是成功的努力。波普尔的开创性
代表作《开放社会及其敌人》,是一种哲学历史,被理解为一
系列去制服开放社会的颠覆性思想和政治力量,并重建封闭社
会的稳定性和令人安心的永恒以及极权性做出的努力。它是一
个从柏拉图时期到希特勒和斯大林时期的筑墙的历史。

　　《开放社会及其敌人》更多着墨于开放社会的敌人而非朋
友,恰恰是因为这些敌人数量如此之多,且力量如此之强大。
人类心智可以有力地倾向于开放社会的概念,但开放社会的不
稳定性和令人不安的因素,加上本能的呼唤辅佐以封闭的宗
教,都不断地把人们拉回去。波普尔将雅典人反对民主(他
认为在柏拉图的哲学中反映出来)和对法国大革命的反对
(在黑格尔思想中达到高潮)进行比较。在上述两种情况中,
波普尔看到相似的现象:反动势力用传统宗教和价值观作为武
器,奋力扼杀开放社会。波普尔同样看到了马克思主义在当时
的相似性。波普尔认为,马克思自己的著作中就存在开放社会
自由和正义的元素与封闭社会倾向于历史决定论之间的斗争,
他引自黑格尔的理论对人类自由理念有着极大的敌意。苏联的

共产主义，不必说了，波普尔看到的是封闭社会的拥护者再一次践踏着开放元素而奏响凯歌。

波普尔在这一点上确实是正确的，历史上为创造开放社会付出的努力大多付诸东流，或者顶多随着时间的推移，取得部分的成功。希腊的开放民主社会就有明显要回退到暴政统治的趋势。每一个共和国里都有一个恺撒大帝；每一个元老院里，都有一个苏拉①。这些模式从古代遗留了下来，我们所能看到的是，大部分欧洲社会在 17、18 世纪几乎无法向前发展，因为现代化曙光产生的压力导致了君主极权专制，而不是民主化的日益增进。英语世界的"金发姑娘"经验并非是典型的；许多小女孩在暗夜穿过阴森的树林向西方前进，最后成为饿狼的腹中之物。

荷兰、英国和美国并不是世界上最早的开放社会。古典时期至少也短暂地出现过几个开放社会。许多意大利城邦可以振振有词地声称自己是开放社会，在汉萨同盟的北部贸易城市就具有很多开放城市的特点。比起这些早期的开放社会，荷兰和英语国家的开放社会形式则显得更加强大、广泛和持久。那些早期的开放社会在时间和空间上都受到了严重的制约；它们在特定城邦出现，这些城邦通常约有几万人，它们短暂出现后就会因为外国军事力量或国内反抗的因素而消亡。

当今世界的社会有着迥然不同的历程。它们不仅是在别人消亡的地方存活了下来；它们已然繁荣兴旺了。不仅如此，它们已经很成熟了。世世代代、岁岁年年，如今的开放社会已经变得越来越开放。奴隶制被废除；妇女拥有了投票权；越来越

---

① 苏拉（Sulla），古罗马政治家、军事家、独裁官。——译者注

多的人可以接受教育。在更早的年代,开放社会犹如罕见又极
其娇弱的花朵,只能在所有条件都具备之时短暂绽放,之后迅
速凋零。如今至少在一些特定的地方,开放社会如同耐寒的四
季常青植物,年年绽放,而且似乎对所有的枯萎病都具有免
疫力。

它们不仅仅是开放的社会,它们是动态的。似乎有一种内
在发展原则推动它们向前发展。在波普尔的眼中,开放社会仍
是一株脆弱的植物;要了解动态社会,我们需要回到柏格森这
里,以及他的思想中另一个重要组成部分:动态宗教的概念。

静态宗教,来自本能的需要,是一种牢固地让封闭社会的
成员抓住戒律和传统的力量。苏格拉底因藐视宗教而被判处死
刑;在现代欧洲历史中,有组织的宗教常常导致思想和政治上
对资本主义和民主的抵制。在很多地方,我们仍然可以看到静
态宗教在被资本主义影响日益鼓动的社会努力试图加强一致
性。原教旨主义可以说是静态宗教的愤怒反应,试图重建受到
威胁的现状。

196

柏格森比波普尔更为乐观,是一个相信进步的哲学家。他
认为,尽管有出现倒退和反对的力量取胜的时候,人类社会仍
然随着时间的推移变得越来越开放。现代社会所容许的思想和
行动上的自由,在中世纪欧洲是并不存在的。无论人类政治体
制有多少弊端,专制时期人们的意识比起过去的原始时期显然
更为全面发展、更加独立。世界在向西运动。

柏格森认为,人类对变化和发展的迫切要求如同对保守主
义一样,是深深扎根于人类本性当中的。从封闭社会到开放社
会的转变并不违反人性,而是人性的实现。人性既是人类发展
和进步的原因,也是追求一致性和保守主义力量的原因。

求变的本能，和保守主义本能一样，必须通过人类意识来表现。柏格森心目中的人类有如那些动画卡通人物，一个天使和一个恶魔各站在一边肩膀上，耳语着相互冲突的意见——在柏格森的观点里，这二者都是人性正当且正常的表现。

如果静态宗教是人类意识呼唤我们去接受传统的社会价值和局限的话，动态宗教则是柏格森所比喻的天使，呼吁人们向更加开放的社会发展。如同静态宗教一样，它在个人心理体验中有多种形式：一种躁动不安的感觉，对新的体验的渴望，脑海中响起的警告或是命令、远景、梦想或是理念。柏格森的父母均是犹太人（分别来自英国和波兰），他和有组织的宗教有着复杂的关系。他早期的作品被天主教会禁止，但到他生命末期，他又和天主教会和解了；他不肯正式改教，是就他与受到维希政府迫害的犹太人的团结一致而表现出来的一种姿态。根据他的遗愿，一个天主教神父在他的葬礼上为他祷告。（柏格森，法兰西学院院士，拥有无数荣誉和多项任命，这些他宁可全部放弃，也不向维希政府申请获得限制法国犹太人生活范围的法律之豁免。）

神秘主义，尤其是天主教的神秘主义，在柏格森看来是动态宗教的特征表达，但从我们的意图而言，去看待席卷社会并呼唤人们西进的某些神秘的愿景和理念是更有用处的。尽管受到年代久远的传统之制裁，人类的社会平等的愿景招致了贵族统治的坍塌。在世界上大部分地方，民主制度的神秘理想轰倒了王权，幸存的君主被迫接受人民享有主权的事实。种族平等的愿景推动了殖民地自治化和美国的民权运动。近几十年来，男女平等的愿景给很多社会带来了革命性的社会关系的改变，而且这项事业仍然任重道远。这些愿景并不需要去和正统或有组织的宗教联系起来才能强大，实际上它们在全世界的进展可以说是不受任何教派支配的。同样真实的是，当这些愿景和某些超越它们自身的东西联结起来的时候，它们确实显得更为强大。在美国历史上，很多饱含愿景的运动如废奴主义、妇女选举权和民权运动等，很多领导者都是世俗的和不属于任何教会的人，但是他们将他们取得的进展尤其归功于那些为了虔诚宗教信仰而心甘情愿去受苦受难，甚至可以为之奋斗付出生命，从而超越了仅在当下的目标的人们。

最为强大的、在柏格森眼中是神秘的愿景，引导了人类新的生活方式。阿西西的圣方济各、锡耶纳的圣凯瑟琳、马丁·路德、圣依纳爵罗耀拉，或者是小马丁·路德·金，都是怀着对新的生活的憧憬，梦想着以人们前所未见的方式开展新的生活。一位女性或一位男性以或直接或主观的方式体验愿景，但是理想的力量是如此强大，以至于其他人（间接体验到或是通过书本读到这些理念的人们）都能感受到它巨大的力量并被深深激励着以这样的方式生活。他们持之以恒地丰富并深化着人们的世界观，并给予我们全新的选择和全新的可能性。

这些愿景并非都约定俗成是宗教的。文艺复兴时期追求人类丰富完整生活的理想就不属于古典基督教。中世纪时期的游吟诗人，带着他们的浪漫主义爱情的新观点，对当时的宗教和社会秩序都表现得不屑一顾，但这种理想为增加人类体验起到了无比重要的作用。出现于 18 世纪魏玛和 19 世纪巴黎的波希米亚式理想，无论是好是坏（或者二者皆有之），在今天这个时代，它仍然影响了全世界无数青年人和为艺术而奋斗者的人生。

动态宗教能够使人们不拘泥于传统宗教结构——爱默生、

262 / 上帝与黄金：英国、美国与现代世界的形成

梭罗和亚伯拉罕·林肯，他们都感受到他们是遵循精神的冲动而超越宗派和教派的各种界限。动态宗教使得卫斯理宗有勇气脱离圣公会，也导致了后期圣徒教会（摩门教）迁往德撒律（犹他州）。它同样能够引导人们去寻找结构和教条中全新的含义和可能性，即使它们曾经就如同尘土里的干骨。

不过，虽然动态宗教所引导的方向和静态宗教有着很大的不同，但这两种宗教体验却有一定的共同点。它们都超越自身，使得人们感知能力更为丰富，使得世界更为宽广，更为重要的是，它们将超越体验及其意义注入普通人的意识当中。它们是神圣的，并且伴随着一个不同寻常的并且引人注目的本性中的愿景、声音，抑或是其他的表现形式。它们始终心怀信念；对那些收到神示信息的人们来说，它们是权威公告。"扫罗，你为什么逼迫我？"复活的基督在通往大马士革的路上呼唤。摩西在旷野中看到了灌木丛。佛陀在菩提树下觉悟成佛。

动态宗教的这种概念是开放社会成型的动力，或是在一个封闭社会逐步渐进的过程中转换到更为开放的形式，有意思的是，波普尔改编的柏格森范式并不在此列。这大概是在某种程度上的半清醒状态对于精神力量可以在开放社会中发挥作用的排斥，这也许是侧面反映和强化了波普尔的悲观历史观点。从波普尔的角度来看，由心理力量来支撑开放社会是站不住脚的；深层的本能驱动把我们拉回到传统和封闭的舒适世界。

很多自觉"现代"的观察家看到，要在开放现代性的黑白现实主义与封闭传统和神话中富有理想的色彩和想象之间做出选择，如果我们将柏格森的动态宗教考虑进来的话，这种悲剧性的选择不复存在。伟大的愿景照亮了西方世界的天空，驱使我们起程去引发人类心灵深处的震颤——就如那些记忆的神

秘和弦将我们和过去密切关联。宗教和神话并非总是那么保守的；进步的追随者和保守主义的管家一样对神敬虔，苏格拉底（至少）和置他于死地的刽子手们一样虔诚。

并不是只有波普尔是把动态宗教放在他的"现代化"愿景之外的。启蒙思想中隐含着的世俗化广泛深入地植入人心，而且文明的概念就如同一个悲剧性的必然选择，不可避免地将人类本性中最根本的元素剥离开来，这是 19 世纪浪漫主义书信和 20 世纪的学者论述中最常见的比喻。然而这显然是事实：那些从任何方面来看都把现代化进程进行得最为彻底的国家，人们认为它们依赖于经济和科技的进步，如 19 世纪的英国和如今的美国，但它们比绝大多数国家在信仰宗教方面都虔诚得多。

英语世界国家带头向西远进并且在全世界保持领先地位，这种能力的关键不在于它们现在或以前比其他社会更为世俗化。事实上，当 20 世纪的英国更为世俗化之时，它从前在科技领域的领先地位和成为全球性大国的动力已然丧失，并且它不断下降——至少是暂时的——从资本主义社会变革的前沿阵地滑落。历史学家尼尔·弗格森（Niall Ferguson）甚至写下"对大国丧失信心往往和失去对上帝的信心紧密相连"。[1]（无须去信仰上述二者之一的人们都能看到宗教信仰的缺失对英国全球角色的影响。）托尼·布莱尔（Tony Blaire）这位曾经号召英国人民再次冲击全球化（格莱斯顿式的使命）的新帝国首相，可能是除了斯坦利·鲍德温（Stanley Baldwin）这位自

---

① Niall Ferguson, *Empire: The Rise and the Demise of the British World Order and the Lessons for Global Power* (New York: Basic Books, 2003), 317.

从格莱斯顿辞职之后入住唐宁街 10 号的首相之外的最为虔诚的基督徒。当美国在 20 世纪后期进一步扩大其在科技和经济方面的优势时，它也同样经历着可与早年"大觉醒"时期相似的宗教复兴，这类宗教复兴在过去的几个世纪给美国社会带来显著变化。

当我们必须寻求对英语世界支配地位的解释时，应该要归因于其动态宗教，而不是世俗化。一个开明的现代化并没有战胜存在于英语世界中根深蒂固的传统宗教。相反，在英语国家人们的宗教生活中，动态宗教渗透进静态宗教并成为其补充物。金发姑娘之所以能够在黑暗恐怖的丛林中成功穿越西进，是因为如同她之前的东方三博士①一样，有一颗星为她照亮了道路。

① 《圣经》中由东方出发寻访初生耶稣的三贤人。——译者注

第 11 章　牧师与发电机

乍看之下，英美世界的宗教既不是特别有意思，也没 　200
有特别值得拿出来颂扬的地方。它最有代表性的人物可以
说是十八世纪英国讽刺文章中的反面人物——布雷的牧师。
此人在克伦威尔死后、查理二世登上王位之时成为教区牧
师，那个时候的神职人员必须遵循王廷的宗教政策才能获
得教会的晋升（金钱和地位），这个年轻的教区牧师的主张
与时俱进。

> 在查理二世的黄金岁月，
> 当忠诚未受伤害，
> 我是一个热情高涨的高教会派，
> 因此得到了升迁，
> 为我的信徒们日日布道。
> 国王都由上帝来任命，
> 那些敢于违抗，
> 或是触犯耶和华的受膏者的人，
> 则被打入地狱。

但后来风向变了。查理二世的弟弟詹姆斯二世于 1685 年
继位，他是一名罗马天主教徒。通过他手中的豁免权力，他实
质上撤销了禁止天主教徒在教会和国家中担任公职的刑法条

例，颁布宣言，要求每一个讲道台宣读，通过王室赞助和青睐来显扬罗马天主教，直到 1688 年光荣革命推翻了他的统治。牧师奋起应付挑战：

> 当詹姆斯二世登基王位，
>
> 养着教皇的天主教成了流行的玩意儿；
>
> 刑法被我轰赶下去，
>
> 而代之以宣读"宽容宣言"；
>
> 我发现罗马教会能够充分适合我的宪章，
>
> 我过去曾是耶稣会信徒，
>
> 如果没有革命。

201

　　新教贵族邀请荷兰执政奥兰治亲王威廉（詹姆斯二世的女婿）来统治英国。这个革命性的行为推翻了英国国教会由来已久的历史信念，即顺从国王并绝对服从他的所有命令；很多主要的主教们和神职人员拒绝宣誓效忠新的政权，这些人因此遭到革职。但见风使舵的牧师可不是这样：

> 当我们的救星威廉国王前来，
>
> 拯救这个国家所有的怨恨不满，
>
> 我见利思迁，
>
> 宣誓效忠于他：
>
> 以前的原则全部废弃，
>
> 良知什么的全都抛在脑后，
>
> 绝对服从就是个笑话，
>
> 一个不抵抗的笑话。

接下来的故事是：

> 当尊贵的安妮女王继位，
> 英格兰教会又得其荣耀，
> 于是我又变成了托利党人。

之后这也成了历史。

> 当乔治一世适时来到，
> 中庸突然得到重用，
> 我又再一次改弦易辙，
> 这一次我成了辉格党。

诗歌的结束部分，是年迈又大权在握的牧师开始向新的政权宣誓效忠，不断用叠句重复着他的个人信条：

> 伟大的汉诺威王朝，　　　　　　　　202
> 新教传承下来，
> 因此我要发出最为强有力的誓言，
> 虽然他们留有控制权：
> 我忠于自己的信仰，
> 从不曾也不会让我动摇，
> 但乔治，我的合法国王也不会，
> 除非泰晤士河改变了流向。

> 这律例我将终生持守，

直到生命结束。

不管是哪个国王掌权，

我都会是那个布雷区的牧师。①

　　这首歌的听众大多会嘲弄里面这个毫无原则的神职人员，还有他们自己，因为在那个时期的大多数英国人都只能见风使舵，但正是这种有些投机取巧的手段将英国从痛苦的内战中解救出来——1670～1715 年，也是牧师职业生涯中最为动荡不安的岁月。在那些年月里，数百万英国民众都已经接受了国家建制中的统治宗教和政治哲学的重大变化。尽管暴力冲突时常爆发，英国或是大不列颠（《1707 年联合法案》将英格兰和苏格兰联合成为一个政治组织），社会从未陷落到无政府状态，或是 17 世纪 40 年代战火纷飞的内战状态。

　　灵活变通和实用务实在那个年代的重大事件上发挥了很大作用——光荣革命不仅取代了旧有的君主，而且确保了"国会至上"。国会是国家权力的来源，并在国王之上，这可以说是国家最为有力的要素，也是和平的要素。更普遍的是这种布雷牧师的实用主义，老于世故，玩世不恭，又能容忍，这令英国发展出了一种新型的政治社会，比当时所有的体系都更好地应对了新兴资本主义制度所带来的压力和需求。

　　然而，这并不是完全的世俗化。尽管英国经过了宗教改革所引发的连绵战事后已是疲态尽现，新出现的社会还是在没有和基督教分裂的情况下改变了它和宗教之间的关系。在布雷的

---

① "The Vicar of Bray," in *A Collection of English Poems*, *1660 – 1800*, ed. Ronald S. Crane (New York：Harper and Brothers, 1932), 693 – 694.

牧师已经升入天堂当了副主教之后的两个世纪里，深厚的宗教信仰仍继续塑造着民众和精英的态度，而且美国和其他殖民地分支，比如说新西兰和澳大利亚，相比大部分欧洲国家来说，都明显更加重视传统的宗教信仰和习俗。盎格鲁—撒克逊世界的宗教持续性似乎和它与一种怀疑论共存并令它蓬勃发展不无关系，而这种怀疑论对于柏格森所说的静态宗教可谓是致命的，但这是英语世界中宗教导向日趋活跃表现出来的特征。

对于宗教教条持有一些奇特的新态度的迹象，也不难在英国传统中觅得踪迹。英国首任新教坎特伯雷大主教托马斯·克兰默（Thomas Cranmer）于 1538 年曾经写道："从来没有什么精心设计或是已然确立无疑的事物，在岁月和时光的流逝过程中而不被损坏的。"这句话经过细微的改动，成为 1549 年《公祷书》序言部分的第一句话，而且至今仍在安立甘宗的祈祷书中。[1]

对于宗教改革的文献而言，这个开场白新潮得有些古怪，但这并不是书中唯一缺乏确定性的告白。所有教会"不仅在他们的生活和仪式中会犯错，同样在属于神的事情上也犯错误了"，这句话出自《三十九条信纲》，是几百年来英国国教会教义的明确声明[2]。罗马教会和其他古老的基督教教会（如安提阿、亚历山大港、耶路撒冷）一样，都出错了，并且在亨利八世宗教改革后的两百多年时间里，不列颠"官方基督教"的教条变化的频率如同王位易主一样。不管是对布雷牧师的爷

---

[1] Diarmaid MacCulloch, *Thomas Cranmer* (New Haven, Conn.: Yale University Press, 1996), 225.

[2] John H. Leith, ed., *Creeds of the Churches: A Reader in Christian Doctrine from the Bible to the Present* (Louisville, Ky.: John Knox Press, 1982), 273.

爷或是孙子来说，他那套实用主义哲学都很有必要。亨利八世
的细微改革、爱德华六世大刀阔斧的改革、玛丽一世时期的天
主教、伊丽莎白一世时期暗流涌动的宗教宽容，英格兰教会的
教义和行事一直随着时代而转变，从斯图亚特王朝至今，今后
还将继续转变。今天的异端邪说是明天的正统教义——也许过
后又变回了异端邪说。

　　这里没有什么东西是布雷牧师理解不了的（甚至是喝彩，
如果这种情感十分受欢迎的话）。但在基督教传统中，这是可
耻的。基督教是关于上帝的启示，关于上帝带着明确无误的信
息进入历史。然而这些安立甘教会的神父们却在这里明确指出
上帝的真理是未知的，也许是不可知的。这是否意味着上帝尝
试显现神迹却又失败呢？罗马、安提阿、亚历山大和耶路撒冷
的教会，以及中世纪英格兰教会都认为他们拥有永恒不变的真
理；益格鲁—撒克逊的神学家认为他们并非如此。这些教会和
其他亚伯拉罕的宗教分支如正统穆斯林和犹太人明确声言他们
204　的信仰并不是上帝的本意，克兰默早在几百年前就写到过。

　　然而有意思的是，英国国教会并不是早早提出这个声明
的。教会对于这一信息反应迟钝而冷淡。如果没有教会和经卷
能够告诉我们上帝那无误的真理，我们为什么要去教会，又为
什么要读《圣经》呢？就此而言，我们为什么要行善弃恶呢？

　　并非每个人在质疑这些确定性的时候都能保持平静从容的
态度。陀思妥耶夫斯基（Fyodor Dostoyevsky）笔下的人物在绝
对道德秩序中丧失信念，杀害了他们的女房东。法国怀疑论者
看穿教条而变得好战，并反对教会干预政治。铲除卑贱，伏尔
泰喊出这样的口号，并期待着能够亲眼看到最后一个国王被最
后一个牧师的肠子勒死。

其他人认为，如果没有绝对宗教的基础，那么社会秩序将无以立足。我们至今还可以听到那些保守的学者们有这类的担忧，认为没有一些绝对的、详细的和不变的道德准则的话，我们就离罪恶之城蛾摩拉①不远了。这种恐惧深植于人类的本性当中，但历史记录能够对此给予证明吗？英国的宗教改革者们可能不能确保他们拥有绝对真理，但他们对维持秩序的需要却从不怀疑。

英国的戒律并非一直都是吸引人的。大主教克兰默，他自身的圣事信仰在二十年的时间里，从天主教转变成信义宗，然后又到一种原生加尔文派，很多和克兰默曾持有相同观点，或仅和他在很短时期内持有相同观点的人们都被钉上了火刑柱，活活烧死。当他自己最终被玛丽一世女王处以火刑之时，那些审判席上坐着的人们不乏以前在宗教改革时期为他工作过的同僚。

在后来的岁月里，英国教会发展温和，但并未丧失其脊梁。其信仰在《三十九条信纲》中进行了明确定义，直到 19 世纪那些拒绝签署的人不能获得大学学位。20 世纪 30 年代，正是曾经准许了亨利八世两次离婚和下令斩首两个妻子的教会，迫使他的后代爱德华八世退位之后才能迎娶沃丽丝·辛普森（Wallis Simpson）。查尔斯王子在正式迎娶康沃尔公爵夫人之前，也被迫向她的前夫致歉。相比托马斯·克兰默，爱德华八世时期的英国主教们对于他们所宣扬的教义有更多的怀疑。时至 21 世纪，很难想象舆论能够迫使一个人脉广泛的英国牧

---

①　蛾摩拉，《圣经》中因居民的罪恶而为上帝所毁灭的古城。见《圣经》创世纪第 18 章。

师放弃主教职位，但教义的不确定性和不体面的王室婚姻根本不是一回事。

这是他们对待富人的方式。在规范穷人方面，他们准备充分。英格兰的统治者，尽管被剥夺了在一个不变的宗教中享受绝对信仰的安逸，但他们在四百多年中，都能对社会强行实施其秩序，手法通常不失残暴。叛乱被镇压，叛徒被五马分尸，无赖被鞭打，偷猎者被绞死，盗贼被送走，如果有一个不变的道德秩序，英国贵族知道它到底是什么。

丧失了由绝对或是封闭哲学带来的安逸，可怜的尼采瞪着哲学深渊，发出病态的、带着如痴如醉的骇异呻吟："万物皆虚，万事皆允"，他战栗着。

盎格鲁—撒克逊人的回应并非如此。英国主教们面对事实，并没看到丝毫要跳进深渊的可能性，在哲学或其他方面都是这样。相反，他们为每年寻找复活节着手制定规则。"可以肯定的是，理论上说，万物皆虚，万事皆允"，英国的牧师们打着哈欠说，他们穿着拖鞋的脚下是裂开大口的相对主义的鸿沟。"现在，我们是不是该在大斋期①读经之后把'哈利路亚'省略呢？那个拿着黄瓜三明治的女孩在哪儿呢？"不知什么原因，信仰和无信仰之间的选择在英语国家中不如在别处那么明显。英语世界设法调和务实和怀疑主义的历史和哲学观，并保持深刻的宗教信仰和深感来自上帝的眷顾。与此同时，宗教与世俗改革和现代化之间的鸿沟在 20 世纪之前主导着欧洲大部分地区的政治，并仍在主宰着当今以色列和伊斯兰国家的

---

① 四旬斋（Lent），也叫大斋节，封斋期一般是从圣灰星期三（大斋节的第一天）到复活节的四十天，基督徒视之为禁食和为复活节做准备而忏悔的季节。——译者注

生活，但这个鸿沟从来没有像在英语国家那么深。创造性张力的两种理念在盎格鲁势力范围共存了 500 年。一方面，上帝存在并向人类启示了道德准则和宗教教义；另一方面，人类对上帝的启示的理解相对片面，并随时发生变化。

分崩离析

用柏格森的象征主义来支撑盎格鲁—撒克逊世界的宗教体验，这显示出随着社会进化进程的加快，英语世界从一个本质上是静态宗教、其平衡时不时被一系列的宗教动力给动摇的状态，转变成为一个动态的宗教体系，由持久的静态元素紧紧维系。

英语世界正在形成的宗教结构本该具有两个显著特点，从而使其特别适合动态社会的发展。一方面，英语世界应该有一个多元和多极化的宗教环境，许多不同的教派和神学倾向同时并存。伏尔泰最早指出，只有一种宗教的地方必然是专制统治；如若存在两种宗教，则有内战发生。如果允许三十种宗教存在，那他们都将和平共处。英国宗教的很多神学内容（尽管不是全部）对于动态宗教可以说是异乎寻常地包容，这也是事实。

英语世界特有的宗教演变似乎并不是任何宏伟计划的结果。当亨利八世宣布脱离罗马教廷，自己成为英格兰最高宗教领袖的时候，没人想象到变化已然发生；几乎可以肯定的是，所有英国宗教改革的主要参与者们会因结果而透心凉。也许克兰默在提笔写下《公祷书》前言的时候也有这样的感受；每个人都试图将其带领到一个安全的港湾而无一成功，这样的失败反而为英国宗教改革的成功奠定了基础。

206

看来都已发生的是，在不断深化的社会变革加上资本主义兴起的影响下，传统英国生活框架已经消解和改变，中世纪天主教的"封闭圈子"成为碎片。无论是中世纪智者的卓越知识大厦——这座大厦由圣多玛斯（俗译托马斯·阿奎那，St. Thomas Aquinas）合成得如此美丽，又经过但丁诗歌的润饰，还是大众虔诚信仰和民间风俗的弥散宗教传统——其中夹杂基督教和异教的信仰和故事，都不能让整个社会满意。变化太多太快；人们似乎需要一个更强有力、更有效的宗教，引导他们平稳经历社会和经济上的变化，不论是英格兰的都铎王朝、斯图亚特王朝还是苏格兰。

部分人认为，在旧有的宗教上进行适当地复兴，就还能引导英国民生。在耶稣会士和派出的传教士神父的严明领导下，天主教残余力量在残暴威胁和迫害之下尽力想使得英格兰反对宗教改革，实现一个现代化和系统化的天主教。倘若他们成功了，他们会重复主张人类从封闭到开放社会漫长攀登的典型模式。一系列缓慢的变革本应迫使社会安排做出调整和改革；一种动态、神秘和精神的体验的爆发可以指引一条通向全新的、更为丰富的公共生活之路。开放社会做出应有调整的情况下，动态宗教的能量会渐渐消退，一种新的平衡将会持续到新的变革必须到来之时。

曾经也有过似乎让人觉得反宗教改革本可以成功的时机。玛丽一世复辟旧教的时候，最初并没有什么阻力。如果玛丽能有多一些受欢迎的举动（还记得吗，她与西班牙人的婚姻并未受到英国国民的普遍欢迎），或者她有信奉罗马天主教的子嗣能够继位的话，她没准能够让英格兰重回罗马教廷。苏格兰女王玛丽一世，也同样是个罗马天主教徒；她是亨利八世的侄孙女，她的儿子——苏格兰国王詹姆斯六世，在伊丽莎白一世之后继承英格兰王位。倘若玛丽拥有更好的政治天赋，她本可尽量延续她的苏格兰王位（或是保住自己的人头），直到自己接替伊丽莎白的王位，或者至少能够把她儿子抚养成人，成为一个天主教徒。百年之后，已经来不及带有现实意义地去梦想逆转整个国家了。然而，如果悲惨的苏格兰女王的曾孙子詹姆斯二世能够在政治上狡猾多变一些，他可能可以在其王位旁边重建一个天主教党，享有有限的包容，可能最后会逐渐赢得18 世纪那些实用至上的、对宗教漠不关心的皈依士绅们。

然而，无论是运气不好，判断失误，还是上帝的天意，等等，反宗教改革最终在英国还是失败了。但是事实证明，其竞争对手也并没有获胜。

激进的新教徒希望对教会进行更加彻底的改革。不过他们最终过于相信宗教改革的结果将会出现崭新的、永久的、无所不包的现状。用柏格森的话来说，他们赞同天主教徒的看法，认为英国需要的是本质静态的、不变的绝对宗教，定期受到动态事件更新和调节。正如当今的伊斯兰激进主义者一样，这些改革者通过圣书来看待整个世界。正如瓦哈比毛拉[①]们批判拥有圣徒崇拜和神龛的民间伊斯兰教的偶像崇拜，改革者们抨击天主教开始偏离真正的信仰和纯粹宗教。中世纪教会非常腐败，其传统惯例往往建立在伪造的和利己的文书之上，比如被称为《君士坦丁献土》的所谓法令。这是一份伪造的罗马皇帝法令，内容是罗马皇帝君士坦丁一世将西部罗马一带的土地赠送给教宗。教皇们几个世纪都以此来声明他们的权利。这些

---

① 毛拉（mullah），是伊斯兰教徒对神学家的敬称。——译者注

传统对基督宗教毫无指引。"不要称呼地上的人为父"①，基督告诉他的门徒们——然而天主教会如同迫害异教徒那样迫害任何拒绝以受禁止的头衔称呼教会神父的人！"让小孩子到我这里来，不要禁止他们"，② 耶稣说。但是中世纪的教会将那些试图把经文翻译成通俗易懂的文字的人们都活活烧死在木桩上。

顽固地认为经文能够取代中世纪的综合体，是相信经文从某种角度说就是一个系统神学，可以用清晰明确的文字来表现出来。这一系统神学必须在指导下执行。经文应该告诉地方教会如何组织起来，地方上的会众如何和更大的宗教团体挂钩。谁能够担任教堂的牧师？什么教义主体是所有人都能够适用的？什么样的行为标准是适当的？对于那些不能达到标准的神职人员或是世俗之人，我们应如何对待？

但经文也可以被用来解释回答其他的问题：臣民应怎样效忠国王？国王对臣民的职责又在哪里？英国法院是否该遵守摩西律法？面对统治者的不公，基督徒应该如何行动？如果统治者像玛丽一世或詹姆斯二世那样强迫臣民服从旧教，又该如何处理？

17 世纪的英格兰和苏格兰的思想史甚至是政治史都很大程度地反映出神学家们，政治家们，最后是军人们，在人生重大事情上都努力通过经文的方法去解决。这些努力背后隐藏的希望，不，是确定性，是一种新的并且稳固扎根于经文基础上，能够寻到的净化的世界观，这个世界观会取代包罗万象的

---

① Matthew 23：9（Authorized Version）.

② Matthew 19：14（AV）.

中世纪综合体。然后，随着真正宗教的发现工作终于结束，社会也可以得到安宁了。

清教徒、长老会、掘土派、平均派、再洗礼派、信义宗和加尔文派都以各自的方式将英格兰或苏格兰的民生重新建立在《圣经》基础上；他们自身在很多问题上都存在争议，但他们普遍认同的是，他们并不是在寻求我们现在所说的开放或自由的生活方式。他们抨击旧天主教的确定性，但他们相信这些都能够由《圣经》取代。

约翰·弥尔顿（John Milton）是把这个逻辑发展得最为深远的英国诗人、清教徒，他在克伦威尔摄政期间担任了国家的重要职务。弥尔顿可以说是当时当之无愧最博学和智慧的人，也是最受尊重和拥戴的清教徒学者。他确信一个有思想的读者，会运用最好的文稿并限定自己用简单明了的方法来说明并解释，可以在《圣经》之外发展出系统神学，以求在政治或社会动荡时期提供政治和教义的确定性。

弥尔顿对工作投入了极大的热情，他的拉丁语手稿《基　209督教教义》，以很多标准来衡量，都是一部惊人的异端神学著作①。弥尔顿细心谨慎地沿着自己信仰的权威性和确定性前行，他否定了耶稣与圣父本体同一这个自《尼西亚信经》以来正统基督教的核心观点。那个年代，神学争论很可能迅速导致战争的爆发，而且弥尔顿在欧洲学术界可谓是德高望重，经他写成的这部异端神学著作带来的简直是爆炸性的影响。这部作品一直被精心保管但又束之高阁，直到乔治四世统治时期才

①　人们对1823年发现的手稿的作者有一些疑问。然而，手稿体现的神学观点近于《失乐园》。

下令出版，而那个时代的英语世界对于教义争端已没有那么恐惧。

造成弥尔顿质疑《圣经》基础的确定原因在 17 世纪的英格兰其实很普遍：人们不赞同《圣经》的意思。这并不是因为他们没有对此进行透彻的研究，或是使用最好的资料。严肃虔诚又受过良好教育的《圣经》学子们，对《圣经》中一些最基本的问题都完全不能认同。婴儿洗礼是必需的，被允许的还是被禁止的？凡是基督徒都可以为圣餐奉上饼和酒，还是接受过圣职任命的人才可以执行呢？如若圣职任命是必需的，那么这是地方宗教团体或一些个人或组织都要承担地方性的职责吗？什么人有资格布道，又该如何决定其布道资格呢？当一个真诚的、信仰《圣经》的基督徒对教义有一些异议的时候，他们应该遵循什么程序从而解决问题呢？

约翰·德莱顿（John Dryden）和弥尔顿同时代但年轻一些，也同样寻求宗教灵活性，但却没有达到布雷的牧师的水准。作为克伦威尔统治时期的不错的年轻的清教徒，他出席了克伦威尔的葬礼并写下长诗称颂克伦威尔。（"他的尊贵宏伟来自天堂/因为他天生是个伟大的人物。"他如此称颂这个把查理一世送上断头台的人[1]。）当查理二世重回英国，正式登上王位之时，德莱顿迅速变成保皇派和国教徒，还写下《俗人的宗教》一诗，以 456 行的英雄双韵体斥责清教徒和天主教，歌颂英国国教，反对不信国教的人们。1670 年，查理二世封他为桂冠诗人。后来詹姆斯二世登上王位，德莱顿转变得

---

[1] James Kinsley, ed., *The Poems and Fables of John Dryden* (New York: Oxford University Press, 1970), 7.

有些太快了。到光荣革命时期，他已改信了天主教，在 1687 年，詹姆斯下台的前一年，德莱顿再次以抑扬格五音步的形式出版了 2585 行的诗作《母鹿与豹》，捍卫罗马天主教会，反对安立甘宗和清教徒的批评。

宗教权威的问题在两项工作中占主要地位：宗教纷争如何才能得到解决；当两个教派或是学者们产生分歧，人们要去相信谁呢？到后来，天主教诗作、德莱顿的母鹿（以一只母鹿作为象征，比喻罗马天主教）指出了将《圣经》作为唯一宗教真理的问题： 210

　　　圣经书籍，你认为是全面又明白的，
　　　所有所需真理通通包含

然而，母鹿又指出："一些教会并不同意" 以及

　　　……路德、茨温利，加尔文，① 这些宗教领袖
　　　展开信仰的混战；
　　　或者犹如野马以不同的方式飞跑
　　　基督教世界的经句已被扭曲。②

在这一点上无法反驳母鹿，至今 "信圣经的基督徒" 在很多教义问题上仍存有分歧。历史上曾经发生的并不是人们不再将《圣经》作为人类行为的无误的、肯定的并且无所不包

---

① 路德、茨温利和加尔文为三位新教改革领袖。他们的神学观点不仅常异于罗马天主教教义，而且也彼此相异。

② Kinsley, 372 – 373.

的指导。世界各地的许多福音派和五旬节教徒如今仍在进行这种追寻。不过英语国家的人们的确不再期待经文的研究能够指引他们达成更为广泛的社会共识。宗教改革的口号"唯独《圣经》"，可能能够为个人或是某个教派引导宗教生活，但却无法为整个社会提供安全且普遍适用的体系。到 17 世纪末，英格兰许多信仰《圣经》的新教教派都认识到，他们中的任何一个都无法合理地去期待能够占据旧天主教会的阵地。每个教派仍可以认为自己拥有全面且唯一的福音真理，每一个小教堂在其简陋的屋檐下能够聚集一个真正的上帝的教会的世俗代表们的真神，但是这个至高无上性是世俗世界永远不会承认的。

弥尔顿是率先领会这个含义的人之一，1644 年他因反对政府的出版审查而对国会发表了一个著名的演说《论出版自由》。演讲以古代雅典境内的一座小山丘命名，是雅典最高法院的所在地，圣徒保罗也曾在此传教。他指出出版审查在当时非常普遍，因为天主教的主教们试图通过宗教裁判所的力量来强制推行正统教义，弥尔顿还提示他的读者，他在意大利拜会了"宗教裁判所垂垂老矣的囚犯"伽利略，他力劝议会容许自由的探究和自由的出版。他认为，真理的显现是一个过程，我们对上帝的认识必须随着时间的推移而改变。弥尔顿引用《圣经》章句，把真理比作一泓活泉："如果不经常流动，就会干涸成为一个传统与形式的泥淖①。"分歧和争议不是社会衰落的象征，而是精神进步的必要条件。"浓厚的求知欲定会

① John Milton, *Complete English Poems*, *of Education*, *Areopagitica*, ed. Gordon Campbell (New York: Everyman's Library, 1993), 604.

激发良多争论、著述和见解。"① 真理并不需要教会或国家的援助，它会自己慢慢显现出来。"她根本不需要策略、计谋或者是什么许可证来取得胜利；这些都是错误本身用来防卫自己，对付真理的花招。"②

此外，我们自身的知识也在随着时间的推移而增长。明天的我们会比今天的我们懂得更多的东西。"当上帝用一种强大而有益的扰动震撼一个王国……"时，真理也得到发展。"因为上帝在照耀他的教会时，方式就是逐步放出他的光，使我们凡尘的眼睛能经受得住。"③ 宗教的变化不是一个无法避免的罪恶，而是很有必要的好处。

弥尔顿自己似乎也已想到一种新的综合体将会及时出现，渐进发展和启示带来的混乱终将结束。但此时此刻就实际情况而言已经很清楚，对上帝忠诚的唯一方式就是以开放的态度面对宗教变化和新思维：动态宗教，不是一成不变的，是生活基础所需的。通过圣经寻求真理引领人们走向浩瀚的公海，而不是最早的改革者意图寻找的安全的港湾和河口。变化开始被看作是永久的、必要的甚至是圣洁的真正宗教的要素。

① John Milton, *Complete English Poems, of Education, Areopagitica*, ed. Gordon Campbell (New York: Everyman's Library, 1993), 610.
② John Milton, *Complete English Poems, of Education, Areopagitica*, ed. Gordon Campbell (New York: Everyman's Library, 1993), 614.
③ John Milton, *Complete English Poems, of Education, Areopagitica*, ed. Gordon Campbell (New York: Everyman's Library, 1993), 615.

第 12 章　教义对教义

　　即使是在宗派已经明显混乱的 17 世纪晚期的英国，《圣经》(*Sola Scriptura*) 在英国新教徒当中也并未受到普遍欢迎。一个非常有影响力的宗教改革团体——在宫廷成员中占了很大的比重，也不乏神职人员以及保守的教友——开始着手在他们认为是无法接受的极端的经律主义和罗马天主教二者之间寻求一条中间道路。他们认为传统至少可以为宗教争议中最大的困惑提供没有偏差的指导。

　　对传统的依赖深深植根于英国人的观念当中。尽管经过几个世纪的经济推动，很大程度上重塑了英国的古老机构和制度，但保守主义根深蒂固且无处不在，这个国家的普通法建立在几百年的古老先例之上。

　　对于宗派混乱的惊恐，起因于那些狂热宣讲《圣经》字句的人，主张生活中大小事情必须符合简单无误的《圣经》信条；传统主义者认为必须了解往昔伟大的思想家和圣徒在这些问题上反映出来的共识。圣奥古斯丁是怎样诠释圣经的？迦克墩会议又让人领悟了什么？

　　当如何架构民间社会和安排日常生活的问题出现时，清教徒中的狂热者则遭到传统派人士的嘲笑和谴责。剧作家本·琼森 (Ben Jonson) 通过他笔下的人物来讽刺清教徒——比如受苦于我有益 (Tribulation Wholesome)、为主大发热心 (Zeal-of-the-land Busy)，还有一些有着简单轻率理论的好事者们。

　　"你以为你自己道德高尚，人家便不能喝酒取乐了吗?"①
《第十二夜》中的托比·培尔契爵士（Sir Toby Belch）反问傲 　213
慢的大管家马伏里奥（Malvolio）。清教徒认为将圣诞节列入天
主教节日并无《圣经》依据；马萨诸塞州的清教徒如果发现
异教徒在庆祝异教仪式，则勒令罚款。传统主义者只是对这类
愚蠢行为强烈鄙视。耶稣必须出生在某一时刻，难道不是吗?
如果《圣经》上没有给我们指明准确的日子，我们为什么不
能想庆祝就庆祝？多少个世纪以来这个一年一度的神圣庆典难
道有什么错，无论它会带来别的什么，它会让人的意识进入基
督教信仰的核心奥秘之处吗?

　　更广义来看，上帝对人的普遍启示并不能用于论断容易犯
错的人。上帝向万民众生显现他自己，我们应该倾听来自社会
各界的声音才能理解他真正的旨意。我们应当借鉴历史上已经
被承认的见解来诠释经文，这些见解已经被古往今来世界各地
的每一个人所信奉。

　　这些都很好，也确实是真实的，但事实证明传统如同摇晃
的凳子和经文一样软弱无说服力。单单依靠经文带来的是无止
境的神学争论，以及令人生厌的为主大发热心的联邦。另外，
当人们试图运用传统作为寻求真理的系统指南时，一个非常严
重的问题就在两种伪装下出现了。

　　罗马教会便是麻烦所在。传统是罗马教会的荣耀，她的辩
护者的堡垒，她要求的庇护所。一代又一代的英国神职人员和
神学家吃力地开拓出一个特定的英国国教传统，这从某种角度

---

① William Shakespeare, *Twelfth Night*, ed. Arthur Henry Bullen（New York：Oxford University Press，1938），III. ii. 58.

表明，尽管几个世纪的或多或少地和平接受教宗至上，但从英国到整个西方，传统中最真实的呐喊却是对圣彼得（Peter's See）特权的反抗，这困难得令人气馁。

约翰·亨利·纽曼（John Henry Newman）是位学问渊博且极富个人魅力的牧师，也是19世纪英国教会牛津运动的领袖，他付诸最大努力去发展英国国教会的传统，使其以使徒教义为基础，并摆脱罗马教会的束缚。时至今日，我们仍不难在安立甘宗和圣公会中找出当时牛津运动留下的印记。这个运动试图通过大量的宗教仪式、庆典和教义将理论和实践整合起来，而这些仪式和庆典都是纽曼和他的志同道合的同事们在中世纪英国实践的丰富宝库中发现的。崇敬圣徒圣礼，敬重神职人员，在崇拜中充分尊重先例与美，这些都极大地丰富了英语崇拜，对中世纪神秘主义的重新发现也令英国人更为虔敬。

214 　　对于英国的传统主义者来说，遗憾的是纽曼担当牛津运动领袖12年之久后皈依了罗马天主教，并最终写了一本非凡的自传①，阐述了引导他改宗的精神和智慧逻辑。

　　如果我们把传统看作是经文的终极评判，那最后就要接受一些在其他方面可以说是很荒谬的观念，因为都在传统的掌控之中。对于和纽曼同时代的英国人来说，那个在我们如今的观念中最乏善可陈的庇护九世教皇颁发的教皇无误教义显然就荒谬得离谱。"在我当选为教皇之前，"据称庇护九世曾经对一个英国枢机主教说，"我已经信奉教皇无误论了。从信的那时开始，我已经得着了。"②

---

① 指《生命之歌》。——译者注
② Lytton Strachey, *Eminent Victorians* (New York：Capricorn Books, 1963), 96.

　　绝大多数英国新教徒认为这些主张既迷信又不可能，如同罗马教会声称发现了圣徒的圣物圣骨的神迹。纽曼在吞下有神迹的骆驼时，连带着也咽下了无谬误的蚊子。

　　在《维多利亚名人传》（*Eminent Victorians*）一书中，写作具有颠覆性且以讽刺手法见长的作者利顿·斯特拉奇（Lytton Strachey）描绘了纽曼的信仰奇迹。位于拉韦洛的基耶萨·诺瓦教堂的圣堂上，敬奉着据说是存有圣庞塔莱翁（St. Pantaleon）干血的圣瓶。在参访了这座教堂之后，纽曼在给友人的书信中说到这干血在每年的圣徒宗教节日都会变成血水。他甚至有些夸张地认定这就是意大利教会众多奇迹中的一个非常可信的实例。当然，他说，位于那不勒斯的著名的圣雅纳略（St. Januarius）圣血每年的圣徒纪念日都会液化（这个仪式保存至今）。纽曼说他见证了圣帕翠莎（St. Patrizia）的圣血液化的过程；耶稣会会士（Da Ponte）和施洗者圣约翰（St. John the Baptist）的圣血亦有液化神迹。但是圣庞塔莱翁的圣血尤其特别，因为——纽曼指出——它并非只在宗教节日液化，而是只要有真十字架的残片出现，液化奇迹就会发生。（传说君士坦丁大帝的母亲圣海伦娜在熟睡中梦到一处地方，在那里找到了耶稣受难用的真十字架；多少年来，大量可疑的却都号称是真十字架的断片在欧洲大陆的各个角落出售着。）[1]

　　纽曼提到拉韦洛的神父被迫禁止民众携带十字架的残片进

————————

[1]　然而，应该注意的是，依据天主教百科全书提供的资讯，现存的所有记录在册的真十字架碎片和其他收藏物的详细目录表明，总量并不像一些作家证实的那样有一艘战舰的大小，但大致相当于发现的公元一世纪罗马十字架的三分之一。对于有多少这类碎片来自同一棵树，目前尚无研究。

入教堂，圣血在真十字架遗骸面前的液化奇迹让他们感到非常困扰。纽曼写道："我认识的一个人不知道禁令，带了一片（真十字架）进入教堂。看到圣血的牧师突然说，'谁拿到了他的圣十字架呢？'"①

215　纽曼领着少数英国最有学问的人皈依了罗马天主教，但在多数英国人看来，因庞塔莱翁圣血液化而迷恋出神是愚蠢和糊涂的，就如最恼人的宗教人士总是叫嚷着世界末日或是啤酒的罪过一样。传统和迷信看来似乎已经是密不可分了。"为主大发热心"和"受苦于我有益"也没这么糟糕。

从政治层面来看，传统路径引入的是一条更清晰也更戏剧化的死胡同。从罗马教廷脱离出来结束了对王权至高无上的疑问：国王还是教宗，应该是英国国教会教义的最终仲裁者。英国国教受到来自清教徒的攻击，使得王室和教会彼此支持。当清教徒游说詹姆斯一世废除"不合圣经的"主教制时，他回答道："没有主教就没有国王。"② 王位和教会必须同生共死。

不幸的是，对于英国国教而言，这意味着它的命运是和斯图亚特王朝密不可分的，后者也许是历史上最无政治建树却占据英国王位的王朝了。苏格兰女王玛丽声称拥有法兰西、苏格兰和英格兰女王的头衔，但实际上任何一个王位她都从未牢牢坐稳。詹姆斯一世是一个昏庸、刻板、刚愎自用且毫无个人魅力的国王，嗜好英俊男宠臣，严谨的保守派对他并无好感。其子查理一世如他祖母般缺乏政治判断力，被他曾经是首脑的国

---

① Strachey, 32.

② Angela Partington, ed. *The Oxford Dictionary of Quotations* (New York: Oxford University Press, 1992), 362.

家以叛国罪而处死。

为了建立欧陆模式的君主专制，斯图亚特王朝的国王们一直在寻求各种方法在不依靠国会的情况下为一个强大国家筹资。这令他们卷入政治冲突，导致了查理一世的被处决；这导致查理二世被法兰西收买。这既不能让斯图亚特王朝赢得民心，也不能给那些希冀在保持基督教传统的改革基础上建立一个新的综合制度的英国人带来很多政治上的安慰。

最终，英国国教会被迫爬到了荒谬可笑的巅峰。查理一世娶法国公主亨利埃塔·玛丽亚（Henrietta Maria）为妻，她获准保持她的天主教信仰和她的牧师。她的两个儿子最终都选择皈依天主教了。政治上狡猾的查理二世在临终之时才走出这一步；他的弟弟约克公爵（Duke of York）——纽约这个地名就是由他得来——在还是王位继承人时便已皈依天主教。

彼时在英吉利海峡那头的法国正对法国清教徒实施宗教战争的悲惨历史中一些最血腥的迫害，而英国天主教国王的情形也让大部分新教徒极为恐惧。"血腥玛丽"曾试图通过焚烧新教徒在英国恢复旧教，人们对此的记忆仍挥之不去。

英国国教的传统主义者发现他们的立场已被迫陷入支持一个狂热而被误导的天主教徒来统治英国国教。他们与辉格派斗争，并击败了对方，瓦解了辉格派禁止约克公爵（詹姆斯二世继王位前的称号）继承王位的努力。他们召集人马对抗查理二世的私生子蒙默斯公爵（Duke of Monmouth）的叛乱。对利益各方而言不幸的是，詹姆斯二世登基后被证明是个狂妄自大、昏庸无能的君主。重新在英国推行天主教是他坚定的目标，为了这个目的，他努力强行将天主教徒安置在教会和大学这类英国国教会的根基之中。

教义指明，违背"神的受膏者"国王的旨意可谓罪孽深重。此时英国国教会的传统主义者面临着痛苦抉择：放弃原则或是牺牲信仰。他们可以反抗国王——他们教会的最高统治者，以他之名安立甘教会与罗马教会脱离关系的最高权威；或者眼睁睁地看着詹姆斯二世系统性地在王国所有的大教堂、大学和讲道台用天主教徒来取代英国国教徒。

光荣革命标志着这样一个时刻的到来，那就是单靠传统不再能为英国民生提供合理保障。1689 年后，幸存下来的少数不矢忠派（拒不宣誓效忠威廉三世的英国国教牧师，继续宣布效忠斯图亚特王朝）和人数更多的感情用事的托利党成员以及高教会派暗暗努力希望找回过去，但终究在政治上难成气候。19 世纪晚期和 20 世纪早期，一些教徒追随纽曼和格莱斯顿的朋友曼宁枢机主教（Cardinal Manning）的脚步而改宗罗马天主教。然而，这是一场宗教运动，而并非一个派系：詹姆斯二世的行动严重摧毁了人们对旧教和政府理论的忠诚，这在他统治下的三个王国中的两个成为一股强大力量。（在天主教的爱尔兰王国，历史发展迥然不同。）

到 17 世纪的最后 30 年，越来越多的英国人普遍对经文和传统都非常失望，认为二者都全然失败。依赖于经文导致陷入无休无止的教派争辩，清教主义及其过剩的狂热从未很有效力或很长时间地赢得英国民众的欢心。依赖于传统则导致政治层面的暴君治国和宗教层面的罗马天主教再立。

遵循经文和依赖传统都已声名扫地。越来越多的英国人开始开辟第三条道路：理性。经文无法给出最终答案，而依赖传统给出的答案虽确定但让人无法容忍，人们别无选择，只能依靠自己的最佳判断在不同的价值观和理念之间进行选择。

也许在 18 世纪英国最有成就的崇拜理性的代表人物是爱德华·吉本（Edward Gibbon），这位历史学家写下了《罗马帝国衰亡史》。吉本在新教家庭被抚养长大。他在大学的研究令他首先产生了可怕的怀疑，然后是确信，再然后是认为罗马天主教是正确的。他于 1753 年 6 月 8 日改宗天主教。

父亲得知此事，既惊且痛。彼时小王位觊觎者（于 1715 年和 1745 年入侵英国）与法国的王廷和罗马教廷联系密切，与英国支持者们密谋策划谋反。18 世纪的刑法将天主教徒在很多方面置于不利境地。更糟糕的是，大众舆论强烈谴责旧教及其信徒。尽管吉本家族的财产因这位历史学家的祖父受南海泡沫影响而大幅缩水，他的父亲还是把他送到洛桑寄宿求学，由一位新教牧师严格看管。经过一番挣扎，年轻人公开回归安立甘宗；实际上他开始相信不论是天主教、新教，或基督宗教的实例都不能满足一个理性的人的需要。

幻灭滋生出力量，吉本开始创作《罗马帝国衰亡史》，这部卷帙浩繁的巨著是欧洲启蒙运动时期体大思精的通史之作，并在西方文学史上留下了浓墨重彩的一页。他富于大胆的批判精神，可以说用最刻薄、最辛辣的语言和冷嘲热讽的态度批判了基督教（和犹太教）的虔敬。运用生动的文风、巧妙的笔法，这位历史学家为宗教历史的传统诠释点亮了一盏残酷的理性明灯。

吉本故作惊讶地嘲讽发问："全知全能的上帝亲自提出证据，诉诸人的感觉而不是理智，然而异教时期的古人安于旧习，对之毫不注意，我们又怎能原谅他们？"

福音书确信地告诉我们，公元一世纪的耶稣和使徒的朝圣之旅，沿途都有伟大的奇迹相伴：

> 跛者起行，盲人重明，病人霍愈，死者重生，鬼怪逐走，自然法则常因照顾教会而中止施行。然而希腊罗马的圣哲们却不看这些惊人的景象，更专注于日常生活中的平凡小事，对教会或皇帝的任何创新都一无所知。①

吉本特别指明，福音书报告说耶稣受难发生时"整个大地全被笼罩在黑暗之中"。② 他指出那次日食持续了不可思议的三个小时，即使把"整个大地"的范围缩小到耶路撒冷附近，这个伟大事件"本应该激发了人类的惊叹、好奇和奉献"。③ 可不知为何，吉本发现"这伟大的奇迹却从未被历史和自然科学所证明"。④ 吉本当然不会糊涂地认为那时真的没有人在记录历史。世界历史中两位伟大的学者塞内卡（Seneca）和老普林尼（Pliny the Elder）生活在发生这些激动人心的事件的时代。他们都热心地搜集了证据，关于"所有伟大的自然现象，如地震、流星/陨星、彗星和日月食等，包罗万象，搜集起来殚精竭虑、

① Edward Gibbon, *The Decline and Fall of the Roman Empire*, vol. 1, ed. Hans-Friedrich Mueller (New York: Modern Library, 2003), 444.

② Edward Gibbon, *The Decline and Fall of the Roman Empire*, vol. 1, ed. Hans-Friedrich Mueller (New York: Modern Library, 2003), 444.

③ Edward Gibbon, *The Decline and Fall of the Roman Empire*, vol. 1, ed. Hans-Friedrich Mueller (New York: Modern Library, 2003), 444.

④ Edward Gibbon, *The Decline and Fall of the Roman Empire*, vol. 1, ed. Hans-Friedrich Mueller (New York: Modern Library, 2003), 444.

孜孜不倦"。① 然而也不知为何，"两人中谁也没有提到自地球
创造以来，凡人能用肉眼见证的最伟大的奇观"。②

　　极富怀疑的冷峻思考，辅以极为广博的学识为基础，使得
吉本重新审视了罗马天主教、安立甘宗和长老宗关于古代教会
管理纠缠不清的争议。他有能力论证，依照 18 世纪的标准，
那些教父们可谓既无诚实可言，也谈不上明智。他说明，他们
（教父）为荒唐的迷信所左右，因狂热的疯狂而偏执，屈从于
离谱的要求，更被极端的敌意和嫉妒冲昏了头脑。

　　吉本树立了一个强有力的范例，说明基督教本身就是一条
历史的弯路，是可悲的宗教迷信。这一结论得到大批法国启蒙
运动的重要人物认同，自此数世纪来一直在西方关于基督教的
思考中占有主导地位。然而在英国，漫长岁月以来对于理性的
信任从未多于对经文或传统的依赖。18 世纪的英国，自然神
论和无神论开始悄悄在统治阶级蔓延开来，但私下"事不关
己，高高挂起"的态度使得他们极少会站起来公开反对教会
和教义。英国人中的怀疑论者使得他们通常甘愿把"不同的
声音"仅仅埋在自己心底。如果宗教作为一种强大的社会力
量在工业革命所带来的阵痛给英国带来的折磨中消失，那上层
阶级及其众多统治力量将被付诸一场熊熊大火而一扫而空。主
教不复存在、国王不复存在，教堂、银行也将不复存在。

　　以理性作为意识形态的动力以期维护社会团结，亦会产生
其他一些问题。逻辑规则带来必然性和共识，自认理性和善于

① Edward Gibbon, *The Decline and Fall of the Roman Empire*, vol. 1, ed.
Hans-Friedrich Mueller (New York: Modern Library, 2003), 444.

② Edward Gibbon, *The Decline and Fall of the Roman Empire*, vol. 1, ed.
Hans-Friedrich Mueller (New York: Modern Library, 2003), 444.

思考的人们大抵互有分歧，如同极端的拘泥字面解释的人对经文含义的争辩。在某些情况下，证据或是学识并不足以让我们觉得确定无疑。从其他方面来说，显然人们不能将理性与利益和感情相分离；我们的头脑并非没有灵魂和生命的计算器，自动提供客观分析，如同《星际迷航》里的斯波克先生一样。大多数情况下，我们仅仅是用理性的色彩来装扮我们想要得到的结论。亚历山大·蒲柏就曾写道："意见有如钟表的时间，没有哪两个会是真正一致的，不过所有人都选择相信自己的。"①

在实践中，英国社会有所决定，认为不能单单以理性作为人类社会的基础。人们很难辨别，在人们的意图中，到底偏见、利益和歧视在与理性的纠缠里占了多大的分量，即便在一个人自己的脑海里，这还是难以辨别。极少有国家或一个阶级会因为理性的力量而放弃自己的利益或感情。

18世纪90年代法国发生的系列事件有力地加深了这种疑虑。从英国的开明圈子里得到热烈掌声支持，法国人民起义反抗统治多年的君主专制并以逻辑为基础着手建立新的社会秩序。英国的怀疑论者，如政治家埃德蒙·伯克（Edmund Burke）预言这场实验结局糟糕，这预言起初遭到嘲笑，但怀疑论者没过多久便得洗冤，法国大革命迅速恶化沦为恐怖统治和军事专制，战争时代来临了。

如果太过理性了，那舞会还叫舞会吗？简·奥斯汀也许会说，法国大革命更加证明了英美社会对于欧洲大陆启蒙运动的理性确定性的排斥。

① Alexander Pope, *Essay on Criticism* (New York: Dover Publications, 1994), 9 – 10.

第 13 章　白皇后

对宗教事务的新态度在共和国倒台后开始显现出来。约
翰·德莱顿在诗作《押沙龙与亚希多弗》中捕捉到这一点并
进行描述，讽刺了蒙默斯公爵（the Duke of Monmouth）违抗
其生父查理二世的失败叛乱，说这次叛乱表面是为了从他的天
主教叔父手中夺回王权。诗作绝妙借用押沙龙反抗生父大卫王
的圣经故事，取得了辉煌的成功。它轻轻地触及并提出建议，
原来探讨宗教（或政治）问题时掺杂一点怀疑似乎也没什么
不妥。伪装的面纱轻薄透明：诗中的大卫王对应查理二世；耶
路撒冷对应伦敦；犹太人对应英国人；犹太教祭司对应英国国
教神职人员；耶布斯人——被犹太人放逐的耶路撒冷原住民，
对应的是罗马天主教徒；扫罗王（Saul），这位圣经中大卫之
前的国王，对应奥利弗·克伦威尔；扫罗王的儿子伊施波设
（Ishbosheth），对应在压力下放弃护国公之位的软弱的理查德
（"兵不血刃/愚蠢的伊施波设放弃了王位"），以此类推。约
翰·德莱顿描述强有力的政治家和宗教理念这两者所用的轻浮
而自由的语调今天依然很有影响。这部诗作从大卫王起笔，实
则暗指查理二世臭名昭著的淫乱私生活和王廷周围的众多私生
子：

> 在虔诚的时代，
>
> 一夫多妻制被定罪之前，

开始出现教士策术；

当众多男人想着多多繁殖，

一夫一妻只是被诅咒被监禁的；

当本性冲动，又没有法律禁止妻妾成群；

221　　那么以色列的君王，依照上帝之心，

强有力的热情广为传授给妻子们和奴隶们：

将他的造物主形象在土地上到处散播①。

　　德莱顿嘲讽了克伦威尔时代的清教徒，也许是希望能埋葬自己脑海中挥之不去的当年为克伦威尔葬礼写下的颂歌。他写到"教士策术"，这是天主教和安立甘宗神职人员对简朴圣经复杂和歪曲诠释所用的贬低术语之一。《圣经》本身是清教徒的地盘；要讲述一个反清教徒的政治寓言，却用《圣经》的例子和讽喻，内中充斥着清教徒的布道词和克伦威尔等人的演讲，对宫廷来说，这真是一个妙不可言又充满讽刺意味的组合。

　　这首诗更为真实深入的是，在嘲讽清教徒的同时，尽管支持国王，却又温和地挖苦他。德莱顿提醒大家，《圣经》里的上帝曾经容许一夫多妻制。《圣经》里那些伟大的族长和君王往往不止一个妻子；摩西律法中没有禁止一夫多妻，而且先知们普遍没有发言反对。不过如今几乎所有的教会都是反对一夫多妻的。一方面，这是传统支持者反对《圣经》至上者的一个要点；另一方面，它也指出了所有启示宗教的内在不确定

---

① John Dryden, *Absalom and Achitophel*, ed. James Kinsley (New York：Oxford University Press, 1962), 1 – 10.

性。如果上帝在人类最基本的生存方式，如一夫多妻这个问题上，都可以改变他的想法，或至少变更其法律，那还有什么不能变的呢？

乔纳森·斯威夫特（Jonathan Swift）是最伟大的英语讽刺文学作家，英格兰宗教改革的变迁赋予他很多的创作灵感。在他迄今最著名的长篇小说《格列佛游记》中，他不仅嘲讽了20世纪的宗教狂热（水煮蛋到底该从小的一端还是大的一端剥起？这引发了小人国的小端派和大端派及其邻居之间的战争。这非常明显地影射了天主教和新教因圣餐礼意义而引发的对抗），也对那企图从土地里再造人类的荒谬怪诞行为嗤之以鼻（拉普塔飞岛国的科学家们）。但是在斯威夫特的杰作《一只木桶的故事》里，他极为充分地阐释了是逻辑还是不合逻辑成了英美文明主导范式。

《一只木桶的故事》是一则关于彼得（Peter）、马丁（Martin）和杰克（Jack）三兄弟的寓言故事。在斯威夫特的寓言中，老父亲遗嘱中留给三个儿子每人一件严丝合缝的外套，并允诺三个儿子只要完全依照他遗嘱中的指导，外套永远不会磨损。指导非常详尽，禁止儿子们在原有的织物上添加任何的装饰。

刚开始，三个儿子都不敢违背父命，后来男人的外套绣上银边成为席卷全城的时尚。如果衣服上没有这个重要的装饰，想受邀参加活动或是得到女人垂青的机会就微乎其微了。三兄弟很是迷茫，因为老父的遗嘱是明令完全禁止改动衣服的。

幸运的是，足智多谋的彼得（天主教徒认为教宗是罗马主教圣彼得的继任人）想来想去终于发现如果曲解一下父亲的遗嘱，衣服是可以被允许加上装饰的。随后的日子里，他不断地更新他越来越牵强的解释，认为遗嘱是允许兄弟们赶时髦而不断加缀花里胡哨的装饰的。

若干年后，杰克和马丁发现了彼得的行径。作为长兄，彼得开始要求对他的尊重升级：彼得先生，然后是彼得爵爷。他的要求越来越荒诞离奇；他指望在他出现的地方，人们给他行吻脚礼。他自我膨胀的命令已经是让人无法容忍了，最终两个弟弟带着被彼得锁起来了的遗嘱逃跑了。

两兄弟研究了遗嘱，认为他们的外套已经和父亲要求的朴素无华不加装饰没什么关系了。小儿子杰克（代表约翰·加尔文和极端派，宗教改革中以《圣经》为本的一派）把外套上的东西都扯下来了。二儿子马丁（代表马丁·路德和英国国教会温和派改革者）清醒地认识到大衣是被装饰物的重量保护并受到其影响的。他试图清除一切可能破坏外套本身的东西，为此细细裁剪，力求保持衣服的原貌。

斯威夫特的讽喻如德莱顿的一样，不敬与正统错综复杂地交织在一起。故事中的三兄弟没有哪个是有尊严地出现，斯威夫特用以润色故事所用的题外话和陪衬情节败坏了教会的尊严，基督教会史和宗教改革的全部描述就和英国国教会所阐述的一样。如果马丁偶尔看上去像布雷的牧师那样圆滑世故、见风使舵，那不过就是国教会解读历史的方式罢了。

斯威夫特所揭示的是英美世界观核心里特有的犬儒主义和信仰的混合。英国社会对传统和经文同样尊重，认为二者于舒适生活与良善社会必不可少。上帝之道和国家的习俗在道德和政治方面提供了珍贵且不可或缺的规则秩序。但与此同时，又认为无论是经文还是传统，或者二者结合起来，都无法为人生提供正确可靠的答案。我们已无法确切知道早期教会是什么样的，或者说耶稣的本意到底在何处。教会忽视了其所拥有的属灵恩赐，使得上帝的启示大多付诸东流。那件老父留下的外套已经被改得面目全非，无论如何也不可能恢复其原貌了。此外，那些神学家和神职人员们都和凡夫一样目光短浅；人类的任性、虚荣和贪婪总在人性中占上风，教会是无法陷淤泥而不染的。

一位圣公会主教在斯威夫特之后总结概括了当时的发展状况。18 世纪的俚语 "doxy" 的意思和 21 世纪的 "性感尤物" 或 "淫妇" 差不多。这个词源于古希腊，"doxy" 有教学之意，所以 "orthodoxy" 是指正统教学，而 "heterodoxy" 就有异端邪说之意了。

贝克莱主教是著名的哲学家和数学家，美国加利福尼亚州的城市伯克利（Berkeley）便是以他的名字命名的。他给了 18 世纪一个似是而非的解释："正统，是我遵从的信条，而异端邪说不过是他人的罢了。"[1]

英国最终还是依托于埃德蒙·伯克所归结的 "惯例"。[2] 经文、传统和理性三者各有一席之地和支持者。但如果坚持过了头，三者都会出错。你应当遵循和尊重《圣经》，但你不能靠加入非常怪异的千禧年宗派或荒唐行为来释经。你尊崇传统，但一旦过分，你就会被专制王权和教宗权力玩弄于股掌之间。你可以也应该带着理智的批判精神反对过于经文主义和拘泥于传统，但可别用你的理性对所有现存的机制咆哮，为了健康去吃根茎树皮，或更有甚者，危害财产权和建制教会的权

① Partington，721.

② Edmund Burke, *Reflections on the Revolution in France*, ed. L. D. Mitchell（New York：Oxford University Press，1999），150.

利。人们可以抓耳挠腮想办法描绘约翰牛①，慢慢得出结论，必须承认这个社会会有狂热的《圣经》至上者、传统主义者和理性至上者，亦即原教旨主义者、罗马天主教徒和激进主义者。这倒不见得就是世界末日。一定程度上他们的势力是会互相抵消的。比如狂热的原教旨主义者会压制天主教，反过来天主教也会压制原教旨主义，敬虔宗教者也会制约激进主义者，但是宗派间的竞争也能防止建制教会借机大占便宜，并对神职人员的适当地位、声望和俸禄有所制约。

224 　　约翰牛开始相信，三者相互制约、相互抵消的角力的结果是他一直以来的希望：常识和妥协。他要的是妥当合理，这和理性截然不同。从理论角度而言这可能会有些乱七八糟，可是约翰牛那时对理论角度感到非常倦怠了。他自己曾不止一次地被那些聪明的家伙们用著述和体系所说服，他为造成的后果而感到懊悔。

　　这不仅仅是一个抽象的概念，这是光荣革命后形塑了英国核心政治机制的途径。越来越多的民众达成共识，詹姆斯二世的专制已经让人忍无可忍，必须把他赶下台，这导致谁来继承王位的问题浮出水面。詹姆斯二世有一个合法继承人，这个儿子出生即受洗成为天主教徒，詹姆斯二世党承认他是威尔士亲王。这个王子，注定是由坚定的天主教徒来养育，并从出生后就被众多耶稣会士包围着，显然和他父亲一样不合适，但如果说真有神授王权的话，这刚出生的男孩（尽管斯图亚特王朝

---

① 英国人的自嘲形象，愚笨粗暴，欺凌弱小；出自 1727 年苏格兰作家约翰·阿布斯诺特所出版的讽刺小说《约翰牛的生平》。——译者注

的对头——慷慨激昂的新教徒们，曾质疑他的合法性）仍是
王位的合法继承人。

如果这是无法接受的，英国应该做什么？清教徒和克伦威
尔支持者们最为恋旧，依然对共和制联邦抱有极大的期望，可
现实却并不理想，需要找寻新的出路。此外，来自圣公会的
神职人员和他们的支持者们的支持显得非常有必要。如果詹姆
斯二世在并未延长内战的情况下被罢黜王位，圣公会在情感方
面还是属于非常坚定的保王党，尽管他们不是"亲詹姆
斯派"。

解决方案的唯一优点是务实且合乎常理。它并没有理论基
础。在改宗成为罗马天主教徒之前，詹姆斯二世的第一位妻子
是新教徒。这次结合留下了两个活着的女儿。大女儿玛丽，嫁
给了奥兰治亲王威廉（William of Orange），荷兰的世袭领袖，
彼时荷兰与法国长期对抗。国会在劝说玛丽单独接受王位无果
之后，终于决定由玛丽和丈夫威廉共同统治英格兰。如若威廉
没有继承人，玛丽的妹妹安妮（新教徒）会在她姐姐和姐夫
身后继承王位。若安妮去世，并无子嗣，王位将顺承给接下来
最近的信仰新教的亲属：詹姆斯一世的孙女，汉诺威的索菲娅
（Sophia of Hanover）。任何天主教徒都不可继承王位，如有继
承人要与罗马天主教徒联姻，其必须放弃王位继承权。

政治上，无论约翰·德莱顿有多么手忙脚乱，也不管神职
人员要用到多少花哨的策略，这个英明的折中方案确实有助于
维护英国此后的世代和平。激进的新教徒和克伦威尔支持者们
接受了君主制和他们在民事方面的一些弱势，但确保了国家元
首是新教徒。国教徒放弃了君权神授和王位的合法继承人，但
却把自己的宗教从天主教那里拯救了出来，几百年来保存了君

225

主政体，也在与持不同政见的新教徒的持续角力中赋予了自己社会和经济优势。

从理智角度而言，这一妥协是很荒谬的，如同给婴儿洗完澡，把婴儿给泼了出去，却留下了洗澡水。这样的确是保存了君主政体的形式，却推翻了其合法性的历史理由。英国的君主政体得以延续并不是上帝实现善治的计划的一部分，或是因为君主理应合理合法地得到王位；君主政体之所以延续是因为统治阶级认为它大体上方便实用。人们早已习惯于对国王的敬畏，把王位视作合法的根源以及忠诚之核心。为什么要自找麻烦去制造不稳定和动乱的机会呢？这与政治学的立场不一致，但哪个更糟糕：是一点点不一致，还是内战？

那些对此拥护的人们也会辩论其意义所在。理查德·普赖斯博士（Richard Price）[1] 和宪政学会[2]向世界传达的信息是，光荣革命背后的理论是主权在民；埃德蒙·伯克说，这是君主制的合法性和宪政的连续性。只要不是企图去推翻这个政体，任何人都可以按自己的方式去自由解读。

在随后的世代中，英国舆论并未试图去掩盖这些存在于英国社会、宗教和政府当中的种种不合理之处和矛盾。维多利亚时代的人就曾无休止地昭告世人，他们的政体形式是世界上最好的，理性和非理性的各种因素融合在一起，达到一种逻辑不通却非常巧妙的平衡。极端追随理性只会落得政教革命，国债违约，还有罗伯斯庇尔（被托马斯·卡莱尔讽为"清廉如碧

---

[1] 理查德·普赖斯是一位温和派的牧师。埃德蒙·伯克在著作《对法国大革命的反思》中强烈抨击了他的宪法理论。

[2] The Constitutional Society，正确全名为 the Society for Constitutional Information（SCI）。——译者注

海"）设立的断头台。维多利亚时代的人认为，英国的宪法是
不能归结为法律条款的，其中有很多元素相互矛盾。它是随着　226
英国人民的需要一起有机成长，不断变化且波澜不断，只以片
面示人从不被视为一个整体。

英国人很珍视这在某种程度上被强有力地证明了其荒谬性
的政治体系。沃尔特·白芝浩（Walter Bagehot）阐述了君主
制日富装饰性、同时不断退化的奇事。吉尔伯特和萨利文的大
多数作品和路易斯·卡罗（Lewis Carroll）的作品（就此而言，
还有巨蟒剧团的作品）一样，对当时不合逻辑且不一致的生
活状态进行欢快颂扬。在作品《艾俄兰斯》中就有对英国上
议院令人难忘的赞美：

> 当不列颠真正统治海洋之时
> （在伊丽莎白一世时期）
> 上议院不以智慧卓越或崇高治学而自居
> 然而不列颠却赢得了最引以为傲的海湾
> 在伊丽莎白一世的光辉时期！
>
> 当威灵顿公爵挫败波拿巴
> 每个孩子都知道
> 整个战争中上议院并无特别攻略
> 但却大获全胜
> 不列颠让世界都为之闪亮
> 在乔治国王的辉煌时期。
>
> 上议院对自己的立法之权有所保留

高贵的政客们对不理解的事情并不干预

也不觉手痒

乔治国王的辉煌时期

大不列颠光亮如炬。[1]

劳合·乔治提出预算案后，[2] 1910 年上议院世袭贵族因干预无果而痛痒难忍，实力受到重创，但《艾俄兰斯》式的抒情并未完全消失。英国人还是坚守着他们政体中存在的不一致和假象。王室并无实权，但国家的大小事都在其名义下实施。一些极为狭小的辖区，如马恩岛和其他海峡小岛在没有受到官方现代化和理性化的干预下，仍继续蓬勃发展。查理二世时代，法官戴假发上庭是一种时尚，如今英国法律仍以此为荣。中世纪和近代早期的服饰和传统，在有一点可能的情况下都要紧抓不放，传承下去。伦敦塔守卫和王室卫兵并不做什么特别的事，但他们也能把"不做什么特别的事"做到尽职尽责。英国这个巨大的现代化引擎，引领整个欧洲乃至世界陷入工业革命的漩涡，而自己在某些方面，可以说是最为传统的欧洲国家。

大概英国统治时期激进世界观的最终体现是《联合法案》，它将英格兰王国和苏格兰王国合并成为大不列颠联合王

---

[1] Arthur Sullivan and W. S. Gilbert, Iolanthe, ed. Ian Bradley (New York: Penguin Books, 1982), II. 86 – 100.

[2] 指《人民预算案》，1909 年 4 月由时任财政大臣的劳合·乔治提出，主张加重对奢侈品、酒精、烟草、收入、土地的课税，然后把税金用在福利计划和兴建新战舰的用途上。该预算被保守党猛烈抨击为"劫富济贫"。——译者注

国，在苏格兰的一个官方教会①（那时在英格兰被认为是长老会的前身，也是如今美国长老会的前身）的权威之下。换句话说，两种截然不同的教派将由同一个人来统领。高教派信徒英国首相威廉·格莱斯顿（William Gladstone）和低教派信徒维多利亚女王一向合不来，其中一个因素就是当他们在巴尔莫勒尔时②，女王要求首相陪同前往苏格兰教会崇拜。

20 世纪的哲学家米歇尔·福柯（Michel Foucault）的一个伟大又惊世骇俗的发现是，他认为人的社会信仰和机制是建立在一个瑕疵颇多的认识论的基础之上，在确定基本思想如正义或性别关系等问题上，权力关系起决定性作用。从这个角度看，福柯自己都不明白他多像维多利亚时代的人。当维多利亚女王在伊舍的圣乔治教区教堂领圣餐，又到巴尔莫勒尔的长老会崇拜，她其实就活生生地证明了一点，即社会需要和关系形塑了我们关于宗教和正当行为的理念。当福柯对现实社会构架的思考有了结论，并发现了权力对人们观念的塑造程度，他感到脚下的大地都在震颤；维多利亚女王以严厉坚定为大家所知。她跳上马车前往教堂。

路易斯·卡罗似乎非常理解维多利亚女王。"人们不会去相信不可能的事吧"，爱丽丝对白皇后说。

"我敢说你还没反复练习吧"，皇后回答说，"我在你这个年龄的时候，每天都要为此花上半个小时。为什么呢？有时候在早餐前我就已经相信了六件不可能的事情了"。③

① 依据在线不列颠百科全书，"根据条约附属的单独条款，苏格兰长老会和英国圣公会获得免于改变的安全保证"。
② 位于苏格兰东北部的皇家官邸。——译者注
③ Lewis Carroll, *Alice's Adventures in Wonderland*; and, *Through the Looking Glass* (New York: Knopf, 1992), 238.

动态宗教，动态社会

228　　拿捏着经文、传统和理性，英语世界就这样跌跌撞撞地进入了一个日益开放的社会，宗教为了适应社会和经济变革而不断调整。一个充满活力的开放社会里的宗教不一定就是基督教，也不见得总是那么传统，要不也许是贝克莱关于"我的教义，你的教义"的意思。但英美社会还不是世俗社会。在英美社会现代化发展过程中，宗教远非障碍，而是成为加强加快社会变革和资本主义发展的重要力量，承认不断变迁是人类正常可取的状态。随着英美社会宗教活力日甚、静滞日少，它力量更大、更让人强烈地感觉到其影响力。

　　亚当·斯密为开放社会的宗教给出了至今仍是最为准确的定义。斯密个人的宗教观点较之约翰·弥尔顿来说，更接近于爱德华·吉本。他在著作《国富论》中谈到宗教，认为即使是狂热的宗教，对于和谐健康的社会来说都是非常有必要的，而宗教间的自由竞争其实就是以尽可能最低的成本实现宗教利益化的最好方式。

　　斯密的观点是道德是存在两种体系的，任何社会的宗教都是如此。生活在经济刀刃上的普通百姓是没有资本放纵享受的。他在书中写道："哪怕一个星期的放纵与浪费，往往就足使一个贫穷的劳动者，永远沦落。"他写道，而"普通人民中比较贤明而良善的，老是极度厌恶这些放荡行为。经验告诉他们，这些行为会马上给他们这种境遇的人以致命打击"。① 他

---

① Adam Smith, *Wealth of Nations*, ed. Edward Cannon（New York：Modern Library，1937），746.

们下决心要让孩子们在成长过程中也同样害怕和憎恶各种浪费。斯密认为，大多数的新教派和宗教，都是植根于穷苦阶层，而在道德方面，新教派大多极为严苛。

老百姓需要宗教团体强有力的支持，在加入从乡村到城市的资本主义移民大潮时尤为如此。在乡村，可怜的工人要维护他的名誉：大家都知道他，社区根据他的行为举止来品评他。这种压力使得人们履行乡村这个传统世界分配给他的各种职责。

然而在城市这样新的环境下，工人对自己的任务似乎不太确定。他们比以往任何时期都需要自律，去抵制从斯密那个年代至今城市中的一切诱惑。小规模的宗教集会，也就是教派取代了家庭团体的社会规训。在斯密看来，这种教派的行为和道德常常就是"过于严格，过于不合人性"，但人们必须承认正是它们的严格和规律性，才使其发挥了很大的效用。"因此，在小教派普通人民的道德上，几乎常是特别有规则有秩序的。"①

宗教不再反对现代化进程。它为上千万满怀希望又无比困惑、惊吓而不知所措的农民们打下坚定的心理基础并给予他们社会支持，以使他们在这资本主义世界找到自己的一席之地。

在破坏性的宗教思想是牢牢基于乡村现实的同时，资本主义的兴起一般来说并不会推翻宗教，而是引领宗教走向新的复兴时期，有时导致宗教狂热。事实上，这符合了斯密的说法，他认为资本主义的加速发展会导致宗教狂热的危险上升，开放

---

① Adam Smith, *Wealth of Nations*, ed. Edward Cannon (New York: Modern Library, 1937), 748.

社会自食其果，后坐力之强足以建立新的宗教独裁。宗教可能转而反对社会的西进发展。

斯密非常清楚地意识到了这种危险，他给政府一些具体建议，可以使得宗教狂热在一定程度上得到控制。他认为总体教育水平的提高能够降低迷信而狂热的神职人员将狭隘封闭的观念传递给年轻一代的风险。政府应该推广一些大众娱乐使之像解药一般化解宗教狂热者的忧郁幻想。那些嘲讽神职人员的伎俩和缺点的戏剧的公开演出，也应得到政府的鼓励①。

斯密也指出这对美国历史是很有意义的，他发现在那些已有多种宗教团体的地方，宗教独裁的概率大大降低。若由政府支持的大规模建制教会可以强制异议者来保持一致性，这确有产生神权政治的危险。斯密相信，当社会被划分为多个宗教团体，任何团体都不能通过政府强权来打败对手时，社会就不会有决斗狂热。取而代之的则是，小的教派会越来越多地在适度原则上渐渐达成宗教共识。

> 小教派牧师，因为察觉到自己几乎是孤立无助，通常不得不尊敬其他教派的教师；他们彼此相互感到便利而且适意的这种互让，结果可能使他们大部分的教义，脱去一切荒谬、欺骗或迷妄的夹杂物，而成为纯粹的、合理的宗教。这样的宗教，是世界各时代贤智之士最希望见其成立的宗教。②

---

① Adam Smith, *Wealth of Nations*, ed. Edward Cannon (New York: Modern Library, 1937), 748.

② Adam Smith, *Wealth of Nations*, ed. Edward Cannon (New York: Modern Library, 1937), 745.

　　斯密最有可能依赖他从本杰明·富兰克林那里获得的资讯，他写道："宾夕法尼亚是实施了这个方案的地方。虽然那里教友派占最多数，但其法律对于各教派，实是一视同仁、没有轩轾。据说，那里就产生了这种合理的和平气质和适中精神。"① 美国宗教的历史比斯密所分析的更为丰富多彩，但是斯密关于宗教多元主义有利于防范宗教专制的信心确实合情合理。

　　斯密所见是一个社会发展的良性循环：宗教帮助人们去适应不断变化不断发展的开放社会，而开放社会在运行中又使得宗教不断去调整以利于发展，而且越来越难以适应封闭社会的原则。尽管封闭的宗教共存在日益开放的社会本身就造成紧张的局面，但这两种实际情况不仅可以并存，甚至可以强化彼此。

　　如果说英语世界的历史有些指导意义的话，它显示出这个以最努力最快速的姿态西进的极具活力的开放社会是一个信奉宗教的社会。这个社会甚至可以说是受斯密所指的狂热宗教热情以及在 21 世纪被称之为基要主义的巨大影响。

　　事实上，从某种程度上来说，一个宗教被有效边缘化了的世俗社会主要依托理性，而非站在冲突因素的复杂共舞上，而这种复杂舞蹈极致地体现了英语世界的权力特性。世俗社会相比更彻底承认人类心理的非理性因素的社会要来得更加封闭且活力不足。共产主义世界的"科学"社会，鼓吹他们的宗旨是建立在由马克思和列宁所发现的理性的、科学的真理基础上的，而这个"科学"社会其实远比他们所反对的西方社会僵硬且难以变通。生活在罗伯斯庇尔恐怖统治下的法国人，其人身自由　231

---

①　Adam Smith, *Wealth of Nations*, ed. Edward Cannon（New York：Modern Library，1937），745.

远比之前系统不完善且"理性"不足的革命政府时期可怜得多。柏拉图所期待建立的理想国比起当时他希冀消除的乱糟糟的雅典民主制度来说，从自由到开放程度都会减少很多。

哲学家卡尔·波普尔就批判了完全封闭的哲学体系中的社会令人窒息的压抑作用，这个批判颇具效力。他谴责很多西方的哲学传统，认为它们就是开放社会的大敌，他的观点并没有错。与其说相信理性能够找到一个本质上完美或是完整的社会模式，其中哲学家们对违抗开放社会要求的行为行使立法职责，不如说相信这样一个完美的模式能够在经文或是古老的传统中找寻得到。

在一个飞速变化的社会里，比如说，一个在资本主义社会秩序的加速刺激和需求下正在改变的社会，而其社会秩序的认同是以不变的哲学为基础和以理性建构起来的机制和法律为基础，二者在一起既危险又对发展造成阻碍。在如此环境下生活的受过教育又通情达理的人们将会极其保守，并且厌恶破坏性的变革。比如说在现在的法国，对全球化影响的抵制并非仅仅是因为其固有的利益受到经济变化的威胁。它也反映出在20世纪中期社会妥协的基础上所生发的意识形态的抵抗，无论有多不完美，却体现了对理性公正的社会秩序的追求。对于大多数法国人来说，如果经济变化能够确保他们的福祉和权利，比如说工资的增长、工作的稳定性和更少的工时等，那他们当然是举双手欢迎这样的变化。但当经济变化不断在破坏他们旧有的社会秩序时，大部分法国民众对于资本主义的不断发展感到恐惧，而不会热情地拥抱它。最终，法国人是现实又有创造力的；他们一再使自己适应了新的变化。然而，正是他们一而再，再而三的抵制和犹豫让英语世界获利，因为英语世界以更快更迅猛的姿态进入了资本主义带来的新的科技和新的社会关系的时代。

多元主义对变革世界来说是必须的，即使以理性的一致为代价。抵消性的力量和价值必一争高下。理性、经文和传统：它们各有其用，但每一力量若不加以制约均会失控。此外，如果没有对于社会应该看起来如何与应如何做的相互竞争的理念之间从未停歇的各种争议、辩论和竞争，创新和变革的速度可能会放慢，因为保守的惯性力量会自以为是地增长，而且不会遭遇挑战。

232

这也是为什么英语世界超过其欧陆竞争对手（尤其是法国）的原因之一。法国在宗教教派方面，就没有英国的多教派特征；除了一小群在发展变化的胡格诺信徒和犹太教徒，法国只有天主教堂和启蒙运动。天主教法国从哲学上、制度上和社会方面都过于拘泥于历史，以至于无法为法国社会构建一个框架以期在西进道路上完胜英国。世俗的雅各宾派法国也依旧僵化，他们紧抓一成不变的观点，抵制任何变化，而不是涵纳它。两种不同法国社会愿景之间的竞争也确实推动了法国西进发展的步伐，但速度远落后于英国人。任何社会的西方化发展进程都能在众多非常不同的世界观、利益集团以及亚文化群的政治表达中不同程度地体现出来。同质和两极社会都是发展进程的大敌，也注定要在世界竞争中扮演落后的角色，而赢家则是利益尽收。在启蒙时代和 1688 年光荣革命基础上建立的英国社会模式中的多元性，是建立于法国启蒙运动和 1789 年革命基础上的法国政治范式所缺乏的。

从英国宗教改革中走出的英语世界会较为宽容，甚至欣然接受动态社会产生的冲突、张力和激烈的不确定性。这样的背景使得英语国家更能不断调整自身以适应资本主义社会发展带来的危机、压力和其他可能出现的状况，尽管世界上其他国家都视这些状况为绊脚石。

从更大的范围来看，资本主义社会中市场的创造性破坏一直在重塑各种基本的机制。我们总是在告别自己所热爱的事物，总是希望离开父母温暖的小家而去探索未知的世界。对创业的企业家来说这确实如此，为了追求更多的财富，他们必须冒着可能失去现有财富的危险；在一个不断变化的社会，这种风险更为广泛且确实存在。"Semper eadem"是封建社会的座右铭："始终如一。"教会、国家、法律和王朝：各种机制的权威源自古代。"Semper reformanda"是资本主义的箴言："不断归正。"① 越旧越古老的机器、公司、工厂、产品、社会合约、观念或是技术，则越容易招致怀疑。

然而与此同时，怀旧之情和反抗变革的阻力也要有自己的空间。那里必须有宗教之声来谴责无神论的世俗主义并呼吁人类重归永恒原则，即便他们互相谴责对方为异端邪说。人类社会必须从那些理想中分离开来，因为任何一种理想都不可能解决所有问题。开放社会必须是世俗的又是宗教的，有教义的又是自由的。各种教义都应有生存空间并得到珍惜爱护，它们之间的冲突和激辩也同样会一直持续下去。

---

① 字面意义为不断改革。归正神学的神学重心在于唯独圣经（sola scriptura）和不断归正（semper reformanda），是为引文出处。——译者注

第 14 章　成为律师

《我的好朋友们，当我成为律师时》是吉尔伯特和萨利文
的轻歌剧《陪审团的审判》中的一首快板歌曲。一个权力很
大也很富有的法官告诉观众，当他还是个囊中羞涩的年轻律师
时，他几乎接不到任何案子。尽管他曾一度苦闷绝望，但他不
愿向当时的境遇低头：

> 我渐渐厌倦了下等待遇的行程
> 晚餐只有面包和白水
> 所以我就爱上了有钱大律师那又老又丑的女儿

"如果在昏暗的地方，又有柔和的灯光笼罩，她也许看
上去不超过 43 岁"，欣喜的准岳父大人告诉年轻人，这明
智的选择定会给他带来很好的回报，保证接下来会有利润
可观的案子源源不断地到这个未来女婿那里，让他接到手
软。

代理这些案子收取的费用十分可观，这年轻人因此在业内
很有权威和影响力；也正因此，他取消了那纸婚约。

这个故事所描写的关系其实与世界大多数地方和资本主
义的关系并无二致。在很多人和很多团体看来，资本主义就
像那个大律师那毫无魅力的丑闺女，但通过她才能走上致富

的康庄大道。目标就是在那女儿身上耗费的时间和精力最少
的前提下，尽可能多多赚取大笔钱财。最佳路径就是那位法
官所走的：与她调情，时间长得足以敛财，然后甩了她。如
果实在是被逼得走投无路了再结婚。就算娶了她为妻，也尽
量少见她，并用她带来的财富的相当一部分去供养一个合适
的情妇。

235

人们可能会勉强自己为了资本主义的追求而把一天中的几
个小时、一生中的一些年月搭了进去，但目标是财富，而不是
什么工作或者什么生意。人们要的是资本主义事业带来的安逸
和权力，而不是事业本身。

同样，如果政府发现其经济下滑到危险状态，远落后
于竞争对手，那他们可能也会不大情愿地允许一定程度的
资本主义改革。政府可能会给中央银行多一些自主权，降
低一些关税，或者放宽对行业的管制，甚至包括劳动力和
金融市场。但世界上大部分地方对此仍是犹豫勉强的。人
们期待用最小的付出获得想要的回报。目的是想做到对现
状的明智保护：做一些不情愿的让步行为是为了避免接下
来会有更糟糕的局面出现；换句话说，为了留住樱桃园，
只能把草地勉强出售。

萝卜青菜，各有所爱。塞缪尔·约翰逊（Samuel Johnson）
和本杰明·迪斯雷利都娶了比自己年龄大得多的妻子，而且无
论是特蒂·约翰逊，还是玛丽安妮·迪斯雷利没有一个是美貌
的，能生会养或是有智慧的，非但如此还都很彪悍。（迪斯雷
利曾打趣说道，他妻子"是个出色的人，但永远记不清楚到
底先有古希腊还是古罗马"。）约翰逊和迪斯雷利都极为热爱
和享受他们幸福和睦的家庭生活，并都因为妻了的离世而陷入

巨大的悲哀。①

几个世纪以来，英美商人努力工作的激情和英美社会追求资本主义的热忱一直给非盎格鲁—撒克逊的观察者带来困惑、气恼和愉悦，因为他们既不能理解也不会同情这种奇怪的堕落之爱。

"美国人的生活"，保罗·德·鲁西耶（Paul de Rousiers）于 19 世纪晚期写道，"全都围着生意转，生意！这个词在那些美国佬或殖民者嘴里出现的频率高得令人咂舌，而且也都写在他们脸上。人们见面首先想到要问的就是'最近生意怎样？'"②

乌拉圭作家、反美评论家何塞·恩里克·罗多（José Enrique Rodó）在代表作《爱丽儿》中，被美国人这种雄壮的活力所吸引但又害怕，引用浮士德和尼采来描绘英美人意欲压倒一切的企图③。罗多敏锐地注意到在美国小说家埃德加·爱

---

①　Hesketh Pearson，*Dizzy：The Life and Personality of Benjamin Disraeli*，*Earl of Beaconsfield*（New York：Harper andBrothers，1951），135. On pp. 75 – 76，皮尔森（Pearson）写道："他们的生活总体上在宁静中享有幸福，完全不受大多数夫妇任性争吵的损害，他不变的深情、耐心和温柔，她的神采奕奕、精明和冲动形成一种像他们非凡本质一样稀少的和谐。"第 215 页关于玛丽安妮·迪斯雷利的逝世，皮尔森引用了迪斯雷利的话，"看着她逐渐死去，我们曾长久而完整地在一起共享生活的甘苦，这令我整个儿怯懦下来"。"然而，尽管时有小争吵，约翰逊直到最后仍喜爱特蒂，彼此非常习惯，可能他并不在意她的抱怨……在特蒂生病的最后阶段她的丈夫非常温柔地照顾她；但直到她于 1752 年 3 月 17 日逝去，他才意识到她对他有多重要。他悲痛至深，无法遏止……他感觉不到安慰。"*Christopher Hibbert in The Personal History of Samuel Johnson*（New York：Harper and Row，1971）.

②　Paul de Rousiers，*American Life*（New York：Firmin-Didot and Co.，1892），13.

③　Rodó，77.

伦·坡（Edgar Allan Poe）笔下的人物中，无论是现实的或是有雄心壮志的，尼采超人哲学在其中具有很高的地位。罗多隐约认识到有种热情又理想主义的东西存在于美国社会中，但最终也无法给其定义。他得出结论，认为北美社会就是帕斯卡（Blasie Pascal）所说的恶性循环的赌注①的样本："对安康生活的强烈追求超越了一切。"② 罗多的谴责是切中盎格鲁—撒克逊人民族精神根本的控诉：追求生意、效率和不断上升的生活水平，这和任何更深层次的生活愿景和意义都完全脱节了。

马克斯·韦伯（Max Weber）也面临着同样的困境，尽管他也认为美国人那种图名图利的热望是可悲的功利主义且阻碍发展的，他依然观察到美国人对增长和生意的情愫是远胜于仅对财富的利欲熏心的。在美国人的生活里也有诗文相伴，不过在韦伯眼里都是些沉闷且毫无文采的字句。"一旦整个民族的想象力都驰骋于纯粹数量上的巨大时，这种关于巨额数量的浪漫观念便对具有诗人气质的商人们产生了不可抗拒的吸引力，例如在美国就是这样。"③

在英美世界之外（在一定程度上也包括英美）的众多学者和艺术家们眼中，资本主义就是奉献自己的所有生命活力而只是去换取一些钱财而已，这丑陋不堪而且无法接受，甚至连敏锐且审慎深思的观察家也无法想象这些热衷此道者的意识。这样一个毫无魅力的东西能够引发的爱，注定是种堕落之爱，

---

① 帕斯卡假定所有人类对上帝存在或不存在下注。由于上帝可能确实存在，并假设这情况下信者和不信者会分别得到无限的收益或损失。——译者注

② Rodó，79.

③ Max Weber, *The Protestant Ethic and the Spirit of Capitalism*（New York：Charles Scribner，1958），71.

是渺小、贪婪又反常的。而由这种爱和目标打造出来的社会则是冰冷无情、粗俗贪婪的。

然而没有亲眼见证英语国家爱上那又老又丑的女儿，世界历史和激发历史激情也无法得到理解。在那些美国佬和英国佬的眼里，那女儿简直就是美若天仙，为他们开阔前所未有的眼界并明确了人生的终极目标。

如同但丁（Dante）对贝雅特丽齐（Beatrice）的一生苦恋，圆桌骑士兰斯洛特爵士（Lancelot）对亚瑟王之妻桂妮薇儿（Guinevere）的炽烈情感，生意在千万英美人眼中也是美艳绝伦，如同希腊王子巴黎（Paris）见到希腊斯巴达王后海伦（Helen）燃起的熊熊爱火。

在外界看来，企业家奇才如约翰·D. 洛克菲勒（John D. Rockfeller）、亨利·福特（Henry Ford）、比尔·盖茨（Bill Gates）等，不过是严谨冷酷的生意人，但他们的内在体验却是追梦而行。正如他们在得克萨斯油田上说的那样，金钱不是他们的目标，而只是一种记分方式。鲁西耶尽管不能理解这种心态，但他还是看到了这种事实。他写道："金钱对他们来说并非完全是享乐的工具；不是目的，而是手段。"①

对发展、成就和变化的追求，都会在资本主义市场中通过激烈竞争而得到满足。这不仅仅是个人的自我完善，更标志着整个社会的资本主义进程。从 18 世纪起，英语世界到处是乔纳森·斯威夫特所称的"项目设计人"：一个个雄心勃勃的追梦人怀揣着各种各样的计划书，小到新商机和新工业，大到社会改良和世界和平。浩瀚且仍在不断增长、跨越数百年的关于 237

———————
① Rousiers, 14.

自立自强的文学作品证明了社会各行各业、各个阶层的人们渴望重新装备他们的灵魂，以期能减少冲突、提高效率，增进他们和世界互动的成效。每个时代都见证了新型宗教的兴起，一个个自我完善的心灵导师的出现，新的灵魂的世俗技巧和时间管理方式也应运产生，从而配合美国人对心灵与时代变迁同步的渴望。除去少数极为富裕的地方，几乎美国的每个小镇，更不用说那些较大的城市和州了，对所有能让自己的地方名声大噪的项目都怀有万分的激情，他们更全身心地投入到加速发展的充满活力的生活中。并没有谁在组织这场运动，也没有人居中协调或去激发。左派或右派都不能宣称是他们的作用，而是自我改良和社会改革激励了几乎整个政治光谱。

亨利·沃兹沃斯·朗费罗（Henry Wadworth Longfellow）于 1841 年创作的诗作《永远向上》（*Excelsior*）应该是最好的，也无疑是最受欢迎的经年不衰的励志之作。这部作品描绘了英语世界奔涌西进的激情，这是一条带领大家和西方齐头并进的旅程，也描绘了致力于填补的盎格鲁—撒克逊英雄们和罗多这样的旁观者之间横亘的无法相互理解的鸿沟。

诗的开篇就描绘了一个年轻人行走在高山脚下的小村庄，踏着冰雪，高举着

旗帜上面印有奇特的箴言
永远向上！

意志坚定的年轻人勇往直前。他路过炉火温馨的幸福屋舍，远处的冰川诡异地闪闪发光，完全不顾路人的警告和好言相劝。一位少女恳求他留下，并愿意让他疲惫的头依靠在她温

暖的胸口。可是他的回答只有一个：永远向上！

第二天清晨，山上修道院的虔诚的僧侣们正在如常祷告，听到一声呼喊从惊骇的天空传来：永远向上！最终这位年轻人的冰冷的身体被发现半埋在积雪里，冻僵的手仍紧握着印有奇特箴言的旗帜：永远向上！

> 黎明冰冷灰暗，他躺在那里，
> 生气全无，但依然美丽，
> 在宁静高远的天空里，
> 一个声音隐去，像一颗流星，
> 永远向上！

这是发展过程的完美典范，社会、制度、智识、经济以及道德变化紧紧交织在一起，和永不停歇的追随资本主义的步伐齐头并进，这首诗让众多朗费罗的读者产生了共鸣。对于郎费罗笔下的英勇的年轻人，人生的普通追求，包括对所谓"文化"的追求，其实是徒劳的且病态的欲望，追求的终极目标不过是自我满足。亨利·福特从不在意自己是否衣着时髦或者每顿饭是否经过精心准备；他全心追求创造出前所未有的汽车行业模式，心无旁骛。他雄心勃勃要改变效率低下的现状，破除古老的旧习俗和混乱模式，致力于提升工作效率使之秩序井然，这样的改革不仅在商界，它同样发生在社会改革者、科学家和工程师当中。不思进取和墨守成规被他们嗤之以鼻。

盎格鲁—撒克逊人一头扎进发展大潮中，他们的精神状态和想象力与当年堂吉诃德不自量力一再冲向风车并无二致。堂吉诃德把风车幻想成巨人，从精神上和道义上都必须把它们打

238

败。洛克菲勒把石油产业的组织和合理化想象成堂吉诃德眼中的风车，这场英勇冒险从精神和道义上来说都很有必要。可能二者关注的对象都不对，或者说他们在他人眼中看来是贫瘠沉闷的荒地徒劳往返，但二者无与伦比的想象力却为他们的前途洒下了仙尘。

事实上，卓越就在你发现它的地方。如同对美的看法，就是情人眼里出西施。但丁倾其一生对贝雅特丽齐的爱恋，朋友们都觉得他就是个情痴，在他们眼中，贝雅特丽齐不过是众多美女之一罢了。喇嘛手中的转经筒放到传教士眼中，就成了迷信的废物。

罗多就无法找到北美商人为之狂热奋斗的卓越意义所在，而韦伯只能在我们美国的生活中找到一首哀伤的诗，但那些有直接关系的人却不这样看。拉美文学在洛克菲勒看来也许就是蹉跎岁月无病呻吟；亨利·福特也许会为马克斯·韦伯没把绝好的天赋用在正道上而惋惜。纵观历史，你会看到很重要的一点，即最后洛克菲勒般的大佬们无论在财力、权力和影响力上，都把堂吉诃德们远远抛在后面——也许不再有欺骗。也许二者谁也没寻求到卓越的真谛所在；当然还有一种可能，他们都已寻求到了。

盎格鲁势力一再西进，并非是经过精确计算或被强迫而为之，而是受到吸引。尽管和世界各地一样，在英语国家同样有辩论、抵制和怀疑，但总的来说，吸引力占统治地位。如普鲁斯特（Proust）笔下的斯万对奥黛特的痴情追求，英语世界的人们沉溺于这样的爱情主题不能自拔。像中世纪的骑士卷入宫廷爱情的约定，他们愉快地对她百依百顺。他们按她的要求来装束自己，花大把时间伺候她。为了她的心血来潮，不惜重新安排自己的事务来迎合，只求能得到她的召唤来为她服务。

英美世界狂热着迷地沉浸在对那个又丑又老的女儿的爱恋中。正如在所有伟大的爱情故事中，总有些莫名其妙，难以理解又不能简化的东西藏在最深处。在伟大的爱情故事中，激情的力量是超乎寻常的，它触及了人类情感源泉的最深处，那既是人文精神与纯粹交集之处，也是宗教诞生的地方。

马克斯·韦伯把亚当·斯密的理论继续发扬光大，一个重要的研究和思想领域更加成熟，用以审视介于宗教信仰和英美世界机制之间的形形色色的关系，以及随着时间推移社会所采取的形式的变迁。近来，法国哲学家贝尔纳—亨利·莱维（Bernard-Henri Lévy）沿着当年亚历西斯·德·托克维尔（de Tocqueville）的足迹再次对美国进行考察。他亦指出美国的个人主义，良心自由和辩论、多元主义，对自然和社会分层的大众化反对，社区机制，以及基础扎实的民主实践，追根溯源，都起源于形塑了早期美国文化的英美新教。①

从我们的角度出发，英美新教里还有一个额外因素需要强调。英美宗教体验中的个人主义基础将个人宗教生活与这样一个上帝联结在一起，他是在动荡变化的生活里而非在稳定不变的事实当中——向大家显明，这对英语世界的影响非常深远，并继续发挥强大的作用。它为英语世界的人们在精神奋斗和自我理解方面指明了方向，有助于确保在随后的几个世纪，个体与社会融为一个整体来为资本主义社会的探索和发展奉献全部的力量。不是去抗拒资本主义变化的强大动力，而是英语世界

---

① Bernard Henri-Lévy, *American Vertigo*: *Traveling America in the Footsteps of Tocqueville*（New York: Random House, 2006），276.

国家竭尽所能去加速资本主义的进程。资本主义变革并非只是骑虎难下，而是策虎飞奔以前所未有的速度奔向险峰。永远向上！

亚伯拉罕的呼召[①]

240　　自 16 世纪以来，欧洲观察家已经发现新教文化总体而言比天主教文化更有利于推动经济发展。在国家内部和国家之间都是如此。这不是说英国的繁荣发达程度超过意大利，瑞典强于西班牙那么简单；各国北部的新教地区确实比起大部分为天主教的南部要发展得更好。荷兰和比利时在宗教改革前曾经统一数百年，但之后信新教的荷兰发展大大超过信天主教的比利时。法国内部，胡格诺派虽占少数，但其在成功的金融家和实业家行列中的人数远高于胡格诺派所占的人口比例。

我们也不能笼统地一网打尽，当然会有例外出现，意大利的热那亚、佛罗伦萨和威尼斯就是贸易经济的急先锋代表。即便如此，关于不同宗教对经济影响力的关注和评论，一直持续到 20 世纪后半叶。（二战后的欧洲，无论是新教还是天主教在民众中的影响力都极大削弱。世俗的后基督教文化开始出现，贯穿旧有宗教分野的经济差异似乎正在缩小。）除去爱尔兰，英语国家大部分人信奉新教；讲英语的人民如何取得资本主义的成功，理解这一点多少要考虑这一更大的背景。

马克斯·韦伯在 1905 年出版的经典著作《新教伦理与资本

---

① Calling（呼召），在韦伯《新教伦理与资本主义精神》一书中译为"天职"，并被学术界广泛接受。为避免混淆，本文采取"呼召"译法，但为了让读者阅读更流畅，本书在涉及韦伯《新教伦理与资本主义精神》书且确有需要时两词并列使用，而"天职"用在括号内。——译者注

主义精神》对此进行了经典论述。众多新教徒几乎是以修道士精神在不懈追求他们的俗世利益，这让韦伯感到非常震撼，他希望在新教教义中找到解释这种献身精神的线索。即使学术界对此已经展开了一个世纪的争论，韦伯的发现仍然重要。

韦伯仔细研究了约翰·加尔文冷酷的救赎预定论，以期找到解释。这可怕的双重预定论认为上帝在创世以前就已经自由拣选了他要拯救的人，而剩下的（在大多数近代早期的加尔文主义者看来，是绝大多数）不予拯救的人则下地狱。被诅咒的灵魂，和人类一样，并没有比那些得到救赎的好或是坏。还好有原罪论一说，所有人的灵魂在地狱之火面前都是平等的。个人无法改变自己的命运，早在人们出生之前，上帝就已经为其预定了。人们可以祷告，斋戒，施舍穷苦，但最终还是要下地狱。而另一些人，可以成天饮酒作乐到天明，十诫的任何一条都不放在心上，但最后应上帝的旨意仍然可以上天堂。被诅咒的人们被创造出来的唯一目的就是彰显上帝不可测知的威严和力量；而那些被拣选了的得以创造出来则是上帝宽大慈悲的体现。

241

这严峻的理论，从韦伯令人信服的论证以及世代加尔文信徒数不清的为此着迷的日记和信件来看，已经给人们造成了很大的心理困扰。加尔文信徒坚信上帝实际上早已拣选了他们最终进入上帝的国。上帝的拣选都是神秘不可知的，人类标准的是非对错在此并不适用。有没有任何暗示或者线索，可以让我们得知我们到底是被拣选了的，还是被诅咒的呢？

加尔文信徒认为上帝的恩典在一些人身上的起效，是有迹象表明的，更合理的是，如果看到上帝的恩典的迹象也就表明神意图让他们得到救恩。加尔文信徒在找寻恩典的神迹过程中，开始监控自己的精神状态和日常行为，往往到了沉迷的地步，他们时时在找寻上帝是否在他们的生活中出现。

工作上的成功显然是上帝的恩典的一个迹象。人们对雇主、客户、家庭和社会都尽职尽责。加尔文信徒也领悟到了呼召（天职）的教义，蒙上帝"呼召"的人不仅需要尽到作为基督徒的基本职责，尽到对家庭的义务，还需要使自己的才能有益于世界。中世纪基督教教导人们在自己的生活中必须老老实实、顺服恭顺，对成功并不那么看重，他们认为对日常生活的关心和日常事务的处理会使自己对上帝的国度分心。

加尔文信徒强调世俗工作是上帝发出的呼召，清楚地赋予了经济和社会工作新的尊严及重要性。从事经济工作来服事世界也是服事上帝。你做出了比别人都好的捕鼠器，那不仅世界会踩出一条路直通你的家门；这也是上帝拣选了你得到救恩的迹象。

这样的工作态度使得加尔文信徒在俗世职业中往往更容易取得成功。与此同时，保持清醒的头脑、过着勤俭节约的生活仍是非常重要的，绝不能滥用成功所创造的财富。毫无节制的生活绝非上帝救赎恩典的迹象。有鉴于此，加尔文信徒团体开始发展资本池以用于投资，勤勉务实且值得信赖的年轻人可以有效地利用到他人的资金。（韦伯还指出犹太人的价值观为资本主义上升期提供了一个强有力的基础，从 17 世纪的荷兰到 21 世纪的北美，犹太教和新教在世界上最有活力的资本主义经济市场都扮演着极为重要的角色。）

即便教义被弃而不用，加尔文信徒的习惯却保存下来。本杰明·富兰克林（Benjamin Franklin）并非加尔文信徒，然而出自他《自传》和作品《穷查理历书》中的箴言忠实地再现了加尔文主义者的苛求，彰显功利主义色彩而非神学背景。无论来世我们会成为什么，但早睡早起会让我们此世健康富有而聪明。无论你的灵魂是否永生，也不管这灵魂是否能得到救赎，能省一分钱就是赚到了一分钱。

在资本主义氛围中，社会权力和财富将会流向像富兰克林这样的实践者，不论他们是否像加尔文信徒；韦伯认为，即使最初的宗教动力褪色了，加尔文主义的传统仍继续推动资本主义和社会财富的发展。

在韦伯著作问世后的一个世纪里，大量围绕这个论点的文献如雨后春笋般涌现。文中的观点不断被后人攻击、拓展、限制或是转化，但在辩证方面，它仍然是现代历史争论的核心观点之一。韦伯式论证也被调用到其他文化中，尝试为一些问题提供洞见，比如说华人少数族裔在东南亚资本主义经济发展中的主导地位等。

英美的历史无疑显示出对韦伯论证的支持。一般来说，英国商人中的加尔文信徒比例相对更高；而在美国，加尔文主义色彩最为浓郁的新英格兰和中西部一些地区也是对美国经济快速发展做出最大贡献的地区。南部种植园那些反对加尔文主义的国教精英远远落后于勤奋努力的新泽西长老派加尔文信徒和大英格兰地区的公理会教友。

韦伯关于呼召（天职）的理念和英美历史显然有关联，但也并非全数相关。资本主义远非勤奋工作那么简单。它需要敢于承担风险的胆识，欣然接受变革的胸怀，容忍挫折的态度，接受市场效应给他们珍视的社会制度和信仰带来的后果，有可能是是非不分，甚至是不道德的后果。在这个过程中既有社会维度，也有个人维度；制度和惯例因统治力量而改变，而非仅仅是人们的习惯发生变化。在韦伯看来，恐惧也是驱动新教社会进入资本主义的动力；人们响应呼召（天职）努力工作而得救，因为他们害怕被诅咒下地狱。工作中还远不止这些。

243　　资本主义价值观和充满活力的新教文化之间的联系令英语国家比韦伯认定的机制要走得更为深远，人们普遍信仰市场经济和社会变革是上帝意旨的显现。社会进步是那些特定团体的主要成员得到上帝恩典的迹象，整体来说，社会是行进在正确的轨道上的。中世纪圣徒普遍对外部物质条件和如何改善提高都漠不关心。圣方济各宣讲上帝爱穷人，但他并未致力于改善穷人的住房条件。如果说上帝的恩典并不能导致整个社区有明显的改善，加尔文信徒认为是难以接受的。一个由众多被拣选的人们聚集的地方应该是世界繁荣、节俭且进步的一隅。

最重要的是，新教徒相信与神共融和体验得救的盼望意味着配合甚至是推动资本主义以势不可挡的姿态进入英语世界的社会变革。渐渐地，充满活力的宗教会成为英语国家人们唯一的真正宗教。宗教不仅仅必须容忍变革，还必须促进变革。

这种价值观转变的神学关键，是《圣经》中的先知亚伯拉罕以及他的故事在英美宗教中有重要意义，深深扎根在宗教改革神学之中。马丁·路德在对《圣经》进行神学解释时，依据传统认为是保罗将亚伯拉罕这个人物放在非常重要的位置上。在使徒书信的罗马书中，保罗强调亚伯拉罕的忠贞不贰和他最初对上帝呼召的回应便是得救的基础。因信称义是新教的核心宗旨，这是因亚伯拉罕的故事而建立起来的，路德和他的信众都这么认为。

一次又一次，使徒书信从历史角度将回到亚伯拉罕这个人物及与其相关的故事归因于保罗。在使徒书信的希伯米书中，亚伯拉罕在一场胜仗后遇见的祭司麦基洗德（Melchizedek）在讨论基督的祭司职分时成为中心议题，而在希伯来书中同样敬奉亚伯拉罕为信心的根基。在使徒书信的加拉太书中，亚伯拉罕的救恩原理被用于反对外邦人必须接受犹太人的割礼才能加入教会，这在早期基督教来说，可能是最为重要的教义问题。

神学家们屡次指出宗教改革神学当中的一个显著特点，即对保罗神学理论的重视；亚伯拉罕的故事在保罗书信中占据非常关键的位置，尤其是亚伯拉罕接受了上帝的呼召的故事，他由此被看作力量和向心力，这是宗教改革前的虔诚和思想中大为缺乏的。正如亚伯拉罕成为保罗争论是否实施割礼问题的关键人物一样，保罗亦成为新教争论因信称义的核心人物，而因信称义是宗教改革中的主要神学争论。

244

亚伯拉罕相信来自上帝的应许，保罗在他最重要的神学作品（使徒书信中的罗马书）中写道，这信心"就算为他的义"。亚伯拉罕凭着对上帝的信念，响应上帝的呼召离开本地、本族、父家，往上帝指示的地方去，成为上帝救恩的基础。很多从天主教皈依新教的信徒毫无疑问地以亚伯拉罕为榜样，把摒弃父辈的信仰看作是响应上帝的更高的呼召。

如同旅行一样，新的信仰观就是要不断摒弃熟悉的事物，这也成为当时宗教和灵修文学的中心思想。大获成功的著作《天路历程》就描绘了一个基督徒为响应上帝的呼召而摒弃家庭和社区舒适的传统生活的故事。在 19 世纪的英国，这本书是英国家庭最常见的书籍，仅次于钦定版《圣经》；这本书是美国先驱者最常拥有的书籍，仅次于《圣经》。

亚伯拉罕对上帝应许的虔诚回应体现的是更为深刻和积极的力量——相较韦伯所解析的加尔文信徒因惧怕而产生动力。

这并不仅仅是加尔文信徒在惧怕悲惨命运的压力下而劳作，而亚伯拉罕的信徒却寻求更为积极的方向，这是在心头挥之不去且至高无上的呼召，证明了一个更丰富也是更为有益的现实。对变革的欢迎已然成为圣礼的一种；从已知去寻求未知，使人们更为亲近上帝。变革获得宗教的支持亦有积极益处；永远向上才是寻求上帝的道路。变革已不再是不受欢迎、但时不时必须忍受一下的邪恶了；伸开双臂去拥抱变革，甚至去积极寻求变革，才是生命意义之所在。

和欧洲启蒙运动的大多数思想家一样，韦伯乐于看到理性化的进程以及神圣从日常生活逐渐消失。更准确地说，对于信奉个人主义的英美基督徒，与上帝的私人关系是极为重要有效的纽带，使之联系超验领域，这种关系不会因为资本主义现代化和理性化的深入发展而枯萎或者褪色。与此相反，这种经历上帝的超然体验对于处在世界加速变化。面对不断增加的各种不确定因素的人们来说，显得越来越重要。世界变化越大，信徒对上帝的回应就越多，他们也会越来越亲近上帝。

245　　不断归正的教会（Ecclesia semper reformanda）：教会及所有事物都必须不断更新和改革。这些价值观的影响力并非仅限于正统的新教徒；实际上，正是这种渐进变革的"新教原则"影响了拉尔夫·沃尔多·爱默生（Ralph Waldo Emerson）这些人，超越了唯一神派拥有的非常广阔的外延。真正意义上来说，变革可以理解为进步，看作是对上帝或是内在且更高的自我呼召的回应，这可以成为英语国家中顶礼膜拜的目标。

特别的是，美国宗教变得越来越个性化且被赋予很多感情色彩，对亚伯拉罕忠诚响应上帝的呼召而产生的认同感也更为深刻。与众不同的美国宗教的演变也许可以帮助我们解读为什么美国比其他英语国家在资本主义进程方面更深入更快速。从18 世纪早期的乔纳森·爱德华兹（Jonathan Edwards）时代到当今的复兴，美国历史上的大觉醒运动都关注于上帝的呼召。18、19 世纪之交肯塔基州的宗教大复兴，野营布道会上强壮的男子和女性先驱们倒地震颤；在之后的复兴大会上成千上万的人参加帐篷聚会，他们在德怀特·穆迪（Dwight Moody）的布道和桑基（Ira Sankey）的福音歌声中跪在帐篷地板上泪流满面；20 世纪初洛杉矶阿苏撒街爆发的圣灵浇灌大复兴，数以百万的美国人感受到上帝的呼召要让他们离开熟悉的周遭和旧有的观念，而开展踏向未知世界的旅途。在某些情况下，比如说摩门教，召唤成为一种文字形式的呼召，让大家效仿亚伯拉罕而前往新的应许之地。其他情况下，这就意味着刚开始萌芽的教派离开成熟已有的教会。几乎每次都是这样，大觉醒复兴运动出现的时候，当时的美国人民已在变革之中或是为变革的到来而准备着。乔治·怀特菲尔德（George Whitfield）的复兴传道影响到整个殖民地，加上乔纳森·爱德华兹发起的大觉醒运动，信徒那令人震惊的排山倒海般的宗教热情，为美国革命铺好了道路。肯塔基大复兴运动有助于之后创建边疆社会和创立新型民主生活方式，令其解除众多束缚且从东部习俗中独立出来。当今南部的宗教复兴运动是在旧有的以种族隔离和农牧种植业为基础的生活模式被截然不同的环境所替代的大背景下而兴起的。

总而言之，就如当年小教派的蓬勃兴起，让亚当·斯密时期的英国乡镇居民更好地适应了工业经济发展下城市生活的社交模式和工作节奏一样，宗教复兴聚会、骑马巡回布道的人们以及那些小规模拓荒教会，大大帮助了美国人去适应一系列的变革。

246　　　每个基督徒都必有个人亲历上帝呼召的经历，这种信仰已经贯穿三百多年，在美国人心中亦是牢牢扎根。18 世纪至今发生的系列宗教复兴和觉醒运动，20 世纪五旬节运动的兴起和上一代的福音派更新，都着重强调了个人决意皈依耶稣基督和与上帝的个人关系的重要性。信仰基督教对于美国人来说，家庭和种族认同所占的因素已是越来越少，而更多的是在于个人的选择。现在我们都必须是亚伯拉罕。从历史角度来看，世界各地的宗教认同在很大程度上是更为广泛的民族和社会认同的一个方面。你是希腊东正教或者我是印度教，那是我们与生俱来的信仰。美国宗教生活相对机动，频繁的宗教运动大多在主要的新教派中产生，但也冲破边界，结合美国人神学和虔诚本质的日益个性化，使得宗教状况发生本质变化。对当今的美国人来说，宗教信仰更大程度上是自我构建、自主选择的一种认同感。这也被理解为对上帝呼召的一种回应，这是动态宗教的固有取向，尽管信奉的教义是庄严的。

　　这种取向带来的文化影响力远远超出美国宗教的神职人员和信众的范围。美国人普遍相信每个生命的到来都是上帝有所计划的；相信每个人都有自己独有的梦想，必须努力奋斗、排除万难去不懈追求；以及美国人不畏惧离开自己舒适的家而不远千里去找寻机会、追逐梦想的勇气，这都证明了以亚伯拉罕为原型的力量深入美国人心中。

　　这种亚伯拉罕的呼召（天职）理念巩固加强了韦伯的"新教伦理"所产生的影响力，甚至已经超出个人和家庭的范围而延伸到更为广阔的社会领域。韦伯式的加尔文信徒辛苦工作、勤俭节约，他们积蓄的财富和工作习惯会推动资本主义的发展。亚伯拉罕的信徒相信在新的地方有上帝带领大家通向未知的未来，他们做好了准备去接受资本主义生活带给个人乃至整个社会的一系列后果。在那片新的土地上，旧有的民风和习惯正在慢慢消失？购物中心和联排别墅已经像雨后春笋般出现在草地和森林里了，人们可以在那里像孩子般玩耍吗？性别角色分工消失和变化，甚至在新移民布满土地后也这样？是否旧有工业经济中存在的工会工人和稳定的就业状况正在突变成一些神秘莫测又复杂多变的新东西呢？

对于那些灵魂植根于静态宗教的人们来说，如此大的变化是难以接受的。对于动态宗教的信徒，变革在他们眼里既是进步的象征，也是展示信仰的最高美德的机会所在。现代化进程的方方面面，都是上帝的恩典，永远向上！民意即是天意：求变之声就是上帝之声。没有任何的中央组织职权有这样大的能量去号召或是形塑，无数美国人世世代代、前赴后继地努力，不仅是为了个人财富的增长，更是为了建设一个愈加适合资本主义发展的美国社会。致力于为变革而努力并非要去违背宗教本性，而是要给宗教最充分的展示。无论他们是在努力创业，还是去改变社会机制以求体现资本主义体系的新的要求和可能性，或者只是为了尽快调节自己去适应势不可挡的巨变，无数英美人经过岁月的洗礼却并未困在帕斯卡恶性循环的赌注里。他们的确看到了生命中的超越；他们实实在在地相信他们在努力亲近上帝。从实现信仰之旅的程度而言，他们不仅仅只是去寻求上帝。他们找到了上帝。

或者，我们用吉尔伯特和萨利文的话来说，他们的确爱上了那个丑女，进而牵起她的手，赢得了她的心，以及她的钱包。

247

第 15 章　陀螺仪与金字塔

三邦是服，

大哉安妮，

时而听政，

时而御茶。

这是亚历山大·蒲柏的作品《鬈发遇劫记》中的诗句。对于绝大多数人来说，这个双韵对句着实是令人费解的，当然对于极少数就读于仍然肯定英国历史文化学习价值的学校（这些学校也越来越少了），对英国文学有兴趣的美国学生来说，应该有所涉猎。大多数美国人可能根本不知道什么是"大哉安妮"（安妮女王），统治了哪三邦（英格兰、苏格兰和很不情愿的爱尔兰），还有十八世纪早期"tea"（茶）的发音为"tay"，所以和"obey"是押韵的。巨大的差异似乎是一道不可逾越的鸿沟，把当下的美国和旧时的安妮女王时代隔开，如果揭开表层差异的面纱，认定美国如今其实在很多方面还很像安妮女王时代，听上去有些古怪，但其实事实就是如此。

当下的美国还是一个"适宜"金发姑娘的社会，仍追随古老的盎格鲁—撒克逊脚踪向西全速前进，仍把眼光投向更新更远的高峰。

如果把字母 A 大写，"安立甘宗"（Anglican）这个词指代起源于英国国教且仍与坎特伯雷大主教共融的基督教会。如果首字母不大写，"安立甘（anglican）"表示人物、地点或事物，无论他们是否属于英国国教教派，都接受宗教和社会问题应当在结合理性、启示和传统的基础上得以解决①。从这个意义来看，当今美国社会仍是一个安立甘（anglican）式社会，仍然依赖安妮女王时代的安立甘式三位一体。理性、启示和传统正是在美国人生活的价值观和权威性问题上产生的多元竞争的根源。它们是国家里由各种元素组成的三颗星，尝试设定一条线路，如同在安妮女王那个年代，任何一个都无力去排挤或震慑其余两个。

249

　　试想把三块磁力强大的磁铁呈三角形放置在一个平面上。由磁铁组成的三角形里面是一块更小、约略是三角形的区域，所有磁铁在这一区域都发挥磁力，但没有哪块能够控制住其他两块。在这个小三角内部，可以说这精准的混合力在每个点都是不同的，但是回形针或其他有磁性物体还是可以待在这个更小的或可以说是英国国教式互相制衡的三角当中，而不被任何一块磁铁以不可挡的势头吸拉过去。

　　事实上安立甘式社会的定义就是大家均可在安立甘式的三角形中共存，都能感受到彼此的力量和影响，但没有任何一个可以垄断或统治这个已形成的三角形。

　　然而，因为安立甘式社会往往是动态有活力的，我们需要一个更为鲜明的画面来阐释。试想一个三面的金字塔，三个面的坡度都逐渐平缓下来，直到它们到达一个平顶。顶部区域呈三角形，这个三角形的每一面，金字塔的每面斜坡都会变得越

---

①　这种大小写的区别也同样适用于"Catholic"和"catholic"。大写字母 C 则是指"罗马天主教"，小写字母 c 一般指的是在教会中拥有领先特点的人或事；"普世的。"

来越陡峭。现在我们再试想一个陀螺仪在金字塔顶端旋转。它一边转一边移动，一会儿移向我们称之为金字塔的"理性"边，一会儿移向"传统"边，一会儿移向"启示"边。只要陀螺仪不偏离平面区域太远，它可以在这三边之间来回自由地移动。但假如它偏离太远，它就会冲过那个不归点落在地上。

安立甘式社会是并未冲过不归点的社会；如果说当今美国社会是一个安立甘式社会，就意味着我们还在金字塔的顶端旋转。

早在安妮女王时代，她的一些臣民就相信根据原则安立甘式三角关系是正确的。他们认为社会就应保持在金字塔顶端旋转。其中一些信奉安立甘式原则的人对我们现在所称的"伯克式"观念产生共鸣：在不冲出不归点的范围内，社会应尽可能地靠近传统那一边旋转。其他一些人则拥有理性主义的观点，这种观点后来也受到重要人物如大卫·休谟和亚当·斯密的支持，他们认为社会应该朝向原因那一边旋转，当然也要保证自己别转过了头而掉了下去。最后还有一些人认为社会应当偏向启示那一面，但他们并不希望因此走向神权政治的下坡路。尽管大家对陀螺仪到底应该在金字塔顶的哪个地方旋转意见不一，但他们也都认为它是应当在安立甘式模式，或者我们可以说是在宪法领域内转动。

安妮女王还有一些臣民对国教三角关系深恶痛绝，不惜一切想把陀螺仪推出界外。例如，詹姆斯二世党人一直试图帮助斯图亚特王朝的"合法"继承人夺回王位；还有坚定的清教徒渴望恢复奥利弗·克伦威尔时期的圣徒联邦共和国；还有那些思想自由的激进分子和唯理主义者，他们对于基督教基本教义开始有越来越多的质疑，认为这些教条在社会或国家的任何组织中都不应该再发挥什么重要作用了。

在安妮女王时代的英国，头脑清醒的安立甘式模式的信奉者只占很少一部分。幸好当时的"三角形"并没有哪边占大多数且有优势（也许支持流亡的斯图亚特王朝的詹姆斯二世党人最为接近）。这个多极化的异见，乃至异见本身就具有革命目标且试图推翻现状，其作用好比是一根悬梁，为安妮女王的王家大船提供额外的稳定性和安全性。克伦威尔信众们和唯理主义者因为惧怕詹姆斯二世党人复辟而接受安妮女王，大批民众宁愿生活在安妮女王的统治之下，也不愿面对新一轮内战的出现。

就此意义而言，美国仍然是安立甘式的社会，但是尽管这个三角形（和金字塔）的形状和结构并没有发生变化，那么经过这么多年，支撑三角形的每根支柱都发生了很大的变化。随着时间的推移，它们之间的平衡力也同样改变了；无论在美国还是英国，陀螺仪都曾从三角形的这边飞转到那边，但直到目前为止，它也从不曾转出边界。

虽然在某些方面，美国更为接近当时安妮女王时期盛行的平衡力量，但拿出两个国家的陀螺仪旋转的路线来比较，显示出二者的连贯性以及美国日益增长的活力和西向社会的变化。

传统的变迁

英国体制里的传统因素，乍一看在美国是最弱小且缺乏代　251
表性的。十三个殖民地里并没有很多试图复辟的詹姆斯二世党人，国内外观察员几乎没有谴责过美国对于传统的强烈依赖。在英国，贵族和君主制的特权也不可阻挡地走向衰落。安妮女王是最后一个有权否决国会议案的君主；三百年后，托尼·布莱尔把绝大多数遗留下的世袭议员从上议院给驱逐了出去。仔细再一看，则表明不论在英国还是美国，都会有新型的传统出现，最终填补不断衰退的贵族和君主势力。

在安妮女王的时代，英国传统被当作是贵族和君主制的理念，与占主导地位的地主阶级联系在一起。美国南方种植园的贵族们试图把这个理念延续下去。英国的贵族统治之前几乎从未影响到大西洋的这头。乔治·华盛顿的资助人和邻居，费尔法克斯勋爵（Lord Fairfax）是那时定居在殖民地最重要的授衔英国贵族；约翰·洛克（John Locke）制定的复杂费解的卡罗来纳贵族制度就从未流行开来。即便如此，南部广袤大地上仍有挥之不去的贵族气息。凯文·菲利普（Kevin Philips）在他的著作《姻亲之战》中指出，不论在南方还是北方，人们都把内战看作是当年发生在保王骑士党和圆颅党之间战事的重演，南方人努力说服自己，认为奴隶制度和旧时古老的绅士制度有很多共同点。戴维·赫克特·费舍尔（David Hackett Fischer）的著作《阿尔比恩的种子》写道，移民到弗吉尼亚州潮水区生活的人群几乎全都来自韦塞克斯和英国其他一些信奉传统至上的地区，且在英国内战中他们是支持查理一世的；而新英格兰地区的移民是来自英格兰东部清教徒的心脏地带。

血脉和文化上的相连在意识形态的影响下大为强化。17世纪英国政治理论家罗伯特·费尔玛爵士（Sir Robert Filmer）拥护查理一世与国会对抗，对在内战前南方的辩护者如乔治·菲茨休（George Fitzhugh）有着极大的影响力。乔治·菲茨休认为南方奴隶制从根本上来说是正当的，尽管有一些被误导的个人主义者发出一些不切实际、感情用事的言论，比如说托马斯·杰斐逊（Thomas Jefferson）、托马斯·潘恩（Thomas

Paine）等人，但人类从来也永远不可能是平等的，如果忽略人类天生的不平等，将会是绝路一条。等级制度是自然合理的状态。亚伯拉罕·林肯（Abraham Lincoln）后来指出，菲茨休的论断也可以解释成白奴制和黑奴制一样是正当的。这是关于人类不平等问题的原则性论证，那些在意识形态方面反对英美社会整体方向的传统主义者的经典论证。

252

　　南方的贵族传统主义在内战后仍在持续，在 20 世纪的文学和政治中仍有回声，但无论是在英国还是美国，贵族传统主义都呈普遍衰退态势，两国的地主乡绅阶级已经失去了在经济和文化方面的势力。然而，在大西洋的两岸，一种新型的平民传统主义悄然出现，从而取代日渐衰落的贵族传统，创造出持久的政治标杆，至今仍反对国民生活中理性和宗教的诉求。

　　面对日渐衰落的贵族势力，19 世纪的英国保守派四处寻求政治同盟，"新传统主义者"像本杰明·迪斯雷利（Benjamin Disraeli）这样的政客抓住平民民族主义和认同政治，可以对其适当控制，从而挽救传统主义的政治无能。改革浪潮不断推进，选举权扩大到越来越多的英国劳工，托利党呼吁广得人心的爱国主义，它如同旧有的传统主义体现出不列颠的独特认同，经历了岁月的锻造，成为富有积极意义的价值观的源泉之一。明智且富有改革思想的自由主义者极为震惊地发现，保守主义的托利党派居然能够并确实像本杰明·迪斯雷利所说的那样"打败了辉格党"，并击败改革派而取得民众的支持。

　　从当年安妮女王的亲信牛津伯爵（Earl of Oxford）式的贵族保守主义到撒切尔夫人（Margaret Thatcher）的平民保守主

义，这一转变过程漫长而复杂，而且至今还远未结束。英国的保守党的政治活动中有时仍显示出这些分野。但总体来说，这个转变是成功的。普遍的民族主义本能地深植于传统思想之中。它立足于国家的历史价值之上；它认为在国家出现危机的时候，国防的重要性远超过公民自由。对于把自己的国家特性融合到从道理上可以想象得很美的自由跨国一体化组织，比如说欧盟，英国对此并不感兴趣。

然而，这种平民民族主义也并非基于宗教价值观。它是支持所认定的国家的历史宗教理念。在英国，这种观点成为"反天主教"情绪的有力来源，由此滋生了不止一次骚乱。不过平民民族主义通常并不会让经文的权威高于国家之上。英帝国时代强硬的保守党并没有对帝国扩张战争是否合乎《圣经》标准产生过任何质疑。他们并没有想想他们越来越多地把种族等级制度强加在这个国家，是否这也是基督教精神？基督教在一定范围内被视为英国传统的一部分，但并非反之亦然。

纵观整个西方世界，平民民族主义使得传统影响力一直延伸到20世纪，并还在延续。当年戴高乐（Charles de Gaulle）就用这张牌来对抗法国共产主义者；在美国其重要性更加显著。曾经把以王权为中心的等级贵族制度的价值和利益当作效忠的表现，传统已经意味着对"国家"文化和政治价值观的忠诚，这就是平民民族主义。

传统的源头在19世纪和20世纪发生了变化，但在有圣公会影响的政治活动中，它并不能预防危机的出现，或者说至少暂时削弱安立甘式政治中传统一极的相对力量。危机产生的原因和过程在英美两国不尽相同，但即便如此，两国的发展呈大致平行的方式。

在英国和欧洲大部分地方，一战带来的灾难予以平民民族主义一连串巨大而沉重的打击。那场战争中疯狂而难以置信的屠杀大大削弱了英国社会的传统价值的权力，比如爱国主义在后代心目中的地位。人们很难避免去思考是不是爱国主义导致了这场战争和屠杀；以往侵略主义者的盛景已难再现：

　　　　我们不想打仗，但是一旦开战

　　　　我们有船，有人，还有钱

一战后的英国元气大伤，较之前少船、少人也少钱，最重要的是厌战情绪空前。

和戴高乐一样，温斯顿·丘吉尔也是一位不合时宜的人。他是为安妮女王赢得对法战争的马尔博罗公爵的后裔，在 20 世纪 30 年代的英国一直因格格不入而处于彷徨迷失与困惑之中，直到阿道夫·希特勒（Aldolf Hitler）上台后的恐怖威胁把英国人短暂地带回他们的传统的价值观。他充分调动依然强大的传统爱国主义热情，团结英国人民赢得了下一场世界大战的胜利。

二战后，大英帝国的衰落又一次削弱了英国的传统政治。传统主义似乎越来越局限于狭隘的思想和反动的目标中。比方说，本土主义者就反对来自牙买加和巴基斯坦这些大英帝国之前的殖民地的移民。足球流氓和种族主义暴力光头党似乎成为战后很长一段时期英国平民民族主义的存储库。

最近，平民民族主义在英国又有复兴的势头。随着世界大战屠杀和帝国衰落的记忆慢慢淡化，加入欧共体的经历反常地复兴了英国民族主义，就像苏格兰和威尔士恢复了他们基于非

254

338 / 上帝与黄金：英国、美国与现代世界的形成

理性的传统基础上的民族认同观念一样。欧盟总部布鲁塞尔的官僚主义如幽灵般"接管着"英国生活方式，并在英国社会强加那些格格不入的欧陆规范，逐渐滋生了基于国家认同基础上的新型英国爱国主义。这种爱国主义并非渴望看到英国能够再一次称霸全球，也完全不愿意导致法兰德斯战场的血腥屠杀再次重演。然而它是像记忆和文化一样基于非理性的力量的，它无比强大。马岛战争对阿根廷令人满意的成功也导致了传统狭隘民族主义的苏醒。平民民族主义和认同政治再次形成不可小觑的力量，伴随着苏格兰和英格兰进入 21 世纪。

20 世纪美国平民民族主义的危机部分反映了塑造英国政治的力量，同时也是美国发展过程中的产物。两次世界大战的血腥屠杀给美国舆论造成很大的影响，即使任何一场大战的美国人的死亡人数远不及当年的美国内战。20 世纪的 20、30 年代诚然是美国历史上最为和平也最被孤立的时期。然而，相比外面世界的频发战事，美国自身的动力更大程度地导致了平民主义的危机。

大规模移民引发的一系列身份认同疑问贯穿了整个 19 世纪，反爱尔兰和反天主教情绪也在 19 世纪大部分时期空前高涨。内战后，移民的属性也发生了变化。意大利、波兰和俄罗斯取代之前的英国（包括爱尔兰）和德国，成为移民的主要力量。大多数国内舆论认为新移民比老移民更难融合也更难同化；很多精英阶层的观察员同时也是蛊惑人心的平民主义政客，他们警告说，新一轮的移民大潮来势汹汹，都是完全不同且充满危险的人群，美国的"身份认同"在这大潮下几近淹没，危机四伏。

后果之一便是平民传统的潜在后备力量分裂进入了相互敌

对的阵营。难道走到最后，一个由无数不同国家、不同民族、不同传统的移民组成的国家，还能拥有所谓的平民传统吗？20世纪 20 年代的人们不仅普遍对代价惨重的一战持反对态度，同时三 K 党在北部回潮，矛头直指天主教和犹太移民。

255

　　二战的发生加之时间的推移，又开始把"传统的"美国平民主义重新整合到一起。内战留下的伤口也在时间这剂良药下慢慢愈合。这片土地上的移民用实际行动证明了他们的铮铮爱国心，他们不断去适应美国的价值观，在二战和朝鲜战争中，他们同样不为人后，英勇为国效忠。美国天主教的圣统制激发了教友们更深厚的爱国精神。

　　到 20 世纪末，美国平民民族主义的危机时代早已结束，越战的阴影也几近消失。在普通民众心目中，再次出现这样一种观念，即深刻的美国价值观既不是扎根于法律文件，也不是扎根于《圣经》，而是深深依附在普通民众的日常生活和情感当中，而这样的价值观正是指导政治事务的重要来源。这种信念是国家政治事务中的主要因素。安立甘式三角形中传统的支撑脚不仅健全而有活力，还时不时地踢一踢。

启示的更新

　　几个世纪以来，启示宗教的影响力在英美国家也是时高时低，盛衰盈亏。

　　1688 年光荣革命之后，激进的新教教派在英国丧失了有利地位。在教育水平普遍提高的大环境下，新教倾向如轻烟般消散到了理性主义中，这意味着众多坚定不移的新教徒后代们成了自由主义不可知论者。《多佛滩》是英国诗人马修·阿诺德（Matthew Arnold）的作品，他用悲凉的笔调描绘了信仰的缓慢退潮。马修的父亲、虔诚的基督徒和教育改革者托马斯·阿诺德（Thomas Arnold）是著名的拉格比学校校长，他将体育教育思想和基督教道德融合，倡导强身派基督教。19世纪末20世纪初，在英国出现大量广受欢迎的宗教觉醒文学作品，表明了曾经权威的福音派和新教认信演变和衰退的过程。尤其是达尔文主义和现代方法的文本分析的出现，使得新教一直以来尊崇圣经为上帝无误箴言的信念开始动摇。

在精英圈之外受教育程度较低的福音派教徒、天主教徒和异教徒中，额外有力量在起作用。无数（往往）虔诚的英国人离开故土成为移民；在20世纪相当长的时间里，澳大利亚、加拿大、新西兰和美国这些地方，在一定程度上宗教影响力都超过了英国。19世纪，摩门传教士将数以万计的英国改宗者带到美国，对于天主教徒和非圣公教的新教徒来说，英语为母语的海外领土为他们提供了在国内极难寻觅的机会和平等权利。

然而宗教启示在英国政治事务中仍然有效力。自威廉三世加冕直到1837年，天主教徒才第一次被允许在国会谋得一席之地，奉行天主教的爱尔兰协同少数英格兰和苏格兰新近敢言且自信的天主教徒少数派继续拥护启示宗教的重要性，认定这是英国政治的权威来源。

英国的新教在20世纪持续衰落，进而减弱了英国宗教认同里新教徒的力量，而爱尔兰的独立更加意味着天主教的影响力在英国政治中被严重削弱。这衰退很重要的原因就是苏格兰和威尔士的宗教情感的减弱，几个世纪以来，这两个地方分别是加尔文主义和卫斯理宗的大本营。社会主义在英国的兴起，起初带有强烈的基督教色彩，但随着时间推进到20世纪，已

是越来越世俗化，这更进一步大大削弱了宗教启示的力量作为
英国政治中合法性和权威性来源的信念。

20 世纪的最后几十年又发生了变化。在英国本地人中没
有发生显著的宗教复兴；然而却有一批又一批从以前英国殖民
地过来的移民潮。从印度次大陆过来的穆斯林，从西印度群岛
和非洲来的基督徒都给英国政治带来新的考量和价值体系。以
前开明的英国舆论认为是被永远废除了的议题，又再次拿出在
国会上辩论，比如亵渎法的必要性等。一个从根本上反对现状
的少数派组织于 21 世纪出现，其中还包含一个较小的群体，
在特定情况下，他们甚至不惜以流血暴力来达到摧毁的目的，
这着实让众多英国人大为惊恐。他们的前辈，对于各宗教间的
矛盾冲突可以说是较为熟悉，比如说发生在天主教和新教之
间、新教里面不同的派系之间以及怨气重重的爱尔兰天主教农
民和英国政府之间的各种冲突等。

在美国，政治启示同样也是时起时落，但在大部分时间
里，宗教在美国社会发挥的作用远远大于其在不列颠群岛的作
用。

人们有意识地去寻求以使得美国社会能够反映出宗教启
示，新英格兰地区成为原初的总部所在。这个地区的移民主要
是由在英国内战时期支持议会的清教徒组成，所以他们从未热
情对待王室。在查理二世成功复辟后，国王的司法大臣试图以
叛国罪逮捕幸存的"弑君法官"，谴责后者将查理二世的父亲
送上了断头台。纽黑文的清教徒齐心把三位法官藏在一个洞穴
中，躲过了王室人员的搜查，后来将该城市的三条主要大道以
这三位法官的名字命名。

18 世纪的大觉醒运动再次点燃了新英格兰地区的宗教热

257

情，但自革命时期以来，新英格兰朝着更加世俗化和理性化的方向进发。在启蒙运动的影响下，哈佛神学院于 1803 年成为唯一神教派，新英格兰地区的人们认为三位一体的教义和神迹是有悖于理性的，所以不值得他们去接受。耶鲁大学校长蒂莫西·德怀特（Timothy Dwight）力图维持学校的正统，甚至把希伯来文放入必修科目，这样本科学生才可以读懂旧约的原本，但他是与潮流而战。从 19 世纪至今，新英格兰人稳健持续地逐渐向理性主义方向前行。

然而，新英格兰人的世俗主义仍是在其加尔文主义背景的影响之下。它从过去到现在一直都是道德的，甚至是注重道德说教的世俗主义。这可不是塔列朗（Talleyrand）的那种享乐世俗的无信仰。这是延续超越宗教界限的新教原则的清教主义。真正的北方世俗主义，已经把新英格兰祖先的宗教信念和热情都转化成为一整套世俗政治价值观。对于南部的基要主义，北方世俗主义的人们态度不甚愉悦，也不会轻松容忍；加尔文信徒对异端邪说的气味回应激烈。北方世俗主义的道德热情对于保持美国生活的活力大有裨益。

南方却已经朝着另一个方向前行。除了（短期内）庇护天主教的马里兰州之外，南方各殖民地的商业意图远远超过宗教意图，在遭受残酷剥削的奴隶们和契约劳工的种植园社会的挣扎生活里，《圣经》并不受太多关注。众所周知，种植园主们阻止传教士向奴隶传教，担心英国普通法系会不认可占有受洗的基督徒当奴隶使唤。

伴随着美国宗教重心的南移，美国宗教生活走向民主化，这意义深远。殖民地的教堂基本都是英国国教教会。重要神职人员是士绅领导中不可或缺的组成部分。建制宗教权势的衰退

（马萨诸塞州是最后一个取消官方宗教的州，公理会在该州的
官方宗教地位一直持续到 1833 年）随着平民主义力量接管美　　258
国宗教的领导权而加速。

美国基督教很快开始往其他方向发展。那些历史悠久的宪
制宗教改革（Magisterial Reformation）① 教派（信义宗、圣公
会、长老会、公理会）相比更为平民主义的卫斯理循道宗和
再洗礼派（再洗礼派在美国被称作浸信会，这令人迷惑），已
经渐渐失去了优势。这些教派和其他一些新的教派在以下方面
较为人知：等级制度更平缓，会众对崇拜的控制水平更高，全
国性的组织力量更弱小，对神学学术的细微差别和细小之处不
那么强调，以及在传教和崇拜时赋予更多的感情色彩等。再回
去看看当年的肯塔基宗教复兴，引发的基于宪制宗教改革基础
上的、新英格兰清教被南方和西方基督教取而代之的漫长过
程，后两者是着重强调个人的皈依，并可追溯到再洗礼教派运
动以及德国和英国的虔信派。

尽管宗教复兴反复出现，美国和英国的前进方向是一致
的，虽然美国走得不像英国那么远。也就是说，理性的力量越
来越壮大，而非理性的（或者他们党派所说的超理性的）启
示和传统的势力开始衰退。达尔文主义和圣经批判学，都使得
这个时期启示宗教的影响力在那些受过良好教育的人们的心中
大为减弱。与此同时启示宗教的信仰新来源在美国也同样大为
减弱，因为美国的天主教和犹太教离开了它们旧有的信仰共
体，或是它们各自的信仰更加"理性化"和"开明化"了。

20 世纪的最后 30 年，这些趋势发生了戏剧化的逆转。主

---

① 指由国家或政府推行的宗教改革。——译者注

流新教派艰难挣扎但还是不可避免地在缩小，福音派和五旬节派教会迅速扩张，势不可挡。第二次梵蒂冈大公会议后，纪律严明且决心坚定的若望·保禄二世和教宗本笃十六世坚持罗马要更进一步地控制美国教会，这也使得沦为牺牲品的自由派天主教更难出头。犹太教当中，借由人口增长和宗教复兴，正统犹太教和极端正统犹太教运动都呈增长势头，同时形式更自由的犹太教也奋力挣扎以保住他们的领地，来对抗一些比如世俗化和异族通婚等趋势。穆斯林移民，虽然规模不大，仍然像在英国的穆斯林移民一样表达了他们的意见，即希望美国政治要对上帝的律法做出积极回应，而不是响应那些人类的传统和推理，等等。

理性的兴衰

259　　在英美政治中，理性的历程同样是时起时落、跌宕起伏。直到最近，陀螺仪的旋转势头才强有力地向理性那一边靠近，有时甚至超出极点。尤其是二战后的英国（美国在一定程度上也是如此），显示出在与启示、传统两者的较量中，彻底和永久的胜利是属于理性的。

　　理性胜利主要归因于以下两点。一是因为另外两方的吸引力日渐衰退且矛盾多多；二是在政治上，理性作为合法性和权威性的来源，更好地适应了现代社会的需要。

　　安妮女王之后的三个世纪，理性的工具性功能扩展巨大。要保持当代社会的基础设施和基本服务，就必须有由技术合格的技术人员组成的特别组织，他们沿理性之路达到确定目标。那些负责主要城市电力供应或者控制空中飞行系统的事业，显然不能依靠传统来运作，不论这传统是贵族式或是大众式的，都无从指导以履行这些职责。绝大多数情况下，人们不会得到很好的建议，无论是依据上帝的感召而调节他们的活动，还是在经文中寻找如何制定飞行线路。

随着科学实力和理性职业的增长，人们对自己观点的权威性尤为尊重，甚至超越他们的专业领域。以前的妇女怀孕生子，信任和依赖的都是助产士或民间从业人士，而现代女性则选择医院的医生，通常很多妇产科医生都是男性。对比宗教和传统二者的影响力来说，理性的箴言证明是有效的，而且没给宗教和传统留情面：我们祖辈冥思苦想不得其解的事情，现在我们知道是为什么了。

从国家高度来看，这种公共和大众态度的转变显得尤为重要，因此在政治上也是如此。由于建立了政府公务员制度，先是英国然后是美国，从 19 世纪后半叶开始，政府的职业化程度越来越高，工作必须是受过训练的合格人员才能胜任。传统老式的英国观念认为，任何有适当教养的非专业人士，如果被召唤的话，都能统辖新南威尔士；美国杰克逊主义者认为任何一个普通人都能完全胜任政府管理事务。回头看看这些观念，都是可笑的、倒退的、不恰当的。

随着自然科学的声望越来越高，社会科学也紧随其后。人 260 们认为，通过科学的调查和严谨的分析可以消除各种棘手的社会问题，从而创建一个更美好的新世界。大多数情况下，确实如此。有些情况下，也不尽然。可怕的狂热和幻觉互相交替，严重影响到人类福祉和自知之明。种族科学，颅相学，弗洛伊德精神分析学，监狱管理学，有计划的重工业经济发展，马列主义政治学，优生学和精神病人的绝育等，上述所有观念都分别在不同时间受到热情地宣扬，被认为和牛顿的万有引力定律一样具有科学的真实性。这些观念产生的后果有些是滑稽可笑的，但更多的是残忍和悲惨的。英国最有才智的那些人通过社会科学得出以下的结论：正确应对爱尔兰土豆大饥荒的措施是，不过度向灾民大量分发便宜或免费的食物，以避免干预爱尔兰市场。

尽管还是偶尔有一些令人不安的后果出现，几百年以来，基于理性基础上的政府治理和生活水平的不断提高，使得理性作为合法性的首要来源的威望也不断增长。很多人把进步定义为用科学方法和观念不断地取代政府管理当中的非理性形式（例如传统）、取代看待世界的非理性的思考（例如宗教）。

英国政治日益在以下两者之间展开竞争：一是致力于通过职业公务员制度使得政治逐步改善的开明自由主义；二是工党的较为温和的、有独特英国特色的社会主义的意识形态，它正在取代不遵奉国教的新教信仰而成为工人阶级的主导意识形态。这两种政治形式都是理性化的；关于启示宗教应该成为政府政策的决定因素的观念，在 20 世纪的英国，人们已经认为这是非常荒谬的事情了；同样，认为要用强硬武力外交和沙文主义来塑造国家的政治文化的理念，也失去了市场。在政治家克莱门特·艾德礼（Clement Attlee）带领英国工党于 1945 年大选取得压倒性胜利之后，英国开始长时间的努力，试图把过去抛在脑后，从而建立一个全新的现代社会。

美国的启示宗教和普遍的民族主义传统从未减弱到英国这种程度，不过 60 年代的美国却的确是由理性占据了美国政治的最高点。美国民权运动留下了深刻的道德教训，说明美国很大部分的传统民间价值观是存在严重缺陷的；国家必须以超常的意志力和决心，去战胜深植人们观念当中那难堪且悲剧的种

族歧视，并对美国历史彻底反思。肯尼迪和早期的约翰逊政府　261
在经济发展方面的成功巩固了新型的、看似违背常理的新兴凯
恩斯经济学派的声望。阿波罗登月计划的成功同样也是理性的
胜利，和人性当中很深的前理性层面产生了共鸣。训练有素的
社会和自然科学们公布了更多的计划，比如攻克癌症、消灭
贫困等，看上去似乎都很有道理。美国的专家们从未这样雄心
勃勃，他们身上也寄托着美国人民前所未有的信任。

归营号角已吹响

　　林登·约翰逊（Lyndon Johnson）倡导的"伟大社会"之
后的时代是美国专业政治的全盛时期，很容易看到安立甘式三
角形中的其他元素在英美政治中是如何重申自己的。但因为理
性目标已和进步发展牢不可分，唯有理性的道路才能通向西方
资本主义，大家普遍的担心就是如果那些非理性要素重新回到
政治当中，英国或美国，或是两个国家的动态社会将走到尽
头。

　　三角形的三极引力中产生的新的力量平衡，还有美国的陀
螺仪旋转的新趋势并未朝向甚至转过理性的那一方，而是从理
性那方飞掠而过，这些在很多富有思想的人看来，都是令人担
忧且有不祥预感的。最近给政治上带来新力量的一系列的宗教
复兴运动都是基于传统的美国福音派的理念，大众都在呼吁能
够"重建"一个基督教的美国。平民民族主义自身在复兴，
因为移民者的后裔和本土平民主义者在罗纳德·里根（Ronald
Reagan）等政治家那里找到了共同之处。与此同时，理性的力
量也依然强大，遭受一连串挫折后，社会已经不再那么顺从专
业人士、学者专家和其他理性主义者的意见了。

2000 年的总统大选，乔治·W. 布什（George W. Bush）在一片争议声中取得胜利，美国人生活中的理性主义受到威胁、溃不成军。从某些方面来看，争夺最高法院的斗争集中体现了理性主义派别的新防守态势。

262　　法院推翻了之前对一些民权案件等的判决，当时的判决把美国民众关于种族不平等的普遍态度带入了对于宪法的理解当中。在一代人的努力之后，新的法理使得人们对法律体系有了非常重要和毫无异议的全新理解。在另一些案件中，新的法理则受到越来越多的强烈集中反对。新右翼的很多学者认为没有最高法院在很多事情上的判决，比如说禁止学校祷告，废除市政厅的耶稣诞生场景，推翻了关于未成年人堕胎必须有父母同意的法案，实质上废除了对那些不涉及儿童的色情产品的制作和销售的限制规定等，那巨大的保守力量在美国政治中的复苏可能就不会发生了。

现代最高法院，其立场本质是唯有理性才是解读宪法的根据。美国人的"民间信仰"不能被当作背景而赋予其原则以意义；绝大多数信奉的基督教也不能影响对宪法的解读。

对这些社会问题处理方法的公开反对声浪不断上升，加上美国福音派宗教的显著复兴，以及杰克逊的民族主义民粹主义高涨，种种都让很多观察家开始担心，美国可能濒临平民主义神权政治的边缘：福音派和保守的天主教徒将把他们的宗教热情与盲目的平民主义相融合。这样的联盟将使得最高法院决策倒退半个世纪，并用神启独裁取代理性规则。

这是不太可能的。安立甘式三角远比它看上去要稳固得多。在结构上，值得指出的是只有在理性占据主导地位的时候，传统和启示联手才能发挥更大的效果。得人心的民族主义者和严肃的基督徒们将联手与掌握霸权的世俗理性展开对抗，后者既反对民间价值观也不支持基督教正统主义。但随着威胁的缩减，人们更容易清晰地看到美国的民间价值观和《圣经》的教诲相去甚远。美国民间价值观对于很多社会问题的处理方式主张和平共处；福音派和天主教版本的基督教在性关系和经济问题上则更具侵入性。人们已经在讨论共和党内部在宗教右翼和自由主义者之间正形成分裂；当美国的陀螺仪开始少许地远离理性而旋转时，这种政治上的断层线将会更加明显和突出。

重申一下我之前就安立甘式社会所表述的一个要点：理性、启示和传统的信徒们，他们每一派都坚信他们最欣赏的价值观是社会极其重要的关键所在，但社会却恰恰是动态社会，因为没有哪一种价值观具备控制它的远见和洞察力。三角形的每一边，都会用自己的方式创建一个绝对系统。在宗教体系中，将会出现神权政治。在传统体系中，将会出现保守的平民主义不断反抗社会和经济变化。一个单极的例行体系将会尽可能消除一些来自公共领域的决定，唯恐那些持有"非理性"和"倒退的"观点的民众对必要的革新和改进怀恨在心。从某种意义上说，它越来越像打了兴奋剂的欧盟：一个精英驱动的政策体系和公众情绪渐行渐远，甚至比以往更全力追求他们所构想的普遍福祉。更糟糕的是，他们把努力认真工作的劲头用在了做坏事上，就像做好事一样：如果在 20 世纪 20 年代美国进步论者享有终极权利的话，他们可能就会对那些精神病患和遗传病患者实施具有强烈人种偏见的强制绝育措施。

这些体系最后通常都会分崩瓦解，结局并不愉快。尽管被剥夺了正常的政治途径和政治责任，启示和传统的力量却不会因此而烟消云散。相反，它们会以危险激进的狭隘平民主义形式再度出现。

有些人可能会对目前一些因为政治和文化的重新均衡而制定的政策感到遗憾，但整体而言，我们正在目睹美国社会充满活力的西进过程，而不是很快折返回东边。

即使平民传统主义和"被热捧的"宗教发挥着更大的作用，值得指出的是，无论是美国生活的传统还是宗教方面，都是美国社会希望在不挑起争端的情况下，为了自身的快速革新而不断调整的进程的一个部分。他们是这个更具活力、更加开放的社会的一个方面，使得美国保持平衡，不断攀登高峰和险峰。

向前进，再回首

英美社会中最奇怪的特色之一就是快速变化的现状和不变的传统表象的共存。英国的君主政体就是最好的证明。维多利亚女王时代的英国，可以说是工业革命的最前沿，但维多利亚女王和当年的安妮女王一样，同时把王位坐得稳稳的。1852年之后，革命性的法律创立自由贸易，并瓦解中世纪行会和福利体系的遗风，这遗风并非是留存于积极、有意识的现代结构中，而是留存于英国国会大厦那座哥特复兴式建筑当中。在不切断社会的深厚根基的同时保有现代化发展的能力，对于保持讲英语社会的稳定至关重要，同时社会仍充满活力。美国政治当中非理性力量的复苏就是这个工作体系的实例，见证不同政见和无序状态也能增强稳定性和活力。美国南方白人一直都是美国社会传统和宗教当代复兴的基础力量和先锋部队。

在美国，这个群体被视为是最为忠诚也最坚定不移地坚持自己在宗教和社会价值观方面的保守立场的，这个估计南方以外的人和南方的非白人大部分也都接受。总的说来，南部白人一直都支持传统的家庭观。他们尊重祖先留下的传统，很多重要的传统价值观在美国的其他地方已消失殆尽，可他们却很好地保存了下来，为此他们也引以为豪。

当我们试图看仔细一些，就会发现一幅比我们想象得要复杂得多的画面，其中保守主义和传统似乎很难看清楚。就拿种族这个问题来说吧。我这个年纪的人对南方种族隔离还是留有记忆的，后来颁布的 1963 年《民权法案》和 1965 年的《投票权法案》宣告了新时代的到来。我记得在我小学五年级的时候，第一次有一个非洲裔的同学和我们坐在同一个教室。北卡罗来纳的教堂山是北卡罗来纳大学的所在地，那时和现在都是南方其他地方自由主义和腐败堕落的罪恶之城，非洲裔美国人不允许去麦当劳或豪生快餐用餐；整个小镇两家电影院，只有一个电影院对他们开放，而且只能被迫坐在楼座上。我记得当时的喷泉饮水器和洗手间都清楚地标明是“白人专用”或者“有色人种使用”的，所有公共事务和私人生活都被严格分开，吉姆·克劳（Jim Crow）法案被暴民暴力执行，不同人种之间的通婚属于违法行为。

所有那些放到今天，正如郝思嘉所说的那样，都已随风而逝了。并非所有的南部白人，尤其是那些老一辈，都完全埋葬了所有旧时遗风；种族歧视、奴隶制度和种族隔离遗留的后续效应持续损害着南方的政治和生活。不过我们这一代，却见证了南方白人所经历的革命性的社会变革，这些巨大的变革恰恰是几百年来，前几代白人用暴力成功抵制了的。

此外，在我出生的 1952 年，美国的南方腹地仍然主要是农村地区。我的童年时代，司机在乡间开车时要时时小心路上的骡车。农场的孩子，无论是白人还是黑人，很少有读到高中

265

毕业的。和他们的祖祖辈辈一样，他们仍然生活在同一个县，有时甚至是他们祖先世代生活的同一个农场。亚特兰大，当时南部最大的也是唯一真正意义上的城市，被视为一个格格不入的地方，一个新英格兰人入侵南部乡村的前哨基地。

如今，郊区在南部占主导地位。人口结构也发生了变化。南北战争以来，这么多年首次由大量外国移民占据了南部人口的很大份额。我小时候，整个小城的"外来家庭"几乎用一个手的指头就能数完。拉美裔和亚裔人口在北卡罗来纳和佐治亚州迅速膨胀。从 1990 年到 2004 年，西班牙裔占了北卡罗来纳州人口增长的 27.5%。

经济发生了转变。20 世纪 30 年代，我母亲在南卡罗来纳长大；她清楚地记得家里第一次通上电的情形。我小时候生活的那片土地，很多人家都住在没有油漆漆过的棚屋，里面没有通电也没有室内洗手间；少年时代，我在北卡罗来纳州的乡村为启智计划招募小朋友，见到了很多营养不良，连一双鞋都没有的孩子。20 世纪 50 年代，南卡罗来纳的人均收入是北卡罗来纳的 69%。到 2001 年，该地区整体上人均收入达到 26351 美元，是全国平均水平的 87.1%。[1]

其他有关社会变革的迹象也是比比皆是。禁酒令在我的童年时代仍然有效，就连大都市的餐厅里也同样不能卖酒，很多以乡村为主体的县是支持禁酒运动"干郡"，境内没有合法贩卖的烈酒和啤酒。"进步论者"不时地挑战这些限制禁令。公民投票结果显示，他们仍然否决为禁酒法律松绑。这些事情也

---

[1] Alfred E. Eckes, "The South and Economic Globalization, 1950 to the Future," in *Globalization and the American South*, ed. James Cobb and William Stueck (Athens: University of Georgia Press, 2005), 39.

都成了过眼云烟。曾经滴酒不卖的小镇,现在往往都有同性恋酒吧了。

南部白人的政治观念也同样发生了变化。多数观察家把南部白人从民主党向共和党的转变简单地归因于白人选民一如既往的保守主义,尤其是在种族和文化事务方面。大部分南部白人(尤其是最白的那些人)会同意这个看法。但是政党认同的转变过程,一直以来是与社会对市场的态度的深远甚至是革命性的转变围绕相随的。南方的老民主党派拥护种族隔离州权,也支持平民主义、反对资本主义。在我的童年时代,南方人仍把资本主义看作是北方佬的阴谋。威廉·詹宁斯·布赖恩(William Jennings Bryan)的经济平民主义获得了南方人的坚定支持,19世纪末、20世纪初他三次以民主党身份竞选总统,均未成功。南方白人农民家庭把北方企业利益,例如铁路等,看作是对他们生活方式的强大威胁。南方白人对那些联邦法规从来就没喜欢过,对工人运动也没有特别的同情心,但对大公司大企业持强烈怀疑态度。

如今的南方白人共和党以非常系统和一致的实际行动支持自由市场,远甚于他们的民主党父辈和祖辈。托马斯·杰斐逊对北方商业利益的怀疑态度,以及安德鲁·杰克逊对美国国家银行(Bank of the United States)的敌意,塑造了旧时代的民主党。南方白人如纽特·金里奇(Newt Gingrich)、比尔·弗里斯特(Bill Frist)和小布什为自由贸易的成功而欢呼喝彩,并强烈呼吁放松对货运和交通运输行业以及电力事业的管制,之上种种一定会让他们的民主党前辈们极为震惊。

南方保守主义者的神学同样发生了急剧变化。美南浸信会曾为过去纵容和支持种族主义而正式道歉。生存权运动可能有一个关于堕胎问题的保守议程，但在南方创立白人天主教新教联盟在 40 年前是不可思议的事情。那时绝大多数南方新教徒仍把天主教教会视作是反基督教的邪教、巴比伦大淫妇。出了路易斯安那州和军事基地这样的北部前哨，在那个时代南部几乎没有天主教徒；从 1970 年到 2000 年，北卡罗来纳的天主教信徒增长了 357%①。如今，鲍勃·琼斯大学范围（极少数南方白人老旧传统仍然纯正遗留的地方）之外的地方，天主教已然成为上帝家庭的一分子；天主教和福音派的对话正在取代天主教主流和主流新教的对谈，成为普世合一运动中最有活动的场域。

美国充斥着那些自认为是宗教保守派的激进革命者。跨种族的浸信会加入和天主教会的联合祷告，把自己看作是各个战场上积极应对各种变化的勇士们。南方商人们周末会穿上邦联军人的服装来重温内战战役，但同时他们对北方佬从种族到经济各方面的理念和态度，照样欣然接受。整体而言，仍然标榜自己是全国最保守、最受传统制约的南方白人，在国家经济和社会契约的革命性资本主义转型中，投入了自己全部的力量和影响力，而这样的转型正是他们的先辈不惜代价、拼尽全力而与之对抗的。

267　　美国当代的宗教复兴运动似乎仍然受当年亚当·斯密在《国富论》中分析到的社会逻辑影响。在贤能统治的社会，每个人从初中开始就要面对越来越严格的要求，无论是考进好大学、找到工作，或者是开创并继续自己的事业，我们的消费社

---

① John Quinterno, "Tar Heel Catholics," *Southern Cultures* 10, no. 4（Winter 2004）: 92.

会提供的多得眼花缭乱的诱惑和机会，有可能会带来致命的破坏力。未成年人常常会接触到一些露骨的色情内容和鼓吹反叛、消费和性探索的价值观。成人的享乐消费使得当年罗马帝王们的很多诱惑都相形见绌。有些富到流油或是人脉极广的美国人，可以常常享受这样奢华安逸的生活而丝毫不影响到他们的事业或是福祉等。但对大多数人来说，生活并没有那么精彩。

大多数人无法放弃身边的诱惑，如果没有生活在一个小且扎根很深的社区，在那里来自朋友和亲戚的关注基本能使得大家的行为准则遵从一致性。大多数美国人生活在郊区，很多对自己的邻居都不甚了解。从任何角度来讲，他们的生活都是泾渭分明的。更多的情况下，工作的同事们往往不太可能成为街坊邻居，而街坊邻居又往往很少正好在一个公司做事。

以上情形也是亚当·斯密所认为的引领那个时代的英国人投身于密集的宗教团契的大环境之一。唯有将坚定的宗教信仰和严格的道德准则结合起来，才能够在面对无数诱惑时生发强大的内心力量，过上道德高尚的生活；也只有和最密切的教友组成的紧密而私人化的团契才能为这样道德高尚的生活给予支持、鼓励，并负有责任感。因此，美国人需要并为自己和孩子寻求去创建这样的信仰社区，就不足为奇了；几百年来英美世界与强大宗教同行的历程告诉我们，这样的行为远没有危险，却能够为社会打下坚实的基础，以应对前方新的挑战。

美国的陀螺仪似乎转离了安立甘三角形的理性那边，移到了历史上属于传统和启示的角落；然后，它还在旋转，并未放慢脚步或是翻倒在地。事实上，它比历史上任何时候都旋转得更快。

第四部分

上帝创造了何等奇迹？

第 16 章　历史的意义

　　写到这里，我们已经涉及了前言当中提到的前三个问题。我们已经了解了独特的盎格鲁—撒克逊政治和道德文化，回顾了过去三百年来在与不同对手的漫长战争中长胜不败的经济和地缘战略，以及在此基础上建立的全球体系；深入研究了两国在文化和宗教方面与资本主义的密切关系，以及它如何使得先是英国、后来是美国长久以来成为资本主义国家的领跑者。

　　现在转变的时候到了。我们已经考虑过盎格鲁—撒克逊的实力到底是"什么"这个问题，现在是时候来求问"那又如何"的问题。我们已经回顾了盎格鲁—撒克逊权力到底做了什么和通过什么样的方式做到的，下一步我们要求问他们取得的胜利对世界历史来说意义何在。难道英式和美式的海事系统只是两个多余的范例，两个毫无意义的国家在国际舞台上趾高气扬一时，然后被迅速遗忘的吗？或者是两个国家确实有所企图，不仅仅是希望增加他们领导人的权力和财富？

　　英美政治家和知识分子时常提出一个观点，认为英美优势的目标在于开创一个和平、自由与繁荣的世界秩序。国际联盟、联合国组织和老布什总统在苏联解体后提出的"世界新秩序"：这些其实都是不断尝试的范例，主要由英美政府提议并促进其形成，但行动者也不限于英美政府，为创建自由和平的世界打下制度基础，这正是英语国家所寻求的。

　　然而，如果说过去百年的历史给了我们一个教训的话，那就是英美国家一直低估了要建立一个它们想要的全球民主和资

本主义和平的难度系数。无论是当年伍德罗·威尔逊
272 （Woodrow Wilson）总统热切希望第一次世界大战能成为"结
束战争的战争"，还是保罗·沃尔福威茨（Paul Wolfowitz）和
托尼·布莱尔试图通过推翻萨达姆·侯赛因政权来建立实行民
主制度的伊拉克，自由主义乌托邦似乎一直在逃避着我们。

从事情的表象上来看，几千年来持续的专制统治和硝烟不
断的战事似乎不太可能会在短期就走到尽头。而基督教义中的
原罪把人类的麻烦和冲突的起源归于人的本性当中，而不是针
对拙劣的制度和糟糕的经济表现，这似乎也打击了人们对正义
和和平胜利在望的信心。如果我们不仅看到盎格鲁—撒克逊政
治的领导力在过去的百年里曾经多次试图建立一个丁尼生笔下
的全人类的议会却一再失败，而且看到代价如此高昂，一个真
正的谜团就会浮出水面。

为什么在众多现代英美政客和意见领袖的眼里，一些本来
就不大可能发生的事情，比如说结束专制统治和战争等，却变
得如此现实，似乎伸手可得呢？不仅如此，为什么英美世界在
多次战斗中以极为务实甚至是无情的姿态一次次战胜众多敌
人，与此同时强烈的乌托邦乐观主义又在传统英美人思想中如
此强有力地存在呢？

海象和木匠多年来游历过无数海滩，也吞下了数不清的牡
蛎。为什么经过这么长的时间后，他们还仍然希望找到足够的
女佣带上足够的拖把，去做一件从常识来说根本就不可能做得
到的事情呢？

恐盎格鲁—撒克逊白人新教徒者通常得出结论，认为那些
口口声声要建立一个更美好世界的政客们，如伍德罗·威尔
逊、富兰克林·罗斯福，还有托尼·布莱尔（同样还有小布

什），都是打着幌子的伪君子。毕竟，沙滩上的沙子从来就没被扫掉，而牡蛎却还是不断消失。

但是，那似乎太简单了。认为世界即将变得更加美好是一个深植于英美文化的持续再现的信念。这种对世界的乐观主义和为英美成功做出巨大贡献的积极变革观念密切相关。

在本书的这一部分，我将探讨英美文化的发展动力和不断出现的乐观主义之间的联系，尽管遭受多次挫败甚至是灾难，这种乐观主义仍然在我们的政治中如雨后春笋般崛起。在本书的第五部分和最后部分，我会更进一步地把问题提出来，询问为什么盎格鲁—撒克逊人的种种希望会频繁受挫。最后，我们会对海事系统之于世界历史的意义进行一些评价。

考虑这些问题会将我们引入英美意识形态的根源所在。我们将必须结合众所周知的世界历史中的"宏大叙事"，为特定事件提供背景和环境框架。这类叙事把对一些含糊却又重要的观念的讨论塑造成"历史的意义"，然后通过其提供的背景使得读者能够理解，比如说，当奥利弗·克伦威尔和罗纳德·里根宣称上帝是站在他们那一边的时候，到底意味着什么。美国人构建和解释西方历史和当代历史的宏大叙事的方式，最终解释了为什么他们中那么多人，包括那些并没有个人宗教信仰——不管是相信上帝或是相信实力（这些人是我们当中的无神论者和不可知论者）的人，是和盎格鲁—撒克逊世界同在的。

后现代主义者倾向于相信，我们这个时代的宏大叙事已经"轰然倒塌"，没有哪条单独的故事线能够捕捉到当代生活的复杂性。后现代主义者的观念部分是正确的，但大部分是错误的。不久前，大多数的欧美知识分子的精神世界中仅存在一种宏大叙事：进步的叙事。这是西方启蒙运动带给我们的非常鼓舞人心的叙事方式，它把世界历史描述成为在理性和科学思想的广泛传播的基础上的逐步完善、稳步提高的故事。这种叙事幸存下来，但已不像以往那样让人信服。时至今日，这种叙事方式已有竞争对手出现。伊斯兰教的复兴在欧洲生活和国际政治中得到广泛关注，它们提出了关于世界逐步皈信先知的信仰的宏大叙事。美国的基督教福音派和政治保守派也同样背弃了关键的启蒙思想。在欧洲的部分地区，有毒性和返祖的民族主义似乎又有抬头趋势，甚至社会民主主义社会中一些基础性的极重要的妥协要素也由于全球经济竞争而面临越来越大的压力。

"现代性"是指历史上理性进步的启蒙叙事最强盛的时期，或者如很多人所说的那样，是西方生活中的"霸权"智识力量。以此为衡量依据的话，后现代主义者说我们生活在一个后现代的世界，这并无差错。

但后现代主义者认为，在我们生活的时代，所有宏大叙事已轰然倒塌，这就错得离谱了。例如，伊斯兰教的宏大叙事就并未倒塌。基督教五旬节派是世界历史上增长最快的宗教运动，从 1906 年在洛杉矶爆发至今，已经赢得了大约 5 亿信徒，其宏大叙事也同样未衰败。如果现代启蒙的进步叙事现在面临众多竞争，那么它将远离"轰然倒塌"。作为一种历史力量，它的威望和权势将持续下去。

我们不是处在宏大叙事"轰然倒塌"的时代。我们处在宏大叙事相互竞争的时期，从很多方面看来，在它们因全球文化而碰撞到一起，并反对彼此时，它们正变得越来越充满活力和吸引力。

274

比任何个人的意志力都要强大，甚至比人类各种组合的意志力都强大得多的力量，正在穿过社会。但数十亿的人们感知到了这些变化，它作为叙事的一部分延伸回到模糊缥缈的史前时代，期待着未来一些难以想象的高潮。这些看法可能是不正确的，但是或真或假，它们却是在世界大事件中发挥出来的真实力量。那些故事配得上被称为宏大甚至是广阔叙事；它们反映的权力大于任何个人或集体的意愿，它们向我们展示自己理所当然。作为个人，甚至是整个国家的社会，我们不只是塑造它们；它们塑造我们的时代、我们感知现实的方法，也因于此，它们在塑造特有的我们，效果显著但基本难以估量。

大多数美国人解读这些叙事的方式在美国的政治、文化和政策方面的每个领域都产生了巨大的影响。

最古老的主导叙事就是亚伯拉罕的故事：从古老的中东直到今天，亚伯拉罕意识形态一直在传播和发展，几乎已经涵盖了整个世界，其各分支宗教和哲学体系亦已崛起。歌德曾经说过，色彩是光的苦难功绩；更深刻地看，历史可以被称为是巨大且争吵不断的亚伯拉罕家族的功绩和苦难。

两种叙事中的资历较浅者，并且充满无穷活力的，是资本主义的崛起。这种社会体系起于微时，迅速在世界各地传播，改变了各大洲文化和社会关系，并一直持续至今，它通常被称为全球化，引发了星球上的每一个角落在社会、科技、经济、文化和政治各方面的革命。

这些主导叙事是社会现象，但它们却有着自然事件的力量。有很多种方法可以用来描述和分析它们，也有很多方法去评价它们，但没有任何方法可以逃避它们。这两种叙事，以及它们如何相互影响的方式，对于美国实力在世界历史中的意义这个问题不可避免地形成了一个框架。美国社会不仅由这些叙事所塑造；美国故事是这些展开叙事的一个部分，当我们讨论美国全球角色的历史意义的时候，我们基本上是讨论美国故事如何与两大主导叙事的更大规模的故事所相称。如果要问到关于"历史的意义"这样的问题，就必须首先进入亚伯拉罕的宗教和意识形态的世界中去。

历史之父

根据幸存的不完整的零星记载，我们所知道的历史大约从三四千年前开始，那时一个名叫亚伯拉罕的流浪牧民听到了他相信是上帝的呼召。

钦定本《圣经》翻译了这一段，上帝对亚伯拉罕说："你要离开本地和亲族，往我所要指示你的地方去；我必叫你成为大国，我必赐福给你，叫你的名为大；你也要叫别人得福；为你祝福的，我必赐福与他；那咒诅你的，我必咒诅他。地上的万族都要因你得福。"[1]

后来，上帝重申且扩展了他的赐福。"论子孙，我必叫你的子孙多起来，如同天上的星，海边的沙。你子孙必得着仇敌的城门；并且地上万国都必因你的后裔得福。"[2]

如今许多学者告诉我们其实这些从未发生过，或者说，亚伯拉罕的故事——当亚伯拉罕已广为人知——采用的最后文本定稿远远晚于他们所描述的事件，我们可以认为那些跟历史上的亚伯拉罕几乎没什么关联。不过，如果我们把这个故事看作

---

① Genesis 12：1 - 3（AV）.

② Genesis 22：17 - 18（AV）.

是毫无意义的，那将是大错特错的。

关于亚伯拉罕的故事可能是后来才集结成书，反映了当时广泛传播的观点和理念，并有可能把不同来源的记述合并在一起，不过是古代中东的某人首先相信他或她的子民的生活是蒙上帝呼召而塑造的。也许是后人或者他或她的信徒搜集了零散的资料并加以改写，表达了他或她关于其子民的历史意义的直觉。我们可能会同意历史批判学者和考古学家的看法，即亚伯拉罕的宗教传统的奠基人正是这个不具名的作者，而并非历史上的亚伯拉罕。这个观点很可能是正确的。但是对于亿万亚伯拉罕的子孙后代来说，这些神圣的故事不是由写有故事的古代手稿"证明"的，而是由上帝对亚伯拉罕应许的实现让其主导了随后千年的历史来"证明"。中东土地上发生的一些事情重塑了地球上每个角落的人们的观念、行为、希望、信仰和祷告的方式。闪米特人的一些群体涉及皈依亚伯拉罕一神教的事件掀起了一系列的转变——皈依，启示和冲突，等等，其反响和后果至今依然呈现于世人面前，并主导着我们这个时代。毕竟，世界上一半的文明都把它们主要思想意识的奠基归功于这一革命性理念，唯一的全能真神下决心用其革命性的理念介入人类历史，去审判每个人的灵魂，并在我们中间建立他的完美王国。

无论我们是否把一神论宗教传统归因于亚伯拉罕，或者是另一个同名的中东先知，基本上如今世界上一半的人都相信上帝对亚伯拉罕的应许是历史上的伟大杠杆，而且信众所占的比例在增长。超过 20 亿的基督徒和多于 10 亿的穆斯林都视这位沙漠族长为他们信仰的起源。加上数以百万的犹太教徒和巴哈伊信徒，以及无数属于混合主义的非洲人、亚洲人和加勒比黑人的宗教的信众，使得亚伯拉罕在世界历史上有其特别的位置，而且很明显，亚伯拉罕传统所感动到的生命远超其他。21世纪的某一天，有意识的"亚伯拉罕信徒"可能会占人类的三分之二那么多。无意识的亚伯拉罕信徒，那些人的心理世界和政治观是被亚伯拉罕的故事背景所塑造，但是是没有宗教信仰的影响，他们在剩下的版图中占有非常大的比例。如果历史上真有亚伯拉罕存在，那这些进展则是令人震惊的；如果没有亚伯拉罕，则是比神迹还更为神奇。

简而言之，非常复杂的亚伯拉罕主导叙事是一神宗教的兴起，其源头可追溯到时光朦胧的美索不达米亚游牧时代。最早的亚伯拉罕信徒无疑是犹太人。亚伯拉罕首先为人所知的身份就是希伯来人的始祖，通过其子以撒和犹太圣经讲述了一个民族和亚伯拉罕的神相遇的故事。从有犹太人以来的几千年来，他们的流浪、斗争、回到老家，以及最重要的生存，仍然是亚伯拉罕叙事中鲜明而独特的元素。除了犹太经验对犹太人的重要性之外，犹太人生存下来并进入现代社会对于亿万非犹太人来说，就如同一道历史证明，证明了亚伯拉罕的神是强大的真神。上帝告诉亚伯拉罕，他必有子孙后代能够记住他的名字——你瞧瞧，到处都是！这个独特的民族，几乎是奇迹般地回到上帝应许亚伯拉罕将支持他后裔的土地，那是世界喉中的骨头，一个民族和国家，别人吞不下又吐不出，无论是在"家园"还是出去流亡，始终不得宁日。这更进一步向亿万亚伯拉罕的信徒证明，尽管时间过去了几千年，叙事（或者说上帝）仍然是无比强大的。世界历史被犹太人复国的奋战所震撼，他们的道德和军事上的成败回响在天涯海角，进一步加强了人类所知的最强大的文化力量。

　　当然，不仅仅是犹太人。当使徒保罗下定决心向外邦人传福音时，他向大家承诺，外邦人同样可以通过信仰而成为亚伯拉罕的子民。两千年过去了，基督教从一个默默无闻的黎凡特教派迅速发展成为史上最大的、拥有最多信徒的教派，这也同样是亚伯拉罕故事的独特重要性和力量的另一个标志。

　　当先知穆罕默德号召阿拉伯人认主独一时，他亦把自己归于亚伯拉罕一系，提醒阿拉伯人是传统使得亚伯拉罕的长子以实玛利成为阿拉伯人的祖先，穆罕默德提出《古兰经》是上帝对亚伯拉罕的完善启示。《古兰经》教导说亚伯拉罕生活在麦加，献祭于克尔白；如今穆斯林去麦加朝觐的路线，原路追溯了当年以实玛利的母亲夏甲焦虑逃跑至旷野的脚踪。先知的信仰可以说是另一个彰显亚伯拉罕一神教独特力量和感召力的标志。

　　这类信仰的每一个都有令人敬畏甚至是恐惧的故事去宣告世人。自摩西带领以色列人出埃及后，亚伯拉罕的后人已席卷全世界，有时通过剑与火，有时是通过温和的说服，还有就是战火与说服双管齐下。绝大多数亚伯拉罕的信众都会承认，亚伯拉罕宗教传播得无与伦比之广泛，这证明了亚伯拉罕的上帝就是历史的真正作者。把伊斯兰教带入爪哇的商人们；勇闯中非热带沼泽地的传教士们；在面对信仰迫害和种种不公正时，仍保留犹太人知识和信仰的拉比们；在印刷术发明之前，一字一句孜孜不倦手抄经文的僧侣和抄写员们；细心收集和评估来自先知的警句和传统的旅人和学者们；艰苦跋涉穿越加拿大荒凉旷野给密克马克族和易洛魁联盟带去福音的耶稣会士们；那些分别把信仰带进冰天雪地的波罗的海沿岸和酷热难耐的尼日尔河岸的勇士们；北部森林和东部驿车里引导贵族丈夫和儿子信教的忠诚坚忍的妻子们；把卫斯理福音传播到边远的肯塔基

278　的马背上的巡回福音布道家们；那些犹太教、基督教和穆斯林的殉道者们，坚守他们公开信奉的信仰，面对酷刑和死亡也在所不惜：这些坚守信仰的男女英雄们传播并丰富了他们接受的亚伯拉罕传统，他们的功绩和磨炼，甚至他们的罪行，一起书写了我们这个世界的历史。

　　每年都有数以百万的人皈依以传教为导向的伟大宗教中的一个。1900 年，非洲约 1 亿人口中，有 10% 是基督徒。到2005 年，约 9 亿非洲大陆人口中约有 3.89 亿基督徒。如果按照目前的增长速度看，未来三十年之内基督徒人口将会翻倍。穆斯林人口也同样越来越多；从 1900 年至今，全世界的穆斯林人口已经从 2 亿上升到 13 亿这个惊人的数字了。[①]

　　亚伯拉罕宗教的扩张可视为一个单一实体构建的主导叙事的一个层面；另一个组成部分则是不同派系的族长之间矛盾冲突的历史。在世界上很多地方，亚伯拉罕家族之间的不同支派的冲突就是政治的驱动力。《创世纪》中记载，从当年夏甲和以实玛利被驱逐进沙漠旷野，而以撒却在他父亲的帐篷下由母亲撒拉陪伴成长开始，亚伯拉罕的家族已经分裂了。早在耶稣诞生之前，撒玛利亚人与犹太人就因亚伯拉罕神学的一些细微之处而争论不休，而希腊化和非希腊化的犹太人为他们在更为广阔的世界文化参与中到底能走多远引发一次次争辩，有时甚至是血腥内乱。如今犹太人中正统派和非正统派、哈西德虔敬派和非哈西德虔敬派之间的分裂对于最古老的亚伯拉罕信徒来说都稀松平常。基督教有东正教、天主教和新教三大分支，还

---

① Philip Jenkins, "Believing in the Global South," *First Things* (December 2006): 12 – 13.

有一些次生分支也遵循同样的路径而扩散。因此，伊斯兰教分出的派系也折磨着伊斯兰教，该教早期分为什叶派和逊尼派，如今仍因两者间神学和政治冲突而抽搐。

宗教战争在很大程度上是亚伯拉罕的特质，在亚伯拉罕子民中爆发战争，或与邻人为自卫而战，都有发生。除非是大规模袭击，比如说印度教被穆斯林袭击而引爆流血冲突这样的大事件，一般来说，非亚伯拉罕信仰都更为和平。非亚伯拉罕信仰的人们会为日常生活中的牛羊、奴隶、谷物、土地或黄金而战，极少会因强迫非信徒去敬拜他们的神而爆发冲突。古希腊和古罗马并没有因为是称呼众神之王为宙斯还是朱庇特而引发战事；对于东方神秘异教在地中海地区的传播，他们虽感遗憾但并未大规模抵制。日本历史并不是被神道间不同派系的暴力血腥和经常发生的争斗而打造；更新儒家和正统儒家并未使得中国血流成河。在印度，哈奴曼的信徒并没有埋伏以待谋杀毗湿奴的儿子。阿兹特克人可能史上曾有过流血宗教，但美国土著大致甘愿让人们用自己的方式去敬拜神灵。非亚伯拉罕信仰中已产生冲突和迫害，但这类冲突通常是被看作和平规则的例外情况；宗教派系冲突是亚伯拉罕宗教的鲜明特点。

亚伯拉罕的后裔在很多事情上都争论不休，但他们达成一致的部分并非微不足道。实际上，他们因为彼此赞同而争吵。正是因为耶路撒冷是三大亚伯拉罕宗教的圣地，大量鲜血经常流淌在街道上。各类不同的亚伯拉罕宗教实际上都认为历史有形态和目的：开始、中间和结尾。真理是普遍存在的：世界存有一个真理，它放之四海而皆准、放之全人类而皆准。亚伯拉罕信仰皆认定必有一个至高无上的道德秩序，并且政治体制和个人有责任来体现它。然而他们并没有在到底什么是最高道德

279

秩序这个问题上取得一致，对于到底该建立什么样的机制又如何实施等方面各有各的看法。无论反对意见是来自同一宗教当中，如当今以色列的正统犹太人和现代派犹太人之间，沙特和伊朗的逊尼派和什叶派穆斯林之间，或者是当今美国的自由公理会和美南浸信会之间的，抑或冲突是出现在不同宗教之间的，像在尼日利亚和巴尔干地区的分歧，这些分歧有着深远的政治后果。

　　无论是亚伯拉罕信仰的传播，还是亚伯拉罕传统中成员相互竞争导致的战事都远未结束。21 世纪的历史和之前诸多世纪一样，很大程度上将会由这些纷争不休的宗教扩张到新的地理区域以及这些扩张所引起的冲突塑造成型。后现代主义者可以否认或解构这非凡叙事，但对于叙事本身却没任何影响。它照样继续前行，塑造了后现代主义者们所生活着的世界。

　　亚伯拉罕叙事并不仅仅是向外扩张和倾轧冲突。亚伯拉罕一神教及其分支推动了人类智识和精神领域的发展变迁。尽管亚伯拉罕革命的宗教后果很重要，其智识和政治发展后果也必须予以考虑。由单一上帝创造了整个宇宙，并赋予人类理解力和塑造人类赖以生存的世界的使命，这个理念背后其实藏着很多古老的和最现代的科学。连贯的世界观试图找到理性的因果联结，以使得人类社会的存在可被理解，并指导我们的行为举止，这样一个意识形态的概念同样在亚伯拉罕世界观里植根。

　　伊斯兰教、基督教和犹太教都相信人类可以至少部分地领会天地万物的本性，因为世界被视作是由一个单一理性实体创造，那自然事件的正常过程则是服从于法则的，原则上可以被人类理解并最终预测。科学和数学在非亚伯拉罕文化中也同样蓬勃发展，但近代欧洲早期时西方科学的繁荣成为如今席卷全球的科学革命的主要基础，显然是植根于和关联于亚伯拉罕传统的知识基础。宗教法庭也许迫害了一些反对他们重要观点的早期科学家和神职人员，那些人当时被认为是非常危险的，但文化和精神层面的背景使得科学家们敢于公然藐视并战胜这些阻力，这是亚伯拉罕传统中教会的刚性所产生的结果。

我们的历史观念，即人类的故事是一个有目标的过程，这是另一个从亚伯拉罕传统中得来的理念。在平常谈话中，我们经常把"历史"作为"事件"的同义词来使用；如果说法国是有历史的国家，其实就是指法国已经存在了一定的时间且发生了很多事情。当人们听到弗朗西斯·福山（Francis Fukuyama）的著作《历史的终结及最后一人》这个书名时，他们以为是福山说某种历史已经结束了，在他们看来福山的立场毫无意义、不可理解，而且是荒谬的。历史，那接连不断的事件层出不穷，怎么可能会结束呢？除非地球上的所有人和事物都被毁灭了，才能称得上终结。那样的话，也就不应该有关于这个话题的著作和讨论了。

这当然不是福山想阐述的意义所在。他所指的是亚伯拉罕的历史，作为人类长河中一段时期的历史，有某些问题需要解决。历史从这个意义上来理解，并不等同于人类存在的整个时期。在通往下一个更高的阶段之前，历史就是人类解决（或给出一个解决方案）当下系列问题的一个阶段和一个过程。

对于这个想法我们往往是口惠而实不至，突出表现为史前时代（人类文明发展到可以书写之前）和历史过程中。历史是人类行为的记录，是人类有了足够的组织能力后，记录并给予保存的流逝的事件。后历史时代仅仅是下一个阶段，那时人

281 类文明经历了深刻又根本的变革，如当年书写的发明或农业的发展，或如同当年亚伯拉罕的原初呼召一般。像福山这样的思想家们思索历史的终结，其实是在问到底历史过程的目标是什么，放眼当下看看我们是否已经达到了这个目标。

历史这个理念对于亚伯拉罕宗教和意识形态的重要性如何描绘都不过分。亚伯拉罕宗教和政治运动主要通过他们对历史意义的解读来定义他们自己，他们尝试的途径往往结构是相同的。从圣经叙事到今天，亚伯拉罕文化主要将人类发展看作是由三个阶段组成：史前时代、历史和后历史时代。

标准的基督教故事有一个高调的开始：创世以及将亚当和夏娃安置在史前的伊甸园。堕落滑坡接踵而至，野蛮和暴行使得人类罪行不胜枚举，装备落后且自大傲慢的人类耕田刨地过着贫乏的生活。对于基督徒来说，故事所讲述的历史的起源就是堕落。给动物们命名并和上帝共融是史前时代；耕田农作和建立城市则把我们带进历史。

到目前为止，人类故事的轨迹一直是走下坡路的。但是上帝决定把世界重新拉回正轨，而不是因为他们缺点带来的后果而遗弃亚当、夏娃以及他们的子孙后代们。上帝之手伸向诺亚、亚伯拉罕、摩西和先知们。他为自己创造了一族人，即古代希伯来人，他们是亚伯拉罕的子孙和当今犹太人的祖先，他让这些人能首先知晓他的旨意，但同时也会将暗示和提示传达给地球上所有的人。基督徒相信，上帝通过本性和计划的全部启示来完成这个过程，通过拿撒勒的耶稣的位格、教义，以及行为。

从经典的基督教观点来看，历史就是上帝对堕落人类采取的应对行为的记录。其目的就是救赎：人类回归到其应有的与上帝共融的状态当中。正因如此，历史划分成若干个阶段。两个大的划分，分别是基督出生前和基督出生之后，在基督纪元中就把历史划分成公元前和公元后。在公元前后的历史中都有更为细小的划分，作为上帝的计划展开。这种观点认为，历史并非永恒的过程；根据基督教教义，基督将会在未来某个时间重回地球并建立上帝的国度。那将是历史的终结。

从这种观点来看，历史并非只是时间的流逝。它是一个任务的完成。世界已经出错，并且伤痕累累。历史是一个纠错的过程，是一个疗伤的过程。历史可能看起来是喧闹混乱又毫无意义的，但每件发生的事情最终都是这个治愈过程的一部分，它的巅峰时刻将会是建立一个全新世界，一个没有我们如今存在的罪恶和苦难的世界。

当然，虽然有很多重要的差异，从纲要来看，犹太教和伊斯兰教的观点在结构上非常类似于基督教的计划。它们都认为历史是上帝对人类逐步自我显现的过程，以一个终极启示达到顶点（对正统派犹太教而言是上帝在西奈山向摩西和以色列人显现，对穆斯林而言是通过《古兰经》的默示向先知穆罕默德显现），并在未来上帝的确定行动下终结，上帝将一劳永逸地建造完美的人类社会，这带来历史的终结。亚伯拉罕的三大宗教后代为了很多细枝末节争吵不休，频频暴力相向，但他们一致认为，这是揭示了人类生活的本性和意义的基本故事。

亚伯拉罕宗教的兴起意味着这些观念也正在塑造着越来越多的生活在基督纪元 21 世纪的人们的意识。

第四种信仰

这里还有一个需要我们考虑的因素。犹太教、基督教和伊

282

斯兰教的信徒现在几乎占了世界的一半人口，这个统计数据确实很震撼，但是对于从未间断的亚伯拉罕革命在人类事务中显现的重要性却并不完全公正。这场革命不仅使得宗教活力历经千年仍不断增加；它所产生的革命性的世俗意识形态同样席卷全世界，且改变了亿万人民的生活和信仰方式。

世俗现代主义是亚伯拉罕大家庭的最年轻的成员。它弱化或消除了人格化神的理念，但除此之外，它却忠实地再现了亚伯拉罕范式中最重要的部分。如同犹太人、基督徒和穆斯林一样，现代主义者有自己信仰的道德价值观念，且认为这是普遍有效并应该在全世界得到确立。他们把历史看作是通过古老的亚伯拉罕阶段的一个过程。他们相信史前时代原初的天真或无知，真理在道德和政治斗争过程中慢慢地被逐渐发现和宣告，到最后他们相信，历史胜利终结之时，真理将在全球获得胜利。

第四种信仰的信徒们并不喜欢被人们称作信徒。他们认为第四种信仰基于科学和理性的清澈光芒，而不是宗教信徒在迷信和情感驱动下的认信。马克思列宁主义者认为，历史规律是已知且不可动摇的，他们相信他们已经解开了历史进程的秘密之锁，并发现了创造乌托邦的绝对可靠的方法。黑格尔派哲学家认为，人性是不变的和已知的，并十分自信地宣称历史距终结还有两百年。20世纪90年代，自由主义和新保守主义的政治学家们就满怀信心地断言，民主国家不会彼此开战。

我并不认为持第四种信仰的人不如他们在绘制通往乌托邦之路时想得那么好。毕竟，基督徒、穆斯林和犹太人都不止一次在历史往何处去这个问题上被蒙蔽过。我认为，第四种信仰和前三种一样，符合《新约》使徒书信中希伯来书里给出的定义："信就是所望之事的实底，是未见之事的确据。"经验、证据、理性和动机等，这使一些人倾向于成为共产主义者，一些人倾向于自由主义的辉格党，还有一些则倾向于进步论者或社会主义者。大致相同的方式、相同的因素会导致其他人成为犹太人、基督徒和穆斯林，或是保留犹太人、基督徒和穆斯林的身份。这四种信仰都会对已知和已发生的事情做出解释，也会对未知事务做出预测。

和前三种更为古老的信仰一样，第四种信仰同样也产生了自己的英雄和殉道者。无数男女为了他们的政治信仰遭受苦难甚至付出生命，政治信仰在他们看来，对人类命运的完整是必不可少的。像宗教改革时期的天主教和新教的英雄一样，在第四种信仰的圣战中，共产主义者和一些其他信仰者被认为既是魔鬼，也是殉道者。要建立一个人们从未见过的、公正自由的完美世界，唯有通过信仰来展望，无数人遭到屠杀，而同样有成千上万的人欣然完成屠杀。自由主义社会的自由同样有其殉道者：那些信仰无神论的男男女女，无论他们为自己的政治信念而活或而死。

差不多像每一位宗教裁判所大法官一样，大多数持有新信仰的虔诚信徒相信自己特定的信仰是一条确定的路，而且历史会因真正信仰的胜利而达到顶峰。苏联最高领导人赫鲁晓夫（Nikita Khrushchev）曾放话给美国："我们要把你们埋葬！"基督徒的歌声唱道："因耶稣的名而无不屈膝。"日益壮大的亚伯拉罕大家庭中的最新支系中的各个成员可能会低估甚至是全然废弃上帝在此叙事中的角色，但他们却采用了亚伯拉罕历史理念中的核心架构来讲述他们自己关于世界的故事。一些现代主义者认为历史是开放式的过程，并无既定的决心，很多现

284

代主义者仍把历史看作是一个解决问题的过程，并为向前发展的历史运动分配职责给独立于人类个体自由意志的发展规律。一些现代主义者，比如参加戒瘾十二步（secular twelve-stepper）的成员，承认有以自然法或者人性为基础来塑造历史的"更高权力"，尽管他们没有很多传统有神论的特征。

现代主义者一般不会花太多时间去思考亚伯拉罕宗教或其他种种伟大世界宗教的历史。现代主义者最为关注的中心是塑造了当今世界的第二种主导叙事：资本主义的故事。第四种信仰和他们的诸多教派及宗派所持的各种不同态度都倾向于认为，第二种宏大叙事形成了美国及其社会和经济体系崛起成为世界强国的路径，盎格鲁—撒克逊国家的朋友和敌人都这么看待。

第17章　对历史的战争

有时最重大的事实往往最难形容。过去的几个世纪，人类 285 知识领域可以说是空前繁荣。科学方法的兴起；从印刷机到互联网，存储和通信领域翻开了新的篇章；更强大、更精密的机器大大提高了人类手工劳作的强度和精准度，生产力日益强大；新型的社会和政治组织形式使得新的合作规模更大；全球市场化和全球网络的建立；发达社会的人均预期寿命是以前的三倍；人口爆炸；以上种种都是相互影响，并触及地球上每一个人的生活，给我们物种中数量庞大且仍在增长的少数族裔的生活方式带来革命性的变革。

在从生物学角度而言仍非常年轻的物种的生命中，人类这种具有爆炸性且仍在不断演绎的创造力（同时也可说是破坏力）是独一无二的。这种在各个领域发生的巨大变革持续时间如此之长，人类的过去并未对此有所准备。

事实上我们没有一个词语用以描述这种现象。因为它在我们的生活背景中扮演着巨大且极为多面化的角色。人们认为全球化这个词就总结了当代席卷全球的翻天覆地的变化。他们用"发展"和"现代化"这样的词语来描述与时俱进的各个不同的方面。但这个过程是如此深刻地改变了世界各地人们的生活，仅用上述词语，就显得非常片面了。

人类潜力的多面开花可以说是我们这个时代的另一个主导叙事了。从某方面说来，它甚至比亚伯拉罕叙事还要历史悠久。早在有历史记载以前，人类就武装自己以求了解和掌控大

286　　自然，并通过文学、宗教、文化、幽默和艺术使得他们的世界在社会层面更为丰富多彩，更有意义。

　　在近代之前，变化是缓慢的。从欧洲中世纪以来，变革进程明显深入和加速。如今我们因全球化的速度而眩晕，憧憬平静安宁的田园生活，比如说，一战前的爱德华七世的英国时代。然而生活在那个时代的人们并不觉得他们的生活如同静谧的田园诗，也不认为变革的速度是缓慢的。当妇女参政权论者用链子把他们锁在下议院周围的围栏，当劳合·乔治担任英国首相，同时爱尔兰在酝酿革命，不祥的德国海军组队坚持不懈地持续横渡英吉利海峡，爱德华七世时代的人们渴望回到和平宁静的更早年代，那时变化速度更为缓慢，社会较为稳定。他们也许在向往着简·奥斯汀笔下和平安宁的英国，他们忘记了简·奥斯汀当时是在拿破仑战争硝烟四起的年代创作这些小说的，当时整个世界可谓是动荡不安。

　　这个加速变革的浪潮是形成我们当今世界的第二个主导叙事。我们可以争辩是什么驱动了这场历史性的海啸；也可以就这个大事是从何开始、意味着什么、到底该如何形容它等诸多问题有各自不同的意见。但我们必须理智地承认这种现象的真实性和重要性。

　　卡尔·马克思的理论是目前描绘这仍在继续发展的现象的最有力的方式。他创造了"资本主义"这个术语来形容这一建立在变化基础之上的社会制度。马克思是一个唯物主义者和经济决定论者。他用"资本主义"来形容这种新的社会制度，是因为他看到经济动力在驱动整个事情。但尽管他的基本理论模型有些一维化，他的世界观则是极为复杂的，在很多方面，它仍然能描述我们今天的世界。

马克思和恩格斯于 1849 年共同发表的《共产党宣言》，为新的世界提供了可用的最好概述。在其中一段经常被引用的著名篇章里，他们观察到，在新的资本主义世界：

> 一切等级的和固定的东西都烟消云散了，一切神圣的东西都被亵渎了……古老的民族工业被消灭了，并且每天仍在被消灭。它们被新的工业排挤掉了……这些工业所加工的，已经不是本地的原料，而是来自极其遥远的地区的原料；它们的产品不仅提供本国消费，而且同时供世界各地消费。

资本主义"把一切民族，甚至是最野荒的民族都卷到文明世界中来了……它迫使一切民族——如果它们不想灭亡的话——采用资产阶级的生产方式（资本主义）；它迫使它们在自己那里推行所谓文明……一句话，它按照自己的面貌为自己创造出一个世界"。

资本主义的故事，在马克思主义的意义层面上是一系列在本土和全球都能感受到的政治、社会、文化、经济和科技变化，是我们当今时代的宏大叙事。无论他们是犹太人、穆斯林、基督徒还是现代主义者，亚伯拉罕思想家们都试图更为时尚地对意识形态进行解释，把资本主义的兴起纳入亚伯拉罕历史当中。美国霸权，如同之前的英国霸权一样，和资本主义的兴起深深交织；在美国国内和海外，根据亚伯拉罕历史而产生的不同的意识形态方法走向资本主义，有助于塑造人们对美国霸权的期望以及评价他们的作为。热爱资本主义、促进资本主义的英美海事系统崛起并成为世界强国，关于个中意义的讨论（如果有的话），对大多数人来说，最终是讨论资本主义在亚

287

伯拉罕历史中的作用。

很多学者认为我们现在所知的资本主义，最早出现是在
14～15 世纪的意大利城邦。早期资本主义迅速蔓延到整个欧
洲，让人们明显感觉到历史节奏发生了变化。社会、政治、宗
教、经济和文化氛围都发生了变化，从很多方面看，更像是得
到了提高和改善。无论是航海探险之旅让新大陆和文明进入到
人们常识当中；或是突破性的发明创造，如打印机的发明等，
改变了商业、政治、宗教和律法的种种规则；还有数学发现可
以说是改变了从会计到宇宙理论的一切可以涉及的事务；或是
科技发明使得全球经济和地理区块呈现巨大又快速的变革等，
在细心观察的人们的眼中，人类生活正在发生着变化。

这些变化发生在一种文化中，它深深沉浸于亚伯拉罕历史
的智识习惯。反思资本主义的意义所在，最终会创建一种新的
亚伯拉罕世界观，因为人们以旧有的概念手段来解读新的主导
叙事。

人文主义者——他们这样称呼自己，把希腊罗马文明的衰
落看作是发生在俗世间的亚当、夏娃的堕落。蒙昧无知且腐朽
衰退的中世纪是黑暗又纷争不断的，如同上帝展示真正宗教之
前的人类历史时代。人文主义者虚心地提议，理性和人文的重
生堪比人类的救赎，"文艺复兴"这个名词就是指重生；当人
文主义者重新与古典时期建立联结，社会也得到了"重生"。

这种重生经历是现代思想的起源，是一种认为当今世界是
非比寻常的，甚至和刚刚过去的时代都有很大的不同的观念。
中间隔着中世纪黑暗深渊的古典时期和欧洲文艺复兴时期两大
历史巅峰的美景，它们催生了现代理念，反思现代性的意义所
在也是试图去解读历史进程的意义所在。

　　引人注目的是，在很大程度上，亚伯拉罕和资本主义叙事似乎彼此有亲和力。亚伯拉罕思想的智识和精神背景为解读和吸纳资本主义变化产生的后果提供了一个框架。事实上资本主义叙事大大巩固了亚伯拉罕叙事。对于许多传统的资本主义产生之前的社会来说，历史可以说是个抽象的名词。当人们只能看到生活中相对较少的社会变化时，亚伯拉罕的大画面式历史的理念则是疏远甚至遥远的。世界的萌芽阶段早已淹没在时间的迷雾中；上帝的干预将终结世界，其中包含着许多戏剧化的、被披上神秘和超自然外衣的事件，这些对于芸芸众生日常关心的事情来说，都是无法企及的遥远。

　　资本主义的到来改变了一切。历史开始在人类生活中真实存在。这不单单只是事件和科技的脚步更为快速。历史的发展更为深入并影响到越来越多的人的生活。在前现代时期，一个王国在万里之遥的首府兴盛或是衰败，对于那些每天面朝黄土背朝天刨地讨生活的农民们来说影响可谓是微乎其微，不管谁坐王位，他们照样劳作，照样交税。

　　个人的生活在自然界力量的背景下展开，在季节更替、时光流逝中展开。"历史"确实是真正神圣的历史，但如同一些神秘宗教信条一样，和人的日常生活却并没有太大的关系。在信奉基督教的前现代欧洲，历史是涂画在教堂的墙壁上，或是描绘在教堂彩绘玻璃上的。少数神学家和知识分子可能关注涉及神圣历史的主题和世俗政治的细节的内容，但这些问题对于"社会大众"来说，几乎是微不足道的。"社会大众"在任何情况下都基本不存在，直到印刷术和识字普及结合创造出大众公共舆论，人们通过政治事件认知自己并感觉自己作为一个整体受其影响。

　　这并不只是由于资本主义让历史更可感知，因此令已经是 289

382 / 上帝与黄金：英国、美国与现代世界的形成

亚伯拉罕式的社会中的亚伯拉罕宗教或意识形态更为可信和重要。在世界大部分地方，资本主义的到来直接导致了亚伯拉罕理念的胜利。马克思主义之所以在发展中的亚洲和非洲获得很大胜利，是因为在当时新兴力量和社会关系的突然爆发，摧毁了旧有模式并发生迅速、不稳定且非常不顺应民心的变革，而马克思主义则为人们去理解和接受这种突变提供了一个思想的框架。

尽管挫折和失败从未间断，亚伯拉罕的历史和意识形态的基本概念通过现代主义的不同形式遍布世界各地；即便是在亚伯拉罕宗教影响力很有限的国家，现代主义的影响力沿着亚伯拉罕的路线越来越多地重塑旧有的理念和价值观。

因被资本主义激活，亚伯拉罕思想在有史料记载的人类生活中可以说是取得了无可匹敌的成功；历史上没有任何一场运动可以这样以巨大的规模且极为深入地改变世界。亚伯拉罕主义的种种兴衰：基督教、自由民主和伊斯兰教如今在世界大部分地方风起云涌，而共产主义只不过是其前身的一个阴影罢了。然而，千禧年趋势仍在继续，并且在过去的三个世纪里激进地急剧加速。我们赖以生存的世界仍在随着亚伯拉罕一神论和其世俗化兄弟姐妹的影响而不断转变。

上帝应许亚伯拉罕，要使得其后裔如同天上的繁星般数不胜数。事实如此，亚伯拉罕完全可以借用麦当劳的口号来宣称："已为数十亿人服务。"

现代历史

伟大的亚伯拉罕安排迅速分裂为争战不休的各个教派和亚教派。现代主义也不例外。此外，现代派事务中的分歧和其他派别中也并无二致；这些差异可谓是旁观者清，当局者迷。

　　现代主义者中的最大群体共享进步主义信仰。进步主义者相信人类就是，或者可以成为历史的主人。人们可以推断并理解历史规律。了解了历史规律，我们能够也应该去塑造未来。

　　进步主义意识形态的显著特征是认为历史由规律，比如说自然规律塑造。这就取代了神学理念——认为历史是由上帝的旨意和意愿打造的。这并不意味着所有的现代主义者甚至所有的进步主义者都是无神论者。虔诚的基督徒、穆斯林和犹太人都找到了自己的方法去调和进步主义意识形态与神学概念。但这也确实意味着，现代主义者可能愿意见到上帝至多在自然之内或通过自然做工，而不是凌驾于自然之上进行干预。

290

　　卡尔·马克思在进步主义中的地位相当于托马斯·阿奎纳之于天主教、约翰·加尔文之于基督教新教。并非所有的进步主义都是马克思主义，也并非所有的天主教徒都是托马斯主义者，同样也不是所有的新教教徒都是加尔文主义者，但阿奎纳、加尔文和马克思都对于他们不同形式的信仰和思想给予了最为充分、最为系统的阐述。

　　如同阿奎纳和加尔文那样在伟大前辈的著作上建立自己的理论并对他们形成挑战，马克思的亚伯拉罕历史观本质上是要扭转一个早已存在的历史原型，这扭转如同移动山脉，挑战了整个世界。马克思的现代历史标准故事起承于哲学家黑格尔的理论体系，后者同样也深深影响了弗朗西斯·福山。黑格尔从智识和精神领域双管齐下去研究进步主义的历史，试图将早期启蒙思想家的工作整理得系统化，那些思想家已经草拟出了文艺复兴之后的进步思想。

　　黑格尔的愿景更为接近原始基督教模式，而非早已被英国作家大卫·休谟和法国启蒙运动相关的各种思想家和作者所创造的世界历史的世俗范式。黑格尔的信义宗传统神学基础对他的研究工作有影响。如同圣经历史一样，黑格尔哲学的历史始于一个纯真的天堂，那里人人平等。当人们开始内部纷争不断，原始的人人平等消失无踪，堕落早早降临。对于黑格尔而言，成为结果的不平等就是历史进程的原动力。人类最深切的需求是要他们人性化的实现，被其他自由的男人女人承认是平等的。历史进程是漫长的，人类在对认同感的强烈渴求的驱动下，会缓慢痛苦地去建立一个使得新型平等成为可能的社会。

这幅历史画卷包含基督教历史图谱的所有核心结构特点：纯真的花园，堕落产生系列问题需要历史去克服，及以建立一个更高终极生活方式为目标的进步表现和斗争，这些可以充分满足人类的需求和目标。当马克思研究黑格尔理论，因这一伟大历史哲学呈现的宏伟壮观而受到极大震动，但他觉得黑格尔哲学在把黑格尔的理论系统与经典基督教历史区分开来这一层面似乎还不够深远，也许实际上非常远。马克思认为，黑格尔的至高权力是错误的。马克思希望推动历史发展的动力来自自然原因和物质世界当中，而不是依靠那些晦涩难懂的神秘话语和讨论精神力量在历史当中的作用。马克思研究了像亚当·斯密这样的政治经济学家们如何完全用自然事件取代了基督教上帝，并着手建立像黑格尔哲学一样伟大且席卷世界的历史哲学，但又如同英国的政治经济学一样实用而世俗。

这的确是人类史上最为伟大的智识成就之一，尽管马克思在基于他的理论模型上预测未来实际走势并不成功，还有那些试图把他的哲学思想变成政治手册和经济文本的人们，可以说犯下了一些有史以来最深重的罪行和失误。对于那些希望理解世界领先思想家们和作家们在过去两百年所关心的重点的人们来说，马克思对历史和社会的研究仍是不可或缺的。

透过现象看本质，马克思的伟大成就再一次体现了古老的亚伯拉罕历史。那是采集者和狩猎者的早期无阶级社会；接着是落入压迫的世界，然后向着光明长期艰难爬行、攀登向上。最后，伴随着无产阶级对资产阶级的胜利，马克思主义的历史在自己的新耶路撒冷的世俗版本中画上了句号。当无产阶级采用资产阶级的生产方式并把效率提升到新的高度，经济发展在普遍富裕的社会达到顶点，同时社会承认并保障人权平等，比任何阶级社会都更为深远，使得社会和精神发展也达到顶点。和亚当·斯密一样，马克思的历史也不需要超自然的至高权力；人性自身的习性产生并创造了以上两种模式的动力，虽然这动力是把二者带去不同的方向。

无论他们是在斯密、黑格尔、马克思或者是前黑格尔派人物身上寻找灵感，历史进步主义理论家们同以亚伯拉罕为基础框架。他们同样认为历史进程是追随一系列规律的，而这些规律是可以为人类心智所掌握的。至少从其大致轮廓来说，人类历史是可以预见的。如果一个人知晓所有的事实并了解历史的规律，还有一个可以飞快运算数字的电脑，那么从理论上来说，这个人就能够预测即将发生的显著事件了。

像其他亚伯拉罕信徒一样，进步主义者在自由意志和预定论方面展开辩论。历史规律是不可抗拒且无法改变的，所以人们只能认命了吗？或者有没有什么可以"给予"，人们可以自己选择去采取行动从而推进或是推迟伟大人类运动迈向更好的未来？进步主义逻辑往往会导致某种形式的历史决定论；其伦理学导致唯意志论。张力从未真正得到全面解

292

决。列宁和斯大林强调历史唯物主义的铁律，即使他们领导之下的苏联在严格的马克思主义决定论看来是徒劳无功的：试图建立一个国际上最发达的社会，但其国家工业远远落后于像德英美等国家。毛泽东也通过"大跃进"和"文化大革命"想达到同样的目的。

如果历史由规律驱动，而这些规律又是可以被人类了解的，那么应该说我们可以为历史做计划——我们可以积极寻求去塑造历史。特别值得一提的是，人们可以通过政治团体组织起来以加快前进步伐。我们可以构建未来。进步主义者普遍认为这意味着国家能够并且应该在人类社会发展中扮演一个决定性的角色。这是社会最强有力的媒介，如果我们可以预测未来的走向，我们应该调动国家的所有力量去为之打好基础。

进步主义政府是世界历史中的主要动力之一。在让—巴普蒂斯特·柯尔贝尔（Jean-Baptiste Colbert）和路易十四时代遗产的基础上，雅各宾派和拿破仑时代首次给予法国真正的现代化国家形态。政府重新改造了法国的财产权，遏制了教会的权力，清算了封建主义，奠定好国民经济发展的主要渠道，将法典现代化，确立了全民教育普及和普遍兵役制这两大现代欧洲发展中最为重要的力量。

尽管拿破仑最后以战败收场，但无论是对民主派还是暴君来说，他建立的法国政府仍是国际进步主义政府的主要模式。奥托·冯·俾斯麦（Otto von Bismarck）在拿破仑模式的基础上，将德意志帝国建设得更为强大和现代化。对于欧洲内外的民族主义现代派而言，德国和法国无疑是主要灵感来源。维托里奥·埃马努埃莱（Victor Emmanuel）时代的意大利，巴西共和国的实证主义创始人，日本明治维新时代的社会工程师们，有着"土耳其之父"称号的凯末尔（Kemal Atatürk），以及在其特有的布尔什维克理念基础上做了一些修改的列宁和他的同事们，他们都看到他们各自进步主义的国家出自同样的模型。

阿拉伯国家的领导者，像纳赛尔（Gamal Abdel Nasser）、哈菲兹·阿萨德（Hafez Assad）和萨达姆·侯赛因等，他们都是透过凯末尔统治下的土耳其以及苏联布尔什维克的实践来看法国。几乎所有的拉美国家，从革命的墨西哥到革命的古巴，几乎在它们的政治架构中都曾有进步主义的雅各宾派；后殖民时代的非洲和以色列政府也是如此。

美国人特别难认识到这一点，不过他们却必须去认识。近 293
代历史中的两次主要革命将世界放在两条相互竞争的跑道上。
光荣革命为众多英语国家确立了政治发展路线；法国大革命则在政府组成方面起到了更大更广泛的作用。英美人赢得了与法国开展的军事和经济竞争，成为世界强国；然而，在输出现代性的政治架构方面，法国时常占上风。

对历史的战争

犹太教、基督教和伊斯兰教的传统形式皆强烈主张信徒去配合上帝的计划，希望这样能够加速实现对世界的计划。但从更古老的有神论信仰立场来看，历史进程的最终责任几乎都掌握在上帝的手中，而并非我们人类。然而，现代主义者感到自己受召前来解决历史问题，并使得历史进程胜利结束。

对于致力于研究无产阶级的崛起的共产党人来说，这些显然不够；他们期冀加速无产阶级的胜利，并建立史后乌托邦。非马克思主义现代主义者同样希望能够在了解历史的基础上能更有所作为。科学方法的应用为共同致富与和平赋予了技术能力；进步主义政治意在运用这些新的技能去创造人间天堂。

从现代主义者的观点来看，亚伯拉罕历史中资本主义革命最重要的事情，莫过于人类在现代资本主义中通过对自然力量和社会力量的掌控而获得的科技、能力和洞察力，又通过这些能力才使得人们有机会和义务去解决人类生存条件的种种问题——从亚伯拉罕的观点来看，即是把历史带到终点。

由于启蒙和人道主义原则的广泛传播，亿万人民不再相信那些古老的邪恶可以无限期地存在，直到遥远的未来。那些存在已久的假设和机构受到质疑。现代化席卷全球，出现人道主义革命反抗酷刑和其他施虐行为。18 世纪的法国，仍使用残酷的轮刑处置重刑犯。近代废奴运动也是从 18 世纪开始的。

在同时代的人眼中，那为数不多的改革者简直就是疯子和怪物，并在整个 19 世纪和 20 世纪崛起。无论是西方世界还是别的地方，现代主义的兴起导致了社会改良运动的爆发。西欧一些改革最为彻底的国家，生命有了尊严和安全的保障，这说明现代主义启蒙的众多期盼具有正当性。劳动者得到保护，妇女得到解放。死刑得以废除。如今欧洲监狱的生活条件比中世纪的贵族还好。天花已经被消灭；人类寿命几乎翻了一番，而且还在上升。动物已被社会列入仁慈保护的范围，在英国，狩猎者不能将狐狸猎杀至死。我们有时似乎已经很接近当年著名诗人威斯坦·休·奥登（W. H. Auden）在诗中阴郁的预言，即世界将会由"防止虐待植物的姑姑阿姨协会"来管理。

试图改变人类生存条件，并非只由愿望来推动。恐惧同样也发挥了作用。尽管有所有这些进步，仍有很多人认为世界就是这样，不用作为。20 世纪，恐怖的武器得到极大发展，战争使得文明标准大规模崩溃，这改变了世界。从历史角度来看，战争一直是令人遗憾的，却也是无法避免的。战争是国家解决它们之间的分歧的方式。在当今拥有核武器的世界，这是无法承受的事情。战争不再是令人遗憾的悲剧；它是生存的威胁。约翰·肯尼迪曾说过："人类必须停止战争，否则战争将毁灭人类。"[1]

因为战争和世界历史紧紧交织在一起，所以要想消灭战争就需要进行非常彻底的社会和政治革命。就实际情况而言，战争的结束也是历史的终结；假设人类发展达到一个层面，即大规模、有组织的武装暴力已经不再是解决人类事务的最高仲裁，那就可以说我们已经明确解决了人类社会的根本问题。

战争并非唯一已经一去不复返的古老邪恶。消灭战争需要很多其他任务。要想消灭战争，我们必须坚定地消灭引发战争的原因。如果战争被消灭了，大规模贫困将不再被接受。穷困会大大刺激穷人向富人开战；我们必须有一套全球经济体系，从而使得债务缠身的南亚稻农能够摆脱贫困，否则我们将人人自危。

因为美国人相信民主国家通常很少愿意卷入战事，所以美国如今致力于在全世界建立民主制度。这一使命不仅延伸到古老的历史悠久的国家，像中国和摩洛哥，同样还触及那些政权从未有过稳定状态的地方，像阿富汗和非洲撒哈拉以南大部分地区。

如果没有正义和经济的发展，和平根本就是不可能的。压

---

[1] "'... to a World of Peace'——Text of the President's Address," *Washington Post*, September 25, 1961.

迫妇女的世界没有公正可言；若不充分调动人们的才华并保护他们的权益，经济发展就是一纸空文。因此进步主义和自由的现代主义国家在它们的对内和对外政策当中都含有反对不容置疑的邪恶的目标，比如女性割礼，以及最传统的伊斯兰法律学中提出的女性权利限制等。

当年那些痴人说梦般可笑的堂吉诃德式的壮志雄心，如今已成为西方国家外交政策的核心，并且延伸到越来越多发展中世界的现代主义国家。伍德罗·威尔逊总统要把第一次世界大战转变成战争的终结，并提出组建一个国际组织来预防未来冲突的爆发，这在当时可谓是振奋人心。当今的改革者比起当年的威尔逊来说更为大胆，也走得更远，在很大程度上，他们成功地使得世界领先力量至少部分成为支持他们雄心勃勃改革的平台。

国家能够并且应该采取行动去改变国际体系当中的一些基本要素的信念，以及与之密切结盟的观点，即认为每个国家的内政都应对付和去除人类生存环境中的一些根本邪恶，这类想法以全球标准来说还是很新的概念。无论是罗马的奥古斯都大帝，伟大的中国皇帝唐太宗，还是法国的路易十四，都没有认为改变世界本质是他们分内的事情。

英国开始成为全球大国的时代，也是这种观点粗具雏形的时期。美国崛起成为世界霸主之时，这种观点已经成为世界政治的核心，而且关于历史的终结的政治至今在国际生活中仍是一个基本要素。威尔逊总统当年并不仅是以打败德意志帝国而终结一战为目的，他要的是人类生存环境的改变。两次世界大战之间，美国致力于促进裁军停火和调停仲裁，并立法禁止战争，等等，这所有的努力都有类似的雄心勃勃的目标。很多人

希望联合国能够在国际联盟的失败之处获得成功，废止大国间
的战争。冷战使得这种愿望破灭，同样，关于意识形态之战是
终结历史的最好方法的愿望也破灭了。对于苏联和至少其部分
盟友来说，马克思列宁主义就为通向史后的共同富裕与和平提
供了最短也最可靠的路线。对于美国和至少其部分盟友来说，
自由民主的社会为人们的丰衣足食和战争的消失提供了更可
靠、更快、更好的道路。冷战过程中，双边国家都有同样的认 296
识，那就是在历史进程中发生了一些基本变化。对于受亚伯拉
罕第四种信仰影响的政策制定者和社会来说，外交政策已不再
是"一个又一个该死的东西"了；它的目的在于人类生存环
境发生基本改变。

第 18 章　黄金模因

297　　　国际政治风云变幻、危机四伏，当代的事件包含对人类生存环境限制的挣扎，以及战争等由来已久的灾难，这些信念都和传统美国观点如何看待美国在世界历史中所处地位紧紧交织在一起。战争是违背历史的，这一观念在英美文化中根深蒂固。从宗教改革时期开始，英国民众普遍意识总是比较狭隘孤立甚至是非常排外的，把国家大事和反对邪恶的真正宗教大事等同起来，用的是一种简单又直接的方式，这在欧洲大陆国家往往不可能使用（尽管西班牙人和波兰人也成功完成这个壮举）。德国是宗教分裂的；法国尽管是天主教国家，但为了限制哈布斯堡王室的权力，经常和教宗的敌对阵营结盟。在近代欧洲历史早期阶段的大部分时间里，如果新教事业要求生存，那么英国的支持可以说是不可或缺的；当克伦威尔告诉议会，上帝子民的事业基本上依靠英国，他的听众准确理解了他的意思。

　　英美反邪恶战争的传统很容易地就转变到战争违背历史的观念。历史向巅峰进发的过程代表着上帝的意志（或者说，在我们中的世俗主义者看来，是人性的实现）。任何试图阻挡这一进程的人都是在与上帝的意志作战，或者是在妨碍人们实现抱负并追求应有的自由公正的权利，这就是邪恶的本质。伍德罗·威尔逊和大卫·劳合·乔治明确阐释了这种联系，让第一次世界大战成为反战之战，同时也反对德皇。这是非常自然的，甚至是必然的联系。一旦一个开明的现代国际社会要着手建立乌托邦，那可以说任何不利于这个伟大事业的力量都被定义为邪恶。为建立后历史乌托邦而战斗是一劳永逸的战斗，也是为上帝战斗。

在当代美国，如同当年的维多利亚时代的英国，很多有识之士都对历史的基本模式发出质疑和挑战，但美国社会意识形态里最重要的分歧（之前的英国维多利亚时期也如是）是围绕如何最好地明确这个定义，从而如何最好地去赢得这场对抗历史的战争，而丝毫不是是否要去打一仗。

当美国人着手努力解决这些问题的时候，他们关于历史进程以及美国在其中的地位的观念为植根于文化和宗教复合体的目标意识和使命感所形塑，也正是同样的复合体使得英美世界成为资本主义发展的肥沃温床。无论他们碰巧是信仰宗教或是世俗的，美国人往往都把世界历史看作是亚伯拉罕进程的展开，在对历史进程的解读方面，他们依靠的是自身的历史经验和深厚的文化价值观。植根于英美文化中的乐观主义，因英美政治和经济多年以来的成功而更为巩固，再加上英美宗教中的圣经根源而创造出独特的宏大叙事，该叙事把亚伯拉罕故事中的以色列和基督与资本主义现代性是上帝新的呼召这种直觉联系在一起。托马斯·杰斐逊提议的美国国玺深刻地彰显了民族意识：一边的霍萨和亨吉思特——盎格鲁—撒克逊征服英国的象征；另一边是以色列的子孙忠实地追随上帝的指引前往未知之地。

看不见的手

亚当·斯密那引人注目的看不见的手的形象把社会秩序从那些不协调的且自私自利的众多买家卖家的行为中解脱出来达

成治理，这并不仅仅是文人的巧妙自负。秩序及其复杂性的出现或多或少自发地来自于简单形式之间的随意相互作用，这理念具有洞见，无论如何都主宰了几个世纪以来的盎格鲁—撒克逊人的想象力。对看不见的手的膜拜有着独特的激烈性、广泛性和普及性，这也许是英语世界国家和其他国家的主要区别；它既是盎格鲁—撒克逊人崛起成为世界霸权的主要原因之一，也对盎格鲁—撒克逊人如何理解和解释他们的崛起和作用产生主要影响。

299　　　英国历史，特别是普通法的历史，有助于使这个观念植根于英语世界文化和情感深处。日耳曼游牧民族的原始民间法创立了盎格鲁—撒克逊英国，民间法已逐渐演变成为众多英国人所看到的庄严和谐的法律体系，这一体系最终发展成为迄今最为复杂也是最有活力的经济体的商法的基础。这种发展并非早先计划好的结果；这是慢慢积累的结果，千百年来成千上万个案件和判决形成的成果。没有任何单一的智能控制可以精心策划这种发展，一路以来也碰到过死胡同并做出过失误决策，但是到 17 世纪时，英国法学家和大众舆论都看到了这种未经计划有机发展的普通法的巨大价值。

　　从更为广泛的层面看来，英国的制度和自由都朝同样方式发展：中世纪英国历史舞台上充斥着贵族、国王、议会和市民的碰撞和冲突，不知何故，平衡议会君主制的轮廓开始慢慢形成，不经国会同意是不允许随便征税的，而且王室的权力受到同样神圣的限制。英国人，至少那些足够富有和有权势的人，留下了他们的观点使得史学家有史可查，这些人是很喜欢他们的法律和体制的。他们可以清楚地看到社会及其制度随着时间流逝而不断演变和成长，也同样清楚地认识到，这种发展不是由全面的人类能动性和总体计划形塑的。秩序在他们的社会本质中是内在固有的；法官和政客的任务是去发现已然形成的秩序，而并非将宏伟蓝图强加于一个不成熟的无序社会。

弗朗西斯·培根爵士（Sir Francis Bacon）是伊丽莎白女王和詹姆斯一世时期的学者和朝臣。他和詹姆斯一世之间的关系一直较为紧张；当年詹姆斯一世的母亲①被处决，培根在审判中发挥了重要的作用。一些学者坚称莎士比亚的戏剧其实是出自培根之手，他们人数虽少却声音洪亮；无论如何，培根的科学方法观反映了普通法的进程，并将它们上升为推理原则。法律不是由宏伟而广泛的抽象概念所形成的。它是对个体实例仔细研究后进行发现和加以阐明的。培根认为应或多或少地运用科学。理论应该出现在实践之后，而不是之前，通过这种方法得出的原理最终肯定是比仅凭三段论推理更为实用、更确切也更精准。有智之人必须放低身段、忍辱取胜；对事实进行深入细致的研究，将会逐渐产生一个清晰宏大、这个世界依之运行的自然法观点。物质世界表面看来杂乱无序，但如果仔细研究细微又特殊的事物，会发现其背后隐藏着的是伟大庄严的真理。培根的方法已成为现代科学的基础，对隐形秩序的信心也成为英美科学和社会思想的基础。

像英美文化中其他很多方面，看不见的手设定了终点，"无论我们怎样猛力砍劈"，这一理念在宗教混乱的 16 世纪和 17 世纪获得了强劲动力。走过充斥着战争、丑闻、异端邪说和错误的宗教历史，历经国王对王朝的野心和凡夫俗子的贪婪，一个有秩序的光荣而正统的教会已经慢慢呈现。亨利八世

300

---

① 即玛丽一世。——译者注

的婚姻冒险，塞西尔家族的雄心壮志，维利尔斯家族骇人听闻的越轨行为，以及斯图亚特王朝的兴衰起落，这都是天命拣选的工具，用以建立受这些特殊朋友打击的安立甘教会。

体现出安立甘教会发展的卡罗琳神学家们①受到驱动，重点强调上帝做工显现其奇事的一些神秘方式。亨利八世，没人想把他像圣徒那样来尊崇，却被上帝用来建造他的教会，他襄助历史的方式显然与公认的圣徒托马斯·莫尔（Thomas More）和约翰·费舍尔（John Fisher）不同。受到中伤的高圣公会著述者如同猪圈里的猫一样蹑手蹑脚穿过加尔文主义神学的泥潭，后者曾被众多早期英国宗教改革者们宣称是发现了心灵的慰藉。《公祷书》（*The Prayer Book*）② 是非常正统的，尽管将其汇编成册的人都是异教徒们！上帝写得很直接，但经文字里行间易引人曲解。这个观点已经非常接近亚当·斯密的"看不见的手"的概念：对于斯密而言，真正的宗教是从混乱无序的政治争夺和欲望中渐渐出现，如同秩序和繁荣是产生于人类野心和贪婪带来的竞争和混乱当中。

在宗教和规律里有效的，似乎也可应用于天空。艾萨克·牛顿是非凡的占星家，也是《启示录》中末日预言最为坚定的解码人。他仰望上天看到一些与安立甘教会和普通法非常相似的东西。从宇宙的混沌当中，他看到了细小的微粒，遵循自身的规律和本性，发展成为一个具有极度复杂性和可预测性的太阳系。土星富丽堂皇的土星环来自卫星无规则的撞击和瓦

---

① 查理一世和查理二世在位期间英格兰、苏格兰、威尔士和爱尔兰一些有影响的安立甘宗神学家，他们推动安立甘神学走向黄金时期。——译者注

② 正式名称为 *The Book of Common Prayer*。——译者注

解。牛顿并没有使用后来斯密使之闻名的名句，"仿佛有一只
看不见的手在运作"，但他认为是万有引力和运动定律在原始
混杂的物质中创造出秩序。牛顿认为粒子产生后便被赋予了不
可剥夺的倾向；粒子自身自由活动且不互相干预，由此组成了
我们可以在天空中看到的辉煌复杂的结构和模式。

301

英国人开始相信，上帝的秩序在不断变化的过程中随着时
间的流逝显示出来。这是一场价值观革命，可以和早年哥白尼
和伽利略的发现引发的震动相提并论。中世纪的宇宙画面，在
但丁的《神曲》中给人深刻的印象，把变化看作是自卑的标
志。地球在中世纪是被放置于宇宙的最底层，从道德到物质都
低于天体，因为地球上的一切都是变化无常的。位于天体圈最
底层的是不断变化的月球。

牛顿的宇宙论让我们看到了自然秩序的概念：变化并非缺
陷，而是上帝实现计划的过程的一部分。上帝成为初始原因；
他的秩序以能量和粒子的自然组成而体现出来，那些混乱无序
和冲突纷争是上帝的计划中固有的一部分，最终也是归属于他
的秩序。

无疑，这种观点产生的时代背景和在牛顿生活的时代发展
到英美宗教意识开始建立在动态而非静态的基础上的转变过渡
密切相关。相信物质和社会宇宙中自然发生的秩序，我们通过
容许历史进程持续发展而配合上帝（或大自然）的做工，这
也有力地强化了改变意味着进步而非衰退这一理念。

经济学家继续追随牛顿的脚步。令人反感的出生于荷兰的
作家伯纳德·曼德维尔（Bernard de Mandeville）出版了《蜜
蜂的寓言》，认为是因为（不是虽然）人性中的弱点和不完美
（而不是其对立面），使得人类社会作为一个整体进步和变得

更加有序和谐。每个人身上自私的野心和邪恶的欲望制造出现代经济的秩序和错综复杂。①

曼德维尔把整个英国比喻成一个大蜂巢，依次讽刺那些专业人士。律师诈骗；医生花在钻研医学上的时间少得可怜，这样就有大把时间去完善他们如何把患者的钱骗进腰包里的技术；神职人员都是懒惰的伪君子；将军受贿成风；内阁部长们欺骗本该效忠的国王：从道德的角度来看，这个大蜂国可谓是一个腐朽的烂摊子。然而，蜂巢却很有钱，也很强大。这是世界上最富有、最重要也是最生气勃勃的蜂国了。

因此，每个部分虽都被恶充满，
然而，整个蜂国却是一个乐园；
蜂群爱好和平，同时惧怕战争，
这蜂群受到异邦群蜂的尊重，
享受挥霍财富及生命的生活，
享受于其他蜂巢的贸易差额。
而这已成了这个蜂国的福分，
其共有的罪恶使其壮大昌盛。
而美德则已经从政客们那里
学得了上千狡猾多端的诡计，
在政客们那些美妙的影响之下，
美德和恶德结为朋友，从此后，
众多蜜蜂当中的那些最劣者，

302

① 本书中《蜜蜂的寓言》的摘译参考〔荷〕伯纳德·曼德维尔著，肖聿译《蜜蜂的寓言：私人的恶德，公众的利益》，北京，中国社会科学出版社，2002年版。——译者注

对公众的共同福祉贡献良多。①

曼德维尔坚持认为恶习才是导致蜂巢欣欣向荣的原因。富人们的奢华、虚荣和骄傲，使得数以百万的穷人和中产阶级有工作可做。因为要紧跟时尚，一旦有新的风潮出现，就立刻把家里家外事无巨细重新装修以迎合时尚，又能让邻居投来艳羡的目光，这就是富人花钱的方式，从而也使得社会上其他人群可以谋生。随着时间的推移，混乱的犯罪行为以及私人利益使得人们的生活变得更好，穷人的生活水平也提高了。

> 恶德就这样养育了机智精明，
> 它随着时代及勤勉一同前行，
> 并且给生活带来了种种方便，
> 它是真正的快乐、舒适与安然。
> 其威力无比，竟使那些赤贫者，
> 生活得比往日阔人还要快乐，
> 因此他们的所求已没有再多。②

曼德维尔寓言中的蜜蜂们是不可能见好就收，安于现状的。由于受到道德上的谴责，他们决心从善并开始过简单的生活。其结果是：贸易崩盘，国家权力垮台，外国势力入侵。

这部诗集 1705 年首次发表。三个世纪后的今天，很多人

---

① Bernard Mandeville, *The Fable of the Bees* (London: Penguin Books, 1989), 67-68.

② Bernard Mandeville, *The Fable of the Bees* (London: Penguin Books, 1989), 69.

都认为这就是盎格鲁—撒克逊的自由贸易经济的根本所在：私人邪恶对公共利益负责的反转式道德。

　　然而在那个时候，曼德维尔的观点遭到了社会的强烈谴责，亚当·斯密的经济学研究应被看作是对这种观点的驳斥，而非认同。斯密本身并不信仰宗教，但他的世界观是道德的。人类有着自然赋予（或有人更愿意认为是上帝所赐）的本性，也就是当人们可以自由去跟随自己的本性，有秩序和富裕的社会就会自然产生，而不需要太多的指导或是权威约束。世界从某种程度上已有这样一种方式，即如果我们都能够适可而止，知足常乐的话，世界本身存在的秩序将会在人类经济互动中显现出来，如同天空中的实体遵循万有引力原则和运动定律一样。

　　斯密的《国富论》于1776年出版，新近独立的美国人民深深地被看不见的手这一信念所塑造，就像他们的英国堂兄。托马斯·杰斐逊的很多民主理念其实就是看不见的手的动力在政治领域中的改编：人类个体的行为，只由其自身利益的意识观念所控制，将会创造出一个有秩序的和谐社会。对于杰斐逊来说，人是政治生物这一特性，他比亚里士多德更为认同。亚里士多德的人是政治动物，因为一个人的身份只有在城邦里才能得到认同；然而，他并不认为人自身的本性，必然会创造出一个幸福或者成功的城邦。杰斐逊则从更深层面肯定了人是政治动物；人的本性一直以来是通过这样的方式构建的，受过教育的多数人们的自由且不勉强的选择，将会创建一个自由国度，犹如我们的老朋友、"看不见的手"在其中运作。良好的秩序又一次将会从发展变化的历史进程中显现出来。

　　从1776年《独立宣言》背后体现的杰斐逊主义理念向

1789 年麦迪逊宪政主义的过渡，通常被认为是美国革命的激进理念向联邦党人时代更为保守的价值观的撤退。然而，任何运动都从未背离对看不见的手这一原则的依赖。政府的三大分支①之间，州政府和联邦政府之间，以及代表不同阶级公民和利益的众议院和参议院之间的制衡体制，是在试图创建一种政治太阳系。它们认为，政府各机构，政治家的雄心，不同地区的愿景，以及不同的经济利益，这些因素相互作用是不会导致混乱和冲突的。这总的来说将是和谐有序的：该体制将会是稳定的，保持用我们最喜欢的那只手来运作的方式。曼德维尔就做了非常恰当的表述：

> 此乃蜂国的诡计，每个分支
> 都在抱怨，其整体却得以维持，
> 这就如同那音乐里面的和声，
> 总体和谐中亦存在不和谐音；
> 那直接对立的党派实为互助，
> 虽然表面上似有敌意与怨怒。②

304

　　达尔文的生物学是看不见的手在另一个研究领域的延伸。从最初的为生存而混乱纷争，进而到更高形式的进化，最终，演变到智慧和文明。我们所欣赏和赞美的美好又井然有序的大自然是无政府状态下为生存而战的结果，每一株小草、每一只小蜜蜂，都在为自己的生存和繁衍斗争。从南唐斯丘陵的风景

---

① 立法、行政和司法。——译者注
② Bernard Mandeville, *The Fable of the Bees* (London: Penguin Books, 1989), 68.

到大英博物馆展出的画作，我们所看到的每一处美景、每一条规则，其实都是从混乱无序的自私争战中产生出来的。

时至今日，在英美人的意识中，几乎碰到任何关于社会、政治、科学或经济方面的问题，都相信从某种角度上说，看不见的手的理论都可以作为答案。学术自由？让最好的想法在"思想市场"里欢庆胜利。污染问题？建立一个排污许可证和排污权的市场，让看不见的手去找到成本最低、最有效的方法以解决问题。公共教育的问题？允许家长有择校权，并让看不见的手运行其中。

对"看不见的手"的习惯性依赖，在英美社会也造成了很多后续效应。大概最为重要的一点，在于它加强了英美社会对资本主义所带来的混乱不安局面的文化接受能力。约瑟夫·熊彼特（Joseph Schumpeter）曾经说过，资本主义的发展就是一系列的创造性破坏；而对于"看不见的手"的信念，给英美社会以更多的勇气去接受这些破坏，因而产生更大份额的利益。

英语国家对于"看不见的手"的理念的接受并不是那么始终一致的，这似乎也没有多大关系。用美国当代政治术语来说，"自由派"对于经济中的"看不见的手"持有怀疑态度，但对其在各个层面的作用却有着非同寻常的信念，比如说，在公民自由方面、宗教自由和新闻自由方面等。很多"保守派"却几乎是抱有相反的态度，对"看不见的手"在经济方面的效应更有信心，而对其社会活动方面的作用信心较弱。很多美国基督徒完全排斥"看不见的手"在生物进化领域的应用，尽管他们像亚当·斯密一样坚定相信，自由市场才能够使得人类可能的最好秩序从人类欲望的混乱局面中产生出来。虽然美

国人和其他英语国度的人在一些特定事件上展开了无休止的尖
酸刻薄的争论，但一般我们一定程度上大多接受，我们不理解
却必须允许它前进的进程带来比我们试图控制它更大的收益。
世界是良性运行的；人类适合他们赖以生存的环境和社会，反
过来也同样如此。一直以来，社会信念在世界历史中都是一个
重要力量。

　　从其所有范围来看，"看不见的手"的黄金模因也要归功
于英美人近几个世纪以来自愿接受自由市场的无束缚运作的态
度。那些富有想象力且已经接受这一理念的人们，将会发现这
理念可以轻易自然地把所有的压力和动荡都归因于这良性运作
的过程，而这过程理应就是顺其自然的。

　　"看不见的手"的黄金模因支撑着强有力的信仰。这信仰
可以说不仅仅是从正统中脱离出来，而且是脱离了有神论：19
世纪的实证主义进化论者把合理秩序看作是物质世界里内在固
有的、而不是由什么超自然的力量创造出来的东西。然而，毫
无疑问的是，几个世纪以来无数以英语为母语的民众，如今已
经将"看不见的手"视作是上帝的手在历史上做工，他将良
善从邪恶里带出来，让秩序从混乱中产生，使人类进步摆脱贫
困。

　　我们无法真正理解上帝（或者是大自然）背后真正的意
图；我们无法看穿上帝的天意或是精妙大自然运行的神秘方
式，在其中善恶必须彼此相托、比肩共处。然而，"看不见的
手"的信众们坚信历史进程是弘扬伟大，如果目的还不为所
知。我们无须为此争论；我们相信，必须让资本主义及其革命
性的潜力能在全世界发扬。反对它就是对抗上帝的旨意和违背
大自然本性。

305

辉格史观

在这种信念的影响之下，一种自然秩序在"看不见的手"的辅佐下出现，英语国家已经创建了自己特有的宏大历史叙事，它颂扬并展示了英语世界势力的崛起，以及这一崛起的道德教训对世界其他地方的意义。"辉格叙事"（whig narrative）① 这个名词，最初是给予18世纪辉格派关于光荣革命叙事的一个名词，放到现在则指一种与众不同的英美历史概念，即在"看不见的手"引导下缓慢、坚定以及无可抗拒的资本主义发展进程。

撒克逊森林里未开化的野蛮人逐渐形成了部落。传统、律法和宗教的雏形开始在部落里产生。它们形成了一个原始而充满暴力的社会，但内里确已形成了成长和发展的一些原则。在惯常力量的作用下，部落扩展成为更为广阔的社会——从8世纪英国的七大王国到阿尔弗雷德（Alfred）和忏悔者爱德华（Edward the Confessor）统一的君主国。社会逐渐演变成为一个更明智的、更温和，同时还是更开化、更文明的社会。有时会有一些倒退和挫折——都铎王朝之后紧跟着的是斯图亚特王朝，直到议会能够排除困难。但归根结底，历史是在朝着正确的方向发展，配合历史走向是我们的责任和利益。

一般来说，历史并非仅是趋于构建更好的世界。当年英国处于世界权力的巅峰之时，历史就是英国崛起成为霸权国家的故事，记叙的是英格兰如何一跃成为顶尖强国，W. C. 塞勒

306

---

① "辉格"在此是指政治和文化趋势，而非英国或美国曾贴有此标签的政党名。该词若要指代党派名，首字母须大写。

（W. C. Sellar）和 R. J. 耶特曼（R. J. Yeatman）在著作《1066
年和所有一切》中就曾这样写道。[1]

最伟大的辉格派历史学家之一，托马斯·巴宾顿·麦考利
（Thomas Babington Macaulay），直言不讳地表达了自己的意图。
他的著作《英国史》开头就描述了自己的一些疑惑，包括像
"是怎样从秩序和自由的兴盛联盟中，突然产生了繁荣昌盛，
而且人类历史上并无实例可寻；我们的国家是如何迅速崛起为
欧洲列强中具有仲裁权力的大国的呢？她的财富和战事荣光是
如何相辅相成的呢……一个由庞大的商业贸易生发出来的，足
以与古代和现代任何其他海事力量相提并论的海事力量，是如
何陷入无足轻重的命运的"。[2]

英国的崛起并非仅是关于蛮力或者经济上成功的问题。首
先它是一个道德成就。麦考利在书中谈及灾难、愚昧和罪行，
这些都是故事的组成部分，但总体而言，该书仍是很适合读者
阅读的。"然而，除非我在很大程度上蒙蔽自己，这曲折叙事
产生的普遍影响，将会激发出所有宗教思想中的感恩，并唤起
所有爱国者心中的希望。我们国家过去的一百六十年就是一部
在物质、道德和知识发展方面显著进步的历史"。[3]

辉格叙事是愉悦的。一个更好的世界逐渐从过去的混乱纷
争中显现出来：英语世界的势力占主导地位。人类无法去设计
这个过程，是上帝的奇妙做工才使之成为现实。辉格叙事如同

---

[1]　Walter Sellar and Robert Yeatman, *1066 and All That* (New York: E. P.
Dutton, 1931), 115.

[2]　Thomas Babington Macaulay, *The History of England* (New York: Penguin
Books, 1986), 51.

[3]　Thomas Babington Macaulay, *The History of England* (New York: Penguin
Books, 1986), 52.

历史的法医研究一般来仔细探索"看不见的手"的指纹，并且因为"看不见的手"在英语国家的文化中保有非常强势的影响力，所以对于众多英语国家的人来说，辉格叙事仍旧是历史应该采取的明确且不容置疑的选择。

这并非仅是英国的产物。温斯顿·丘吉尔的著作《英语民族史》是一个杰出的例子，同样还有史蒂芬·安布洛斯（Stephen Ambrose）和道格拉斯·布林克利（Douglas Brinkley）对现代美国的世界参与所做的经典研究文章《直面全球化：1938 年以来的美国外交政策》，以及塞缪尔·埃利奥特·莫里森（Samuel E. Morison）和亨利·斯蒂尔·柯梅杰（Henry Steele Commager）合作出版的有权威价值的著作《美利坚合众国的成长》。这些著作和其他一些类似的著作都认为美国历史是"物质、道德和知识的全面提高的历史"，并渗入特有的美国式纠结而着重强调了自由平等的崛起。即便是一些偏激的历史学家通常也赞同辉格派关于美国经验的基本观点：投票人从原本只有白色人种男性扩展到女性和少数族裔；工人运动的胜利，进步主义的升起，罗斯福新政的成功，以及美国民权运动，等等。这些激进的辉格派人士认为，虽然尚未取得全面胜利，尽管有来自保守势力和其他倒退势力的不合情理的阻力，但发展进步仍是主线。

有的时候，"看不见的手"被认为是富裕阶级意识形态的道具，一个很方便的原则用于说明财富不均的正当。它也的确经常在这些问题上一直被拿出来引用，但辉格叙事将这种黄金模因的理论融入历史的一般原则当中，迄今还没有影响对现状的巩固。恰恰相反：对"看不见的手"的信仰和辉格叙事已经武装了一代又一代的盎格鲁—撒克逊改革者和斗士们。反抗

307

国王查理一世的克伦威尔，美国的开国元勋们，反对奴隶制度的勇士们，为全体男性和后来的女性参政权利抗争的人们，那些渴求上议院衰落的人们，禁酒主义者们，呼吁禁止猎杀狐狸的人们：他们在斗争过程中都更为强大，因为他们确信他们是展现辉格叙事的英雄。如今，那些希望看到民主在第三世界国家建立的人们，为全球男女平等而努力的人们，力争摆脱贫困的人们，呼吁审判战犯和独裁者的人们，以及谴责国际武器贸易的人们，他们都能在辉格叙事里找到安慰。自以为是的当代人觉得上述那些人都是怪人——好吧，这就是当时人们如何看待威廉·威尔伯福斯（William Wilberforce）的，但他在大英帝国废除了奴隶制。苏珊·安东尼（Susan B. Anthony）当年同样被人们当作是一个怪人，但正因为她，妇女才拥有了投票权。

　　但是，保守派也同样能在这个信仰中得到慰藉。变化一定会来到，必须要来，而且也应该要来，但它会踩着缓慢的、可以接受的步伐前来。它将是被驯化了的；在我们必须接受之前，那些所谓的怪异已变得熟悉。埃德蒙·伯克和英语国家大多数伟大的保守派人士一样，并非极端保守；他是缓慢的辉格党人；他认为进步发展就是历史缓慢运作的结果；他只是认为这个进程相比那勤奋过头、过于卖力的空想社会改良家们和宪法改革者们来说，要慢得多，也要更难推动。并且英国保守主义，即使在伯克这样的人掌握之中，也从未假设所有变化都是不好的。英美保守主义的心脏和灵魂坚信发展是一个有机的过程，尽管有时短期看来很缓慢，但从长远角度来说，这是促进提高和改革的最为有效的方式。

　　辉格叙事，如同英美社会一样，集进步和保守于一身。说

308

它是进步的，是因为它确定了进步和改变最终是上帝的旨意或者是自然规律，这取决于人们的观点；说它同时又是保守的，是因为它认为进步的过程应该是缓慢和平的。辉格叙事有如维多利亚时期的地质学一般，是均变的。这就是说，历史是在逐步展开的；就像大峡谷的形成，是经过千百年逐渐一笔笔雕凿出来的。它从光秃秃的树桠，到绿叶吐芽，花朵含苞，最后到百花绽放，是一个逐步推进的过程；每个阶段的发展都是为结果打基础。从盎格鲁—撒克逊七国时代的原始习俗，到维多利亚时代的英格兰那完全成熟的普通法的细腻微妙的平衡原则，这中间是漫长的，有时似乎是高深莫测的，但最终是一个无法阻挡的成长发展的过程。

辉格叙事并非仅仅塑造了英美世界向世界历史的接近方式；它同时也是盎格鲁—撒克逊取得成功的一个重要因素。对政党合法性的接受度（相对）较早也较为容易，对异见也是如此。保守辉格党（亦称托利党），比如威廉·F. 巴克利（William F. Buckley）可能就非常厌恶并反对激进辉格党人约翰·肯尼思·加尔布雷思（John Kenneth Galbraith），并且党性可能非常高，但比起其他地方来说，英语国家中的这些竞争很难引发血腥冲突和内战。近三百年来，英语世界内部的重大政治和文化斗争基本上都控制在双方都可接受的框架当中，而非跳出这个框架。也有美国南北战争这样的例外，只是显示了通过在关键问题上达成广泛共识之后，英语国家可以获得的收益。

为政党的合法性进行的斗争和为宗教宽容进行的斗争是紧密联系的，并且在开始阶段，国家的政党和教会的派别就有密切联系。辉格党派通常都是持有异议的派别，或者最多是安立甘宗低教派信徒；托利党是高教派会宗高教派信徒和天主教信徒，反对英国内战是引发他们激情的最初诱因。几代人以来，政治作家通常认为国家政党是不合法的，教会的宗派（高教会和低教会）也一样。现代英国和美国的理念是，至少要保证有两个党派，这样才可以互相监督、限制腐败，通常避免造成执政当局过于傲慢自大和根深蒂固，当然，这是"看不见的手"的基本逻辑。政党之间随意的冲突和争议，最终为国家产生出最佳秩序。

309

能够相对较早地接受异见和国家的政党的合法性，可以说是英美社会取得成功的重要秘诀之一。其他文化接受这种观念极其困难；有些甚至至今也没有完全接受。承认政党和有组织的反对派的合法性，是具有巨大的实际后续效应的。政治平衡的变化不再具有引发革命或是暴力的威胁；有竞争力的宪政大党将希望推翻社会秩序的少数派边缘化。

仙境里也有一个共识的。"我们都疯了"，帽匠跟爱丽丝说；在英语国家中，我们都是（或者基本上都是）辉格党。

我们需要有共识。资本主义社会总是在不断变化的。老旧产业和利益变得越来越疲软；新兴产业开始一展身手。地域兴衰沉浮：19 世纪，英格兰北部成为当时的世界工厂，它们也因此确立了自己的政治地位。如今，从前的工业繁盛已然衰落，锈迹斑斑的工业和废弃的煤矿见证了它们在政治和经济方面的没落。

这种变化意味着政治总是处于紧张态势。地主们要求对进口谷物征税，这样才能维持他们自产农作物的价格。制造业从利益出发就要求废除这些关税，这样工人们才能买到便宜的食物，这样他们才能满足于自己的低收入。

　　新移民会铆足了劲侵占老居民的地盘，老的居民只能迁居郊区去生活；西班牙裔将渐渐取代犹太人，成为下东区的主要居民；爱尔兰人得屈从于意大利人，而另一方面，小意大利区将会被唐人街逐渐吞并。

　　资本主义社会需要一个政治体系和一套政治观念，可以容纳敌对利益的冲突，但却保持自身系统不被破坏。这是政党体系应该具备的。如果爱尔兰人在民主党旗帜之下统治这个城市，那么意大利人就能通过共和党组织起来并创出一片新天地。那些从保护领域当中受益的行业会和那些依赖于自由贸易的行业展开和平对决。阶级紧张局势可以公开讨论并不断调整；在强盗大亨们雄起的镀金时代之后，如果大多数人都愿意的话，累进税是能够纠正社会平衡的。

　　一个不具备可行性政党体制的资本主义社会必将危机四伏，如同一只螃蟹必须经历一次又一次的蜕壳才能够生长一样。社会条件和权力关系在不断变化，但却没有办法使得这些变化慢慢转变成立法和改革。需要改变的压力不断上涨直至无可阻挡，变化到来的时候可能会是很突然的，而且充满不稳定性。

310　　政党制度的兴起，帮助英语国家成功实现了惊人的政治延续性，并结合快速的社会经济发展。从 1689 年以来，英语国家见证了比世界上大多数国家都更为激进和彻底的变革，因为资本主义那"看不见的手"在那里更为自由。然而在政治上，它们还是一如既往——是现代世界当中最为稳定的政权之一。如果说英语国家的历史比起世界其他地方的历史，看起来更像是均变进展的辉格叙事通向极乐世界的画面，那么"看不见的手"里的"黄金模因"也是功不可没的。

　　所有这一切都证明了英美社会中辉格叙事的重要性。它也同样增强了英美人的信心。三百年来持续的国内和平与繁荣，结合三百年来在重塑国际环境方面的不断成功，使得辉格历史成为大多数当代美国人心目中默认的历史。

　　辉格叙事是亚伯拉罕叙事和资本主义故事的强有力且包罗万象的综合体。它将资本主义发展和上帝意志的显露联系在一起，缓和了那些接受资本主义生活带来的变化和动荡，它甚至推动了能够促使资本主义成功的一些理念和实践。但首先推动英国、之后是美国成为世界大国的意识形态动力还有另一个方面。美国人，无论迄今为止他们是否信奉保罗·田立克①（Paul Tillich）的新教主义，他们已超越对于人格化的上帝的信仰，普遍相信他们的国家和引领历史进程的国家或人物之间有着契约关系。美国肩负上帝使命，美国的安康福祉取决于美国人民对他们的使命有多大的忠诚度。

上帝的选民

　　这种有契约关系的理念很早就进入了美国历史。清教徒带着这种理念搭乘"五月花号"抵达普利茅斯。它是加尔文神学里重要的启发性的理念之一，在17世纪深刻地影响了英美人的思想。契约是建立于双方之间的协议，一方强大、一方软弱。加尔文信徒尤其把圣经当作是上帝和人类之间连续的契约，在他通过耶稣建立的新约中达到高潮。

　　契约的基石就是上帝的拣选，在旧有的观念中是指"选

311

----

　　① 田立克认为新教徒必须要能够抛弃传统和教条——无论有多神圣，去寻求超越所有人类体验的神。

择"。上帝作为强势的一方，是不可以被迫去和人类达成协议的；他选择和谁立约，并由他决定所有条件。犹太人是上帝的选民是因为上帝因特殊关系而选择这些被拣选者。

对于美国人来说，从一开始他们就并不怀疑自己是被上帝拣选的子民。清教徒相信他们自己是选民中的选民。英语新教是上帝真正宗教的全面开花；清教徒为了在新世界建立一个净化的联邦而离开英格兰，认为有必要比他们在腐败倒退的英格兰可以完成的目标更进一步。

因为证据表明上帝大量赐福于他所拣选的子民，这就更为巩固了当时最初的拣选感受。他们原本认为他们的新世界放逐之旅会是充满艰难困苦，并会非常贫困且伴有大量牺牲。在最初几年，他们的生活确实充满艰辛，但很快这些移居殖民地的人们就开始享受他们生活水平持续且非凡的提升，至今仍在继续。相比那被瘟疫和传染病折磨的旧世界，他们如今居住的城市更小、更新而且更为健康，享受有益健康的气候、美丽的港湾和足够的土地（因为可怕的瘟疫适时、在新英格兰人看来甚至是犹如神助般地让绝大多数印第安人丧生），这些清教徒移民迅速攀升到世界最高生活水准之列。他们的后裔依然如是。他们协助建立起来的国家享有了几个世纪的相对和平、日益繁荣和国力崛起。美国人经历的每件事似乎都让他们相信，自己如果不是不一般的幸运，那就是被不同寻常地护佑着；好运的持续涨潮强化了一种信念，即美国与掌权柄者有一些特殊关系。

外国人和一些美国人常常把这个上帝的计划里的特殊位置当作一个有钱恶霸耀武扬威的嚣张气焰。维多利亚时代的英国也常令人产生同样的印象。这种感受是可以理解的，对于那些不认为这种拣选和呼召反映出（可能很不充分，通常缺乏策略）谦卑心态的人们，英美人的心理仍是无法看透的。恰恰是美国人清醒意识到他们并不比其他地方的人更优秀，所以他们认为出于神秘莫测的原因，上帝拣选了美国人在历史的这个阶段引领他的旨意。克伦威尔说："我们并非虚荣地这么说。"莎士比亚的戏剧《亨利五世》中，亨利五世在阿金库尔战役后带领士兵高唱"不是为我们，上帝"（Non Nobis, Domine）：荣耀不归于我们，永恒主啊，都要归于你的名下。

312

　　在任何情况下，美国人都倾向于认为美国不仅是一个国家，而且是一个恰好比世界上大多数国家强大和富庶的国家。美国人不指望来自俄罗斯、中国和法国的道德领导。他们也不会等着日本变成山上的一座城市，一盏启迪外邦人的明灯。这些工作早已被美国人拿下。

　　旧约大部分内容关乎上帝和古希伯来人的盟约。律法书《利未记》和《申命记》① 体现了希伯来人的义务，并记载了希伯来人在西奈半岛对盟约条款的庄严接受。旧约历史书《士师记》和《列王传》② 就记载了希伯来人顺服上帝，他解救希伯来人脱离敌人，并让他们在战斗中获胜。旧约先知书③ 里充斥着警示，人民和统治者如若不履行上帝赋予的义务，则会招致灾难。他们描写上帝让亚述人、巴比伦人还有其他的一些敌对势力兴盛，去重击背弃上帝旨意的民族。

　　从在新英格兰落脚定居开始，美国人就是通过契约神学来

---

① 律法书指旧约圣经第一部分，从创世记到申命记，又称摩西五经、妥拉。——译者注

② 历史书指旧约圣经第二部分，从约书亚记到斯帖记共12章。——译者注

③ 先知书指旧约圣经第四部分，从以赛亚书到玛拉基书共16章。——译者注

解读历史的。土壤很肥沃？航行很成功？那是上帝赐福于我们。天气干燥或象鼻虫令玉米枯萎？必是有人身负罪孽。

美国人不仅用旧约历史的契约模式来解读自身，还把立国文献转化成公民宗教的经文。《独立宣言》《宪法》和《人权法案》，美国人并非只是简单认为这些都是实用甚至是由来已久的公文，它们具有一定的功利价值，因为它们往往都很有效。

不，美利坚合众国的伟大的立国文献亦是一种神圣文书。法官们应该像传教士们查经和布道一样，去细查并解读宪法。宪法专家们为解读宪法的原则一直争论不休，那紧张态势就和神学家们争论如何解释《圣经》一样。更重要的是，这些指导性文本的原则，被认定是永久有效的，而不像人们曾经持有的信念的历史记载。

信奉宗教或世俗的美国人都普遍认为契约里面就包括了这些立国文献及其原则。我们也有我们的约柜。如果我们坚持戒律，就会繁荣昌盛；反之则受苦。

大多数美国人至今仍依赖这个框架来理解美国在世界历史中的位置。对于那些自命深刻的世俗主义学者，以及在溪谷宗教复兴大会上激动呼喊的五旬节派信徒来说，美国和至高权力的关系是契约式的。从基督徒联盟的角度出发，我们不能接受同性婚姻，法庭也不能摒弃"十诫"。从美国公民自由联盟的角度来看，我们不能在不明智的打压之下安然背叛公民自由原则，而去反对那些不得人心的观点。世俗主义者通常都没有意识到他们仍在使用这一范畴，但上述两种情况下下述行为其实都是有罪的：行为违背上帝的旨意，或者是自然规律。这些行为本身其实就很糟糕，不管从哪个角度出发，上帝的旨意或者是自然规律都是我们衡量道德的标尺。

在这个问题上，那些选择背道而驰的人在恪守原则的人眼中同样糟糕；上帝的旨意是帮助我们过上幸福知足的生活，如果我们打破道德规范，则后果自负。违背自然旨意生活，只能招致痛苦和悔恨。

选择站在现实中正确的一方，并忠实履行我们的契约，但这不足以使得我们避免罪恶。我们必须积极从善。

这里部分是关于国内发展。对于美国人来说，不断重塑国家并推动更新更具冒险精神的资本主义企业发展和社会变革，这比谋取经济上的利益更重要。它等同于宗教义务。契约式关系呼吁美国人不断西进，勇攀高峰，超越新的高度。

这些财富、这些价值观并不是要自私地囤积起来，它们必须拿出来分享。我们必须传播这样的原则，即我们的至高权力已向我们允诺。女权主义者认为，仅维护了国内妇女的权益是不够的，我们必须赋予海外妇女权利并协助她们。美国必须利用经济和外交力量来终结世界上仍在发生的歧视妇女问题；我们必须确保海外妇女能够获得计划生育资讯，并有权利在需要的时候选择堕胎。美国劳联—产联（劳工联合会—产业公会联合会）和其他组织认为美国必须出面为保障其他国家的工人权利而组织工会。我们的经济学家想向世界传播英美经济的好处。我们的军队帮助其他国家的军事专业化和升级。甚至在我们的大学里那些后现代主义学者认为，美国大学体系是新锡安，是那些遍布红州和至少世界上大多数非法语区外邦人的光。①

---

① 本句意指美国大学左派认为保守主义占上风的州（大选时选择保守党的红州）里的持保守主义理念的人相较左派而言是持不同信念的"外邦异教徒"，其他地区不持同样信念的人也是"外邦异教徒"。——译者注

这是有着英美良心的海象和木匠到海滩去的心情。这海滩应该被清扫干净。民主主义、女权主义、环境问题、反对吸烟，美国社会本身不是真实的，除非我们去尽力改变世界。只要我们正在努力完成这一使命，上帝就会站在我们这边。

如同亚伯拉罕一样，我们必须有信仰。当我们踟蹰不前，或功亏一篑的时候，上帝可能是在重击我们好让我们重新回到正确的路上，但是如果我们在这条正确的道路上不断向前，他和我们都将成功。"看不见的手"在混乱中形成秩序；自然和上帝无可抗拒的力量带来的正是我们所寻求的世界。

这种辉格叙事里根深蒂固的信念与上帝契约观念的普遍文化意义，或者至少是历史，为我在本书中提出的第四个问题提供了清楚的答案：为什么英美人如此频繁地确信人类历史到达了历史尽头。英美人的历史思维的默认模式是乐观主义。怎会不是呢？辉格叙事清楚地告诉我们，上帝站在我们这边，几个世纪以来的胜利经验和经济发展证明了这个信息确实正确。

然而，第四个问题的答案立即引出了第五、第六个问题。在取得每一个新的成功之后，在每一个重大敌人被打败之后，盎格鲁—撒克逊世界宣告历史终于走到尽头。拿破仑的垮台、德皇的倒台、苏联的解体，每个历史时刻，我们都能听到英美世界的先锋代表在欢呼，比以往更为彻底更为自信地宣布，惨烈的斗争和苦难已成为历史，全新的世界已在手中。

然而，至少到目前为止，每次这些自信的预言都随失败和新一轮战事而终结。丁尼生想象中的《洛克斯利大厅》就从未实现过；诺曼·安吉尔（Norman Angell）终未看到他期待的战争幻象和军人时代的结束；国际联盟失败了；联合国也尚未建立持久的和平。辉格历史应该不仅仅是英美国军事胜利的编年史；它应该在英国维多利亚时代和当代美国对世界的改变和转化中达到顶点。为什么并没发生呢？为什么有时世界看起来还更加糟糕呢？英国势力的鼎盛时期，终在一战的大屠杀和两次世界大战之间的混乱不堪中画下句点；美国占据世界领导地位已有六十余年，这个世界尽管从很多方面来说比以往任何时候更为富强也更为民主，但也面对着来自新型超强恐怖组织带来的前所未有的危险，所谓的"流氓国家"也在不断寻求更多更可怕的武器。

　　到底会发生什么？美国的政治经济能力显然足以让他们主宰 20 世纪的历史，为什么美国人对于他们自己千辛万苦形塑 315 的事件意义却一直出错呢？而且，最后如果说美国人对于历史往何处去是错误的，我们并不处于自由资本主义下长期稳定和平的门槛，那到底这个世界会发生什么？我们又该往何处去？

第 19 章 辉格巴比伦

1989 年柏林墙倒塌后的那天早晨，我正坐在里约热内卢的一间路边咖啡馆，拿着《巴西环球报》，竭力用我那极为有限的葡萄牙语试图读懂上面的新闻。"资本主义大获全胜！"旁边的配图是兴奋不已的德国人站在曾经令人畏惧的柏林墙的顶端欢呼雀跃。我正在看报纸的时候，感觉到有人在往下拉我的衬衣。往下一看，原来是个贫民区里的大约四岁的小孩子，向我乞讨盘子里吃剩的东西。我开始怀疑，资本主义的胜利，可能还没到彻底大获全胜的时候吧。

对辉格叙事的信念确实有助于英美人主导现代历史，但它并非总是能帮助英美人了解他们正在塑造着的世界。从历史角度出发，英美人尤其难以理解为什么那么多外国人对自由市场和民主政府带来的恩典是那么鄙视、拒绝和反抗（或者误用）。自 18 世纪至今，英美思想家和决策者们在按照盎格鲁—撒克逊路线建立一个稳定的国际秩序这个问题上，可以说是一而再，再而三地低估了他们面临的困难和阻力。美国人似乎无法体会其他要实行盎格鲁—撒克逊式的政治自由和自由市场的社会所必须克服的障碍，而自由资本主义模式和市场竞争突然侵入其他社会，所带来的有时可以说是极不稳定的局面和不公正的后果，美国却无法控制。

苏联解体之后，美国人欢庆他们取得的成功，并庆幸美国单极强权时代的到来，以及美国价值观得到的普遍推崇，一直到 2001 年 9 月 11 日的那个早上。是的，前后矛盾和反复无常

确实存在。是的，还有一些低谷需要堆高，一些高低不平的地 ⟨317⟩
方要夷平。但是历史的真正工作已经完成，人类在些许轻推和
甜言蜜语之下，已准备要搬进美国人为他们建造的房屋里去。

这当然并非世界上大多数国家所看到的全球局势。对于其
他很多生活在动荡不安世界中的人们来说，他们痛恨的并非是
前后矛盾、伪善和失败这些伴随美国成为世界霸主的东西。他
们痛恨的是理念和目标。在盎格鲁—撒克逊主宰力量的那些有
原则的、心惊胆战的并被激怒了的反对者们看来，海象和木匠
如此积极勤奋、以无可阻挡的姿态建造出来的并不是耶路撒
冷，上帝之城；它是巴比伦，美索不达米亚平原的大城市，也
成为圣经作者们笔下具有粉碎性力量的罪恶标志。对美国治下
的和平，事实上很多批评家愤怒主要并不是因为他们没把城市
建造完成，或者是因为邻居的地方比自己的造得更好，或者是
因为警察常常滥用武力，尤其是在批评家集中居住的下等街区
等；他们气愤是因为他们反感甚至是厌恶整个计划。

美国被自己的居民认为是一座山巅之城、自由堡垒。对于
那些因资本主义秩序的明亮灯火而使得自身文化或宗教价值观
受到威胁或者是被摧毁了的人们、那些被排除在闪闪发光的繁
荣之外的人们、那些憎恨害怕美国强权的人们，这个国家是可
怕的新巴比伦。

不同规则

数百年来，英美之外的观察家们倾向于从一个和大多数英
语国家观察家们完全不同的视角来看待新兴的海事系统。部分
原因是这些英美之外的观察家们通常所处的社会，其自由资本
主义和本土价值观之间的宗教、经济、社会和文化上的鸿沟远

远大于英语国家。缺乏那些曾经塑造英语世界里充满活力且面向未来的宗教氛围的特定历史经验，更不用说那类驱使英国（大部分是极不情愿的）的政治文化倾向于妥协和宽容的系列历史事件，外国人通常对自由资本主义有道德和文化上的双重反感。如今憎恨白人盎格鲁—撒克逊新教徒的穆斯林绝不是最早有这种厌恶感的：几个世纪以来，欧洲和拉美的天主教和东正教都得出同样的结论；而在东亚和南亚，对于这种社会体制的有原则的批评也不断涌现。

　　拥有不同文化和宗教观点的人们对自由资本主义的看法各有不同。它确实在世界各地都有不同的表现方式。颇为乖张的是，在那些对它有更大文化包容度的地方，随着时间的推移，它推进得更为缓慢也更为平稳，而在那些文化上对它抵制更多的地方，它则发展更为迅猛也更具破坏性。美国和英国作为前沿国家，其进步的速度与技术、经济进步的整体速度相对接近。也就是说，它们在 18 世纪就开始了蒸汽机的使用；1800年前后，它们的纺织行业走向机械化时代；铁路约二十年以后出现，金融和通信业革命的后续效应在随后几年逐渐得到认识。广播和汽车于 20 世纪早期出现，给整个社会各行各业带来了很大的变化；电视和民用飞行的普及所带来的后果，可以在二战后明显感觉到；冷战之后，互联网和计算机的应用改变了我们的整个社会。

　　英美世界并不认为它们的生活是在向现代资本主义慢慢转型，但实际上英美世界的进程比起世界各地的人们所面临的状况更为从容。工业和社会革命在英美国家历经几十年甚至是几代人完成，突然出现在那些落后国家，而且需要一下子去消化各种革命带来的后果。生活在文化闭塞的小山村、靠农业养家糊口的父母，他们的孩子们如今要通过互联网完成课业。从未见过火车为何物的村民们，突然能买得起摩托车了。生长在塞内卡尔偏远内陆的青壮男子，通过一些渠道成为欧洲地下劳动力市场的一员，现在生活在巴黎或布鲁塞尔。金融市场和实践几个世纪以来经过不断试错而在资本主义大都市中心成熟壮大，现在完整输入和批发到一些甚至在几年前都没见过股票的国家。

世界上大部分地方都认为资本主义充满活力和贪得无厌，这超出英美人经历资本主义进程的感受。一些机构的职责是处理随着转型展开产生的后果，并在利益冲突发生时做出适当决定，这些机构受到更为快速的转型挑战，乃至常常被压垮，社会稳定和民生福祉也因此恶化。

英美世界似乎常常会忘记它们是付出了多少努力、经历了多长时间才建立了资本主义运转所需的制度和习惯。按照现在的标准来看，18 世纪的英国政府简直是惊人的无能和腐败。高级政府官员把贿赂和窃取理所当然地看作是工作的一部分。麦考利在著作《英国史》中曾尖刻抨击了约翰·丘吉尔（第一代马尔博罗公爵），后来温斯顿·丘吉尔在传记中为证祖辈清白也承认，约翰·丘吉尔在指挥英军作战时，经常和宿敌法国保持秘密通信，那些来往信件中就有路易十四允诺如果同意英法缔结和平条约，将给他难以置信的贿赂等内容。在整个军队，军官们买卖委任，并采用各种诡计和托词欺骗国库打算供应必需品和付给普通士兵的钱。

腐败从顶层开始。罗伯特·沃波尔（Sir Robert Walpole）通常被认为是英国历史上第一位首相，他于 1721～1742 年掌权。他把议会发展成一个令人畏惧的机器，其成员公然行贿受

319

贿，往往为那些人提供报酬丰厚的闲职。英国的纳税人赡养"世袭大猎鹰者"（Hereditary Grand Falconer）直到 1816 年，尽管从政府到国王，谁都没有养猎鹰。沃波尔在位期间为自己谋取了巨大财富；下议院为此质疑他时，他觉得根本没有必要否认。"那是当然"，他说，他的确获取了一笔财富。"在众人觊觎的最有利可图的高位上干了将近二十年，除非从这些显赫高位上获取财产也要算是罪的话。"①

下议院的席位和选举人的选票，都是被公开拿出来买卖的。1734 年，来自南安普敦的英国议员安东尼·亨利（Anthony Henley），就因选民不满他支持消费税而写信作答：

> 先生们：
>
> 收到你们的疑问，我对你们傲慢质疑消费税问题而感到惊讶。你们知道我非常清楚，你们是我买下的。大概你们还觉得我蒙在鼓里吧，其实我很清楚你们现在又在把你们自己卖给别的人。我还可以告诉一些你们并不知道的事情，就是我正在收买另外一个市镇。祈愿上帝诅咒你们。愿你们的家门对着所有收税官们敞开，如同当我（以议会候选人身份）代表你们这些无赖之时，你们的妻子和女儿都可供我享用一样。②

320

19 世纪的美国，腐败和无能在政府各级部门遍地开花。在 1869 年到 1871 年之间，建造一个纽约市立法院所挥霍的纳

① Robert Neilds, *Public Corruption: The Dark Side of Social Evolution* (London: Anthem Press, 2002), 62.

② Jeremy Paxman, *The Political Animal* (London: Penguin, 2002), 132.

税人的钱，居然是英国国会大厦的四倍之多，而且法院仍未建成。① 动产信贷银行丑闻（The Gredit Mobilier Scandal）暴露出有大约2000万美金的非法利润和联合太平洋铁路公司的修筑合同密切关联。在合同上的花费由联邦政府补贴支付，公司将股票派发给两党政客，以确保得到支持。

在相对较小的范围内，马克·吐温通过追踪那个时代政府腐败无能的线索，讲述和政客们关系深厚的费舍尔（Fisher）家族和他们提出赔偿请求以补偿虚假战争损失的故事。1813年的佛罗里达克里克战争期间，他们因印第安入侵者而失去一块地里的玉米。费舍尔家族通过国会游说获得一道又一道法令，最终敛得巨款，相当于今天的100万美金，内战开始后，他们的游说力度更大。

19世纪的美国选举可谓是混乱危险且臭名昭著的腐败。在杰克·贝蒂（Jack Beatty）所著《背叛年代：金钱在美国的胜利，1856～1900》中，他指出在上纽约州的报纸上，公开刊登当时选票购买价格的上涨（14美元到27美元）；南部非洲裔选民因教育水平低而事实上失去了投票权，他们的选票就可以卖给出价最高的买家；在这期间，俄亥俄州亚当斯县85%的选民和新泽西州开普梅县的42%的选民出售了选票。当选票贵到难以购买，政治操盘手则会把假票塞进投票箱。在1868年选举中，坦慕尼协会印制了45000张假选票以操控选举。在费城的一个选区，一个持怀疑态度的政治改革者给每个注册选民都发了一封信；63%的挂号信被退了回来，原因是收

---

① Morton Keller, *Affairs of State: Public Life in Late-Nineteenth-Century America* (Cambridge, Mass.: Harvard University Press, 1977), 240.

件人已经去世了、搬家了，或者是无法联系等。①

当持续的资本主义革命令拙劣而不称职的政府暴露出的问题一个接一个，腐化贪污还远远不是海象和木匠面临的最大问题。英美世界两个最雄伟的大都市伦敦和纽约迅速崛起，随之带来的问题远远超出了英美人可以解决的能力范围。拿纽约来说，数不清的移民从乡村，或从欧洲的各个角落如潮水般涌向纽约，人口密度和城市化范围的增长，完全压垮了当局的应付能力。两个多世纪的时间里，这两座大城市的市区环境几乎一直都是难以名状的肮脏，且治安状况也非常糟糕。

罗马帝国时代的伦敦人口最多有 5 万人，直到 14 世纪才又一次达到这一水平。到 1600 年伦敦是大约 20 万人的家园；这个数字持续上升，到光荣革命时期，伦敦人口超过 50 万。②

伦敦市政当局根本无法掌控这个城市。18 世纪时那里的警察局和消防部门几乎形同虚设，那些没受过训练、教育水平低下、缺乏监管的看守和巡警简直就是莎士比亚笔下的《无事生非》里的道格勃里警长（Constable Dogberry），无法和现代警察相提并论。伦敦正规的专业警察机构直到 1829 年才成立。法律是残酷的，但法院毫无组织性，监狱更是处于管理极为不善的状况下，从小偷到杀人犯都对法律并无什么敬畏之心。检察官的职能几乎没发生任何作用；刑事检控都由个人来提起。乔纳森·斯威夫特在他的诗歌《早晨描绘》中讽刺了伦敦的监狱条件：

---

① Jack Beatty, *Age of Betrayal*: *The Triumph of Money in American Politics*, *1865 - 1900* (New York: Knopf, 2007), 215 - 217.

② George V. Zito, "A Note on the Population of London," *Demography* 9 no. 3 (August 1972): 512.

犯人们晚上被狱卒放出去，

去正大光明地为狱卒偷钱偷物，

天亮了再回到监狱里。①

塞缪尔·约翰逊（Samuel Johnson）觉得这个城市既迷人
又让人感到不安：

这个城市充斥着恶意、掠夺、灾祸、阴谋，

乌合之众的怒气让城市的烈焰燃烧；

无情的暴徒到处出没，

邪恶的律师们四处徘徊搜寻猎物；

摇摇欲坠的房子在你头顶轰隆作响，

女无神论者谈论着你的死亡。②

1800 年的伦敦大约有 100 万居民，而在 19 世纪，就有
600 万移民涌入这座城市。关键民生服务，如供水和下水处理
等，根本无法跟上时代的步伐。在 19 世纪的大部分时间里，
他们失败了。

伦敦人长期挖污水坑来掩埋人类的污物；到 19 世纪中期，
城市里有 20 多万个这样令人讨厌的洞，大部分满溢，污水横
流。泰晤士河因人类污物和工业废水而臭不可闻。城市供水，
无论是从泰晤士河泵出来的，或是由井水管道提供的，都被污

① Jonathan Swift, *Satire and Personal Writings* (New York：Oxford University Press, 1932), 452.
② Robert D. Spector, *Samuel Johnson and the Critical Essay* (Westport, Conn.：Greenwood Press, 1997), 55

322　染得如同污水坑的污水，而面对日益膨胀的人口和动物产生的污物，人们把污水坑挖得越来越深，越来越大，他们的污物渗漏进了供水系统。泄漏的下水道和水管排在一起；水和污物经常混合在一起。①

　　那个年代去伦敦的旅客，对于那种味道产生的深刻印象远比伦敦钟声来得强烈得多。除了臭气熏天的污水坑和泰晤士河，伦敦的街头巷尾每年大约有超过 75000 吨的牲畜粪便，来自那些拉车的马匹，以及从郊区赶去集市交易的成群的牛羊猪。② 楼上的居民把夜壶里的粪尿直接从楼上窗口倾泻而下，对楼下行人造成的后果是可想而知的恶心。

　　后果是极其严重的。17、18 世纪的伦敦，瘟疫和鼠疫肆虐横行。1665 年的伦敦大瘟疫爆发，超过 10 万伦敦人死于这场瘟疫。尽管 1666 年的伦敦大火清除了瘟疫，其他疾病仍继续肆虐，城市的死亡率远高于乡村。霍乱于 1832 年从印度蔓延到伦敦，在当时伦敦恶劣的卫生条件下猖獗爆发。疾病的不断爆发使得有钱人迁移到郊外，而穷人大批死亡；1849 年 1 月，伦敦死于霍乱的人就超过 14000 人。

　　纽约的遭遇稍好一些。人口增长的速度同样是迅速的。晚至 1790 年，纽约市 5 个行政区的人口加起来也不超过 5 万人。1850 年人口普查显示有约 70 万的纽约人；1900 年是 340 万。绝大多数人的生活环境是肮脏不堪的。

　　18 世纪的纽约，猪随意在泥泞、往往未铺砌的街道漫步；

---

①　Liza Picard, *Victorian London*: *The Tale of a City*, *1840 – 1870* (New York: St. Martins Press, 2007), 64. 9.

②　Liza Picard, *Victorian London*: *The Tale of a City*, *1840 – 1870* (New York: St. Martins Press, 2007), 1 – 3

卫生条件已迅速沦为和伦敦同一水平。迟至 1842 年，查尔斯·狄更斯（Charles Dickens）仍经常看到成群的猪在街上游荡；大卫·雷诺兹（David Reynolds）提到过，亨利·戴维·梭罗（Henry David Thoreau）就认为猪是蓬勃发展的都市中"最值得尊敬的人口的一部分"。著名规划师弗雷德里克·劳·奥姆斯特德（Frederick Law Olmstead）早在内战前就开始设计规划纽约的中央公园；他发现 59 街以北的城市简直就是"浸淫在猪圈、屠宰场和熬骨车间到处漫溢的淤泥和污物中，恶臭让人窒息"。[①] 霍乱也同样在纽约横行。大约 5000 人在 1849 年死于这种可怕的疾病。

问题在于资本主义急速发展和变化引发的麻烦无论是英国还是美国都难以迅速应对。大量涌入的移民、迅速崛起的新型产业，以及健康和卫生的新问题出现，迅速得令当局不知所措、无法承担责任。四处可见的贫民窟，猖獗的犯罪行为，生活环境极不安全，之上种种在英美世界这两大都市激增扩散。　323

这就是当时出现在世界上两个最善于管理资本主义变化的国家的状态。英美两国有相对负责任的政治体制。它们的民间团体非常活跃，亦有日益壮大的慈善家队伍，以期帮助改善同胞们的生活条件。它们生机勃勃的宗教文化引导他们寻找解决这个世界问题的务实方案。这两个早期发展资本主义的国家，在科技和金融上取得的成就使得它们在全球竞争中傲视群雄，享受着几乎从未间断的经济上的成功。

难怪当今有那么多的国家在面对全球发展所需的快速变化

---

① Phillip Lopate, ed., *Writing New York*（New York: Washington Square Press, 2000）, 58, 68, 249.

时，仍显得很难去调整和做出改进。当今世界的城市聚集远比盎格鲁—撒克逊城市曾经的发展快得多。从 1950 年至今，巴西圣保罗的人口上涨超过 1500 万，印度孟买的人口也上涨了大约 1500 万。[①] 这样大量涌入城市的人口足以让伦敦和纽约的市政府陷入瘫痪，如今发展中国家都要面临这样的挑战。

这也难怪，腐败在世界大多数地方都是个问题。很多政客都秉承罗伯特·沃波尔爵士的逍遥信条，认为财富就是官职的奖赏。通常情况下，他们观点形成的背景和沃波尔运作的背景并没有太大不同。光荣革命之前，英伦三岛的大多数人都把国家当作是国王的财产。不切实际的理想状态是，国王应该管理国家，并把自己从土地和收费中得到的收入用来支付维修，这很少如愿。国王来安排官员的工作，所以酬金和福利就是交易的一部分。甚至在 19 世纪的美国，这种老旧体制的遗风依然残存；例如美国的驻海外领事，他们征收输美贸易的百分比税收作为他们法定正式收入的一部分。

这种个人所有的国家显然已不适合现代世界的状况，当今的政府工作要求更多的独立性、专业精神和专门技能，旧有体制不能可靠地提供。然而对于在老派国家的道德环境中长大的人来说，许多当代美国人认定的腐败并不是错误的，沃波尔爵士或马尔博罗公爵都没做错。在如今世界上大多数地方，部落和王朝义务之间的复杂关系，传统形式的顺从，以及从更为软

---

① "UN Agglomerations 2005," http：//www. un. org. osa/population/publications/ WUP2005/2005urban_ agglo. htm（accessed July 14, 2007）; "Sao Paulo Statistics," http：//megacities. uni-koeln. de/documentation/saop（accessed July 14, 2007）; "Population Growth in Cities," http：//www. un. org. /sa/ population/publications/wup2001/wup2001_CH6. pdf（accessed July 14, 2007）.

弱不负责任的政府时期以来遗留的习惯，这些仍在继续塑造着 324
被支配者和当权者的期待。

人口爆炸的城市，像非洲的拉各斯和内罗毕就是一个例
子；但是城区的人口过度拥挤和贫民窟只是问题的一个方面。

我们拿虾类养殖产业来举个例子。

在木匠的食物清单上，牡蛎并非唯一的甲壳类动物。每
年，仅美国人要消费的虾类就超过了 10 亿磅；大约 90% 是进
口得来的。虾类很多产，而且成长期短，很快就可以食用；它
们很容易捕捞，而且方便冷冻保存，还可以卖出好价钱。

消息传得飞快，沿海国家的人们，像泰国，就迫不及待地
把那些没用的红树林沼泽地，开发利用成有利可图的虾塘。产
量飞涨，创造了工作机会，财富产生，丰厚利润滚滚涌入昔日
被人遗忘的闭塞落后的沿海地区。

如能管理得当，这本来会是天赐良机。但是这繁荣景气实
在是太快太巨大。不久各种账单出现，等着支付。

沿海红树林沼泽看上去对农民来说是毫无价值的，但是海
洋生态系统却需要它们作为鱼苗的栖身之所。由于鱼苗栖息地
的消失，其他鱼种的产量直线下降，只有虾类产量飙升。接下
来，农民们还有更多的苦恼。巨大的虾群和它们的食物污染了
水路，使得虾以及其他海洋生物死亡。[1] 高密度的虾群容易造
成多种病毒感染。在拥挤不堪的池塘，健康的虾吃下有病的
虾，吸收病毒又继续传染。鸟又飞来吃那些被病毒感染了浮在
水面有气无力的虾，然后鸟粪可能又排泄到其他的池塘，甚至

---

[1] Jagdish Bhagwati, *In Defense of Globulization* (New York: Oxford University Press, 2004), 32–33, 140.

可能是几英里之外的地方。惊恐万状的养虾人，面对池塘里的虾群大面积死亡无比恐惧，开始用干净的海水来把它们冲出去，这样又把病毒和污染带到了附近的水域。瘟疫蔓延开来，不仅彻底摧毁了虾群，同时让农民们用于投资这一有前途新产业的积蓄消失殆尽。仅在一年时间里，曼谷附近的养虾场就有80％走向破产。

效率低下、资金不足、未受训练且腐败堕落的政府基本无力应对。适当的法规无法确立，更别说去执行了；官员因受贿而寻找其他途径；有权势的政客保护特殊利益。

这是可悲的，但并非稀奇事。面对这飞速的增长，从规模上超过了英美两国在工业革命时代最为紧张时期所要面对的态势，发展中国家付出的巨大成本和负债将在很长时间内都无法摆脱。美国外交关系协会的高级研究员易明（Elizabeth Economy）估计，中国在解决污染及其相关问题上所花费的成本，每年占国民生产总值的约8％～12％。中国北方的沙漠化进程在上一代已经速度翻倍。四川的森林的乱砍滥伐现象快速又彻底；全省90％的原生林覆盖已经消失无踪，都变成了人们日常生活中的家具、纸张或者是筷子。易明的报告指出，正是森林的乱砍滥伐加上湿地不受控制的破坏才造成了1998年长江那场巨大的洪灾，使得3000人在洪灾中丧生，500万百姓无家可归，超过5200万英亩的土地被淹，经济损失超过200亿美金。①

地震在发展中国家爆发则更具毁灭性，因为很多的城市住

---

① Elizabeth Economy, *The River Runs Black* (Ithaca, N. Y. : Cornell University Press, 2004), 9, 88.

宅都是违章建筑，尽管还存在建筑法规。当司机在雅加达和孟买这类城市庞杂混乱的交通拥堵中又热又闷时，空气污染造成每年成千上万人死亡。在城市极为快速又完全无计划无节制的增长态势下，消防、救护及其他服务设施显得无能为力。

国家正面对汹涌的变革浪潮，希冀能够尽快赶上领先经济体，由此产生的人的问题很容易被遗忘。并非仅仅是不合格城市规划和毁灭性污染的问题。吉勒斯·凯佩尔（Gilles Kepel）是国际上顶尖的激进伊斯兰运动专家之一，他把埃及在政治、经济和社会方面的重大问题很大程度上归因于高等教育的经费不足、人员配备不佳、考虑不周和组织不善等。

凯佩尔认为，与其称那些学校为大学，不如称之为"长期培训机构"。他的观察报告指出，超过 50 万的学生注册"严格划分成狭窄学科、以考试为基础颁发学位的项目，成效并不比只靠日常例行背诵手册指南的古兰经经文学校高"。凯佩尔在研究中发现，收入微薄的教授要求学生去买质量低劣的应考小册子，去死记硬背上面的内容以拿到学位。①

在那些院校读书的学生们被告知——很多人实际上笃信——他们所受的专业教育是可以让他们更好地适应现代社会的。实际上，他们准备的只能是机构臃肿、能力低下的埃及政府为提供大学毕业生就业机会而安排的薪水不足的就业工作。在凯佩尔看来，这些学生的处境，以及伊斯兰政治运动有组织地帮助学生解决他们面临的问题——比如向学生提供价格低廉的必修课"手册"，这样他们可以不去付给教授高昂的学费，　326

---

① Gibs Kepel, *Muslim Extremism in Egypt* (Berkeley and Los Angeles: University of California Press, 2003), 155

这对激进伊斯兰教在埃及的崛起贡献卓著。[1]

埃及最不希望发生的事情，就是更多受过半吊子教育的焦躁不安的年轻人郁闷地在机构臃肿又功能低下的政府部门寻找薪水过低的工作；与此同时，埃及各行各业都迫切需要合格的大学毕业生。现有体制部分是总统纳赛尔（Nasser）为迎合现代化大潮而组建，以期能够改变这个国家，可是埃及根本无力承担这个体制所需的巨大花费，而且其提供的所谓服务也是这个国家目前根本用不着的。

与此同时，富人们纷纷把孩子送到海外求学。

并非只有埃及的大学体系是无比差劲的，事实远非如此。尼日利亚的大学情况更差；墨西哥的大学在某些方面可能好一些。环顾当今世界，在一些最需要掌握现代技术的年青一代的国家，渴望又有才华的年轻人都被塞进了这样的教学机构。

这些问题都可以说是老问题了，而且看来随着时间的推移，大多数发展中国家都会慢慢解决这些问题。社会更加富足，同时也积累了更多的应对资本主义发展带来的巨变的经验，它们乐意也有能力着手改善空气和水的质量，更多关注健康安全问题，等等。

然而现在或是可预见的将来，这些国家面对的问题相比之前西方国家遇到的，是不同的而且在某些方面具有更大的挑战性，最终在资源浪费、环境破坏，以及失去生命等方面都要比西方国家惨重得多。

对于盎格鲁—撒克逊人来说似乎很容易成立反腐评判组，

---

[1] Gibs Kepel, *Muslim Extremism in Egypt* (Berkeley and Los Angeles: University of California Press, 2003), 136 - 137.

哀叹众多国家治理不善，并倡议需要更多的女仆带来更多的拖把，这些手段在很多情况下都毫无疑问会是有帮助的。但在我们当今的世界，这并不会改变一个基本的、在一定程度上不公平的事实：比起盎格鲁—撒克逊人曾经面对的挑战来说，其他国家必须在当今千变万化、错综复杂的形势下，用更快的速度调整和改变自身。

英美人还有另外一个优势。如今处于现代化进程中的各个社会是在一个世界性市场适用资本主义，这个市场由错综复杂且覆盖全球的强大公司、精密技术和金融市场组成。印度正在为开放从连锁商店到大型超市的零售业而挣扎。这是非常必要的一步；大型高效的零售商促生全国市场，并降低关键产品的成本。自从西尔斯罗巴克和蒙哥马利·沃德利用铁路系统的优势，从而创建市场行销和分销系统开始，美国在连锁商店的创造和发展方面一直遥遥领先、非常出色。当今印度的零售业基本是由那些家庭经营的小店铺为主导力量的。那些零售商们，从杂货店主到五金商店老板，再到手推车供应商和货郎，如果要被迫去和更有效、更资本化的连锁商店竞争的话，他们只能是眼睁睁地失去赖以生存的生计了。在民主社会，这些家庭经营的小店主们还有一个重要权利：投票权。

美国如今关于超级零售商（像沃尔玛等）的争论中同样也包含了很多印度人在这个问题上的辩论的因素。但关键的区别在于：印度的辩论引发了老百姓关于外国剥削的百年历史回忆。反对者警告说，难道我们真的要让沃尔玛和家得宝进入印度，然后让我们自己数以百万辛劳工作的老百姓们失去他们养家糊口的生计，而与此同时，外国股东们因此赚到更多的红利吗？民族主义者指出，英国在 19 世纪摧毁了印度的纺织工业，

327

难道我们还能对于美国要摧毁印度零售业而袖手旁观吗？

民族主义的激情煽动了美国在移民和贸易等问题上的辩论，政治烈焰会因为一些问题而迸发，比如说在 2006 年，一家总部设在迪拜的公司拟并购美国多家港口，这个并购将有可能对国家安全造成威胁。民族主义的情绪极少提高政策产出，其结果往往是昂贵和弄巧成拙的错误。

美国在这方面十分幸运，因为这种迸发相对来说比较少见。在很多国家，如阿根廷、委内瑞拉、土耳其、法国等，几乎每一个重要经济议题都是民族主义议题。然而在美国，经济上明智的抉择一般都不会自动赞扬自己与平民主义或民族主义有关。

这些国家发现自己一次又一次地陷入糟糕困境的角落。如果选择在当下迎合民族主义的观点，从长远角度来说必将让国家利益受损；为了长远利益所要做出的"正确的"抉择通常要付出极大的政治代价，有时对于它的执行者来说甚至可以说是毁灭性的。

无论是盎格鲁—撒克逊的还是其他的经济学家们，非常热衷于对发展中国家的缺点进行说教，尤其爱指出世界上大部分国家里那些机构臃肿、能力低下的政府现象十分普遍。我们照直观察一下，自己这块乐土上那井然有序又管理得当的政府到底比他们强多少。机构精简到足以支持充满活力的私营部门，同时又足够强大和有效地去管理多变的经济，我们的"金发姑娘"政府成了世界的典范。

这些经济学家和发展问题专家们会发出疑问，为什么发展中国家会建立起如此腐败、效率低下的政府，在某些方面过于庞大过于贪得无厌，而在另外一些方面又软弱低效呢？无知、

偏见、盲从传统、善用阴谋诡计的寻租"精英们"以各种令　328
人讨厌的方式谋取私利。

　　盎格鲁—撒克逊人的观点通常容易忽视掉的是，许多发展
中国家喜欢建立最大最强势的政府部门，通常能够反映出一些
他们所承受压力。其一是他们有充分的根据让自己担心，如果
政府没有强大的势力则会太过于软弱——去和其他强国抗衡，
在多元民族的新国家维持和平统一局面，去管理资本主义带来
的破坏性后果。因此日本明治时期的领导人有理由相信，和盎
格鲁—撒克逊国家同类发展阶段相比，他们需要更强大和更积
极的政府。凯末尔努力在奥斯曼帝国残余中带来新的秩序，从
而建立了现今的土耳其共和国。他和一系列对手做斗争：国内
的少数民族，反对其现代化计划的宗教传统主义者，希腊和意
大利为扩张领土而发动的军事入侵，北方有苏联共产党的威
胁，还有持敌对态度的英国在那里虎视眈眈。无论是凯末尔本
人，还是他与之合作最为紧密的军队领导，没有人会认为盎格
鲁—撒克逊式的小政府能够处理好土耳其内焦外困的局面。这
个问题上几乎没有异议。

　　另一个原因就是为了提供更多的就业机会。埃及那些未受
到良好教育的大学生们，在机构臃肿、能力低下的政府部门工
作，薪水少得可怜，这的确是令人沮丧的；但从埃及政府的角
度来看又不一样了，他们认为如果让那些刚刚毕业、躁动不安
的几百万大学生们找不到工作，无所事事，那才是令人沮丧的
事情呢。

　　还有另外一个因素在起作用。盎格鲁—撒克逊国家中
（相对）小但（相对）诚实和胜任的政府，并非是孤立存在
的。它们是从特定的文化和历史背景当中发展出来的。它在盎

格鲁—撒克逊国家行之有效，也是因为在民间和政府间的劳动分工，不仅反映了人们的喜好，同时大家也认为是合乎逻辑常理的。至关重要的是，我们的政府在很多方面依赖于英美社会自我管理的能力，尤其是资本主义背景下。

美国需要一个权力不是太大的联邦政府，因为社会各级的商业利益、国家和地方政府、民间团体、家庭乃至个人都在不断地参与到计划制定和决策执行当中去。每个县市都在想方设法吸引商机。几乎每个学院和大学都在开发能够帮助毕业生找到好的就业机会的学位课程，从而招收到更多的学生。教会、犹太教堂和清真寺都在着手帮助处理一些社会问题，让饥饿的人们填饱肚子，并满足穷人的居住需求。嫉妒的政客们费尽心思去挖掘对手们的丑闻和滥用职权的行为等，与此同时也在试图发展自己的政策计划，从而赢得不同程度的大众和商业上的支持。大批家长教师协会的家长们围攻学校管理者，要求学校提供新的课程和设施。然而，这种推动力并非处在无政府状态下；一般而言，美国人普遍比较尊重并遵守法律，即便在无人看管的时候也是如此。

英国和美国这样的国家最大的财富并不是有多少矿藏或者多么广大的农业用地，也不是说在银行有多少储备，而是整个民族的心态和习惯，是人们习惯于自我管理，能够自发推动商业发展，随时准备参加各种形式的自发和私人活动，但同时也习惯于历史悠久的有序自由。这种人力资本和社会资本是迄今最有价值的，也是迄今最难以得到的。

在当今的大部分地方来说，强大政府往往代表着它们试图去克服这种活力和秩序的缺失。中央政府必须强势，因为地方政府既软弱又腐败。国家政府必须在经济发展中发挥主导作用，因为社会普遍缺乏对于大规模经济活动的基本教育、生活经验或是方向定位。

在很多国家，经济诀窍一直集中在一个小群体当中：如和前殖民权势有着密切关系的家族，或是在少数族裔当中，如印尼、马来西亚和泰国的华人；东非的印度人；巴尔干地区的德意志人；包括埃及在内的老奥斯曼帝国大部分地区的希腊人、犹太人和亚美尼亚人；东欧的德意志人和犹太人等。20世纪的民族主义斗争往往导致驱逐和迫害富有又不受欢迎的少数族裔。主流人群确实掌握着政治权势，但他们对经济的理解却往往有限。仓促上阵且教育水平不足的政府官僚企图填补这个空白，他们用政府计划行动来代替之前充满活力的私营经济。其结果往往是非常糟糕的。

遗憾的是，仅仅因为需要一个强势政府并不能使得政府是有益的。两害相权取其轻，但害终归还是害。为帮助他们向资本主义过渡，许多国家采纳的这种强势政府，开始是怀着崇高理想的。在某些情况下，他们甚至能够多年保持志存高远。大部分发展中国家都为自己的选择付出了全部的代价，强势国家的一些缺点是非常严重的，正是这些缺点导致英美青睐相对小的政府，这类政府在计划经济中仅发挥非常有限的作用。在大部分情况下，政府的经济大权往往被那些"寻租精英"们垄断并滥用，这些还不够，他们运用自己手里的经济大权去建立持久的一党专制。在许多国家，那些官员们往往会做出毁灭性极大的悲剧性发展决策。 330

发展中国家到处都散落着无用累赘却又耗资巨大的东西，雄心勃勃的开发项目最终以烂尾收场。菲德尔·卡斯特罗（Fidel Castro）领导下的古巴简直就是一个装满了不切实际计划的墓地：用错误的根本不可行的方法计划把食糖产量提高到创纪录水平，去培育具有超强繁殖能力的奶牛群，打造世界一流的生物技术产业等。位于朝鲜民主主义人民共和国首都平壤的柳京饭店，高达105层且拥有3000间房间，却从未投入营业。不仅仅是那里从来就没有游客前往；据报道整栋建筑已经开始下陷，电梯无法使用。废旧生锈、油漆斑驳的工业设备在非洲比比皆是，那也曾经让非洲人一度满怀希望。[1] 中国长江的葛洲坝水坝建于"文化大革命"时期，现已完工的葛洲坝工程，由于规划不良以及不合格的船闸系统，使得水运阻塞，在一年中大多数时间根本无法产生足够的电力，水库水源遭到严重污染，足以使很多重要的物种濒临灭绝。[2]

　　盎格鲁—撒克逊经济学家常常抵制不了诱惑，去发表一些关于计划经济必败的冗长说教，更重要的是反映出了大多数国家在关键历史阶段所拥有的选择比起英美人在他们关键历史阶段所拥有的选择显得毫无吸引力。

　　更糟糕的是，地缘政治是迥异的。对于英美人来说，资本主义发展的进程符合并巩固了全球政治和安全趋势的重大变革，所采取的方式也是英美人从根本上喜欢并能够理解的。它使得英美两国达到了权力和声望的巅峰。海事系统确实是好东西。而其他国家，从法国开始，可谓是困难重重的。俄罗斯、德国、中国、日本以及阿拉伯世界：世界上这么多的地方都已经看到它们为秩序和统治所做的计划被推到一旁，甚至是它们

---

[1]　Gavin McCormack, "Hard Times in North Korea," *New Left Review* A, no. 198 (1993): 35

[2]　Dai Qing and Lawrence R. Sullivan, "The Three Gorges Dam and China's Energy Dilemma," *Journal of International Affairs* 53, no. 1 (Fall, 1999).

自己的领土之内也发生了极不令人欢迎的变化，因为人们的价值观和行事方式都被英语国家和那些在自身体系中已经成功的外国人大大影响了。对世界上大部分地方而言，英美秩序和自由资本主义所带来的是失利、边缘化、失败和失落。

如同海狸一样，英语国家也已经修建大坝；随着大坝的上升和池塘的上涨，海狸们感觉到世界真是越来越好。它们看到充足的食物和坚不可摧的安全堡垒。但并非所有的动物都因此而高兴。有些动物可能还能设法应对，比如说鱼类、蝾螈或者浣熊等，但是红松鼠或黑松鼠是肯定不愿意它们的树林被毁的；兔子失去了它们的窝巢，狐狸的洞穴也不复存在。

文化冲突

美国人试图努力解决冷战以后世界正朝着矛盾又古怪的方向前进的困惑，两大主要学派在这个时段浮现出来。一种观点看到了美国的自由政治、资本主义经济和国家权力等方面取得的胜利，以及预计了海事系统将不可避免地持续地保持上升。这种看法有助于人们满腔热情地接受福山的观点，即他推测世界已经达到了"历史的终点"。其他人则指出，当今世界上大部分地区对美国核心价值观和政策的反对持续不断甚至是不断增长，学者如塞缪尔·亨廷顿（Samuel Huntington）则推测，世界可能会遭遇"文明的冲突"。福山和亨廷顿论点的支持者之间引发的辩论，是西方历史上非常古老的话题的现代形式。

当福山被问到是否冷战的结束就是历史的终结时，他有意识地把他的观点融入西方启蒙运动的悠久传统，认为大事件最终都是由普遍理性所引导的。在法国真实准确或者即将真实准确的东西，在德国和中国也会是真实准确的。展望世界，人性都是一样的；我们所见的文化差异是偶然且必不可少的；在人类社会按照普遍的自然规律发展的时候，他们将倾向于在政治、经济的布局以及意识信仰上向同一个方向会合。文化差异将继续存在，但它们将会是微不足道的，只是意大利人喜欢通心粉，瑞典人爱吃鲱鱼，新加坡人钟爱咖喱鱼头而已。然而在重大问题上，他们将会是一致的，都是后宗教的、民主的、自由的和资本主义的。

亨廷顿的世界，则是一个处处充满着无法抑制的冲突和不可调和的逻辑的世界。宗教和文化使得人们响应不同的动力和理念。穆斯林并不愿意像西方人一样生活；印度教也不想和儒家一样生活。塞尔维亚人不希望自己的国家更像是法国。什么东西在巴格达是真的，到了德里就被认定是假的。

332 　　福山的世界以世俗形式的上帝之城而达到高潮，全人类幸福生活在同一套单一法律下。在亨廷顿的世界，我们拥有了一座巴别塔：上帝"变乱了人们的语言"，永远也不可能出现治理全人类的单一框架。

这些近期的辩论再现了 19 世纪欧洲政治的冲突，这类冲突发生于那些信仰普遍的、全世界的革命的人们（无论是受到鼓舞的资产阶级者还是社会主义者）和关心本国解放和发展的民族主义者之间。福山站在了康德（Kant）、黑格尔、马克思和英国曼彻斯特经济学派的著名学者理查德·科布登（Richard Cobden）、约翰·布莱特（John Bright）等人的一侧；亨廷顿则是詹巴蒂斯塔·维柯（Giambattista Vico）、约翰·哥特弗雷德·赫尔德（Johann Gottfried Herder）、19 世纪的浪漫主义作家，以及以赛亚·伯林（Isaiah Berlin）等人的继任者。

关于普遍理性和文化特殊性之间的辩论极大地丰富了西方

知识分子的学术生活。两方面的原理都有道理。一方面，一种普遍逻辑昭示着全球化的进程，而且在全世界的很多国家已经发生了显著的交融现象，因为经济和社会发展的需要迫使体制变化和改革。而另一方面，很多事实证明文化范式的涵盖范畴要比普遍理性已经胜利带领历史进程走向终点的理念要好得多。我们并不需要"9·11"事件来警醒我们，根深蒂固的文化冲突是不可能从我们的世界里消失殆尽的。

　　在提出文明冲突的前景时，亨廷顿既不认为这种冲突是人类无法避免的，也不主张我们确实有文化冲突。他希望关于引领世界朝这个方向发展的动力的分析报告有助于在某些方面指导行为，从而使冲突尽可能减少。要完成这个问题的分析报告，他发现自己运用的历史和文化理念很大程度上是源自赫尔德的理论，并受到一系列欧洲 18、19 世纪的浪漫主义和民族主义作家的深刻影响。

　　尽管赫尔德攻击了康德和他所持有的后爱国主义的普世观，从很多方面看来，赫尔德仍不失为启蒙运动的重要人物。他是自由主义者、共和主义者，甚至是个平等主义者——18世纪的德国，世事远比今天要困难得多。他也是亚伯拉罕式的：他相信历史进程是一个引领人类从较低的水平到辉煌的顶峰的发展之路。但是赫尔德对这条朝向顶峰的路径的理解却迥异于现代主义者所持并一直在这一群体中最为流行的观点。

　　从康德到亚历山大·科耶夫（Alexandre Kojève），黑格尔派的哲学家们成为对历史的终结这一概念的直接负责者，这一概念也出现在福山的论著中，进步现代主义的解读者已经是国际主义者。也就是说，他们认定人类社会中的文化差异最多只有短暂的重要性。历史前进的动力这类真正让大事发生的伟大

333

力量都是全世界普遍的：共同的价值观、经济规律和人性本身的结构等。这是普遍的历史，其观点集中在超越了地理、文化和文明界限的力量当中。这是一个国际主义的世界观：最重要的事情是我们有共同之处。

虽然赫尔德本人在很大程度上是同情法国大革命的，他写作的时候，许多德国爱国者反对革命，认为那是傲慢的普世主义。如同大部分那个时代的德国人一样，赫尔德设想的迈向历史的终结的路径是不一样的，更少国际主义，也更少注重理性。无论是谈到民间传统、习俗或是宗教这些涉及人们灵魂最深的、潜意识的深处，在赫尔德的心目中，文化都是人性的一个基本组成部分。这意味着即使所有人有可能是平等的，但他们却不会是相同的。德国人和法国人是不同的，巴黎人所认定正确的事情可能在巴伐利亚人那儿就未必真实了。

赫尔德对古文和现代语言都颇有研究；他非常强调语言对思想和观念的塑造能力。说不同语言的人们，并非仅仅是遣词造句的词语不同，他们所看到的事情也同样不尽相同。人们产生的不同的观念和文化，并不是国际主义者所认为的所谓微不足道的附属现象。它们是人类本性的组成和实质；对人类而言，多样性是基本组成部分。

赫尔德并不认为人们能够、应该或是将要随着时间的推移去"克服"文化差异：当历史终结之时，我们不会都是讲世界语的。相反，他认为随着人类历史迈向巅峰，观念文化的差异化将持续下去并不断深化。他的历史终结观不是一个有着单一文化和同样制度机构的人类社会，而是一个有着多样性的，有时甚至相互竞争的观点和理念的大家庭。这是特定的历史；全人类可能会朝着相同的大方向前进，但每个民族、每种文化和文明都会

以自己独特的方式、走自己的道路不断发展。当人类历史到达后
历史时代的普世和平状态时，那种和平应该是建立在世界上不同
文化所呈现的不同理念、价值观、制度和优先权等基础之上的。

　　两种观点都有可能出错。法西斯主义就曲解了赫尔德关于
民族性是人类身份认同的本质的观点；马克思列宁主义又是对
普世国际主义逻辑的误解。我们无法去整齐地划分两个学派，
哪个是左、哪个是右。当今的左派多元文化主义者站在赫尔德
的立场，支持埃德蒙·伯克的保守派则属右翼。与此同时，美
国的新保守派以及最为自由派的国际主义者们，又成了黑格尔
和康德的普世性和国际性传统的拥护者。

　　认为英美经济和政治自由主义正席卷全世界的人明显是站
在普遍历史的基础之上的。在他们看来，中东的阿拉伯穆斯林
和得克萨斯州的福音派基督徒之间的差异到最后其实并不是那
么重要的。只要有机会，阿拉伯穆斯林会很快接受沃思堡①的
核心价值观和习惯。其他人在特定历史范畴内思考，英美辉格
党派试图给这个复杂多变的世界强加一个后者永远不会接受的
统一思想。举例来说，许多多元文化主义者和后现代主义者认
为人类本性中文化的影响是极其深远和不可避免的，根本谈不
上去围绕自由民主的资本主义朝大融合方向前进，这个世界可
以说是将会永远被截然不同的文化以及（或者）文明区域划分
开来的。人们并不会希望去拥有同样的东西，因此，世界各
地的人们是不可能对辉格派的东西照单全收的。

　　尽管很多思想家认为这两种历史思维模式是互相排斥的，

①　得州北部最主要的商业交通中心。——译者注

但在试图分析资本主义世界，尤其是英美国家和世界其他国家的相互作用的问题时，把两个方面都考虑进去会很有帮助。资本主义被认为是普遍历史道路上的社会和经济动力：它跨越所有文化和文明的疆界，并强加其自身的逻辑和现实于世界各地的人们，也不管他们怎么想或者到底要什么。也就是说，一旦一个国家或者世界的一部分当真走上了资本主义道路，其他国家就得跟上资本主义领导地位国家的科技、经济和社会发展，如若不然，则将可能无法掌握自己的命运，因为实力和势力都在不可避免地转移到那些有能力掌握新的动力的国家手中。19世纪的日本就能掌控当时的体系并保持不败；中国和其他很多国家一样，无法适应新的活力，经历几十年之久的屈辱和失败。中国和日本在面对19世纪的挑战时所显现的不同能力可能深植于两个国家的文化和历史，但它们当时必须面临的挑战是客观的，不论是否喜欢。

335 美国人特别信服的是，当然其他人也一样，冷战过后，历史本该已经走到了尽头，因为证据显示英美模式的自由资本主义民主制度相比任何现有竞争对手的经济模式有效得多。在伦理和精神价值以及它的经济和地缘政治目标之间，辉格派的原则实现了（或者很多人认为他们实现了）一次完美的联姻。其通向世俗经济的路线被视为非常有效的，任何国家如若不想陷入落后无助的境地，除了遵循英美之路，别无他法。在大多数情况下，上帝的恩典如甘霖倾注于那些跟着海象和木匠的人们的水桶里；对那些做得少的人们，上帝的恩典则少得多。

追随科耶夫的脚步，福山的政治分析基础牢牢建立于黑格尔所信仰的历史发展动力之上：人类需要获得承认。正统的黑格尔主义者认为，作为一个完整的人、一个平等的人，渴望得到他人的接受并受到尊重，这是历史在政治、宗教和文化方面的发展动力。我们的祖先在原始的史前时代应该都曾经是平等的，但随着人口不断增加，人们开始对资源竞相争夺，世界被分成赢家和输家——主人，统治着他们的社会并强迫输家受他们摆布、遭他们奴役；和奴隶，那些在竞争中落败的情愿偷生为奴也不愿战死的人。

显而易见，当主人当然比奴隶好多了，但不管是主是仆都并不为这种划分而感到满足。奴隶被看作低人一等，而且降低到物品的地位。显然他们的认同需求并未实现。但主人们也同样遇到各种各样的问题。只有在地位差不多的人面前，你才被看作是平等的；奴隶们是可以为你劳作，在你发号施令的时候，他们会吓得胆战心惊，但他们却不能给你最渴望得到的对你平等人性的自由且自然的承认。

黑格尔眼中的人类历史时期，是一个奴隶和主人逐渐超越他们最初的分界线的漫长过程。例如，基督教就称颂无论是主是仆，在上帝眼中都是完整的人。他们理论上是平等的，尽管现实是滞后的。

在福山看来，自由民主社会最终实现了全人类千百年来一直在寻求的目标。这并不是因为它制造了极具诱惑力的消费品的聚宝盆，而是因为自由民主制度为承认问题提供了一个解决方案。自由民主制度尊重所有人的平等和尊严，这和以前的封建社会或奴隶社会有根本的不同。西方社会的人们并非只是在理论上实现了人人平等；他们在选举投票权和法律面前都是平等的。

福山指出，人们并不只想被承认为平等的人。他们也希望去参与竞争、去赢得和享受成功带来的回报。自由民主社会让

336

不可能成为可能；它容许人们在政治和商业竞争中为名誉、光荣和财富而战，但失利者也并没有被彻底粉碎。

自由民主的资本主义相比竞争的经济和政治制度来说，更符合人性；这就是它能够胜出的原因所在。在福山看来，苏联的解体代表的是强权在非自由民主资本主义基础上的最后一次尝试。苏联的溃败彻底表明了试图反对这种体制是徒劳无功的。

这一论证非常有道理；到目前为止，它无法被反驳。然而作为一个满足每个人需求的社会体制，自由民主制度树敌颇多。如果说自由资本主义民主能够完美地迎合每个人的需求，那为什么会有这么多人痛恨它并对抗它呢？

赫尔德之后，文化尤其是历史方面的学者们有了新的答案：集体承认的问题。个体并不仅仅满足于在个人基础上被认为是平等的。人们获得认同感部分是来自于他们所属的重要群体如种族、部落、国家和宗教等。他们对于承认的个人动力将不会停止，直到他们的信仰或者国家得到了承认。

赫尔德认为，人类是需要归属于一个群体的，个体身份必然植根于他的群体归属感。从这个角度出发，个人和集体权利的区别在那些国际主义思想家和英美个人主义者来看，开始似乎都是很模糊的。如果对我所归属的群体进行侮辱，并非只是侮辱了这个群体，这同样是对我本人的侮辱。如果我所在的群体没有得到应有的承认，那么我的承认需求是无法满足的。

这不仅是一个理论上的问题。在现实世界，并没有一个理想的"自由社会"呈现在人们面前；摆在人们面前的事情非常具体：海事系统。人们要接受自由主义社会，不仅只是接受资本主义思想和价值观为理想体系；还必须接受——或者至少做好容忍的准备——已经将自由资本主义带到了目前发展阶段的国际体系。海事系统、美国的独特地位、迅速掌握当前全球体系的技术及其他往往令人生厌的方面的不同西方国家的特权地位，这些和自由社会的抽象概念此时此地是千丝万缕纠缠在一起的。

337

这同样是赫德尔时代的德国人面对的境况，也是当时为什么有那么多著名德国知识分子和艺术家们抵制法国大革命，尽管他们对其中一些价值观有所同情。在当时特定的历史情况下，他们不仅是简单面对民主价值观对王室专制的问题。法国大革命可能在有些方面是受欢迎的，但法国军队傲慢和敲诈性的占领，以及阴谋计划来推动拿破仑·波拿巴的个人和王朝利益等种种行径，是绝大多数德国人无法接受的。抽象的体系可能会比较有吸引力，打包提供唯一具体方案却不吸引人。德国的民族主义和反启蒙价值观联系在一起，这种发展产生的灾难性后果困扰了欧洲很多代人。

德国抵制了法国大革命，而对大革命的接受意味着接受法国在欧洲的永久性霸权。当今有很多人抵制自由资本主义，而对自由资本主义的接受意味着接受了美国在全世界的领导地位。

远不止这些。如今的自由民主的资本主义并不只是美国文化的一种表达。正如我们所看到的，它深深植根于作为一个整体的西方传统，尤其是基督教。是否接受自由资本主义民主就意味着所处的世界中基督教被公认为领导性宗教，而且西方历史、西方理想和西方列强在这个世界中有着特殊作用呢？当今时代大多数国家的大多数人都不会自愿接受一个有着这些后果的世界秩序。

不仅如此，文化塑造了我们的理解方式并定义了我们的个人愿望和目标。相比英美世界，对于世界上很多地方来说，人与人之间的平等更多是意味着收入的平等。美国人还在争论着男女之间的平等到底意味着什么；这个问题在全球范围内是很难达成共识的。当代西方人认为平等意味着女性权益的全面平等；在非法移民这个问题上，平等的意义则产生了更多的分歧，对于法律制度有系统地边缘化或者惩罚非法移民，很多西方人感到非常自在。在世界其他很多地方，感觉正好相反，人们认为用不同的规则和要求去针对男性和女性，这是很自然也很适当的，而西方社会的移民法则和用这种合法的歧视来针对"非法"移民，是极度不可接受的不公正。人们对平等和自由的追求可以说是普遍的；然而，对于其真正的价值，却是在特定背景下被定义和寻求的，人们往往不同意它们的含义。

338

如果国际社会要满足我的承认需求，仅仅给我提供一个法律上的平等是远远不够的。我必须还要感受到文化上的平等。如果这个世界秩序不是如同一个公正世界那样尊重我的宗教信仰和尊敬我的道德体系，那么我的承认需求仍然没有得到满足。

文化并非仅仅塑造我们对待自由民主社会的价值和权力模式的态度，这一模式事实上存在于海事系统之中；它也会影响到我们在其中蓬勃发展的能力。遗憾的是，擅长或不擅长发展资本主义对于每一国家或每一文化的国际地位有着重大后果。日本和古巴喜欢棒球，德国和尼日利亚却不喜欢，这都完全不要紧。重要的是，到目前为止，日本和德国非常擅长发展资本主义，而古巴和尼日利亚则远非如此。

这种效果可以自我强化。一种文化从本来就不喜欢资本主义，或者在这特定的比赛中没有装备好，将会对于世界走向的方式越来越不满。本来就不喜欢盎格鲁—撒克逊资本主义及其文化的国家，将不可能喜欢一个由盎格鲁—撒克逊力量和价值观主导的世界秩序。他们还将发展滞后，无法采用新的科技或开发新的行业和公司，而这些原本是可以从全球体系中找到机会获得利益的。而相对于其他从文化上更擅长这一特定比赛的那些国家来说，这些国家将会变得更加贫穷和弱势。所有这一切则有可能让这些国家更不喜欢资本主义，也更难参与比赛。这些国家非常容易陷入疏离和失败的恶性循环。

这个结果是自相矛盾的。黑格尔普遍历史和特定历史的力量再加上文化差异联手塑造了我们当今所处的世界。拥有能够在新兴资本主义架构中进行竞争的能力，是全球权力和财富分布中最为重要的力量。因为文化对于塑造个人欲望和观点有着非常大的影响力，且对资本主义竞争的亲和力和参与能力就建立在文化的基础上，资本主义的发展使得文化成为在决定全球权力结构方面更强大的因素。

对于那些每次英美胜利之后期待看到历史终结与和平统治的人来说，这确实是令人沮丧的悖论。如果说有的话，那么自由资本主义是普遍历史的动力。它如同一把大镰刀，削减世界各地的文化和文明之间的障碍，从而强加其自身逻辑。但到目前为止，这个结果还不是英美人一直在寻求的普世民主和平。

相反地：自由民主资本主义的胜利赋予其反对方以新动力和能量。当自由资本主义塑造世界历史的流向、文化塑造着不同国家和社会管理资本主义发展的能力时，文化成为世界政治和权力中越来越重要的因素。

由于远远不能满足人类最深处的愿望，当前的世界体系和

339

世界秩序使得众多人不但感到挫败，更为之愤怒。黑格尔主义者仍可以认为在未来的某个时间点，那些误入歧途的资本主义之敌终会战胜他们从自身文化中吸纳的落后的价值观和理念，从而加入世界体系的支持阵营当中。这种现象可能会发生，但是没有人能保证它会很快发生。

美国人不会真正了解自己在国际社会中的作用，直到他们已经真正全面掌握了这种介于美国社会在本土甚至是国际上取得的成功和全球对美国计划和美国方式的不满程度之间的矛盾关系。成功树立了美国人对辉格叙事和美国计划的信心；成功也同样创造了阻力。大坝越大，池塘也越大；它确实是让海狸沾沾自喜且窃笑不已，但其他的动物如松鼠、狐狸和兔子等，则更加愤怒和惊恐。

本书开篇提出的五个问题，到目前为止我们至少给出了部分答案。我们已经阐述了英美人给国际政治带来的独特的文化和政治议程。我们研究了地缘政治和经济战略使得他们在过去三百年的权力政治中获胜。我们已经看到他们是如何建立了海事系统的两个后续版本。我们审阅了英美人把历史进程作为一个整体和他们所处地位的独特观点，我们也已经看到为什么他们所期望的世界和平如此频繁和痛苦地令人失望。最后一个问题还依然存在。如果说英美期望海事系统正在领导世界走向繁荣和平退一步说是不成熟的，那么到底英美实力意味着什么？对于海洋秩序可能出现的前景，以及英美实力在更广阔人类故事中的意义，这所有的历史究竟意味着什么，今天又可以教给我们什么？

第五部分

历史的教训

第 20 章　海权的未来

这本书是一个思想实验，自从光荣革命以来的三个世纪，
我们习惯于更多地关注"欧洲文明"或者"西方"，认为它们
是国际社会的主角，当我们转变焦点，开始集中关注很大程度
上不再完全基于英语世界权力的海洋秩序的崛起的时候，我们
就要转动历史望远镜的旋钮，看看会有什么新的模式显现出
来。从这个角度来看，英吉利海峡似乎比平常更为辽阔和深
邃，而大西洋则看上去更小更浅了。

我们扭转望远镜，将重点从一体化的西方调到海事系统和
英语世界，将其作为故事的主要英雄（有时也是恶魔），不是
准备反驳传统故事，而是去提炼它。我并不提倡摒弃西方文明
的概念，毕竟它在世界历史的近几个世纪里扮演的是极为重要
的角色，但我坚持认为我们应该更深入地去研究西方世界的结
构。

至此，我已经描述了近现代历史上发生的事情，探究为什
么这些事情会发生，并审视了近三个世纪以来，英语国家是如
何诠释和理解自身的经验，从而展现英美实力的地缘政治、经
济乃至具有根本意义的文化的基石的。这是对美国实力的长远
观点：不把过去六十年美国的首要地位当作是世界历史的一个
孤立时期，我们可以把它看作是海洋秩序长期发展的最新阶
段。

当我们从发展和探索对美国实力的观点转到探究当今美国
人和世界上其他人对那种观点的使用之时，新问题出现了。关

344 于海洋秩序历史的知识和关于美国实力的长远观点如何影响对美国大战略和外交政策中关键议题的辩论呢？

历史不会为决策者给出一贯正确的答案，但对它的谨慎运用可以提供问题的来龙去脉，令我们的辩论更加尖锐和机智。把对于美国外交政策的讨论建立在海洋秩序的长期历史之上，突出了美国全球地位中的地缘政治、经济和文化的基础。这种关注促进了对真正重要的问题和重点展开更清晰的讨论，同时也为美国政策和权力的讨论提供了一个更深入、更广泛、更丰富，以及最终是更有用的平台背景。我还是会再深入一些。如果没有理解海事系统的长期发展的来龙去脉，我们是不可能看清楚当今的美国力量和世界秩序的问题的。海事系统的历史对于美国历史及其自身的现状和面临的选择等，都是最佳指导；至少在美国，这门历史研究应该成为世界历史和美国历史的基础课程。更广泛的来说，这段历史知识应该成为每个人知识储备的一部分，美国人和相似的外国人参与到美国外交政策的形成和制定。可以说，争论"白人盎格鲁—撒克逊新教徒研究"是否应该重新回到中心舞台，这可能不会受到普遍欢迎，但这是那些关心权力的人需要去研究的一个角度，无论他们希望去改革、推翻全球权力体系或是长久保持不变。

长远眼光常常能够从这种角度来看待当下的辩论。比如说，美国和英国在"9·11"事件之后设立的反恐机构和安全法，显然就是受到实际或是感知到的威胁的时候这类有悠久传统法律的国家的最新表达。从一方面来看，这是令人欣慰的。反对这些法律的人们，认为它们意味着永远丧失，这种看法可能是错误的。过去的四百年时间里，英语国家可以说普遍朝着一个方向发展，即使得个人拥有越来越大的个人自由和政治自由。战争年代，这个发展进程常常搁置甚至是逆转，但迄今为止，当危机过去后，限制基本都被解除了。另一方面，记载也清楚地表明这些法律有些时候比实际所需要的严格得多，结果个人和群体为此都遭受到极不公平的对待。

长远眼光同样可以提高我们对同盟和联盟政治的理解。对于那些只从世界强国的角度来考量美国历史的人来说，历史始于 20 世纪 40 年代；只有二战和冷战可以作为国际伙伴关系和联盟政治起作用或是失败的例证。以海事系统的标准来衡量，上述两次的联盟都是相对直接的。冷战同盟成立于 20 世纪 40 年代后期，延续了四十年也基本没什么变化；二战时期和苏联的同盟是更为狂风暴雨式的关系，但美国介入战争的时间不到四年。这些不寻常的良好经验可能会使得美国人在面对长期战争中的多元权力联盟更为曲折坎坷的特性时，有些准备不足。反对路易十四和拿破仑的战争中，同盟关系错综复杂且难以处理，各盟国都有自己不同的议程和最先需要解决的重点，如果从英国的角度来看，这些都对战争的进程产生了严重的，有时甚至是极其不幸的后果。反恐战争相对来说还处于初期阶段，但其国际政治态势已经更像是历时更久和更为复杂的伙伴关系，而不是像过去五十年中相对简单的各类国际联盟。对这些动力更加深入的认识在"9·11"事件之后本可以对布什政府有很大的帮助，使得政府的批评者和支持者在那段困难迷茫的岁月都能够提出更周到、更合适的政策建议。

冷战和二战时期的国内政治，相比较早时候的国际争端也要更为直接。反法战争时期，英国政客们不仅在战略上，而且在必要性和伦理道德方面都存在着很大的分歧。很多英国最著名的政治和知识分子领袖人物在美国革命时期支持美国人民，在法国大革命的大部分时期他们亦是站在法国人民那一边。与其说是战事发展倒不如说是国内政治，将英国带到谈判桌前，终结了西班牙王位继承战争和英法七年战争。

对海洋秩序历史有更丰富的知识，这本可使得美国在1989 年苏联解体之后占得先机。这种知识不仅可以有助于限制关于历史已经终结的幻觉——在这种幻觉作用下人们认为可以安全地放下对国际事务的警觉；它还本可帮助美国人民认识到正在发生的变化，使得他们更清楚地思考所面临的选择。在过去三百年时间里，海洋秩序存在于两种非常不同的条件之下。不同时期里，英国和美国都在积极捍卫海事系统，积极防御国家或国家联盟企图推翻其根基的直接攻击；有时它们发现自己努力管理的秩序并没有受到攻击。这两种任务需要截然不同的考虑重点和展望，但无论从哪个角度来看，它们都是非常困难和费力的。对在相对和平时期管理国际体系的难度和责任更好的理解本应对 1989 年之后的美国起到帮助作用；对于防卫这一体系免遭攻击的动力和危险的更深理解，本可帮助布什政府在 "9·11" 事件之后避免一些代价高昂的错误。将来几代的美国领导人，不论是在和平时期还是战争时期，很可能会从对任务的更深刻判断和前辈们取得的成就上，受益无穷。

除了更清楚地阐明特定政策问题之外，长远眼光还有助于让我们理解所面临的重大问题：在英美时代的第四个世纪之时，美国实力的前景如何，又该怎样去迎接挑战。

美国在衰落吗？

冷战结束之后，美国和其他地方的政策制定者和思想家们一直就美国力量的未来进程展开辩论。广义而言，在辩论中有两种主要立场。一些人认为，美国已经开始或是即将开始进入不可阻挡的衰落过程。另一些人认为，查尔斯·克劳萨默（Charles Krauthammer）于1990年描绘的"单极世界"可能会持续下去，美国霸权随着时间推移可能注定会变得更为强大。在海事史的背景下，这个辩论显得太过严峻。走向衰落和持续的"单极世界"都是可能的未来；只是，这两种可能性都不大。

衰落论者的论据一般来自两种观点之一：一是关于文明兴衰的一般论证，或是关于美国和英国之间的类比，无论是明示还是暗示。

文明论证主要是建立在一个松散的推理和认知的基础上。首先，其支持者认为历史上所有的文明都会走向衰落。因此他们推理说，美国是西方文明的一部分，其衰落是显而易见的。美国并非是终将衰落，而是衰落已经来临。塞缪尔·亨廷顿在他的著作《文明的冲突》的最后一章提出了这个观点。第二种论点也有些相仿：所有大国终将走向衰落。美国也是一个大国。所以，美国必将衰落。

这些说法并不像人们有时想象的那么可靠，原因不仅在于证明某事物终将衰落和证明该事物正在衰落是截然不同的。植根于奥斯瓦尔德·斯宾格勒（Oswald Spengler）和阿诺尔德·汤因比（Arnold Toynbee）这类学者的研究理论，这些对于文明和历史的观点看起来在20世纪前半叶要比如今更为贴切。想想所有文明终将衰落的理念。或许五十年或一百年前，中国看起来是个例子，一个曾经辉煌伟大的文明（和帝国）看上去已经轰然倒塌，落入可耻的倒退和虚弱的境地。那中国是否现在还是如此呢？还有印度呢？它们都是世界上最古老的文明

347

大国，它们的发展历程中并不会大起大落得非常剧烈，它们更像是月亮的盈亏，月缺会再圆。它们有顺境和逆境，但它们从自身的挫折中恢复过来并继续前行，尽管它们一直在回到我们手头有文字记载的最早年代。有些文明的确会衰落；其他文明则经历了一个接一个的危机。所有文明的老化和衰落是无法避免的必然规律，这个观点在 1920 年是让人非常信服的，那个年代除了扎根于西欧（和日本）的文明之外，其他文明似乎都摇摇欲坠、难逃厄运。

今天，这些文明看上去不再像准备走进墓地。这个事实应该并且也许最终会让人们不再相信把文明的过程和人的出生、青年、壮年直至衰老这个不可避免的规律做类比的观点了。然而就现在而言，衰落的信念仍然强劲，但衰落的地方却发生了变化。中国、印度和伊斯兰国家如今正在崛起，这些都是文明充满活力和不断壮大的实例；反而是欧洲，常常看起来像是在踉跄蹒跚地走进需要帮助的养老院，这种衰落反映出历史必然性不可阻挡的过程。

这里真实的教训应该是，文明的衰退和衰落是完全可以避免的，文明和文化的前景是可以在短时间内转换的。的确，伟大文明已经衰落，但这是例外而非规则。不论是来自原始部落的蛮族还是恶行昭著的"文明人"的入侵，人口或是生态灾难，还有宗教改信，都会导致文化发生深刻的变化，后来的观察家称之为某一特定文明的衰落，但这些大概从来都不常见，到如今就更是罕见了。世界上所有现存的伟大文明都是非常古老的，它们历经多次冲击和萧条，但都幸存下来。伟大的文明不会坍塌；它受到推动，综合各种条件进行不同寻常的组合，整个文明从而突破自己的极限。

　　即便有这样一个前提，美国是西方文明的一部分，而且整个西方文明都开始面临衰落，人们不禁也要问到底美国的政治命运和西方世界其他地方尤其是和西欧联系得到底有多紧密呢？在亨廷顿和其他重点分析文化的学者如罗伯特·梅里（Robert Merry）看来，他们的紧密联系犹如无法分开的连体婴儿。即使存在分歧，但西方世界在国际政治中仍是一个整体，美国和欧洲联盟对抗世界其他崛起文明是我们唯一的现实选择。可悲的是，这类分析家普遍断定，在面对其他更有活力的文明的竞争时，这种结盟只能延缓和推迟垂垂老矣的西方国家在对抗更有活力的文明时不可避免的衰落过程。

　　也许，但是历史记录似乎表明，英国之所以战胜了西班牙和法国，是因为它们有着不同的宗教概念、不同的社会价值观，以及政府和社会之间关系的不同理念。世界历史似乎也证实，这绝非侥幸；当涉及国家和帝国的政治命运的时候，主要文明内部的分歧要比其共同点重要得多。

　　希腊—罗马文明两个古老的两等份分享了很多共同的价值观和理念，希腊哲学和文化是罗马文化生活中的决定性因素。然而从政治角度来看，它们的命运并无联系。雅典霸权的巅峰大约是在公元前 430 年，接近伯罗奔尼撒战争的爆发。希腊文明的全盛时期是在 100 多年后亚历山大大帝征服了埃及和波斯之后，虽然对此有争议。古希腊的衰亡并没有导致古罗马的衰亡。相反的是：当古希腊实力日渐衰退的时候，古罗马的实力反而壮大起来，是罗马的武力终结了一些主要的希腊王国的权力。直到亚历山大大帝去世四百年后，罗马帝国的版图在图拉真皇帝的统治下达到了极盛，三个多世纪之后，罗马遭到了哥特人的洗劫。

348

很多情况下，世界伟大文明的不同组成部分在同一时期都面临截然不同的政治前景。近代早期，在伊斯兰世界，阿拉伯力量在西班牙覆灭，在西地中海地区也在衰退，而同时期的奥斯曼帝国、波斯帝国和莫卧儿帝国正崛起迎来辉煌的鼎盛时代。20世纪初期，日本确立了自己大国的地位，即使如中国，可以说是日本文化和文明的源泉，在大多数观察家眼中已经是病入膏肓、无可救药了。

我并不认为欧洲是命中注定势必走向衰落的。旧世界有足够的资源去解决和克服其种种问题，而且它也应该选择这样做。即便欧洲持续衰退，这也并不意味着西方文明中内部的弱点或枯竭将会连累美国一起衰退。并非欧洲和英语世界之间的相似之处，而是它们之间的差异在今天仍然继续塑造大西洋世界的大事，从17世纪开始就是如此。欧洲的衰落——如果欧洲没有摆脱现在的萧条，而是持续衰退——并不会意味着美国同样也会衰退或者是海事系统的崩溃。同样，当年亚历山大大帝去世之后各个希腊王国的衰退并没有连累古罗马一起灭亡。

第二个派别的衰落论观点往往出自对海事历史和海权动力相对简单且并不系统的理解。其中最常见的一种说法是，巨大的预算和/或者贸易赤字将造成美国经济的崩溃，美国的世界地位也随之瓦解。

提出这些论点的观察家们并非完全是被误导的。美国经济活力对于美国在全球的地位是至关重要的，任何威胁到经济活力的因素，对美国实力来说都有可能是致命的威胁。但债务，甚至是高负债，和经济活力之间的关系并非像看起来那么简单。

正如我们已经看到的，早在 1850 年，麦考利在描述英格兰银行的根基时就做出了有关国债与国家毁灭的 150 年以上的可怕预言。从麦考利时代以来，150 多年过去了，毁灭的可怕预言不绝于耳。然而到目前为止，毁灭没有到来。美国在整个 19 世纪都是一个债务国；百年债务之后，这个国家反而变得更为强大和富裕。二战之后，美国的国债所占国内生产总值的比重远远高于其在六十年之后的比重。国家并没有崩溃。里根政府期间媒体一再重复，那些年的财政预算和贸易赤字前所未有，超过千亿美金的赤字伸展到"视线的尽头"，毁灭即将到来。

结果怎样呢？在 1983 年到 2006 年这不到 20 年的时间里，美国经济经历了历史上两次持续时间最长的增长期，中间只有短暂轻微的不景气。1983 年，竞争对手如欧洲和日本似乎就要超越美国经济，它们在下一时代费尽心思，焦虑地研究和寻求复制美国经济继续享有的非凡成功。远远不是在里根时代高山般的可怕债务的重负下蹒跚前行，克林顿政府继续写下了世界历史上无与伦比的繁荣篇章。

海洋秩序的历史表明，英美人并不会在无债务情况下而出 350
类拔萃。相反的是，他们通常比其他民族背负更大的债务。但他们历史上一直比他人更善于通过创造性融资和灵活市场来管理债务，他们一直以来在充分利用借来的钱方面取得了不寻常的成功。在背负惊人巨债的同时，却能够保持持续增长和繁荣，从 17 世纪晚期英美人从"荷兰金融"中所领会到这种技术开始，这种能力一直以来都是英美人的标志。也许说不定哪天这个本领就不起作用了，不过到目前为止都还处理得不错。

负债阴影下的繁荣和权力迄今已经超过三百年，然而呼吁声持续引发同样的关注和警告，就如同这种现象和警示是新近产生的一样。英语国家债务高涨的每个阶段，几乎都有各种各样的声音出现，指出新的债务高过旧债，因此崩溃的危险可以说是超过以往任何时候。

也许——但也有可能是真的——不断重复的警报呼吁是文化进程的一个组成部分，这一文化进程在这超过三百年的时间里，使得英语国家的人们能够管理他们的财务。在那么长的时间里，众多深思熟虑、受过良好教育并倍受尊重的人物不断提出了金融末日迫在眉睫的预言，并收集了大量强有力的事实来巩固自己的论据；他们导致公众和精英舆论进入一个接一个的恐慌、悲观和忧郁——这些观点是极度且永久错误的。

拿当今的美国的国际地位和一百年前的英国相比较，则引发了更加强有力的争论。英国的地位最终被兴起的大国如俄罗斯、德国和美国赶超，有论证指出，当今的美国的国际地位也将被亚洲飞速发展的超级大国取代。中国和印度目前的经济增长速度是美国的三到四倍，在购买力同等的基础上增长相当快速，在市场汇率基础上增长更为缓慢。这些国家的经济很可能会从规模和技术复杂性等方面赶上甚至是超过美国。如果这种情况发生，美国则会处在 1910 年英国的位置：所面对的经济和政治对手们比自己有更多的人口数量和更庞大的经济。论证继续指出，在这个世界里，美国将无路可走，只能走上英国长期衰落的老路。这种逻辑巩固了耶鲁学者保罗·肯尼迪（Paul Kennedy）的"大国过度扩张"的部分理论，在这种状况下我们维持我们的承诺要超出自己的能力。

这种类比从表面上看来是准确而无法避免的；这大概是支

持美国在 21 世纪将面临不可避免的衰退观点的主要知识背景的支柱。但我们不妨仔细分析一下，即使这个类比是根据海事系统的历史，也表明了支撑着独一无二的美国国际地位的力量可能要比乍看上去明显强大得多。

开始，英国实现其无可匹敌的国际地位的时候，其国家人口还不及法国的三分之一，国内生产总值大约是后者的一半。1700 年的英国大约有 600 万人口，法国则有约 2100 万人。当时英国的国内生产总值换算成 2006 年的价值大约是 1060 万美元，法国则是 1950 万美元。[1]

全球范围内也同样存在这个模式。据悉，1820 年的中国是当时世界上最大的经济体，占全球国内生产总值的 33%。[2] 从经济上来看，英国占领印度帝国简直就像是蟾蜍吞下了一头牛；英国当时在全球生产总值中只占大约 5%，[3] 而印度的经济规模在 19 世纪末一直明显大于英国。[4] 英国的国内生产总值在全球范围的比例据悉是在 1870 年达到巅峰，大约占全球的 7%，这已经是英国崛起成为世界强国之后两百年的事情了，而且一些学者认为，就在同一时间，英国的衰落已然

[1]　Angus Maddison, *The World Economy: A Millennial Perspective* (Paris: Development Center of the Organization for Economic Cooperation and Development, 2001), 261.

[2]　Angus Maddison, *The World Economy: A Millennial Perspective* (Paris: Development Center of the Organization for Economic Cooperation and Development, 2001), 261.

[3]　Angus Maddison, *The World Economy: A Millennial Perspective* (Paris: Development Center of the Organization for Economic Cooperation and Development, 2001), 261.

[4]　Angus Maddison, *The World Economy: A Millennial Perspective* (Paris: Development Center of the Organization for Economic Cooperation and Development, 2001), 261.

开始。①

显然，国家经济和政治作用的相对大小之间的关系并不简单。英国成为世界霸主的时候，其经济规模远远小于一些反对它的国家。因此，一个国家经济的相对规模下降就会自动转换成其政治地位的下降，并不显然。现在印度在全球国内生产总值中所占份额相比其在 19 世纪来说是大为下降，但如今这个统一而民主的印度与两百年前英国在次大陆扩展权威的时期相比，正在国际舞台上扮演着非常有力的角色。

在可预见的未来的任何情况下，就在全球国内生产总值中所占的比重而言，美国的经济体都显然会比英国历史上任何时候都高出很多。世界银行的数据显示出，美国目前占全球总产值的 28%，也没有任何迹象表明美国的这个数字将会下滑到个位数，而英国在巅峰时期才声称其份额达到个位数。②

352   地缘政治的展望为相信海洋秩序仍然是稳定的提供了更多的理由。有些观点认为，欧盟和亚洲的势力有一天将会推翻海洋秩序，或者取代美国的主导力量。这类观点并不成熟。目前亚洲和欧洲的情况似乎明显有利于美国持续保持在世界上独特的位置，有利于海洋秩序没有（或挫败）来自其他大国的挑战。

英国和它的欧陆对手之间的长期战争留给人们的记忆，至

①   Angus Maddison, *The World Economy: A Millennial Perspective* (Paris: Development Center of the Organization for Economic Cooperation and Development, 2001), 261.

②   World Development Indicators Database, World Bank, July 1, 2006, http://siteresources.worldbank.org/DATASTATISTICS/Resources/GDP.pdf (accessedon March 10, 2005).

今还会时不时地让人有些恐惧，害怕欧洲大陆将会是袭击海事系统基础的新源泉，而且有袭击成功的潜力。这部分是由于一种感觉——也许在英国的反欧盟势力当中感受得比美国还要更加强烈——在法国和德国领导下的欧洲一体化代表着均势政治的失败，而这是英语世界国家自都铎王朝时期以来一直应用于欧洲大陆的战略。

从美国的角度来看，前景实质上更为光明。欧盟不是拿破仑梦想中大陆体系的成功。欧洲政治体系有着微妙平衡，提供法律约束力，保证没有任何一个国家可以用欧洲机制来强加自己的意愿给其他成员国家。布鲁塞尔官僚机构庞大芜杂，有多个权力中心，很多欧洲机构有合议决策的传统，各国和欧盟司法系统能够监督行政和立法权力，各个成员国的民主传统和不同的政治文化，加上各成员国对于外交政策重点这个问题从未停止过的分歧，以上种种结合起来，当代欧盟很难出现一个一心一意、积极进取和高战略水平的力量。这不是要推翻欧洲的均势；这是"自由欧洲"的制度化，英国史上曾为这一目标而战。

尽管偶尔大西洋国家还是会在大小事上发生争执，比如说从贸易到安全政策等，但欧盟的发展基本上是能够和海洋文明秩序的持续成功共存的。从很多方面来看，欧盟都是美国外交政策所取得的最高成就，而欧洲这个曾是不断向自由民主和海洋秩序发起挑战的源泉所在，现在成为它最主要的支柱之一。

俄罗斯是欧盟之外最为重要的一个欧洲国家；而且那些设想中 21 世纪反美或反海洋秩序的联盟，看起来像德国、俄罗斯和中国的某些组合。这类陆权大联盟将会试图平衡以对抗美国，尤其是会寻求从美国在中东地区的弱点漏洞方面获利。

353

　　国际社会的许多领导人已经发现，这个联盟想象起来容易，而巩固起来却很难。欧盟很多国家和较小的民族都会把德国—俄罗斯战略伙伴关系和它们自身漫长历史上最为悲惨的时期联系在一起，欧盟政治将会是这种联盟当中最重要的障碍之一，但是最重要的障碍可能还是来自于俄罗斯自身的弱点。俄罗斯人口和社会的崩溃给国家的未来蒙上了沉重的阴影。苏联解体之后，人口死亡率的上升和出生率的下降使得国家人口从1990年的1.48亿下降到了2006年的1.43亿。目前，俄罗斯的生育率十分低下，难以维系现在的人口水平。[1] 从1987年到1999年，俄罗斯每年婴儿的出生数量从250万锐减到120万。[2] 根据俄罗斯官方以及联合国的预测，俄罗斯的人口数量可能在2050年会低于1亿。[3]

　　从克里姆林宫的角度来看这些数字，似乎更加糟糕。俄罗斯的人口危机几乎完全集中在俄罗斯族。穆斯林少数民族人口在持续上升，北高加索的出生率明显高于斯拉夫区域。从1989年至今，俄罗斯的穆斯林人口上升了40%，超过2500万人。[4] 非穆斯林人口在1990年以后减少了将近1300万人，意味着不到一代人的时间，人口下降了10%。鉴于这样的发展趋势，至少有一位美国前政府官员暗示过，在不到30年的时

[1] Julie DaVanzo and Clifford Grammich, "Dire Demographics: Population Trends in the Russian Federation," RAND Corporation (2001), 21.

[2] Julie DaVanzo and Clifford Grammich, "Dire Demographics: Population Trends in the Russian Federation," RAND Corporation (2001), 21.

[3] Steven Eke, "Russia Faces Demographic Disaster," *BBC*, June 7, 2006, http://news.bbc.co.uk/2/hi/europe/5056

[4] Jonah Hull, "Russia Sees Muslim Population Boom," *Al Jazeera*, January 13, 2007, http://english.aljazeera.net/NR/exeres/F8C5F608 – FA29 – 4BB3 – A7CA – A6F05B98BE23.htm (accessed March 22, 2007).

间里，俄罗斯人口中的穆斯林可能占多数。[1]

俄罗斯的远东地区是另一个主要的薄弱领域。地广人稀、资源丰富的俄罗斯亚洲区域是国际政治中一大引爆点。如今，俄罗斯人口一直较少的地方正在改变。小城镇和北部移民在很大程度上是严重依赖于政府补助及内部流放的苏维埃制度；没有这些支持，很多人都在向俄罗斯欧洲部分的中心地带迁移。因此，俄罗斯的远东人口数量比整体水平下降速度更快。人口统计学家 V.F. 加拉茨基（V. F. Galetskii）指出，远东地区的人口数量在 2006 年是 660 万，自 1989 年以来下降了16.5%，而且预计这个下降趋势会至少持续到 2025 年。[2]

这个地区的华人又是另外一个问题。当俄罗斯人西迁的时候，成千上万（也许是数百万）的中国人向北迁移。从 20 世纪 80 年代的几千人到现在已经超过了 25 万人，预计这个快速壮大的少数族群将会在 2025 年左右，成为俄罗斯远东地区人口最多的族群。[3] 与此同时，对于过度延伸、人口稀少、表现不佳的俄罗斯来说，中国的经济成功和日益增长的政治和军事实力使它成为一个越来越有威胁的邻国。

痛苦怨恨，仍然不甘心于冷战后丧失超级大国地位，现在的俄罗斯是一个愤怒不满的国家，并认为自身的很多麻烦都是

354

---

[1] Kim Murphy, "The Future Looks a Lot More Diverse," *Los Angeles Times*, October 10, 2006.

[2] V. F. Galetskii, "The Russian Far East: Searching for a Demographic Development Strategy," *Studies on Russian Economic Development* 17, no. 6 (December 2006), 655.

[3] Guy Chazan, "Giant Neighbors Russia, China See Fault Lines Start to Appear," *Wall Street Journal*, November 16, 2006. 14. Economic Report of the President (Washington, D. C.: U. S. Government Printing Office, 2006), 85 – 86. (no found)

因美国而起。与此同时，到目前为止，苏联解体后在发展一个可行自由制度甚至是准自由制度的资本主义可行性体系方面它是失败的，这意味着它无法得到海事系统提供给愿意且能够遵循其规则的国家的很多经济利益。然而俄罗斯需要获得帮助以遏制一些穆斯林少数民族的动荡和叛乱，自身在经济上希望合作的愿望，以及其自身在远东地区脆弱和恶化的局势，之上种种原因使得俄罗斯想要着手开展坚定的大规模反美政策的能力大大受限。直到和除非俄罗斯的冷战伤口愈合，并为更加成功地参与海事系统而建立好制度和文化基础，找到和原苏联加盟共和国（如乌克兰和格鲁吉亚）关系稳固而令人满意的架构，这种情况下美国人应预料到俄罗斯将会尽可能迅速地反对美国。然而，它必须要克服巨大的困难才有可能成为像苏联那样的战略竞争对手，或形成有效并持久的反美、反海事系统陆权敌对国家联盟的关键环节。

关于美国权力未来地位来自亚洲地区的威胁，对此的关注通常聚集于中国。在拉美、非洲和中东地区，中国的影响力都在不断上升，这种现象通常被看作是美国霸权全球影响力锐减的一个指标。此外，其他崛起的亚洲经济和政治力量，比如说印度，再加上实力和独立性不断增强的日本以及其他国家，使得美国的世界大国地位看上去像是到了被侵蚀的早期阶段。

对海事系统的历史研究表明，这个过程过于简单和悲观。实际上，更加长久的世界历史表明，这远远不是对海洋秩序和美国独特大国地位的威胁。在美国国家利益和亚洲变迁中形成的复杂战略几何结构之间展开的新兴较量，在 21 世纪为美国提供了许多非同寻常的机会。亚洲的三个大国（中国，日本和印度），传统上的第四个大国（俄罗斯），以及当前或者潜力显著的区域大国像印尼、澳大利亚、越南、泰国和巴基斯坦，世界上发展最快的地区为美国的关键战略、经济和政治关注，以及美国寻求维持的海洋秩序提供了众多有利前景。

总而言之，亚洲似乎正朝着一个复杂的均势方向发展，有点像当年维也纳会议之后出现的欧洲体系。在这个体系中，1815 年的英国和当今的美国这样的离岸平衡手可以发挥极为重要的影响，并以相对较低的成本保护自身的重大利益，即使这个体系中的其他国家有更多的人口或者是经济规模，甚至从某种程度上看有更强的军事力量。

从英国和美国这类海事制衡强权的经典观点来看，这种形势的第一个关键特征是，它看上去不可能让任何单一国家切实渴望亚洲霸权。不仅是美国在离岸准备构建联盟来反对任何对其构成威胁的国家，而且亚洲大国看上去似乎日益能够保持自身的基本平衡。甚至即使是印度和中国的长期崛起使得作为亚洲从科技到经济最为杰出的日本的地位受到威胁，但在可预见的未来，这三个亚洲大国会形成潜在的稳定的三角关系。无论是印度还是中国，加上日本，都有可能强大到足以使得第三个国家不可能去主宰另外两个国家。美国作为第二制衡权力，可应对任何一个有志成为霸主的国家，印度、中国或日本通向亚洲霸主的道路即使并非不可能前行，但那也是相当困难的。它们总是假设包括美国在内的其他国家认识到它们的国家利益，并照此行事。（不能总是指望这一点：法国和英国在 20 世纪 30 年代早期本可以很容易就阻止希特勒行动；到 1939 年已经太晚了。）

过去，美国的亚洲政策一直饱受地区均势的不稳定性质困扰。在日本崛起之前，亚洲没有任何一个国家可以抵御英国和

（或）其他欧洲列强的侵占和瓜分。当日本开始其非凡的现代化进程时，中国跟风失败（英国实力此时已经削弱）造成了内部不平衡的危险形势，最终导致了太平洋战争的爆发。在近现代历史上这是第一次，今天亚洲具有形成可能稳定的均势的一切元素。中国正在不断发展和更加现代化，印度也是，其他很多（相对）中等规模的地区性大国也都如此，而且日本的光芒也并没有淡去。

实际上，美国在亚洲最大的威胁并非来自印度和中国持续现代化并发展的前景；而在于其中一个或者两个国家都可能会失败。席卷这两个国家的经济和社会的变革都让人惊叹。世界历史上还从未有这么多人经历了这么大的变化。尽管大小问题从来不断，迄今为止，印度和中国都在这一进程中取得了非凡的成功。目前尚不那么清晰的是，它们的政治制度在压力和变化持续升级的情况下，是否能保持其连贯性和有效性。环境问题和社会压力可能会极大地影响印度、中国或者是两国的前景。从美国的角度来看，任何中断它们进步的因素都是个问题。如果其中一个国家步履蹒跚，而其他国家继续突飞猛进的话，保卫亚洲均势需要美国的政策更为活跃，可能也更冒险。如果这两个国家都步履蹒跚，这一地区可能会被政治、军事和经济的大混乱给吞没，在全球和地方层面出现不可预料的后果。美国的战略利益使其希望所有亚洲国家都保持良好态势，也使其支持该地区的主要和次要国家发展，并促进主要亚洲大国之间的整合与合作。理查德·哈斯（Richard Haass）认为即将到来的时代对于美国也是机遇所在，无疑是正确的。美国以其独特地位，在 21 世纪的亚洲政治中发挥着非同寻常的积极作用；如果我们能充分利用这个大好机会，这后果对于亚洲、世界政治和美国自身来说，都会是有着重大历史意义的。

用长远眼光来看英美历史，美国面临必然衰落的可能性很小；然而，这一视角也不支持一些评论家所认为的美国会继续成为世界政治"单极"中心的观点。

在海事系统的历史上曾有单极和双极之时。英国在 1763 年赢得了七年战争的胜利之后，成为在地中海盆地、美洲和亚洲的主要霸权国家，其地位得到公认。拿破仑倒台后，只有俄罗斯的影响力能够和英国相提并论，即使在那个时候，俄罗斯在很大程度上还是一个欧洲强国，而英国则是无可争辩的世界强国。19 世纪的大部分时间里，英国的威望、财富和全球影响力都独树一帜。

然而也有一些时候，英国更应该被比喻成是在更为平衡的竞争和权力的世界中那个"平等中的首席"，或是当它能够坚持对抗西班牙或法国这样的强权，仅仅是因为它加入了它不能一直操控的联盟。 357

自二战结束后美国领导下的短暂时期里，美国在国际体系中的地位经历了不同的阶段。紧随二战结束之后，美国获得了压倒性的经济优势：在世界上大多数国家面临饥荒的时候，美国是世界上最大和最先进的石油和大多数农产品生产和输出国，同时无论从数量还是技术复杂性的方面来看，它也都是世界领先的制造大国；它自身的通信技术和金融方面的能力超过了所有可能的对手。在军事领域，美国是世界上唯一拥有核武器的国家，没有任何一个国家能够像美国一样把常规部队派到世界的各个角落并保证给养。事实上，二战结束后的很长时间里，几乎没有任何一个国家能够在没有美国准许甚至是支持下，可以有能力去维持海外军事冒险。

即使不是冷战后美国享有这种全球第一的地位，但"衰退"真的是用来形容 1945～1989 年的美国的最好词语吗？那些年里遭遇了很多重大的挫折：共产主义在很多发展中国家如潮水般涌起，最悲惨的就是中国；一场没有结果的朝鲜战争；在越战中的挫败；英国的持续衰退；苏联成功推动了战略平等和核平等；美国石油生产到达顶峰后，开始逐年下降；伊朗革命；拉美、非洲和中东日益增长的反美情绪；美国公司在科技和经济方面都开始出现强大成功的对手，起先是欧洲和日本，然后扩展到整个发展中国家。还可以举出更多的例子，但冷战后的美国确实更为富裕，其核心利益也更有保障。这是和 1945 年相比，那个年代的欧洲满目疮痍，人们濒临饥饿和共产党接管的边缘，全球经济崩溃，无论是美国人还是其他任何人都并不清楚何以对抗共产主义及其党羽以及前路在何方。

关于美国权力的未来前景，真正的问题不在于这个世界是否会在 2015 年或 2050 年比 1946 年或 1989 年变得更单极化或更不单极化，更多的是关于美国是否能够随着时光的流逝确保并提升海事系统。对有些人来说，这个命题似乎违背直觉，但确实在很多情况下，美国单极地位的削弱会在实际上促进海洋秩序的发展，而不是相反。

358 欧洲在拿破仑战争和第二次世界大战之后的发展都阐明了这一点。拿破仑倒台后，只有俄国在声望和影响力方面能够和英国相提并论。法国战败了，奥地利被彻底动摇，普鲁士还未从战争带来的巨大冲击和创伤当中恢复过来。放眼整个欧洲，坐在摇摇欲坠宝座上的吓得瑟瑟发抖的君主们甚至连大气都不敢出，生怕法国革命的力量会再次爆发，从而使欧洲陷入另一个世代的毁灭性冲突当中。当法国、普鲁士、奥地利和其他一些小国在维也纳会议之后渐渐趋于稳定，大陆经济也慢慢从战争中复苏，并开始掌握工业革命的技术，此时英国在欧洲大陆的影响能力则开始趋于减弱。然而英国显然更为安全和富强，在欧洲战后终于"正常化"后，英国在全球的地位也显然更稳固和惬意。1815 年之后的几十年，崛起的欧洲列强才对英国构成了严重的威胁，并且即使在那时，美国的活力和实力意味着海事系统变得更加根深蒂固，19 世纪早期的单极和双极时代朝更为多极的世界发展。

事实上，后拿破仑时期的欧洲日益多极化，这也加强了英国在国际社会的地位。均势体系在欧洲的回归，特别受到几乎所有欧洲列强包括最强大的国家的接受，甚至是认为它是合法性所在，至少直到俾斯麦的战争时期都是如此，这是英国国际角色的伟大战略资产。英国的舰队已经可以在战争期间封锁欧洲大陆，威灵顿公爵（Wellington）领导下的军队能够在激战中击败拿破仑，这些都是好事。然而，好得多的是无须发动封锁或战事，从维护了英国利益的欧洲秩序当中受惠，同时又不需要英国的持续参与。

二战之后的欧洲所发生的事件都遵循着某种程度上类似的路线。美国政策的战略目标（阻止一个强国对其他国家的掌控，结束数代之久的战争，促进自由的政治和经济模式，美国制造商和投资商获得市场准入，在面临地区安全挑战时的合作）已经大大迈进，即便美国的直接政治权力已经在减弱。

亚洲类似的权衡会加强而非削弱海事系统的基础，并在稳步减少成本的情况下保障至关重要的美国利益。长远眼光告知我们，单极化既不是英美权力在海事系统历史过程中所采取的

359

最令人满意的形式，也不是最典型的形式；过去，从单极化世界转变到一个与海事系统兼容的国际秩序，其中很多大国拥有了发言权，这并不代表着英美实力的衰退。相反，它是世界事务中外交的成功和幸运的趋势迹象。

这就是为什么一个多极化的国际体系在亚洲出现，对于美国和它的海事系统来说都是一个绝好的机会。主要亚洲大国的利益似乎都与美国和自由资本主义秩序保持一致；当这个体系有多个支柱支撑的时候，美国利益得到前所未有的保障。将战略和经济利益与那些世界上重要大国的经济利益相匹配的能力，是海权战略的核心优势之一。在一个开放的全球贸易体系中，相比传统陆权国家通常的做法，离岸平衡手感兴趣的是对更多合作伙伴形成更少威胁、提供更多机会。

"如何成为第一"

聚焦美国的国际角色会带来一些东西，比如从第二次世界大战到"反恐战争"六十年的先例和经验。但是如果我们回顾一下海事系统的整体崛起，就会发现一个更为丰富的历史记忆；比起单单只看美国个体来说，美国实力看上去似乎更加深深扎根于国际政治的架构当中。美国是权力体系中的领导国家，有着三百多年历史，在各种不同条件下，仍保持着繁荣发展。它崛起于荷兰和英国无论从人口数量还是自然资源等方面都不及最终被它们打败的对手的情况下；它经历了暴风骤雨并克服了种种挑战。它与不同国家联盟参与了大小战事；在不断变化的时局下，它通过种种方式去追求自身的基本目标。美国在国际社会的角色并非如同一个蘑菇突然雨后春笋般出现，几乎是在很偶然的大背景之下，在当时的二战中摧毁了潜在对手之后显现出来；它在苏联解体时又一次复苏。这是自路易十四时代开始就在塑造世界历史的进程的结果。这力量既支撑着海事系统，又支撑着美国实力，强大而持久。 360

在荷兰和英国的领导之下，海事系统所要忍受的军事和政治磨难相比任何美国人尚待承受的要更为严峻和棘手。荷兰人眼见着自己的国土受到侵略，城市夷为平地；为把敌人困在海湾，荷兰被迫开沟排水，淹没了低洼地带的农场。腓力二世一度以异端和叛逆为罪名，把所有荷兰人都定了死罪。1588 年、1803 年以及 1940 年，英国严阵以待，应对强国的入侵可能，如不能把它们终结在海上，则对手将会势如破竹，无法抵挡。

这段历史相当沉郁地表明，相比迄今所经受的磨难，美国人需要为更艰难更严峻的考验做好准备。然而如果世界更加黑暗，威胁增长到美国独自或几乎独自反抗巨大而疯狂的敌人，英国和荷兰在那些早期冲突中取得的胜利将成为尚未来到的考验的希望之灯。

最重要的是，历史教导我们，在最广泛意义上，不论是美国的国内繁荣还是国际地位，海权都是极端重要的。地缘政治和经济战略相结合，加上国内长期致力于动态社会的发展，这推动了长达百年的荷兰和英国样式的海事系统。这种组合仍然，或应该一直是今天美国政治家们关注的中心。

格林尼治长老们的协议①仍然是世界强国的关键：在国内大力发展并保持一个开放而充满活力的社会；将这个社会的经济能量投入世界贸易；保护全世界的商业贸易，并在世界主要地缘政治地区捍卫均势；开放全球体系给其他的国家，即使是

---

① 即前文所指的盎格鲁—撒克逊统治世界的秘密计划。——译者注

和平时期潜在的竞争对手；战争中让体系对抗对手；尽可能在各地方大力促进自由主义价值观和制度。

用英国漫画家罗纳得·塞尔（Ronald Searle）笔下的小学生奈杰尔·莫尔斯沃斯（Nigel Molesworth）的话来说，这个海权战略依然是"如何成为第一"。就海权一词最为完整的意义而言美国仍然是海权国家。维护海洋秩序的健康和活力是21世纪美国领导人所面临的首要任务。关于美国大战略、国际经济政策和国内政策的辩论应当以此为背景，而且，对政策选择的评估应就其可能的结果是会巩固和扩展还是削弱和消耗这个秩序展开。

361　　某种程度上，美国的外交政策辩论要考虑到海洋秩序的健康水平，这些辩论将比它们现在通常所做的产生更大的连贯性。来自专家和非业内人士的意见都将纳入一组关于美国利益架构的共同理念当中，并且有不同政策处方的倡导者能够为他们的建议寻求更多的支持，能够令人信服地显示出他们的处方将推进一组大家都理解的利益。

五点计划

对于当今的美国人来说，这三百年来最主要的教训就是确立一个原则很容易，但却难以付诸实践。

这是教训：计划见效就坚持计划。"格林尼治长老们的协议"至今仍是大战略的最佳指南。在将近四百年的时间里，把荷兰经验考虑进来，那些愿意并遵循这个战略的国家都一致得到了繁荣发展，甚至是取得了胜利。这样的传统不应被轻易抛弃。西班牙、法国、德国、日本和苏联：所有这些大国都曾经因抵制海洋秩序而参战。曾经每一个大国似乎都被权力和胜利包围：它们的军队威风凛凛并拥有先进的武器，它们的军事领导都是有着伟大智慧和胆略的人；它们杰出的外交官们主导着世界政治，形成强大而令人生畏的联盟；世界知识分子领袖经常为哲学或者是宗教的荣耀和奇迹献唱和撒那进行赞美，它们以这类哲学或宗教的名义前进。

不止一次，海事强国行事愚蠢、四分五裂。有时它们会很迟才意识到危险，而且行动迟缓。其他时候，它们贸然开展活动，增加它们正在面临的危险，并强化了它们的敌对联盟。贪婪、怯懦、傲慢、自大、懒惰以及自以为是——历史所知的种种邪恶都曾经在海洋强国的政治和政策里蔓延。它们几乎犯了所有可能犯下的愚蠢和罪行。它们忽略了强大又危险的对手的崛起。因为残暴和不公正，世界上很多地方的人们视它们为敌。它们也遭遇了惊人的挫败。它们周期性地对国际生活顽固的现状失去掌控，由于追求完美的不明智冲动而浪费了可以让世界更美好的大好机会。

然而，尽管有这样那样的失败，过去的三百年以来，在对外捍卫和发展海事系统的同时，海象和木匠自身的国度走向更加民主、开放和富强。　362

如果历史能够告诉我们任何事情，那么它应该告诉美国人这个大战略是起作用的，我们就应当保持马汉上将所赋予海权的充分意义。18 世纪托马斯·佩勒姆—霍利斯（Thomas Pelhan-Holles）关于英国政策的评论，放在 21 世纪的美国也同样适用："本国的各位大臣们，如有世界上任何一个地方影响到我们，以这种或那种方式，我们都应当从全球的角度去考虑。"

降临到美国乃至全世界的那些重大灾难百年来不是因为美国执行海权计划时产生的众多失误而引发。卷入越战，贸然入侵萨达姆·侯赛因统治下的伊拉克：这给无辜的受害者带来了无尽的悲伤和痛苦的灾难，那些怀着满腔爱国之情的可敬士兵们在战场献出了宝贵的生命，巨大的军费投入无法计算，美国的地位遭到破坏。然而这些灾难在因隔离、弃权和愚蠢地忽视我们海外责任所带来的恐怖面前，变得黯然失色。

乔治·凯南（George Kennan）尖锐地批评越南战争和伊拉克战争，这位学者和外交官是冷战期间提出指导美国外交政策的遏制战略的功臣。然而凯南回顾美国从 1900 年到 1950 年的外交政策史，对美国全面的全球性参与及有时动用武力这两方面的失败做出了更严厉的评价。凯南认为在一战之前，美国忽视了欧洲的权力平衡在日益恶化，以致推动德国走上了战争道路，而美国介入冲突前的犹豫和拖延使得战争比本应有的更为漫长与狰狞。

几乎可以肯定这是真实的：如果美国当时能够及早认识到英国在海洋秩序管理方面迫切需要援助并尽早响应，那场大战和随之产生的恐怖则很有可能避免。纳粹主义和共产主义有可能根本没有上台的机会；无数生命可以得到拯救。

美国在战后加剧了它的失败和愚蠢。威尔逊总统的和平提议有悲剧性缺陷；《凡尔赛和约》失败之后，美国不仅从国际联盟撤出，同时也撤出了欧洲安全体系；美国面对纳粹和斯大林权力崛起所带来的巨大危险故意失明：这导致第二次世界大战不可避免，促发了人类历史上迄今最黑暗的时刻和最黑暗的行动。凯南指出，美国人的愚蠢和自大对于亚洲来说，同样是灾难性的，美国外交以虔诚的情感无力地反对日本疯狂侵华，美国的被动和盲目最终招致了太平洋战争的极度痛苦，以及在中国产生的可怕后果。

　　任何美国外交政策所犯下的巨大或愚蠢的错误、罪行或罪孽，都没有它在 20 世纪上半叶的不作为的沉默罪孽——既是 20 世纪上半叶的标志，也在其间带来了巨大灾难——来得更具有毁灭性且代价高昂了。这同样也是一个历史教训。美国需要小心谨慎，但是最重要的是它们必须插手全球事务。它们要参与的事务也必须是老公司里的老业务：在最早由荷兰人朦胧设想的五点计划的基础上建立和发展世界体系。

　　格林尼治长老们的协议并不仅是美国在国际舞台上可进行的最为有效的大战略；它们也同样是世界上真正道德和进步的立场的最佳指南。它们比任何其他方案都可以更加全面地整合我们的安全需要、经济利益和理想。全球地缘政治稳定性的维护；全球商业的增长和穷人逐步走向富强；自由和民主的制度在全世界传播并实践：美国的大战略必须始终把这些目标和自身结合起来。

　　在那些患白人盎格鲁—撒克逊新教徒恐惧症者的想象中，这个大战略很有些魔多式的感觉（"一只魔戒来统治他们，一只魔戒去找到他们，一只魔戒带来他们并在黑暗中将他们捆绑在一起"）。然而，对于今天的美国人来说别无选择。我们可以并应该有强烈的争论——关于在当今世界情势不断变迁的情况下究竟如何最好地实施这个大战略，但战略本身经历了时间的洗礼和锤炼，反映出美国人的特性，服务于国家乃至人类的利益，这些比我们可以做到的别的事情好得多。

　　如果历史教导我们，这个大战略不应该摒弃，它也教导我们，不应该机械化和仪式化地崇拜大战略。世界在变化。战争在变化。文化和文明之间的关系也在变化。

　　其实在古欧洲的战场上几乎都存在固守仪式的特性。一些 **364**

邪恶的战争统帅，比如国王、皇帝、元首，他们穿越沙地防线，通常对低地国家进行军事入侵，违反各种庄严的条约。英国人对此无比震惊。当双方的知识分子和高级教士都在相互发布威胁、诅咒和咒逐之时，英国此刻出手粉碎了特别棘手的"第五纵队"之类的势力，并加紧了和欧洲大陆现有的或是潜在的大陆盟国之间的联系，在欧洲内部和周边广泛参与战事。欧洲战场上的硝烟终于引发了世界大战。英国试图阻止敌国进入国际市场，敌国则徒劳地抵抗英国的海权。那时充斥着各种灾难性的出军远征，大大小小失败的战役，还有劣等无能的政客和军事统帅们。公众舆论开始愠怒。每一边的人们都到处勤力宣传各种暴行指控，大量的令人痛心的暴行都是建立在事实基础上。然而可恶的是，一场招标拍卖突然爆发，试图引诱中立国家到不同的阵营。敌人们打凯尔特牌，支持苏格兰和（或）爱尔兰的叛乱。[①] 凯尔特牌失效了，英国的优势经济力量逐渐开始产生效应。即使在英国及其盟国在不同的陆上战役中大小战场上屡次被彻底打败也经常会发生。最终海权体系占了上风，英国获胜了，古谚再次被听到：英国应付过去了。英国几乎场场战败，却保住了最后一场。各式各样的和平拼凑出来，所有参战者自行疗伤，为下一轮战役做准备。

---

① 凯尔特牌最早起源于中世纪苏格兰和法国之间的"老同盟"，在爱尔兰天主教徒和苏格兰高地人不断支持废黜的斯图亚特王朝中而声名鹊起。凯尔特牌仍在运作，拿破仑当年遣兵支持了沃尔夫·托恩（Wolfe Tone）在爱尔兰的起义，一战时期德国用潜水艇秘密将爱尔兰独立运动领导人罗杰·凯斯门特（Roger Casement）送回爱尔兰。德国派出汽船，伪装成挪威货船为爱尔兰独立运送武器；英国战舰将德国汽船截获并击沉，1916年复活节起义很容易就被镇压下去。凯尔特牌的最后一个例子可能是二战时期德国大力争取爱尔兰政府，纳粹党副元首鲁道夫·赫斯开飞机伞降苏格兰，意图面见苏格兰贵族中的反丘吉尔成员。

这种模式已然破产，欧洲大战的时代似乎终于走到了尽头。当世界政治中心从大西洋转移到了太平洋，未来的冲突几乎不可能再按照过去的传统模式。我们不需要防范中国或是"基地"组织入侵低地国家的可能性。

然而，当它们为未来做准备之时，美国和其同盟国需要重审和更新国际关系的主要原则，而不是摒弃传统的五点战略。

战略的第一点，在国内创建和保持一个开放和充满活力的社会仍是美国国内繁荣、自由和国际地位的基础。如美国的文化活力、致力于促进自由和进取、社会流动和多元主义方面有任何缩减，以及美国宗教信仰的创造性或宗派、神学多样性方面严重下降，则会使得美国成为一个缺少活力、能力衰竭、财富减少的社会，并且实施国家战略其余元素的能力也受到损害。

海事战略的第二、第三和第四步将继续影响国际政治和权力向前迈进。美国社会和世界其他国家的参与在经济、文化、宗教和政治方面仍将是美国国际地位至关重要的维度。美国对亚洲大国新兴世界的地缘战略管理将需要英美人在几个世纪以来处理国际事务中所学到的外交和军事技能。深化发展全球经济一体化，在合乎美国利益的同时让其他国家更深入地参与到海事系统的关键特征当中来，不论是从国内政治还是国际政治方面都要求不断的思考、创造性的政策和严肃的工作。这是严峻的挑战，但我对于美国已经准备好了比较有信心。

现在我想转向传统海权战略的第五点，即政策、实践、制度和价值观在世界各地和关键伙伴国家的推进，美国在这些方面有失败的风险。

365

第 21 章　与灵共舞

　　政策失误的组合，冒险出了岔子，反美主义上升，以及美国和阿拉伯国家日益疏远，以上都标志着布什政府的严重隐忧，但这些都远不是海事系统悠久历史上的最严重的危机。

　　对海洋秩序历史的研究，能够帮助我们更清楚地思考英美国家和伊斯兰世界之间的关系。这不是第一次，反白人盎格鲁—撒克逊新教徒浪潮席卷了大半个世界；这不是第一次，英美政府因为愚蠢莽撞的决策使得本来就糟糕的情况变得更糟；这不是第一次，盎格鲁—撒克逊军队所犯下的暴行引发国际公愤；这不是第一次，那些试图反对海洋秩序的国家已经能够利用遍布世界的赞成它们目标的情绪。这甚至不是第一次，所有这些都已发生，而海象和木匠还在一无所知地为自己庆祝，祝贺自己的理念和秩序即将获得全球胜利。

　　海洋秩序从荷兰新教徒反抗西班牙天主教帝国的起义中开始显露出来，历经英法之间的长年征战，并经过 20 世纪大大小小的战争。除了别的以外，它一而再，再而三地卷入的各种冲突都一直是宗教战争。虽说每场战争都有其特性，但回顾一下这个冲突不断的历史长河，现在可以帮助我们设法避免和伊斯兰世界之间大规模的对抗，并有助于伊斯兰国家在全球体系中找到合适和满意的位置。

　　历史给我们的首要教训是，没有必要去斗争到死。新教和
天主教如今都很好地融合在海洋秩序的宗教生活当中，西方媒体对两种基督教价值观进行了无止境的对比，人们相信它们和

开放社会的自由理念相容，而那种所谓的封闭和落后的价值观被视为伊斯兰教的部分本质。

这几乎肯定是错的。天主教因反对开放社会而曾经走过了漫长而又痛苦的历程，最终与开放社会的价值观和平共处。即便是新教，也并没有从一开始就接受开放社会，当一些观察者们满怀希望地呼吁"伊斯兰改革"，让伊斯兰教可以变得更加包容和开放，他们并没有领会宗教改革的本质和伊斯兰教的现状。

每种文化都有自己特点之所在，但伊斯兰的瓦哈比运动和赛莱菲耶运动，以及植根于它们的政治运动，都和宗教改革中最为激进的新教徒群体有些怪异的相似。瓦哈比主义者和其他一些当代穆斯林改革者们想回到伊斯兰教的最初起源，如同清教徒想要恢复使徒时代的纯正基督教一样。瓦哈比教派谴责中世纪神学和传统，认为伊斯兰教中宗教权威的唯一来源是《古兰经》中安拉的话。而把《圣经》而不是《古兰经》看作宗教权威的唯一来源，这曾是英国清教徒团体的计划。瓦哈比教派试图压制那些与圣徒和其他传统上相信在安拉面前求情相关的民间邪教。每个灵魂都应向安拉负责自己的行为，没有人可以做中介。清教徒同样抨击了基督教的圣徒膜拜，认为在圣母和圣徒前祷告作为他们到上帝面前的代祷，这是徒劳无用、偏离《圣经》的。为了确保压制这样的邪教，在沙特瓦哈比教派的影响下，近年来沙特政府摧毁了麦加和麦地那的一些清真寺和纪念碑，因为它们和那些被认为是非伊斯兰教的邪教和风俗有关。清教徒，比如欧洲北部众多激进新教徒，他们摧毁了祭坛屏风、彩色玻璃、雕像以及其他教堂陈设，依他们的判断，这些都会分散人们敬拜唯一真神。对于清教徒和瓦哈比教派来说，国家法律应该明确以上帝律法为基础。这两个教派都拒绝传统的政治安排，以求建立一个神圣的国家，其统治者的合法性基于他们对上帝启示话语的忠诚。他们都相信上帝是密切参与和关注时事的，他已经先定一切已经发生和将要发生的，传统形式的虔敬未能充分地承认上帝对人类所有活动完全和绝对的控制能力。他们都无法容忍眼中他们所认为的异端和叛教，能够快速察觉自己宗教信仰之外竞争的神学传统。清教徒认为天主教是信撒旦的邪教；很多瓦哈比信徒认为什叶派并非真正的穆斯林。清教徒和瓦哈比教派都相信一切的真理都能在上帝启示话语中找到；而这些话语已经准确无误地在一本圣书中表达；正确理解圣书上的话语，里面包含了所有人们需要的政治、道德和精神事务的指示。然而它们任何一个教派都不是反智的；他们拒绝的是与之竞争的宗教运动中的情感主义和神秘主义。他们认为读圣书上的话语必须全神贯注地全情投入，并以精确细致的逻辑解读出来。这两种运动都渴求去发展并转变它们的整个文化，它们是以全球背景来看待自己的宗教命运的。准备扳倒旧的政府，并建立新的国家，两种教派都准备与君主制共存，但都对君主的意图持怀疑态度，将推翻政治统治者看作是对宗教的不忠来制裁。两种教派都做好了要用战争来捍卫和传播它们的宗教的准备，并认为在某些情况下，战争负有不可推卸的宗教义务。

无论在教义上和瓦哈比教派有多大的差异，约翰·加尔文、马丁·路德还有奥利弗·克伦威尔都会发现今天的伊斯兰教改革派在精神和神学方面都有很多让他们敬佩的地方。

从中长期来看，这都是有希望的象征。无论有什么不足，新教改革是近现代动态社会得以发展的环境。从这场运动中产生的宗教斗争、教义革命、个人皈依经历、迫害、犯罪和政治斗争等，用亨利·柏格森的话来说，证明了动态宗教的爆发，终将容许新型社会的诞生。当今的伊斯兰教是活跃着的宗教，在迅速变化的世界中苦苦寻求自己最真实的声音。这可能是很焦灼不安的，有时甚至是非常危险和恐怖的现象，对穆斯林和非穆斯林来说都一样，但它同时也是伟大文明的活力和进行参与的一个重要标志。

在英美的自由主义和民主发展的过程中，当年英美历史上的清教徒运动可谓是一个关键因素。那些追根溯源到清教主义或是宗教改革神学的宗教运动，至今都在美国民主和社会发展中发挥着至关重要的作用。但是清教徒本身既不自由、也不宽容，只是因为他们未能在英国建立起一个永久的神权政治的国家，才使得英国社会向前继续发展。

这么说似乎有些冒昧，但是瓦哈比运动和伊斯兰改革的相关潮流看上去朝着相似命运出发。改革者们想要改造整个伊斯兰世界的宗教版图，这样的雄心不太可能实现。不仅是什叶派必将反抗，与之对抗的还有很多极其古老的宗教传统，它们深深植根于整个伊斯兰世界众多虔诚的人们的情感和习俗中。而且现在看来瓦哈比主义那种强烈的虔诚也将在代代相传中时强时弱，就和过去基督教和伊斯兰世界的改革运动一样。此外，正如印刷术使得无数普通信徒可以直接接触到圣经，从而普及了基督教神学，互联网发挥了伊斯兰学识的伟大功能，使得包括女性在内的穆斯林能够将自由对自己信仰的意义和信仰应当如何实践自由做出结论。伊斯兰教内部的神学多样性看来势必要增加；因此，我们应该将看到伊斯兰教内部不断增长的多样化是否可以导致它们接纳多元化——无论多勉强，并从那里开始逐渐认识到人类生活中多元主义的积极价值观。

基督教的历史及其与动态社会的关系显示出它与当代穆斯林价值观和理念的很多相似之处。绝大多数的天主教徒和英美人都曾经认为天主教神学无法与自由民主社会相调和，许多观察家认为南欧和拉美的天主教社会将会继续贫穷落后，因为它们的文化习惯源于它们的宗教。

如今，我们又听到用这种论调说伊斯兰教。我们被告知，伊斯兰教是从根本上义无反顾地抵制属于动态社会的重要原则的。不同于基督教，我们知道伊斯兰教是不能容忍其他信仰，并反对西方社会发展出的这种政教分离的。伊斯兰教对经文和传统进行逐字解读和律法解读，寻求教法，此外，严禁借钱要付利息，而且并不承认女性的平等权益。并且我们被告知，伊斯兰教文化和成功构建资本主义民主社会所需求的文化观念格格不入。

并非仅仅是西方人公开表明这些观点。不论是过去还是现在，很多的伊斯兰学者和老师们，都认同伊斯兰教是和自由社会水火不容的。然而就算我们快速审视一下基督教历史，包括天主教和新教，几乎很难发现这些是独特的伊斯兰教的价值和理念。比如说，在基督教教义中早已明令禁止高利贷，非常正统的但丁把银行家丢在第五层地狱中，和鸡奸者放在一起，因为这两个群体都犯下了天主教教义中违反自然的罪行。[①] 从基督教的历史来看，是僧侣们在传统禁忌周围逐渐找到一些办法，直到出现更丰富的神学理解；如今伊斯兰教的神职人员正在寻求更为复杂的方法，由此金融机构在全球金融市场中提供更为灵活的服务。

370

---

① 根据《神曲》描述，应为第七层地狱。——译者注

宗教改革的激情消退很长时间之后，宗教迫害和歧视仍然是英国生活中的特点。19 世纪以前，天主教徒和犹太人是不许在英国国会中有席位，或者是申请牛津和剑桥大学的学位的。对上帝的亵渎是可提起公诉的犯罪。1977 年，出版物《同性恋新闻》被起诉成功，因为它刊登了一首把耶稣描绘成同性恋者的诗；近至 2007 年 1 月一个基督教团体试图（以失败告终）以亵渎罪起诉英国广播公司，在其播放音乐喜剧《杰里·斯普林格：歌剧》之后。① 经过审慎的考虑，布莱尔的"新工党"政府决定不去废除这条认定亵渎国教会的教义违法的法律，虽然时至今日，英国对异教徒的宗教和异见者都可以随心所欲地亵渎。

天主教曾长期抵制宗教多元主义。教宗庇护九世在 1864 年就明确谴责宗教自由的信仰是异端邪说，没有一个天主教徒能够接受。"每人都能自由地接受由理性之光指引、他认为是真的宗教"，这个主张尤其被指责为无法容忍的错误。

直到 1965 年第二次梵蒂冈大公会议上，教会才正式接受宗教自由是一种道德原则。在佛朗哥独裁统治时期，西班牙新教徒和犹太人不可以公开举行任何仪式（比如说婚丧嫁娶等）或者传教。1946 年，西班牙大学的一位数学教授因为他的新教信仰而遭到解雇。当地政府对于狂热天主教的一些年轻暴民经常袭击新教教堂的恶劣行径，经常是容忍甚至怂恿他们去做。有一次，一群暴徒袭击了一所新教礼拜堂，砸毁并烧坏了教堂陈设，还造成了其他损失，他们声称，是因为新教徒散播

---

① "Group to Get Over Springer Drama," *BBC*, January 10, 2005, http://news.bbc.co.uk/2/hi/entertainment/4161104.stm （accessed July 14, 2007）.

的传单侮辱了圣母玛利亚，使得他们的宗教感情因此受到了严重的伤害。

严格政教分离的概念并不像许多人所相信的那样，那么深刻扎根于基督教历史中。传统罗马天主教的观念由教宗英诺森三世（Pope Innocent III）（1160－1216）最为明确地提出。在他的真福教令（1202 年）（Venerabilem 1202[①]）中，他宣称教宗拥有神圣权力，可以给国王和统治者涂油，也可以废除他们。他把教会比作太阳，国家则是月亮，并认为因为月亮的光来自于太阳，所以，世俗统治者的权利和合法性完全是来自上帝，由此得出，来自教会。很多新教徒都认同这个基本理念。玛丽一世时期因拒绝改变信仰而最终被火刑处死的休·拉蒂默主教（Hugh Latimer）在 1549 年时向年轻的爱德华六世布道时说到，国王和皇帝不仅仅要遵从于上帝和《圣经》，还要同样遵从于"牧师"。[②] 1864 年，庇护九世将"教会应当从国家中脱离出来，国家也应当脱离教会"这个主张谴责为异端邪说。[③]

1937 年的爱尔兰宪法前言中，几乎没有透露出一丝政教分离的意愿，它开始是这样说的："圣父、圣子、圣灵三位一体为一切权力的来源，为世人和国家行动的归宿亦即我们最终的目的……"[④]

371

---

① 教廷拉丁文文献都是以第一个字或者词命名的，Venerabilem 为这份文献的第一个词，意为"有福的""可敬的"。感谢宗座额我略大学肖恩慧博士对此词条翻译的帮助。——译者注
② Abraham Katsch, *The Biblical Heritage of American Democracy*（New York：Ktav Publishing, 1977），97.
③ Katsch, 98.
④ Thomas Robbins, ed., *Church-State Relations*（New Brunswick, N. J.：Transaction Publishers, 1987），169.

在实践中，美国新教徒而不是欧洲天主教徒一直是最为渴望将《圣经》和上帝的启示直接作为民法基础的。新英格兰的清教徒，早年自觉地也是特意地将其民法立足于希伯来圣经中的摩西律法。除其他法律条款外，在当时的马萨诸塞导致通奸判死罪的条款得以通过。在当时独立的殖民地纽黑文，采用相当于伊斯兰沙里亚法的基督教教法的过程可以说是走得最远的，所有选民们一致通过了1655年决议，《圣经》"将是我们在这片种植园上组织政府事务的唯一准则"。马萨诸塞州不甘示弱，承认自己是"神权的"，其法规都包含着相关的圣经引文，从而显示出其依据的权威和原则。

在美国法律中，宗教长期保留着特殊的权利和地位。丹尼尔·韦伯斯特（Daniel Webster）于1844年在一个案件中辩论说，美国最高法院确认"基督教是宾夕法尼亚州普通法中的一部分"，尤其是找到基督教的"神圣的起源和真理"是宾州法律的一部分。这个判决先例在1927年都依然成立，当时宾州最高法院支持一项法律，禁止周日举行职业棒球赛，因为它是"邪恶"的活动，会玷污基督徒的安息日。最高法院裁定认为"没人……会认为职业棒球比赛在任何方面有圣洁的本质……我们无法想象还有什么职业能比打职业棒球更为世俗和没有信仰的"。①

无数基督徒都曾经——而且很多人如今仍然赞同，有时我们被告知这是独特的伊斯兰教立场——依据上帝的圣书来定位女性的地位——男尊女卑。苏格兰著名宗教改革领袖约翰·诺

① Harold Seymour, *Baseball: The Golden Age* (New York: Oxford University Press, 1989), 365.

克斯（John Knox）发表了不朽作品《吹出第一声号角反对女权的荒唐统治》，为自己的论点进行了有力地论辩。他写道："女人生来就是要顺从男人，为男人服务的。"他的证据？来自《圣经》中保罗的话："并且男人不是为女人所造的，女人乃是为男人造的。"①

尽管这种倾向在当今的伊斯兰教国家要明显比许多西方基督教和犹太教国家强得多，但很难说有什么特别或是独特的是伊斯兰教要反对政教分离，希望以上帝的启示作为法律的基础，或者相信宗教规定了男性和女性不同的角色和权利。

海事世界当中宗教信仰遭遇动态社会的历史说明，不管是伊斯兰教还是其他宗教都不应被视作敌人。恐怖主义也并不是伊斯兰教特有的；天主教和新教的狂人信徒在长期的宗教战争中，都曾堕落到运用恐怖分子的战术，最终动态社会从中出现。目前还没有非常有力的史实来支持这样一种信念，即随着伊斯兰教遭遇动态社会，伊斯兰教将最终被证明比基督教缺乏活力和适应能力。

最终，如果伊斯兰教要和动态社会和平共处的话，只有唯一一种可能。它不会将自己"世俗化"为形式温和的无神论。它不会融入一个后认信时代的宗教统一体，认为所有宗教基本是相同的。相反，虔诚的穆斯林以无懈可击的正统、突出的美德、保守的原则和对他们信仰的伟大激情，将向世界展示动态伊斯兰教。在他们的榜样、远见和教义的感染启发下，世界各

① "The First Blasts of the Trumpet," http://www.swiob.com/newslett/actual/nls/firstblast.htm (accessed July 17, 2007).

地的穆斯林将会更深地扎根于自己的宗教，即使他们发现自己在有着多种信仰和文化且充满活力的自由资本主义世界更为熟悉惬意。

历史并没有什么必然性，但它的确会给人们希望的理由。

宰牲

即使是与奥萨马·本·拉登（Osama bin Laden）和"基地"组织相关的激进恐怖行动，都和过去抵制海象和（或）木匠的非伊斯兰反抗运动有密切相似的地方。

1856 年对于当时的科萨（现在属于南非共和国）人民来说充满危机。荷兰和英国殖民者之间长年不断的战争使得科萨国土逐渐丧失。科萨在第七次卡弗尔战争中遭受了毁灭性的惨败，眼睁睁地看着英国的城堡在他们的国土上建立起来。一场灾难性的疾病使得科萨人所依赖的牛成批成批地死亡。随着昔日盟友力量的削弱，英国的军事存在显得越发强大和不可一世，科萨领导人前景极不乐观。

就在这个关头，1856 年 5 月的一天，一个叫农阿悟斯（Nongquawusa）的年轻女孩在家附近的小河打水时看到了幻象。她回家告诉她的叔叔，神向她显现，并允诺如果科萨人牺牲所有的牲畜，销毁所有的粮食，神将回报所有失去的物品并带来更多。而且，英国人和那些白人都会死去或离开这个国家，旧时的繁荣会回归到科萨的土地上。她的叔叔信以为真，并向科萨的最高首领复述了这个故事。首领也同样相信了，这个预言在整个科萨人的村庄和部落中传播开来。

有人认为这是一个聪明的策略，从而在最后的反英大战中将人民团结在一起。没有赖以生存的食物和牲畜，科萨人面对英军别无选择，只能决一死战。其他人似乎相信预言定会实现。急切地期待着应许的赏金，很多人甚至修建了新的牲畜栏，并翻新了粮仓，等待着神把它们装得五谷满囤。科萨人有计划、有组织地屠杀牲口；估计至少 30 万头牲口遭到屠杀，无法计数的谷物和其他食物被销毁。当预言无法成真，神所应许的五谷丰登、牲畜满园的景象根本就没有出现时，人们的反抗精神被彻底击垮了。大约至少有过半的科萨人在饥荒中死亡；农阿悟斯幸存了下来，她的叔叔却没有那么幸运。

在这种压力下，其他文化也被类似的信仰吸引了。我们处在困境中，是因为我们并没有完全信任或全心遵循我们祖先的正义之路。有超凡神赐的魅力型人物有异象、启示和梦境，都许诺各类古老的宗教和古老的神祇（或上帝）可以让我们远离可憎的外国人，只要我们能够真正悔改并回归。在他们看来，我们的文化和宗教，远比我们能够意识到的强大得多。只要我们全心全意地信任和相信，隐藏的力量将会彰显出来，为我们把敌人扫荡干净并为人类恢复正义的秩序。

美国印第安人在抵抗白人的漫长纷争中面临全面失败，这个时期这类的先知在不同地方的印第安人群中出现。萧尼人①的先知坦斯克瓦特瓦（Tenskwatawa）（1775～1836）敦促众多原住民部落要把自己从欧洲影响当中净化出来，放弃使用任何欧洲物品，尤其要避免的就是像酒精这类东西。如能加强自身，团结一心，他们就能抵御当时大批涌入俄亥俄山谷的殖民者。印第安人中愿意和白人合作的则被指控运用巫术，有些甚至被处决。各个部落的印第安人在坦斯克瓦特瓦的号召下集合

---

① 美国印第安人的一支。——译者注

在先知镇这一殖民地，人数开始越来越多，直到先发制人地抗击威廉·亨利·哈里森（William Henry Harrison）率领的美军落败后，人数才停止增长。坦斯克瓦特瓦的宗教复兴坍塌了，而哈里森却因在蒂皮卡诺战斗中成功摧毁印第安人先知的武装力量而最终成为美国总统。

1890 年，时值哈里森的孙子本杰明担任美国总统，又一场运动受到另一位先知的鼓舞，拉科塔（苏族）人民发起最后的斗争。当时苏族面临着重大危机，美国当局将大苏族保留地划分为五个更小的地盘，迫使苏族家庭务农维生。在这样的情况下，宗教总是能够起到特殊的作用，一种基于异象的宗教复兴不仅传遍了苏族，还传遍了西部其他部落。最初的复兴是融合与平静的；派尤特族先知沃夫卡（Wovoka）（又名杰克·威尔逊）宣告了一个异象，白人将从这片土地上消失，被杀尽的美洲野牛和羚羊会重新奔跑在大地上——如果印第安人能跳一种变形的传统鬼魂舞。在沃夫卡的异象中，如果印第安人平静地遵循祖先的方式生活的话，神就会将大陆分开，由哈里森统治东部，而沃夫卡则主管西部。

这种新的运动蔓延到整个西部地区；众多部落成员都听从沃夫卡的召唤，如同当年相信坦斯克瓦特瓦的那些人一样。

复兴中平静的那一面在苏族人当中消失了。人们逐渐形成了一个信念，仅靠跳鬼魂舞来等待白人放弃部落的土地是远远不够的、应该是要把白人逐出去才对。幸运的是，那些身穿鬼魂服装跳鬼魂舞的印第安人，在白人的武器面前将会是刀枪不入的。在沃夫卡的异象的鼓舞之下，很多苏族人民拒绝接受美国军队规定的越来越难以容忍的不平等条约。这种抵抗最终招致了悲惨的伤膝河大屠杀。

375

　　这种运动并非仅限于那些处于扩张文明国家边缘的小国家和小民族。中国的义和团运动，参与者在西方以"拳民"著称，该运动也被称为庚子事变（拳乱），他们都相信只要穿上所谓的神衣，就能保护自己刀枪不入，只要虔诚相信那些传统中国道法，就会拥有超自然的力量，从而把外国人赶出去。欧洲历史上也同样有这样的例子，卡洛斯战争的士兵反抗在他们看来是世俗的、反宗教的西班牙政府，他们相信有耶稣圣心特别赐福过的图像将使得他们在抵御装备精良却邪恶的（还有英国在背后撑腰的）敌军的时候，能够刀枪不入。当日本在第二次世界大战中节节败退的时候，军队和政府中也有部分派系有相似的信念，如能回归（假定的且非历史的）纯粹，日军就能赢得二战。狂热的神风敢死队这一首个有组织的自杀式轰炸机突击队，就是该运动的一个部分。还有很多这种绝望的文化或次文化的例子，活力强大、难以抵御的外国文化带着压倒性的破坏力将局势抛到了风口浪尖，人们开始相信如果能够回归到纯粹的根源，就有可能出现奇迹，峰回路转，绝处逢生。

　　基地组织这类运动和这些早期的例子显然有很多共同的特质。如同坦斯克瓦特瓦的信众，赞成向外国人妥协的现代伊斯兰鬼魂舞领袖就是宗教的离经叛道者。抵抗苏联入侵的阿富汗战争中本·拉登的追随者普遍都存有异象和梦想，想必这些仍持续鼓舞着当今的抵抗运动。这些运动的成员都相信，如果他们和穆斯林人民齐心协力摆脱和摒弃外国和西方的传统习俗，全心全意接受伊斯兰早期追随者的正道，安拉将会让他们战胜敌人，无论这些胜算看上去多么令人生畏。像"9·11"袭击那样的有使命感的自杀式人弹与劫机者和两伊战争期间不断奔赴前线的一波又一波的热情高涨的年轻士兵，无不显示出这些信念的力量——让人们尤其是那些年轻人能够直面死亡。

遗憾的是，鬼魂舞者们并非总是在政治或文字的旷野中被边缘化的局外人。农阿悟斯迅速得到了科萨领导人的支持。坦斯克瓦特瓦运动吸引了众多强势领导人和优秀民众来支持，他们帮助坦斯克瓦特瓦的兄长特库姆塞（Tecumseh）建立了最为有效的印第安人联盟。慈禧太后支持反对外国势力的义和团。希特勒的政治生涯是在魏玛共和国那些被孤立和边缘化的极端民族主义的鬼魂舞者中间起家的，他让一堆形形色色的狂热分子、疯子、恶棍和狂想家在德国这个世界上最强大的国家之一上台执政。在伊朗这个可敬的国家，跳着鬼魂舞的阿亚图拉·霍梅尼成为掌舵者。

另一方面，鬼魂舞者们的出现往往预示着在文化或是文明内部的斗争将达到顶峰。美国印第安人的鬼魂舞运动最重要的结果并不是伤膝河大屠杀；而是文化资源和力量的发现，使得全美各地的美国土著在面临失败之时保持自己的语言和荣耀。科萨政治历史当中最响亮的名字并非农阿悟斯，而是纳尔逊·曼德拉（Nelson Mandela）。随着义和团运动的失败，中国开始革命和现代化进程，经历了漫长的恐怖和血腥，终于在全球历史的中心找到了自己的一席之地。历史上大多数鬼魂舞者的命运，都因他们徒劳无功的行为说明了拒绝的路是行不通的。一旦他们不走这条路，则真正意义上的更新和调整才能开始进行。

我们不应盲目乐观地欺骗自己。以赛亚·伯林（Isaiah Berlin）对文化多样性有着极为深入的研究，也对此认真倡导，但他警告说，一个因历史发展而感到深度愤怒的集体用令伤口更难愈合的方式来改变。在反思被惨绝人寰的种族灭绝的民族主义折磨的 20 世纪的欧洲时，伯林认为问题的根源在于强大外来势力入侵造成的历史苦难和侮辱。

经历过几个世纪的外来侮辱和统治，尤其是在法国人手中经历的一切，德国民族主义发生了灾难性的转折，转向反犹太人和沙文主义。伯林写道："沦为那些自大邻国的蔑视或是屈尊俯就式宽容的对象，不管对个人还是社会来说，都是最难以承受的痛苦的经历。对此的回应往往多半是人们的真实或是虚构的美德的病态的夸张，如同将怨恨和仇视投向那些骄傲的、幸福的和成功的……那些无法夸耀强大的政治、军事或经济成就的……从自由和有创造力意念的精神生活中寻求安慰和力量，这种精神生活并未被邪恶的力量或复杂的局面给玷污。"①

伯林认同赫尔德的观点，即扩张成功的社会开始了野心勃勃的全球转型工程，为痛苦和仇恨的产生助了一臂之力。两百多年前，赫尔德就抨击了欧洲殖民主义和全球贸易所带来的后果。他质问道："难道这些土地，不会或多或少发出复仇的呐喊吗？"残酷的西班牙人，贪得无厌的英国人，"冷酷鲁莽的"荷兰人已经征服了大部分世界，并传播着我们所说的文明：我们"不敬地假装是通过这些伤害世界的行为来实现天意"。②

赫尔德写道，这些压迫和征服的行动带来的是漫长的破坏性后果。罗马的"蛮族入侵"摧毁了它们的原生文明和文化，迫使隶属的民众在不适合他们的天赋和文化的那种格格不入的

---

① Isiaih Berlin, *The Crooked Timber of Humanity* (Princeton, N. J.: PrincetonUniversity Press, 1990), 246.

② Johann Herder, *Philosophical Writings*, ed. Michael N. Forster (New York: Cambridge University Press, 2002), 380 – 382.

架构中求生存。事实确实如此，即使经过"蛮族入侵"带给罗马"更高的"文化和强迫其改信基督教。这种普世化的入侵者带来不可估量的危害在日后的岁月中一再回响。英国将领们、商人们和传教士们勤奋努力地把他们的价值观传播到亚洲和美洲，也并非什么好事。

几百年的征服和战争的后果至今仍在国际秩序的基础和大多数人的意识中回荡着，它影响到了国际秩序的基础，并存在于世界上大多数人民的意识当中。对世界不同文化、集体和国家的应有认识，对于任何有志长存的秩序而言都是必要的。几百年的压迫和不平等调和出了真正古怪的大杂烩，要求平等的正当需求、浮夸而不切实际的要求和观念、嫉妒、仇恨，再加上激烈的复仇欲望，把本已相当艰巨棘手的任务变得更加复杂化了。

对待那些正确或错误地认为他们的公正和合法愿望无法在现有海事系统框架中实现的人和事，将在很长时间内都是国际政治和美国外交政策的主要关注。当今世界文化和文明彼此日益紧密接触，压力和张力在这些文化触碰中无法避免地产生出来，因此文明的外交将成为国际生活中不可或缺的一部分。

文明的危机

历史的规律迫使世界不同的文化彼此触碰。不管人们是否乐意，如今所有的国家注定要紧密联系，处理彼此的关系，并相互影响。这也是自由资本主义社会将自己的喜好强加给地球上其他地区的方式之一：大众旅游、即时通信科技和全球经济一体化都是海事系统的产物，产生于自由资本主义领域以满足其目的，地球上其他文化别无选择，只能去应对这个不断变小

378

的世界带来的种种挑战。

既要防止恐怖主义的兴起和蔓延，同时也要更广泛地促进全球社会的和平发展，并有利于动态社会的安全和利益，因此经营好海事系统和受其影响的文化和文明之间的关系，就是美国外交政策在未来数十年中的首要任务。

小布什政府的第一个四年几乎就是一本教科书，写下了美国因忽视国际生活中集体承认的持久重要性，从而导致美国外交政策面临危机的案例。其欧洲政策公开践踏了冷战盟友的感情、质疑了大西洋联盟的组织结构，种种行为使大部分欧洲地区公众对该联盟的支持大大减少。那时小布什政府似乎沉浸在国家的相对孤立和单边行动方面的能力中而自豪不已，并且很乐意提醒像德国、法国等国家，它们已经不是从前的强国了。

伊拉克战争后来被证明是根本不必要，也是计划不周的，这也提醒了美国的盟友们美国并不是它们想象得那样明智。带着无来由的轻蔑和高高在上的姿态，像美国前国防部长唐纳德·拉姆斯菲尔德（Donald Rumsfeld）那样的政客们使得美国在世界上大多地方令人生厌。这并不明智；它有可能触发人们唤起以往的回忆，惊扰最好安静长眠的古老幽灵。美国当今主要的欧洲盟友，在很大程度上都是昔日的对手——撒旦或者有抱负的魔鬼们在海事系统压倒性的实力面前也只能低声下气。

"战败又当如何？"弥尔顿笔下的撒旦在地狱里注视着上帝那里难以承受的奇观时喃喃自语：

379

他现在因为战胜而喜不自禁

独霸整个天庭？

弥尔顿笔下的撒旦打了败仗，但已决心继续抵抗：

> 何况并未完全失败——不可征服的意志，
>
> 报仇的狂热，不灭的嫉恨之心，
>
> 永不屈服的勇气……
>
> 屈膝躬身去乞求，
>
> 为我军所震慑而质疑自身权威的他的恩宥，把他视若
> 神明，那太卑贱了……①

　　从路易十六为报复英国在英法七年战争中的胜利，从而支持美国独立那时起，这种弥尔顿式情绪也植入了法国人心中。两次世界大战之间的二十年时间里，这种情绪是德国民族主义政治中生机勃勃的激情，尽管几乎不受承认，但它至今仍在很多德国人心中持续发酵。当今的复仇和反抗情绪从未远离克里姆林宫。

　　不要去惊醒沉睡的撒旦；这是，或应当是美国官员处理欧洲和日本事务的首要法则之一。正如威廉·福克纳（William Faulkner）笔下的人物加文·施蒂芬斯（Gavin Stevens）在《修女安魂曲》中所说，"过去没有死去；甚至它根本没有过去"。

　　对机智老练的需要并不意味着欧洲人或日本人是一群没有道德、忘恩负义的家伙，一门心思还想回到从前的恶行，也并不感恩盎格鲁—撒克逊的胜利给他们带来的幸运；而是意味着欧洲人渴望自己的社会和文化得到平等的承认。

----

① 诗歌部分引用梁实秋的译文，但稍有修改。——译者注

　　和很多美国人不假思索的假设相反，动态社会实际存在的
形式不仅仅是某些原则和价值观简单的胜利；对世界未来的塑
造依赖于一个大国经过长期激烈的战争战胜其他国家的胜利。
这不仅仅是和平；这是美式和平（Pax Americana），现有的世
界秩序建立在美国的实力之上，更顺应美国的利益和价值观，
而不是其他国家的。并不是每个人都乐意接受这一点。

　　谈到阿拉伯世界，我们发现关于集体承认的问题起到更具
决定性的作用，它使得大部分阿拉伯文化和海洋秩序中的地缘
380　政治、经济和文化要素之间的关系复杂化，甚至是起到破坏作
用——布什政府在文明外交实践方面的失败导致了最为严重的
问题。

　　我已经提出，原则上是没有理由去相信伊斯兰教作为一种
宗教来说，终将被证明是和动态社会的经济和政治现实不相容
的。有明确迹象表明，伊斯兰世界的很多理念都在朝着构建美
好前景的信仰发展，这种信仰建立在找到真正穆斯林适应自由
世界的方式的展望之上。

　　但海洋秩序和美国粗暴地、不同程度地阻挠着阿拉伯世界
对集体承认的需要，因此介于海洋秩序和阿拉伯世界之间的文
明外交的成功实践，便成为这个世界上最棘手，但也是最重要
的工作之一。

　　我们并不是从一张白板开始的。对于众多阿拉伯人和基督
徒来说，他们不可能不考虑到他们之间目前的文明冲突，这是
两大信仰之间千年对抗的延续。西方人对穆斯林感情的每一分
愤怒，狂热分子发动的每一次恐怖爆炸袭击，都证实了无数普
通民众中的对他们的印象，而并非所有的外交官和决策者们都
能确保不被这种公众情绪所影响。

　　伊斯兰世界和英语世界通过非常不同的方式对待这种共同的过往。"9·11"事件之前，基督徒和穆斯林之间的宗教战争在盎格鲁—撒克逊人的头脑中，可以说很大程度上已经变得模糊遥远了。《1066 年及其一切》就是一本笑看英国历史的书，对英国成年人来说，这本书远比那些迂腐学者从发霉羊皮纸上搜集而成的味同嚼蜡的厚重书本有意义得多。它记载的十字军东征模糊又短暂。理查一世"在沙漠中咆哮着，向萨拉丁的军队和圣骑士们发起凶猛的战争……"[①]

　　这些并不完整，也不是准确的，但它可能和大部分 20 世纪的英国人记忆中的十字军东征相去不远，而且比大多数美国人知道或想知道的还更多。十字军东征前后的大小宗教战争有早期哈里发统治时期的伊斯兰在北非和中东地区的扩张；西班牙基督徒的反征服战争在 1492 年重新征服格兰纳达后达到顶峰，1683 年围攻维也纳，即使是受过良好教育的美国人和英国人对此历史事件也并没有太多认识。基督徒在和穆斯林对战中无论胜败，都没有引起民众或学术界的太多兴趣；主教和牧师们除了对传奇故事中十字军在很多地方的不良行为表示过一些含混不清的遗憾之外，对整个事件几乎根本没有任何的关注。

　　这反映出了胜利者失忆症，我本人第一次遇到这种情况，是在小时候从卡罗来纳州被送去马萨诸塞州上学的时候。那是关于内战百年纪念评论的结尾时期；大部分南方白人当时都能详细列举出一长串的输赢战事，并争论南方邦联将军的相比较而言的优点，等等。而在北方，根本就没有人清楚或者是真正关心这场战争，甚至在很多的学生还保有他们祖辈在北方联军

381

———————

　　①　Sellars and Yeatman，30.

中获得荣光的姓氏的学校也一样。如今，胜利者失忆症使得大多数美国人在中东问题的本质上被蒙蔽了双眼；小布什政府在处理和这个极其重要且怨火中烧的地区的文明外交上是全面灾难性的，部分失败的原因就是我们并没有了解，在一定程度上，过去的三百年在盎格鲁—撒克逊人和在阿拉伯人的眼中是截然不同的历史。

很多阿拉伯人认为十字军东征从未结束，因为对他们来说，东征没有结束。过去的三百年里，基督教国家已经瓜分了伊斯兰世界，起初是海象，现在是木匠，最锋利的快刀伸得也最长。从1700年开始，穆斯林的历史发生了惊人的转折，整个基督教西方特别是海事系统崛起，凌驾于伊斯兰世界之上，这些对于当代穆斯林，特别是阿拉伯人来说，都是当代世界具有界定性意义的事实。

很多历史学家认为转折点是从1699年的《卡尔洛夫奇条约》开始的。这是历史上第一次，强大的奥斯曼土耳其帝国不得不屈服；俄罗斯和波兰的领土因此变大；奥地利哈布斯堡王朝有权干预奥斯曼事务，从而维护罗马天主教徒的权利。从那时开始，基督教征服者如同海啸般席卷了伊斯兰世界。首先是边远的有争议的土地失守，如俄罗斯的汗国，布达佩斯等奥斯曼帝国征服的最远地区。但灾难的大潮仍在持续。

在东印度群岛，荷兰人战胜了伊斯兰人的抵抗；穆斯林势力在乌克兰的大部分地区崩溃瓦解，进入高加索地区则是俄罗斯东正教正迅猛发展。英国给印度各穆斯林土邦施加的压力越来越大。

18世纪见证了穆斯林权力的衰落，从1800年到1920年则是其力量的垮台。北非沦陷于法国和意大利的统治之下，穆斯林在自己的家园遭到彻底的歧视。来势汹汹的欧洲殖民者占据了最好的农业用地，并建立了专属的居住社区，比如像位于约旦河西岸的以色列定居点。穆斯林要额外支付税费，但孩子们却不能进好的学区；本土的阿尔及利亚的犹太人可自动获得法国国籍，但穆斯林却被禁止，除非他们公开发誓放弃穆斯林的宗教法。英国终结了在印度曾经强大的莫卧儿帝国，使其皇帝沦为傀儡，最终被罢免。

382

穆斯林酋长国和撒哈拉以南非洲地区的伊斯兰教君主的领地都被欧洲武力（主要是英国和法国）所摧毁。奥斯曼土耳其帝国自身遭受着从未间断的强有力的攻击。基督教列强们争先恐后地在奥斯曼土耳其帝国当中的基督徒占少数比例的地方命名自己是"保护者"，从而有权去干涉奥斯曼帝国政治。得到基督教列强的鼓舞，常常获得它们的武器和给养支持，欧洲的基督教少数派起来为独立而战斗。

那个时期最激烈的战争爆发于现在的希腊和巴尔干半岛。那是种族战争，那是宗教战争；双方积怨已深。过去的几百年里，很多的希腊人和斯拉夫人都皈依了伊斯兰教，而土耳其人和其他穆斯林已在整个帝国范围内定居。19 世纪，当希腊、保加利亚、罗马尼亚、克罗地亚和塞尔维亚的人们想要重新寻求独立，他们均受到一个或者多个欧洲基督教强国支持，于是野蛮残酷的战火在这片土地燃烧起来。一个接一个的凶残暴行使得双方成千上万的平民百姓丧生。穆斯林杀害基督徒，基督徒杀害穆斯林，甚至还经常为充数杀戮很多的犹太人。当俄军于 19 世纪 70 年代将土耳其人从保加利亚土地上驱逐出去时，惊慌失措的保加利亚犹太人跟着穆斯林一起逃跑，他们害怕来自基督教邻国和俄国沙皇的侵害。

　　根据历史学家贾斯汀·麦卡锡（Justin McCarthy）的著作
《死亡和流亡：对奥斯曼帝国的穆斯林的种族清洗，1821～
1922》，大约有 500 万欧洲穆斯林于 1821～1922 年在欧洲最大
规模的种族清洗运动中被迫离开家园，直至二战后德国人被迫
从波兰和捷克斯洛伐克迁出。经过一个世纪的种族清洗和杀
戮，之前穆斯林占绝大多数的奥斯曼帝国欧洲部分转变成了基
督教为多数派的地区。仅仅是在 1912 年到 1920 年之间，东南
欧（阿尔巴尼亚除外）就有大约 62% 的穆斯林人口消失不见，
他们或逃离，或被杀害，或是被迫流亡了。[①] 原有穆斯林人口
中死亡人数占到了 27%。很多幸存者逃到后来成为了土耳其
的地方；[②] 现在大约有 1/5 的土耳其人是巴尔干难民的后裔，
毫无疑问他们从那些热切的西方政客向他们发表的众多演讲中
得到了乐趣和教导，而那些政客敦促土耳其人去遵守欧洲价值
观。[③]

　　最后阶段是一战时期。英国此前在波斯湾地区享有至高无
上的权力，对波斯人和阿拉伯人都进行统治，甚至在该地区的
石油储藏被发现之前就是如此。土耳其军队在加里波利顶住了
英国人的攻势，但英军穿越了阿拉伯中东地区，几乎是随心所
欲地推进到了伊斯兰教的阿拉伯心脏地带。

---

① Justin McCarthy, *Death and Exile：The Ethnic Cleansing of Ottoman Muslims*,
1821 - 1922 (Princeton, N. J. ：Darwin Press, 1995), 164.

② Justin McCarthy, Death and Exile：*The Ethnic Cleansing of Ottoman Muslims*,
1821 - 1922 (Princeton, N. J. ：Darwin Press, 1995), 164.

③ 这段时期的巴尔干历史显然是个有争议的主题。我并非意指奥斯曼帝国
和穆斯林是暴行之下的无辜受害者；在漫长的世纪怨恨纷争中，各方都
有恶行出现。我的目的并不是在这里为那段历史时期做一个平衡分析；
我是希望能够帮助西方和非穆斯林读者了解当代穆斯林对西方世界的看
法。

1917 年，当欢欣鼓舞的英国民众为埃德蒙·艾伦比将军
（后来升为陆军元帅）率军于当年的 12 月 9 日进入耶路撒冷
而欢欣鼓舞时，十字军才从默默无闻中短暂走入了公众视线。
战争结束后，几乎整个阿拉伯世界都被欧洲列强瓜分，英国占
领得最多，其次是法国。到了 1920 年大英帝国的殖民扩张达
到顶峰的时候，被英国统治的穆斯林人数远远超过了那些曾经
在哈里发或苏丹统治之下的穆斯林。大约有全世界 1/4 的人口
和土地被英国占领，全世界穆斯林的半数以上处在英国的统治
之下，在世界大部分地区，英国被看作最强悍的帝国，是伊斯
兰世界自由和宗教最可怕的威胁。

"我们当然不愿意去掌管那些令人憎恶的土地和人民"，
巴林的一个英国"政治顾问"一度如此声明。[①] 英国倾向于通
过地方精英和宫廷世家进行间接统治。这些王室家族至今仍有
一些在中东地区在位掌权；很多中东人认为，美国正在实行的
是比英国传统的间接统治要稍微现代化一些的模式。

从阿拉伯世界的角度来看，十字军东征并非只是萨拉丁
和圣骑士们遭到重击的古老缥缈的记忆。过去的三百年间，
基督教列强一次又一次地入侵伊斯兰世界，将他们的领土占
为己有。在这无情的猛攻之下，伊斯兰世界没有一个角落是
安全的。自从艾伦比占领耶路撒冷，伊斯兰教的第三大圣城
很大程度上都是由基督教或犹太教所控制。在写这本书的时
候，美军正在第一任哈里发在巴格达的地盘上巡逻。沙特的
依赖，以及伊斯兰教那些圣地需要美军的安全保护已经再三　384

---

① Simon C. Smith, *Britain's Revival and Fall in the Gulf* (New York: Routledge, 2004), 3.

506 / 上帝与黄金：英国、美国与现代世界的形成

说明了这一切。

殖民地自治化并没有给予穆斯林所期待的承认。印度穆斯林的权力并没有随着英国的退出而恢复；大部分英属印度成为一个雄心勃勃、不断发展的印度教国家。穆斯林沦为印度的少数族群，或者是动荡和相对弱小的巴基斯坦和孟加拉国的公民。海湾地区那些小小的酋长国之外，没有任何阿拉伯国家的富裕程度能够达到欧洲和美国的标准。更糟糕的是，东亚国家随着中国、韩国及其他亚洲国家的进步，早已把阿拉伯国家甩在了后面。

这是阿拉伯舆论（实际上也是世界上大部分穆斯林舆论）看待美国外交政策和以色列的背景。以色列只不过是入侵穆斯林领土长长队伍中的最新成员；穆斯林被排挤到一边，首选是欧洲人（和中东犹太人），就像他们在阿尔及利亚曾有的遭遇。穆斯林悲惨地在阵营里缩作一团，犹如当年他们为躲避巴尔干战争中一系列的种族清洗，藏身在安纳托利亚地区一样。傲慢自大的基督教列强给穆斯林灌输道德和文明的价值观，为了自己的帝国利益鲁莽地搭上穆斯林人民的命运。

美国人和英国人一样，他们在自己的国家利益和石油问题上是完全没有一点商量余地的。而且相比当年的英国实力，如今的美国实力可谓是无处不在。

除此之外，经济成功的秘密似乎仍被掩盖。地处一文不值的沙漠地带，以色列却比埃及或是叙利亚更为繁荣，更不要说和伊拉克相比，而后三个国家富有石油和水资源。

这当然不是过去三百年间穆斯林和基督教关系的一个完整公正的描述，也不包含其他一些关系当中更为积极的因素，但该背景陈述对于美国外交政策在该地区如何运作提供了重要的

事实。在阿拉伯人看来，海事系统和欧洲文明从各个角度都是缺乏合法性的。宗教方面陌生而有敌意。地缘政治角度则需对几个世纪的错误负责，如今其力量还在不断地阻碍伊斯兰国家的热望。坚定支持以色列并不是孤立的情况；它是由来已久的反穆斯林、反阿拉伯的外交政策模式的一部分。

在这种紧张环境之中，小布什和布莱尔称颂个人权利、自由经济政策带来的好处，强调阿拉伯世界需要大规模的革命性剧变，以及道德法律的普遍原则，等等。很多阿拉伯人根本不理会这些，认为这是热情过头的盎格鲁—撒克逊人的伪善，是入侵伊拉克毫无意义的背景噪音。另一些人把这看作是企图破坏阿拉伯国家的凝聚力和抵抗力的一种尝试，服务于一些与以色列扩张或石油资源（或二者都是）紧密联系在一起的险恶阴谋。还有人认为这是一个清醒而完善的计划的最新阶段，由安拉的敌人所策划，目的是破坏伊斯兰教。

385

美国人将不得不远远超越惯常外交策略，去应对美国和阿拉伯世界的巨大差异，尤其是美国承诺并持续履行承诺，其将致力于维护以色列的安全，以及确保国际市场的石油和天然气在有序地运作。海事系统的利益需要美国不断持续并深化在中东地区的事务，但海事系统和阿拉伯国家的历史问题使得这种关系很难维系。

美国和阿拉伯国家的交流互动如果不能更加深入，它们之间的关系将无法推进，如果木匠不能学会少说多听，双方的交流互动也不会成功。

第 22 章　文明的外交

　　在未来的岁月里，我们应该可以预见美国政策和态度当中一些显著的、有希望是有益的变化，不过对于美国那些最为慷慨激昂的批评家来说，这些变化是远远达不到他们的要求的。而且这些人不可能注意众多穆斯林和阿拉伯人是如何看待他们对海事系统和当代世界不满的根源所在的。

　　在某种程度上，这是无能为力的。美国人不可能改变盎格鲁—撒克逊的本性。他们可以对资本主义制度进行很好的改革，但绝不会摒弃这个制度，或是放弃营造海事系统的努力。而且只要美国人关注良好的世界经济和国际政治状态，他们就不可能对中东石油市场的情形漠不关心。美国文化会不断地创造出有吸引力的文化产品，这对一些人而言是令人烦恼的，而且在高科技的帮助下，这些东西只会越来越便宜，可以迅速传遍全世界。随着越来越多的国家掌握了参与海事系统的秘密，竞争将会逐步变得更加艰苦。海事系统仍将更加紧密地联结在一起，另外，经济和文化变革的步伐也不会放缓。

　　其他地方的发展并不阻碍阿拉伯世界和其他努力跟上的社会制定的议程。赫尔德在 1793 年就曾做出这样的观察，

　　　（当）一两个国家在短时间获得的发展在从前可能是需要经过几个世纪才能达到的时候，那么其他国家不能也不想让自己滞后几百年，由此对自己的国家则会造成代价

惨重的损害。他们别无选择，必须一起前进；在我们这个
时代，不可能再有机会成为"蛮族"；作为一个蛮人将会
遭到欺骗、践踏、鄙视和虐待。这个时代，世界形成了一
个运转着的链条，其中任何一环就算想要却也无法抵抗它
的进程。[①]　　　　　　　　　　　　　　　　　　　　　　387

"在这个国度中，拼尽全力地奔跑只不过是为了维持在原
地而已"，红皇后告诉爱丽丝说。但对那些尽全力奔跑却仍然
落在后面的人，又会发生什么呢？

阿拉伯世界非常不可能迅速提高能力以求紧跟全球变化的
脚步。不仅阿拉伯世界如此，很多社会或群体也是一样，比如
其他的穆斯林群体、俄罗斯、拉丁美洲和非洲的主要部分。在
其社会当中同样会有很多的冲突，比如民族之间，社会精英和
群众之间，等等。当一个国家内部一些群体比别人跑得更快的
时候，就会有冲突出现。即使是那些新近崛起的国家，如中国
和印度，很可能随着变革速度加快、社会压力和冲突增加等问
题而面临越来越严峻的挑战。

众口难调，我们将会面对一个各方都不满意的局面。辉格
派不会搭建一个全球的通天塔，一套单一的法律和价值观使得
整个世界黯然失色，但那些抵制和反对辉格文明的人却还是无
法摆脱它的存在。

这看起来并不是一个平静的世界，但却像是我们将会拥有
的世界。

---

① Johann Herder, *Philosophical Writings*, ed. Michael N. Forster (New York: Cambridge University Press, 2002), 377.

当美国人在寻求方法面对这个困难并时而伴有危险性的力量之时，越来越多的人有可能会求助于一位著名的知识分子和神学家，他的深刻见解成为冷战时期美国对外政策的哲学依据：莱因霍尔德·尼布尔（Reinhold Niebuhr）。20世纪的美国没有谁可以像这位理智的新教牧师那样对英美世界观的核心要素进行如此完整彻底地阐述，同时又加以批判，他是新正统派神学的代表，也是20世纪最杰出的基督教神学家。曾是信义宗信徒的尼布尔，后受到安立甘宗的强烈吸引，尤其是有着托马斯·克兰默激进宗教观点印记的《公祷书》对他产生很大的影响。《公祷书》中的认信和不确定性之间、信仰和自省之间的精妙平衡和尼布尔关于人类社会和政治本性的最深信念产生了共鸣。.

388　　尼布尔的主要成就是把基督教核心教义和当代人类的困境结合起来——原罪。当时乐观的基督教自由派确信以历史为目标的战争有可能赢，人类的努力可以迅速把我们带回黄金时代，由此对这一教义不屑一顾；在尼布尔看来则是自诩为乌托邦的缔造者带来的一次又一次的失败。更重要的是，尼布尔认为原罪的存在和力量是人类社会作为整体而言的强大的推动力。

原罪这一教义带着强烈的宗教谱系；它坚固地植根于保罗书信当中，并深刻影响了希波的奥古斯丁（St. Augustine of Hippo）——他至今仍是西方基督教传统中最重要的历史思想家。马丁·路德对这一教义的使用有助于形成宗教改革中对于因信得救的理解。正如我们已经看到的，这个观念在英美文化中发挥着持续的而且与日俱增的作用。尼布尔把宗教改革和英美世界观主要组成部分之一纳入了自己的表达之中。

尼布尔以另一种方式对经典英美特色进行了表达。原罪理论是从基督教信仰中出现的宗教教义；尼布尔是无神论者和非基督徒喜爱的神学家，时常受到他们的热捧或是嘲弄，他重新提出这个理论，使得无论拥有何种信仰的外交政策学者都能够在无损自身宗教特点的前提下，用它作为分析工具。

尼布尔的原罪理论并不是因逐字研读《创世纪》而得来。尼布尔认为原罪是人类存在的普遍性事实，全体人类共有的系统性错误，在此基础上人类拥有真正公正的世界观。基于这一观点，原罪严重扰乱了人们的道德生活，给个人的日常生活带来了问题，但它在社会生活、政治和民族文化之间关系这些层面上发挥了更大的效用。

尼布尔认为个人夸大自己在事件中的重要性是一种自然倾向，他们觉得自己是他们世界的道德中心。个人努力来克服这种倾向，从而以更为平衡、更少孤芳自赏的方式对待世界，也许他们不会完全胜利，但确实有所进步。（这和亚当·斯密在《道德情操论》中对人的本性的描述有惊人的相似。）但孤立的个体仅仅是历史的一部分。

与赫尔德和伯林一样，尼布尔注意到个人身份认同中的重要部分源于他们所属的社会群体。然而，尼布尔指出，学习质疑和制约我们自身的自大的过程适用于个人生活层面，并不适用于我们身份认同的集体维度。集体自我提出的诉求比我们给自己提出的诉求更为范围宽广、好大喜功。我们会为自己提出的代表我们个人利益的一些不现实要求而尴尬窘迫，但如果是代表我们所属的不同集体提出这些要求，似乎就变得顺理成章了。尼布尔在其著作《道德的人与不道德的社会》中写道，大多数人是通过群体身份而不是以个人的名

389

义来要求绝对权力和重要性。人们的自大和自我中心主义通过为我们所属群体的利益进行集体诉求而表现出来，"部落、家庭、宗教、民族、种族、性别、职业或教会等，都是我们所属的群体"。①

"严重罪行大多是共同罪行"，尼布尔指出，这是因为"我们将自身全部的忠诚和力量都献给我们的群体，献给它的安全和成功，以及征服和统治其他和我们利益相抵触的群体"。② 像工会和企业这样的组织对自己的诉求是尽快努力争取，更少从对手的角度关心是否公正，而且从战术技巧上来说也不是像个人处理私人事务时那样小心谨慎。

尽管有许多优良品质，无论是通用汽车还是全美汽车工人协会都不具备灵魂和道德上的觉悟。公司股东和工会投票员工都从纯粹务实的角度来看待他们之间的关系。谁也不指望对方会伸张公义或大发慈悲；也没有任何一方自己会这么做。

在国际层面，形势则变得更为严峻。抽象原则更为广大宏伟，我们对诉求更缺乏批评，更不需要承认敌对阵营的正义诉求。为我们的国家诉求巨大权益是爱国行为，为我们的信仰诉求巨大权益是虔敬。大国因国力强大而展现出傲慢自大，践踏着更小民族和更弱国家的权益和关切之事，却对它们自己的所作所为麻木不仁。但同样也有无能的傲慢；蒙冤受屈的人们把他们的冤屈看得比天还大，提出不可能的要求，对于实际可行而不浪漫追逐"理想"的折中方案根本不予考虑，因为他们

---

① Reinhold Niebuhr, *Moral Man and Immoral Society* (Lexington, Ky.: John Knox Press, 2001), xix.

② Reinhold Niebuhr, *Moral Man and Immoral Society* (Lexington, Ky.: John Knox Press, 2001), xix.

认为这些事情是没有商量的余地的。这里面混杂着愤怒、怨恨、盲目和偏执的情绪和态度，赫尔德和伯林发现那些受害（或自认为是受害者）的国家，把自身的怨恨和局限与强烈的盲目、傲慢、自我中心以及自以为是交织在一起。

更大更抽象的实体是更难平衡的。在尼布尔那个年代，社会阶级是集体认同的最突出的实例，在它的名义下滔天罪行和专横暴政具有正当性。如今，对某些人来说，宗教似乎已经扮演了这个角色。宗教可能会是所有集体当中最具危险性的。它 390 的诉求至为庄严宏伟：还有什么比去捍卫、荣耀和推进一个真正的宗教更重要的呢？与此同时，所有的自负和骄傲失落在我的日常生活中，所有屈辱带来的愤怒、不得不适应他人的愿望让我快失去耐心，还有我所有的宏伟愿望，都集中投射在我的信仰当中。当我想要我的信仰主宰世界时，我实际上并不恨异教徒：我寻求最高的祝福来为他们争取利益，路径是引领他们成为上帝的真正信徒。

最大的冲突和罪行往往源于最宏伟的抱负，同样的群体在赋予生命意义和为团结一心创造机会的同时，也是滋长冲突矛盾的温床。这是一个既悲剧又具有讽刺意味的世界观。说它是悲剧的，是因为人类最宏伟的抱负被人类本性深处的缺陷破坏了。说它具有讽刺意味，是因为在我们最为确信我们的行动正义，最为肯定我们脚下的道德基础的时候，其实最大的危险就已向我们袭来。

运用英美思想中的经典要素而达成如此丰富而矛盾的世界观是了不起的事情，尼布尔确实可以当之无愧地跻身于20世纪美国最伟大最深刻的思想家之列。

　　尼布尔最早是在大萧条时期提出了自己的见解；随着二战和冷战的爆发，他把自己的精力主要放在国际事务上。从某些方面来看，尼布尔对冷战的分析和当年克伦威尔描述与西班牙的较量相去不远。"我们正与浑身附满邪恶的魔鬼宗教的敌人作战……我们可能世世代代都会在这个敌人的暴力威胁下……"像克伦威尔一样，尼布尔对国家内部颠覆的危险发出警告，谴责专制独裁和背信弃义的敌人，支持在大战中去联盟可疑的甚至是不道德的搭档，坚持美国是为超越自身利益的大局而战，并主张斗争必须坚持到最后。

　　但他做的远不止这些。邪恶不仅存在于敌人那里；我们中间同样也有，并非只是国内像第五纵队那样潜在的叛国者。美国本身就受制于邪恶；美国人有时也是有罪的。"我们将真正实现民主事业，"尼布尔写道，"我们越真诚，越可以完全克服我们身上的狂妄自负。"①

　　对抗两大劲敌都很必要，需要我们全副武装去应对，但最终内部斗争产生的后果是最大的。尼布尔认为，"我们国家命运中最关键的问题"，是美国能否在上帝和人类面前保持适当的谦卑，即使那时美国已和苏联展开了生死攸关的争斗。②"我们知道如今我们在国际社会所拥有的地位，部分是由于存在于历史复杂模式中的因素和力量，而我们并没有参与创造这一模式，就不应该受益。如果我们从宗教的角度来理解这个问题，那么命运就不再是一个骄傲的工具，而成为承担一种新的

391

① *Reinhold Niebuhr on Politics*, eds. Harry Davis and Robert Good（New York：Charles Scribner's Son，1960），279.

② *Reinhold Niebuhr on Politics*, eds. Harry Davis and Robert Good（New York：Charles Scribner's Son，1960），279.

责任感的场域。"①

冷战时期，尼布尔主张，美国需要在遏制共产主义和苏联在全球影响力的同时，对自己的道德和政治诉求保持一个批判的立场。需要去理解敌人诉求之中正义的要素，不管他们的诉求是多么扭曲和变态。不能将让自己的志向与全人类的福祉混为一谈，不论自己的志向显得多么高尚或多么有道德，由此令人感到陶醉。必须要承认，在其自身的动机和行为中善与恶是复杂的混合体，但人们不能因为这一现实而陷入被动和无所作为。美国，自身并不完美，在一个不完美的世界中和一个邪恶的（尽管不是绝对邪恶的）敌人开战。美国在战争中采取的手段并非都是清白的，冷战取得的胜利将不会带领人们开创辉格式乌托邦世界或是进入上帝的国度。但即使部分和不完美的胜利，也同样很有意义：我们并不打算在国际生活中建立完美的公平正义，或是废除高压政治或是权力关系。但也许我们能够运用"足够的正义"和制约，可以用"充分的非暴力"手段去防止人类文明的彻底崩塌和灾难的降临。为达到这一有限的目标，尼布尔不仅支持发展核武器；他还认为，在某些情况下，核武器可以在正义战争中适当运用。②

当美国人还在努力去理解"9·11"恐怖袭击揭示出的威胁本质，想要发展出一个外交政策立场用以指导他们通过这个对海洋秩序的最新挑战，尼布尔的观点则显得比以往任何时期

① *Reinhold Niebuhr on Politics*, eds. Harry Davis and Robert Good (New York: Charles Scribner's Son, 1960), 280.
② Campbell Craig, *Glimmer of a New Leviathan* (New York: Columbia University Press, 2003), 80.

都更有说服力和重要。美国将不得不将行动和主张能力与反思和自我批评能力结合起来，比冷战时期更甚。对于大多数美国人来说，深受宗教激励的中东恐怖分子与之格格不入，远胜当年的共产主义。毕竟马克思主义和美国同样是西方文明的产物，苏联追随者的世界观尽管对于美国人来说是非常反感的，但还是可承认和理解的。尼布尔自己就曾是社会主义者，他深入研究了马克思主义和思想文化史，从而形成了自己的世界观。

要了解恐怖分子，理解关于运动的各种不同意见，更不用提去学会如何在如今中东地区的政治和文化环境中进行有效运作这些问题，美国必须比冷战时期付出更多的努力，在思想和文化层面上要有更大的飞跃。必须要做出一些妥协，愤怒和失败的情绪难免，这比冷战时期的为苏联提供了动力的反资本主义、西方主义和俄罗斯民族主义混杂在一起的局势要更顽固、更广泛，也更难去调和。

这个任务显得越发棘手，恐怖威胁的宗教寓意和暗示调用了在穆斯林为主体的中东地区和大多数人信奉基督教的美国根深蒂固的集体认同。对双方而言，可能发生的最大灾难将是把彼此视作劲敌，形成一个误解、挑衅、暴力和报复不断升级的旋涡。鉴于历史、宗教和文化方面的差异，在任何情况下危险都有可能爆发；纪律严明、训练有素的恐怖分子努力让最糟糕的局面出现，时刻让人感到不祥。

但是，尽管尼布尔极力主张双方都进行自我反省，从而认识到历史的嘲讽性以及自己这一方的不完善，他要求在不完美的世界开展行动。身为在冷战时期坚持主张继续发展核武器的神学家，对于那些动机远不如违背历史的战争崇高的武力和控制需要，尼布尔不抱幻想。很多美国人只能说服自己来支持运用武力，因为选择很明显——是天堂或地狱，是乌托邦或是世界上文明价值悉数毁灭。

尼布尔不会允许我们沉湎于幻觉当中。我们可能不得不去抗争，即使世界是从特定的战争中出现，但势必漏洞百出。回首老布什总统执政时期的第一次海湾战争，一个尼布尔式顾问可能会要求明确性和决议。他可能会说，把萨达姆·侯赛因赶出科威特，这并不可能开启一个建立在安理会主持下的和平与合作安全协议基础上的新型国际秩序，但无论如何，我们还是要把他赶出去。我们自己也不得不承认，国际秩序的原则是我们要解放科威特的部分动机，我们决心要阻止萨达姆对国际石油供应的束缚也是如此。更进一步来看这个问题，我们甚至不得不承认这样一个事实，即对很多阿拉伯人来说，美国致力于海湾地区的酋长国的独立事业却挫伤了阿拉伯民族主义——无论是世俗的还是宗教的，二十余年来，美国不仅只是反对萨达姆·侯赛因，还包括反对想把阿拉伯国家团结在一起的每一个领导人和每一次运动。我们必须接受，美国对以色列方式非常复杂的支持，影响到了阿拉伯人对美国人动机和行为的理解。然而就算我们很清楚所有这些，我们可能还是要把萨达姆赶出科威特，并且捍卫并不完美的以色列，同时支持海湾国家的独立，即使它们并未显示出向世俗民主的政治演变的迹象。然而我们在做这一切的时候都必须要保证不能失去我们对自己理想和价值观的控制。

将我们的视野从中东地区拓宽到整个世界，文明外交涉及处理资本主义这样一个具有全球影响力、迫使每一个国家去调整并应对的制度，以及受到海事系统影响的众多不同社会中的

393

不同身份认同、抱负（野心）以及态度。很多国家在这个世界里已经感受到了红皇后的存在，它们都在拼尽所能地朝前快跑，而资本主义就像一个无情的工头，要求大家跑快一点、快一点、再快一点。

我们的后来人很可能会认为，即使面对当下所有的中东问题，我们现在这个时代仍是一个良好的时代。举例来说，如今亚洲巨大的、革命性的巨变展现在美国人面前，主要就是沃尔玛的那些便宜货。我们有时也会从感情上感到抱歉，对那些在危险的工厂长时间劳作、却拿着可怜薪水制造这些便宜货的工人们，以及那些因外国竞争工作岌岌可危的美国人，而那些工人的严重不满情绪还没有影响到我们。

这是不可能持续下去的。第一代农民工可能会对到城市打工心存感恩——让他们逃离了农村的贫困，他们拼尽一切为生存而努力，根本没有时间和力气去参与政治。对于他们的儿孙辈来说，他们不可能有这样的容忍精神去接受同样的待遇。然而，使发展中国家工人工资低下的经济力量现象很可能继续。中国沿海地区工人工资上涨，很多工厂纷纷转战内地，或者搬去越南、印度。孟加拉国和非洲也在远处召唤。

394　　当这些工人将他们对工资收入和工作环境的不满带到政治当中时，一种复杂危险甚至一触即发的情绪，混杂着扎根在过去的阶级仇恨、民族和地区的冲突，以及文化、国家和种族的仇恨，很可能就会爆发。

在印度，资本主义的广泛传播也不可能成为一种神奇的灵丹妙药从而解决所有的纷争和结束所有的不和。资本主义增加了不平等性，提升了某些特权的价值（如高质量英语教学），富有特色地使一些地区和亚文化比其他地方得到更多的利益。

印度的政治制度是灵活又有弹性的；当这个地球上最复杂且多样化的政治社会产生一浪高过一浪、传播越来越广的变革时，刚才提到的印度政治优势也同样面临检验。

我前面提出，21世纪的亚洲战略几何学有助于一个基于大致均势上的相对和平稳定的政治制度出现。确实如此，但要产生这样的制度，亚洲国家和它们的国际伙伴将肯定会面临一些风暴。欧洲的工业革命产生了共产主义和法西斯主义，残忍的民族主义暴力不断在各地疯狂上演；如今亚洲地区的经济和社会革命从政治意义上讲，比欧洲任何事情都要更大、更快、更具破坏性。

尼布尔的遗产不是美国人需要捡起来用来处理和穆斯林的关系，一旦最糟糕的战争结束，就可以抛到脑后而弃之不用的。随着爆炸性的新世纪的展开，文明外交和尼布尔的方式将越发显出其必要性。

我们面临着一个典型的尼布尔式形势。英美辉格派热情高涨地进行他们的全球自由和发展计划，不能看不见他们的计划对他人产生的影响，也不能看不见他们的意识形态在自身文化价值观中的根源所在，当然，还有他们的利益。然而也要认识到这个计划的实际和潜在的缺陷与限制不能也不应该影响他们对价值观的核心的承诺——这些价值观持续推动着海洋秩序的全球活动和变革议程。只要文明外交和集体承认的问题主宰着国际政治，美国人将需要承受尼布尔思想令人振奋却有收敛性的效果。

但他们会吗？在一个知识分子从来都没有得到应有尊重的 395
国家，尼布尔是一个致力于社会问题研究的卓越知识分子，一生都与深奥得令人生畏的理念和哲学家打交道。在一个宗教版图现由福音派教会主导的国家，尼布尔是个坦率坚定的自由派新教徒，众所周知，他曾拒绝和葛培理（Billy Graham）会面，因为葛培理曾在因种族隔离而座位分开的听众前布道。而在外交政策似乎在自由主义乌托邦（不论是传统的国际主义者或是新保守主义变种）、孤立主义者和愤怒好斗的民族主义者之间不断被撕裂和徘徊着，对于以尼布尔式分析为导向的外交政策来说，前景似乎令人担忧。

与此同时，外交政策精英（在美国更普遍的是知识分子精英）和更广阔的社会之间的鸿沟似乎越来越大。无论左派还是右派，美国人对专家和所有机构的怀疑不断增长。

支持尼布尔思想的传统资源是民主党的老式自由一翼。马丁·路德·金经常仔细阅读尼布尔的著作。冷战自由主义者，像曾呼吁形成"无神论尼布尔"思想的阿瑟·施莱辛格、乔治·凯南（他称尼布尔是"我们众人之父"）、美国两届总统候选人阿德莱·史蒂文森（Adlai Stevenson）对尼布尔思想都有深入研究。[1] 美国总统吉米·卡特（Jimmy Carter）经常谈到自己深受尼布尔的影响。当代作家像彼得·贝纳特（Peter Beinart）、利昂·维泽尔蒂尔（Leon Wieseltier）和尤金·迪昂（E. J. Dionne）都在呼吁尼布尔式复兴，参议员巴拉克·奥巴马（Barack Obama）[2] 也曾告诉记者尼布尔对他思想的影响。

小布什执政的前六年时间里，民主党中间派在美国政治中很大程度上被边缘化，在 2006 年 12 月的选举中，他们一举夺

---

[1] ilson Miscamble, "Kennan Through His Texts," *The Review of Politics* 52, no. 2 (Spring 1990): 307.

[2] 原书 2007 年出版时，奥巴马仍为参议员。——译者注

回国会两院，重赢重要影响力。如果民主党重掌白宫，很可能尼布尔将再一次成为那些受托制定和执行美国外交政策的人的重要基准点。

然而这在某种程度上是对尼布尔需要最少的人却最为喜欢他，他的位置就像牧师布道中的唱诗班。美国并不仅仅需要一个特定的政党中有少数思想家或是特定党派的领导人用尼布尔的方式思考，尽管这就其现状而言是件好事。

396

文明外交远远大于政府政策，无论如何，像美国这样的国家，即使是短暂的社会舆情浪潮也经常会对外交政策产生很大的影响，尼布尔政策只有在广泛而坚定的大力支持下才有可能维持下来。保守派和自由派一样，需要内化尼布尔式立场，大众舆论和精英辩论应当反映这些价值观。特别是，美国的平民民族主义这种杰克逊学派的外交政策必须更具尼布尔特色地理解它在世界的位置。

尤其是随着小布什的外交政策令保守派幻想破灭，很多作者用尼布尔的理论解释新保守派试验的严重偏差，《纽约时报》专栏作家大卫·布鲁克斯（David Brooks）是其中最突出的一个。如果共和党和民主党的知识分子对外交政策的理念和情感都部分受到尼布尔思想的影响的话，那将会比只有一方受到尼布尔影响好得多。但这离在整个美国政治体中植入更为深刻的自我意识的目标还很远。

福音派新教是其存在和力量创造了积极响应尼布尔理念的重要新型大众舆论的美国社会运动现象之一。福音派宗教是小布什在 2000 年上台和 2004 年的连任中最为有力的支持者；在军队中，福音派宗教也显示出很强的影响力；福音派成为美国民间宗教的优势教派已是历史悠久。

522 / 上帝与黄金：英国、美国与现代世界的形成

不仅如此，美国福音派常常被认为（正如他们一直以来经常）最坚定地怀有不加批判的爱国主义，对外国人民和文化只是略知皮毛，抵制对美国面临的国际问题进行复杂细微的讨论等。这是人口当中最需要得到尼布尔启示的群体；但从表面看来，却是最不可能得到的一个群体。几个世纪以来，福音派因其对生活的反智传统和被定性为"廉价恩典"（强调悔改的方便，并允诺和上帝简单快乐的关系）的神学立场，一直遭到其他保守派和基督教自由派的批判。一个鲁钝且常常很倔强的思想家，强调基督教生活中持续道德斗争的成分，似乎一直都不太可能会有大批福音派追随者。遗憾的是，如果不在这方面有所发展，美国大众和领导人很可能对文明外交没有做好充分的准备，而进行文明外交日益符合他们的利益需要。

397

这种类型的转变并不经常出现，也不会很快发生。然而迹象明确表明，当代美国福音派对于尼布尔的世界愿景的接受程度显著上升。

正在发生的是神学家所称的"生活处境"变化，这里所指的是美国福音派的生活处境已经发生了变化。20世纪20年代后，福音派是一个具有防御性的日益萎缩的幸存者群体，他们为寻求保护而挤在一起，他们逐渐变得更为强大自信和外向开放。福音派社会的本质，他们和美国社会的关系，以及和整个世界的关系都从根本上发生了变化，一种新型的美国福音派正在形成。

新福音派并不是世俗自由主义者祈求的结果。他们在大多数社会问题上显然更加保守，尤其是堕胎问题上，其保守性超过大部分世俗自由派或宗教自由派。当绝大多数人愿意在他们

认为是科学简化形式的进化论和极度缺乏想象力地逐字阅读《创世纪》之间去考虑折中立场，他们则委身于圣经至上和上帝在历史中行事（有时是奇迹般）的理念。当他们认为基督末世预言小说《末日迷踪》系列的大众娱乐成分超过其宗教含义的同时，他们相信圣经的预言（有时会像德尔斐神谕般显现）仍是未来方向的指针，将包括基督复临审判整个世界。一般来说，福音派毫不妥协地反对除基督教之外有真正宗教的观念，认为无论这些宗教包含什么样的真理和洞见的成分，都会在它们的错误和疏漏之前黯然失色。他们相信实有的地狱，认真服从大使命，即基督要求他的门徒将真正的信仰传遍世界。

然而，尽管如此，相比时间最为接近的前辈来说，他们给美国政治进程带来了截然不同的态度和理念。以前，福音派的年轻人通常就读于一些小型宗教性学院，这样他们可以得到警觉的教师的保护，使他们免受那些危险而令人不安的思潮的影响。随着越来越多的福音派年轻人从哈佛、耶鲁这样的名校毕业，或前往其他顶级专业学院就读，新一代的福音派比一战以来的任何时期都要更好地融入美国制度的方方面面。著名学者像马克·诺尔（Mark Noll）、内森·哈奇（Nathan Hatch）、乔治·马斯登（George Marsden）、毛瑞祺（Richard Mouw）和米洛斯拉夫·沃尔夫（Miroslav Volf）等所赢得的尊重远远超过了福音派的范围。无论是否就读过世俗学校，年轻的福音派学生和牧师们都在热情地拥抱着当代重要思想。更重要的是，和新教自由派神学家和理念进行非争执性论战的严肃宗教神学研究在福音派学院和神学院的校园都引发了实质性的繁荣热潮。在这种热潮当中，对新福音派领导者而言，尼布尔和他从前的

398

学生潘霍华（Dietrich Bonhoeffer）的名字在最著名的英雄之列。美南浸信会宗教自由委员会主席理查德·兰德博士（Richard Land）指出尼布尔和潘霍华对他的思想有主要影响，敦促美国宗教保守派学习潘霍华对希特勒时期德国民族主义盲目偶像崇拜的抵抗，避免将美国文化和价值观偶像崇拜式地等同于福音。有趣的变化显然正在进行。

在知识复兴之外，今天的福音派相比从前更为广泛地与非福音派和非美国的机构接洽。部分原因是大家对反对堕胎的共识，除去其他因素之外，还有部分原因是大家共同希望捍卫宗教在美国社会的地位。福音派和天主教徒之间的紧密联结超过了以往任何时候。部分原因是受到尼布尔的影响，福音派信徒日益熟悉天主教对正义战争的教义。和天主教的交流，无论是在个人还是知识层面，福音派都接触到了更丰富也更复杂得多的基督教思想和社会反映，大大超出了他们以前自己所知晓的范围。

繁荣兴旺的福音派和五旬节教会在非洲、亚洲和拉丁美洲兴起，为大大拓宽美国福音派的文化视野做出了显著的贡献。日益便捷的交通为新型的"大众传教"敞开了大门，大量美国福音派信徒走向全世界去做短期义工，有的是直接传教，有的是以不同方式给予救济和援助。美国福音派团体从未像今天这样走向世界，并拥有如此之多的国际经验。特别是和非洲基督徒之间的关系，大家长式的作风已大大减少。在卢旺达和尼日利亚的圣公会主教在美国建立宣教机构，以援助那些因为教会在同性恋权益问题和其他问题而被疏离白人保守圣公会信徒的时代，美国福音派失去了俯就非洲基督徒的能力和意愿。

最终，美国20世纪最为重要的社会运动——民权运动产生的后果至今都影响着美国生活的每一个方面，同样（也许稍稍有点姗姗来迟）也改造了美国的福音派。马丁·路德·金之后的两代美国黑人牧师和知识分子都在尼布尔的思想文献中找到了指导。非裔美国人的经验可能特别有益于直观理解文化和认同的模棱两可性，这也是尼布尔思想非常关注的部分。从很多方面来看，非洲裔牧师和知识分子已在白人福音派的世界拥有了显著影响力，比如说最大的黑人基督上帝教会的牧师尤金·里弗斯（Eugene Rivers），比起上一代，如今的福音派教会的种族更为混合，教会也对此更适应。

大批来自非西方、非白人的移民使得福音派的种族态度发生了很大的变化，有些移民在来到美国之前已经是福音派信徒，还有一些人是在移民后就成了福音派信徒。亚洲，非洲裔加勒比人，撒哈拉以南非洲和拉丁美洲地区的基督徒在美国福音派中的位置越来越重要，不仅改变了美国本土黑人和白人福音派信徒彼此交流的背景，还为原来相对同质的宗教团体带来了新的视角和文化多样性。

对尼布尔思想在美国政治中的复兴，对民权运动和许多著名福音派团体支持种族隔离甚至是奴隶制漫长可悲历史的神学反思，可能更重要的是引导福音派用全新且极其重要的方式检验文化对神学的影响。承认福音派的假设，圣经是上帝无谬误的默示；那么谁能够对上几代那些受过良好教育的虔诚福音派把错误教义当作上帝的旨意，从而捍卫种族分离负责呢？不可避免地，人们被迫得出结论，文化习惯和假设悄悄混进并扭曲了对《圣经》的诠释。上帝的启示是永恒的、稳当的；人们如何接纳上帝的启示，又是另一回事了。

尼布尔的研究和他的立场与福音派全力应对这些问题有着

400　很大的关联。它们实际上是不可避免的。为了找出引领我们出错的原因，必须从根上寻找原因，并找出隐藏的假设和隐秘的瑕疵。当代福音派信徒普遍认为坚定自己的信念十分有必要；很少有思想家能够像尼布尔那样对这些问题进行极为深刻明了的剖析。

　　同时，福音派对美国的外交政策并非无动于衷。福音派在军队，包括预备役中，都占很大比例。全国各地的信徒中包括在伊拉克轮换服役的信徒。在福音派神学以及各种学派对圣经预言的解读中，以色列的重要性都不容小觑。很多福音派信徒对中东地区的新闻都极为重视。如果那边局势出现任何紧张态势，都很难逃脱他们的注意。

　　在这种情况下，那些知名且备受尊敬的福音派领袖和牧师们得到历史性的机遇，帮助他们忠诚的信众更有智慧、更富同情心，以及更有效地和世界接轨。在社会和政治两极化的时代，民众对机构和专家的怀疑程度非常高，福音派和五旬节教会的神职人员是少数值得信赖的，他们能够帮助大众舆论去领会国家目前面对的复杂局面。这些教会的神职人员和平信徒领袖不仅仅是超出礼拜日早晨布道的信息和理念的重要渠道。通过成年人和青少年的教育课程、学习和阅读小组以及认可或不认可学分的密集教育等，美国福音派教会提供的渠道为数以百万计的积极参与政治的美国人获得了许多知识和文化教育。很多这些课程的受益者将不会读到尼布尔的东西甚至都无从知道他的名字；但是如果他的见解能为他们处理国家认同的关键问题、文化价值观和外交政策等方面有所帮助，相信没有人——尤其是尼布尔——会有异议。

　　像尼布尔这样敏锐、不易相处又自相矛盾的思想家，不可避免的是，拿他的名字来为自己炫耀的很多人都对他的理念缺乏应有的理解。美国的外交政策也永远不会像那些充满智慧和良知的哲学家们所希望的那样细致入微、组织缜密。但结果有时可能会是不完整和令人不满意的，一定程度上福音派开始应对这些问题，尽管是试探性的，而且不那么一致。由此美国在与国际社会打交道的过程中，可能会越来越感受到尼布尔的显著影响力。

对美国福音派的变化潜力持谨慎乐观态度还有一个原因。我之前略为提及了尼布尔与亚当·斯密关于人的本性的看法有着惊人的相似，即两位思想家都认为人类的本性与生俱来就把自己当作存在的中心。比起你断了腿的消息，我自己那扭伤的脚踝更让我心神不宁。两位思想家都看到，在私人生活中，这些倾向是稍微控制了一些的。尼布尔的特点是强调了这个过程中的道德层面；同样特点的斯密是研究自动和自然的过程来解释这个问题。然而这两种情况下，和其他人的自我打交道的结果就是一种教育：我们学会去放下我们的自命不凡，并更加尊重他人的感受。可能这种观念在一开始并没多高尚；孩子们进入幼儿园，缓慢痛苦地学会和别的孩子相处。随着时间的推移，我们学会了和睦相处，建立了更加复杂深远的信任和友谊，最终我们团结一致。

类似的过程发生在集体认同的层面也不是不合理的。工会组织和制造商们会懂得，如不设身处地了解对方的情况和动机，谁也得不到利益。他们虽然还不能说是尼布尔所称的"道德的行动者"，自觉在双方交往中去追求更高的理念，但他们确实变得更加有效务实。民主社会如果没有这种务实合作的教育，将是不可能实现的。

国家之间似乎也能有同样的表现，尽管只有很少国家能像了解集合性实体是建立在一个共同的国家的社会内一样汲取这些教训。经过几百年的战争，法国和德国已经学会通过新的方式互相合作，即便是英国和法国，虽然离真正的友情和以往一样还有距离，但也已经学会比以往相处得更好。

辉格乐观主义在这个基础上似乎很有希望复兴，很多人也跃跃欲试。当利益将我们紧紧绑在一起，大家彼此关系越来越紧密的时候，我们都要学习如何越来越好地互相合作。历史将在大家手挽手围着篝火齐唱"Kumbayah"① 的画面中落幕。

但肯定要保持一点谨慎。比起个人来说，国内政治利益集团在道德学习方面要比个人更慢更不全面。国家在这个问题上仍然更慢更不全面。文化、文明和宗教信仰进展更加缓慢，需要通过更长的时间才能达到那种水平，这似乎是合理的假设。世界文明目前处在这样一个混乱和危机状态，可能原因在于这之前他们在历史上的接触和互动可谓是少之又少的。近几个世纪以来，它们的接触从深度和广度来看都是非常迅猛的，势头快得甚至超出了美国人和其他国家的人们所能妥善处理的范围。

这幅图景呈现的世界观并非是无法化解的黑暗和阴郁，存在很大的完善空间。不单是个人可以从错误中学到经验教训，国家和文明更是如此。文明外交并不只是永远那么绝望地要试图避免一系列冲突带来的永不停止的威胁。对我们来说，良善的政策和周到的国际参与能够减少这种冲突的可能性。乌托邦

───────────

① 一种非洲灵歌。——译者注

虽然还不是指日可待，但我们能够而且可以做一些适度的改进。这里我们又回到了尼布尔的"刚好够用"理论：刚好够用的国家和文化发展，能够使我们更好地适应文明外交；刚好够用的外交成功可以阻止可能把让我们坠入无止境的战争和破坏深渊的国际阶级和文化之间的碰撞和冲突的发生。也许我们不一定能有这么多的收获，但却仍然值得我们去尝试。

尼布尔肯定会坚持认为，如果把这个学习和适应的过程主要看作是其他文化和国家的任务的话，这比愚蠢造成的后果更加糟糕。我们并不是监管沙堆里幼小孩子的成年人。我们和孩子一样，在沙堆里为轮到谁玩卡车而争斗。

从这个角度来看，我们能够看到一个文化上更加开放也更加国际化的今日福音派，它是正在逐渐获得能力发挥出其经济和地缘政治成功所要求的全球作用的美国社会的一个重要向度，当然不是唯一向度。虽然我并不清楚美国获得能力去进行更有成效的文明外交能做到何种程度，不过我确定进行尝试是我们的责任，也符合我们的利益。

第 23 章　一切的意义

　　不管我们怎样评说海洋秩序，它并不仅是另一个帝国，也不会以这种方式被人记住。像希腊人和罗马人，以及古代的中国人，这些海洋强国曾经在历史上留下了不可磨灭的印记，不像这些和其他古代人类社会，海洋强国是在世界舞台上留下了自己的印记。有史以来第一次，世界各地的人们都是相同政治和经济秩序的一部分。他们以前所未有的规模，穿越前所未有的距离版图，穿越大洋和沙漠进行旅游和贸易活动，还有，自 19 世纪海底电缆得到了迅猛发展，人们几乎达到了即时通信，随时了解到地球另一端的人们正在做什么。未来的考古学家将会发现可口可乐的空瓶子丢得满世界都是；他们会看到印着"中国制造"标识的商品无处不在，还会发现到处都是被丢弃的日本设计的"你好·凯蒂"猫纪念品的部件，这些都是一夜之间席卷全球的消费和文化热潮的证明。在北京的废墟里发现麦当劳黄金拱门标志的痕迹，中国餐馆留下的印记在半被掩埋的曼哈顿遗迹中。考古建筑师通过国际建筑风格的起落，发现建筑技术和设计从这个大陆跨越到那个大陆；一些基础设施，比如说高速公路的出口和匝道设计，从斯德哥尔摩到智利的圣地亚哥可以说是非常类似；语言学家将会发现英语文字的大面积蔓延，尤其是在体育、医疗、商业和科技方面。考古学家煞费苦心地追踪移民的流动，而令早期时代所发现的一切黯然失色；大面积的墓地在欧洲、非洲和亚洲被发现，将揭示史上最为血腥最多屠杀的黑暗时代。欧亚大陆的城市中心的废

墟，以及至今仍有辐射痕迹存在的广岛和长崎，记录了令人发　404
指的恐怖破坏。除非这些考古学家是毁灭的星球上出来的外星
人，或者除非人类经历着一场比起过去所有已知的严重且彻底
的灾难和灾后恢复，——也就是说，假如这些具有想象精神的
考古学家是来一个经过很有意义的漫漫历史长河打造出的未
来，其中海洋秩序是最新的篇章，他们从语言、文化、艺术、
宗教到科学，无不具有英美时代的印记，至少就像我们现在的
文化很大部分是受到了历史上的帝国时代和文化的影响一样。
伦敦塔可能如同古罗马广场一样沦为废墟，州际公路可能会像
当年曾经遍布欧洲的罗马道路网络一样衰败不堪，但是英美的
遗产和精神将仍然会鲜活地在未来文化、宗教、法律、科学和
数学当中体现出来，即使在那些代表着人类成就的古迹早已被
历史埋葬，如同那曾经的万王之王奥西曼达斯，庞大而残破的
石像倒塌在寂寥的沙漠中。无论他们曾经做了什么，或是吃下
了多少的牡蛎，海象和木匠把他们的足迹深深留在了时光的沙
滩上，经久不衰。

　　但他们所做的仅有这些吗？盎格鲁—撒克逊人仅仅是创造
了一个巨大喧嚣的文明，留给后人的不过是一些打下烙印的废
墟吗？这是留给我们的最后一个问题：漫漫人类历史长河中，
盎格鲁—撒克逊时代到底处在什么样的位置？我们已经看到，
几个世纪以来，盎格鲁—撒克逊的许多政治家和贤哲人士都认
为他们是在为战胜历史而战。他们认为美国和英国的目标是在
自由民主的资本主义基础上，建立一个公正有序、繁荣昌盛、
自由稳定的国际社会。

　　他们可能并没有建立一个乌托邦，但即便如此，盎格鲁—
撒克逊时代已经在创造持久且不可磨灭的变化。尽管有所有这

些不公正和不完善的地方，创建第一个真正的全球社会确实是一个重大成就；海洋强国的实力影响了国际关系的转变，只要当前的文明仍然存在，这种影响仍将发挥作用。

荷兰的崛起见证了第一次世界性战争，在亚洲、非洲、南北美洲，欧洲列强之间的冲突通过战争解决。英国的霸权时代，世界变成一个单一的经济体系，铁路、轮船和海底电缆使得分布遥远的人类大家庭比以往任何时候都联系得更为紧密。美国称霸时代，这种全球整合的进程从速度到广度都超过了历史上任何时候。尽管穷人从很大程度上说是被排斥在外的，但这种全球社会的迅猛扩张确实是极其卓越的发展。

很奇怪的是，新兴全球社会和在英语世界发展起来的动态社会共享一些关键特性。世界上大部分的国家和文化和当年安妮女王时代并没有什么相似之处。但世界作为整体来看时却和那时有很多类似。那就是，如今世界被三种相互竞争的愿景所划分，任何一种都不能强加自己的价值观给整个世界。第一个群体是理性的提倡者，他们认为普遍的逻辑、原则和法律，对于国际体系是唯一合适也是可行的。这种理念在欧洲很有影响力，同时在美国和其他地方也有一些支持者。对于这个群体来说，建立强有力的机构体系去执行全球性法治是国际社会显而易见也是很自然的目标。不管他们是主要受到法国大革命还是英美革命的启示，这一立场的支持者相信普遍人权、全球通用的立法原则以及西方文明的理念应当在全世界塑造国际机制和国内政策。

第二个群体则是由宗教倡导者组成：人们相信世界上伟大宗教之一（他们所认为的）是任何公正的国际秩序必不可缺的基础。对有些人来说，这个基础是伊斯兰教瓦哈比教派；其他人则认为必须是以霍梅尼所传授的什叶派为基础。还有很多人是以罗马天主教的信仰为基础；其他人则认为五旬节派或是福音派新教才是整个世界繁荣和平的保证。如同安妮女王时代基督教派之间不断地发生纷争一样，提倡宗教为基础的国际秩序的拥护者在细节上存在着很多分歧，但却共同信奉国际和国内社会都应当基于启示宗教的戒律之上。当然这些团体由于他们对宗教真理的理解程度，可能对于理性拥护者提出的"启蒙议程"的接受程度会有多有少，但他们坚持认为的是宗教必须有最后的决定权。他们坚决抵制任何试图去根据启蒙原则构建一个理性主义和世俗的国际体系的行为，尽管这些行为的出发点是好的。那也不行。

第三个群体是秉承传统的信奉者，他们是各种文化形式和认同政治的参与者们。他们大多是平民民族主义者，认为只有自己的文化和价值观才能够成为国际生活的基础，或者至少他们也要保护自己免受没有灵魂的其他种类国际主义的影响。我在其他地方写到过杰克逊政策的拥护者们——美国的平民民族主义者通常抵制将权力移交给国际机构，因为他们并不信任外国人，并且认为这些外国机构对于美国价值观存在着巨大的威胁。这种观点并非只在美国这一个国家普遍存在。在亚洲大部分地区，很多人都觉得国际组织是非常值得怀疑的，是变相的殖民主义意图继续延续欧洲或西方势力。对于法国和美国启蒙理念可以构成一个全球通用有效的针对人权的方法，有权力和名望的人士对此进行了抨击。他们认为，"亚洲价值观"通常被认为是更具有共融性而对抗性较少的，这必须被考虑进去。西方社会不应当把国际机制作为工具而把西方理念强加给亚洲社会。妇女权益问题也是诱发反对意见的原因，他们认为西方人强加自己认为适当的性别关系模式给那些不同背景的不同社会，这是不合法的。

通常这些论点在西方人听来是缺乏可信度的。罗伯特·穆加贝（Robert Mugabe）为维护他自己在津巴布韦日渐残酷和具有破坏性的暴政，调用非洲的认同政治来为英美和欧洲国家呼吁其政府尊重人权做辩护，几乎没有西方观察家们被他自私自利的花言巧语说服。然而，穆加贝的言辞在许多后殖民时代的非洲的很多地方都不断地引起共鸣。这并非是称颂穆加贝在经济管理方面的能力，大部分为他观点喝彩的人都没兴趣在他的统治下生活；但是在如今非洲的大部分地区，认同政治仍然是一股强大的力量。从阿根廷往北，拉丁美洲同样有着传统平民民族主义的支持者，他们拒绝那些植根于英美启蒙运动的理念和观点在全球普遍适用。

全球社会像当年的英国安妮女王时代一样，被三极引力划分开来。而且，正如安妮女王时代一样，任何一种引力的趋势都没有足够强大到迫使另外两个去遵守它的指令。激进的伊斯兰教不能通过圣战来征服世界，让伊斯兰王国和伊斯兰沙里亚法律覆盖全球。欧盟也不能在处理国与国事务时强加理性原则和民事法律。美国不能对人类强加基督教信仰或者是自己的民俗和文化价值观。中国和日本能够并将成功抵御国际生活的西方化，但它们并不能以强加亚洲价值观作为替代品。

这意味着从某种程度上说，全球社会能够建立起来，以共有机制来满足全世界不同社会和文化的需求，这一社会和机制将必须是安立甘式的。也就是说，它们的权力是有限的；它们将从有时相互矛盾的假设开始；它们将以这样的方式建立起来，就是能够从自身观点的对立面被解读并认为合理。它们将是一个大杂烩，而不是系统的整体。

国际机制和国际法看上去已经更像是以先例和历史事件为基础，而甚少是一直运用理性原则的结果，有点类似英国的普通法。头脑最为清醒的支持者们通常以法律为基础，并以制度化界定国际体系，他们普遍对这种状况深感遗憾，并希望能以更合理的体制代替。这可能是个错误。包容，即使只是欢迎一种更为多样化、更少统一化的方式通往国际社会和全球治理，随着时间的推移，可能导致建立更为有效并得到广泛接受的机制。这也部分显示出，把权力移交给有特定文化价值观和环境的地区，会比在普遍的全球背景下更好地适应当地情况。放眼未来，一条通向国际社会更加有效和公正的道路很可能至少是曲折迂回的，如同英语社会当年为自身社会的理性、传统和宗教观相融合所走过的发展道路。

不管怎样，英语国家努力创建了第一个全球社会，并创建出一套经济和政治体系，这一体系寻求并至少在一定程度上成功地与其快速发展保持了同步，并且给有着截然不同价值观和喜好的人们找到在一个开放又充满活力的体系当中可以共同做事的途径。这不是三百年历史的糟糕展示；英语世界在人类历史上的影响和为现代社会打下基石的东西方伟大文明一样极其深远，海事系统的故事还远没到可以画上句号的时候。

不断革命

那么盎格鲁—撒克逊的实力优势到底在哪里呢？

G.K. 切斯特顿曾经写到过，"奶牛可能纯粹是为了经济效益的，在这个概念上我们所能看到的不过是它们在吃草或是寻找更好的牧场；所以奶牛的历史在卷帙浩繁的史书中读起来

408 　有些枯燥"。① 牛都是平等的；公牛可能在特定的畜群内为霸
主地位而展开争夺，但目前还没有受压迫的种族或种姓为历史
恩怨而怀恨在心，并密谋推翻牛霸。根西牛并不羡慕安格斯
牛；牛并不煽动它们的权利；赫里福牛并不对婆罗门牛的特殊
地位而心怀不满，得克萨斯长角牛不会因其在外交政策中不可
预测的单边主义而恐吓和冒犯其他牛。这一切似乎是一幅宁静
的田园画，但是人们到底想要和牛有几分相似呢？

　　奶牛的问题困扰着自由开放的社会。乌拉圭评论家罗多就
曾批评美国社会是帕斯卡赌注式恶性循环的一个样本，一个除
了追求富裕之外没有更高目的的社会，美国文明中缺乏经济之
外的更高尚价值观成为罗多对美国人的核心批判。罗多认为，
人类的精神远比这些更伟大。美国人执着于经济上的繁荣使得
社会在物质层面强大，但智力和道德层面则相对较弱。他用卡
利班来比喻美国社会，卡利班是莎士比亚的悲喜剧《暴风雨》
当中头脑简单、四肢发达的仆人。他用了剧中的另外一个人
物——拥有崇高精神的精灵爱丽儿，来比喻经济上欠发达，但
拥有更高智慧也更有教养的拉丁美洲社会。

　　这个问题比罗多对美国价值观的批判要更大，直接进入到
西方启蒙运动的核心。自由主义的启蒙运动向全人类承诺了个
人自由和人类的物质富裕。这个目标对于牛来说，应该是非常
适当的，如果人类是牛的话。但如果这个运动对人类的贡献只
是物质上的改善，那么自我牺牲、高贵、勇气和光荣的特质又
会是什么呢？

<hr>

① G. K. Chesterton, *The Everlasting Man* (Garden City, N. Y.: Image Books, 1955), 137.

　　福山在《历史的终结》中指出，在黑格尔式的历史终结当中，总有一些悲伤和未竟的成分掺杂其中。经历了所有的血与火的历史进程，善恶之间的争斗，进步与倒退，从野蛮和奴役中追寻文明之光最终到自由公民社会这一路的漫长艰难的攀登，最后我们终于努力登到山顶见证一代又一代人为之奋斗的巅峰：霍默·辛普森。① 人类加入了牛群，就像约翰·列侬脑海中想象的乌托邦的居民，"没有杀戮和死亡"。世界变成了一个大商场，全人类都在那里购物——永远。尼采把这个和平的购物天堂中的人们称作"最后的人"，并对满足于这类世界的人们进行了最激烈的辩论。

　　相比可以让人类灭绝的核武器大屠杀来说，这是个人们更乐见的未来，但它充其量只能算是痛苦的虎头蛇尾。难道过去所有的英雄主义、所经历的痛苦、全部的激情信念、做出的牺牲、宗教和政治之间的争夺，种种这些只是为了打造一座购物天堂吗？难道自由社会真的只是一味谋求物质财富的积累吗？409这是世界上对美国计划最为深刻的批判：仅仅是"忙忙碌碌"，喧嚣恼人，之外却没有任何意义。

　　从这个角度来看，美国不仅只是一个冰冷无情的商人们在无止境地追逐自己无聊工作的空洞社会，它还是意义、道德和诚信的敌人。随着美国经济、社会和政治价值观传播到世界各

---

① 　美国电视动画片《辛普森一家》中的一个虚构角色，辛普森一家五口中的父亲，是部分美国工人阶级的典型代表：粗鲁、超重、无能、心胸狭窄、笨拙、粗心、酗酒。尽管过着蓝领的日子，霍默却有着许许多多不平凡的事迹。虽然他贪食、懒惰、常惹事且非常愚蠢，但却偶尔能展现出自身的才智与真实价值，譬如对自己家人的热爱及保护。本书作者在第三章中给他的定义是又肥又懒的电视迷，在本章中亦有此意。——译者注

538 / 上帝与黄金：英国、美国与现代世界的形成

地，美国的消费文化也慢慢渗入成为全球共识，所有的一切让
人生更有意义、让人类比奶牛要更高贵更有趣的东西开始渐渐
消失。美国的胜利就是人性的灭亡；这种观点可以使像马丁·
海德格尔（Martin Heidegger）这样的不是非常热诚的前纳粹
支持者和像萨特（Jean-Paul Sartre）这样的不是非常热诚的前
斯大林主义者团结起来，再把这些人和罗多这样的拉丁美洲人
道主义者联结起来，最后还要加上伊斯兰世界里逊尼派和什叶
派的激进分子。"我们通过痛恨美国而敬拜上帝"，埃及的伊
斯兰主义者塔里克·希勒米（Tareq Hilmi）博士曾这样说过。
对抗美国及其有险恶用心的影响就是为真实的人类经验和价值
观的存亡而战，无论我们如何分析它们。

　　对这类批评最好的也是我认为最为果断的回应是亨利·柏
格森所作。柏格森认为，人类有着成长和变化的本能。这种本
能并非人们性格当中暂时的方面，而是我们身份的永久特性。
如果柏格森是正确的，那么黑格尔派则是错误的。从黑格尔派
的经典观点来看，人类创造历史的原因好比牡蛎产出珍珠一
样。在牡蛎来说，可能是一粒沙子掉进了肉里让牡蛎很不舒
服，对于人类来说则是社会不平衡所带来的不适；我们竭尽全
力想让这种不适症状消失。牡蛎不停地分泌黏液去覆盖让它受
刺激的沙子；人们则一直在努力克服社会的不平衡来建立一个
公正的社会。在这两种情况中，只要疼痛消失，我们也就立刻
停下来。

　　相信这个理论则是遗漏了英美计划的本质，更广泛地说，
是错失了人类的伟大。这个开放式的活力为英美资本主义社会
提供前进的动力，这个方面来看，柏格森的功劳是大于黑格尔
的。对更多的科学和技术知识的追求，以及对那些知识成果能

应用于日常生活的追求，并不是像追求更快的汽车和更好的电视接收信号那么简单。它是一种追求以期满足人性本能求变的需求，产生于人类牢固嵌入内心深处的信仰，通过改变我们感受到超越和神圣。英美社会和更广泛的国际社会逐步在英美人构建的框架中成型，物质和社会进步是它们的基本特性，最终反映出对意义的追求，而并非对舒适和财富的追求。和黑格尔历史观不同的是，这个追求并没有可预见的结果，因为追求本身就是人性永恒的特性。

410

倘若这都是真的，那么社会将永远无法达到最后阶段，政治永远不会停下变革的脚步，只要人类还存在，人们将不断改变自己并继续争论不休。我们仍是亚伯拉罕的后人，受到呼召走向超越，这需要我们离开熟悉之地，并接受在不断发展的世界中新生活带来的种种挑战。从盎格鲁—撒克逊的观点出发，投入到这场冒险并不是唯物主义的，即使这个追求过程确实给我们带来了物质利益。放弃追求是唯物主义；避开这个挑战是拥抱纯粹的物质存在并且放弃使得人类生活真正具有人性的精神价值。

对来自一个不确定的未来的超然呼召，安德鲁·卡内基、约翰·戴维森·洛克菲勒和亨利·福特等人以为自己的事业倾注了一生的心血和精力作为回应。卡耐基和福特在政治以及商业方面都具有远见卓识；卡耐基巨大的慈善事业包括和平基金会等一直延续到今天，旨在建立一个更加美好的新世界；福特的和平船是出于善意却备受嘲讽的举动，想要通过个人行动主义和道德劝说使得交战国结束一战的屠杀。（我不为他们任何一个的商业头脑或政治见识做辩护；我只是想试图去了解他们，或者和他们类似的人们，他们如何看待自己的行为。卡耐基对罢工工人的镇压应该受到谴责；福特的反犹太主义更是如此。然而，驱使卡耐基和福特的动力远远超过了物欲的贪婪。）

资本主义充分体现出人性的一面，冒着所有的危机和风险去回应亚伯拉罕的呼召来信奉动态宗教。这是受到出现在英格兰和苏格兰各个阶段改革中的动态宗教运动的文化和心理影响的英美人一直以来都受到资本主义强烈吸引并持续奋斗，从而充分发挥资本主义功效的原因。

这种独创性的动力驱使人们去获取所有可以获取的权力，去做任何人类可以做的事情，去学习所有学到的知识，去建立可以被建立的，去改变可以被改变的，这种驱动力将这三个海洋强国推上了它们的全球地位。掌握并抓住这种动力的社会因此而更加富裕和强大；而那些拒绝动力或是没有处理好挑战的社会则越来越弱小。社会内部也发生了类似的情况：更为动态导向的个人、宗教、机构和行业以那些偏好更慢更安全路径的另一方为代价，获取了更多的权力。英美人在现代的独一无二的角色，部分源于他们相信动态是他们的传统：他们通过向前推进到未来来尊重他们的历史、感恩他们的根源。

和黑格尔式牡蛎想要寻求安静与和平不同的是，海象和木匠想要的是不断革命。这个过程中没有可以歇脚的驿站，也没有最终的目的地，英美文明的真正目标是确保不断革命一直进行下去。我们正在发射一艘宇宙飞船，而不是建造一所疗养院。

我们还不清楚人类的能力到底可以多大，如果有限度，智力、精神、科技和文化的极限会在哪里——这取决于人类的能力。海洋秩序代表着人类能力和社会组织最高的水准，向着所有国家和文化开放，以进行对未知水域的探索航行。

这次航行，在我看来，既是我们的命运也是我们的责任，即便我们并不能也无法预知这次航行究竟会在什么时候用什么样的方式抵达终点。

这肯定不会是一次风平浪静的航行。在柏格森的模型中，传统和静止的本能也是属于人本性的东西。静态宗教，各种虔诚和超然的经验和信仰所肯定的权力以及稳定和持续的必要性，这是不会消失的。人们对呼召的回应将会抵制那些试图瓦解旧有传统的力量。看来，动态宗教所寻求的不断革命将从静态宗教和传统力量中滋生出同样永久的抵抗。

这两种形式的宗教之间的斗争，很大程度上导致了产生于普遍历史和特定历史之间的斗争。动态宗教对应的是普遍历史，是对改变世界的呼召进行的政治和文化表达。静态宗教对应的是特定历史，呼召忠于自己的根、见证支撑我们所在的特定社会和信仰传统的神圣历史所表达的人类成就和卓越的价值观。

我们注意到，世界上许多地方的文化和文明对平等和尊重有共同要求，海事系统并不能满足；我们现在可以看到的是，这种冲突部分是从柏格森所描绘的两种对立本能中弹出的，反映出普遍历史和特定历史不同愿景之间的冲突。

如果这都是真的，那么历史的终结可能真的迫近我们了，412 但历史的终结不是一个停滞和稳定的时代。对于黑格尔和他的拥护者来说，历史的终结意味着人类建立了正确的社会体制，这种体制可以满足人性最深层次的要求。

我认为我们似乎已经做到了，我们已经构建了一个符合人性的国际体系，但结果至少可以说是让人惊讶的。事实证明，人的本性需要冲突和竞争，而并不是宁静和怠惰。一个符合人性的社会将不会是一片宁静的乐土；它将会是一个动荡不休的社会。一方面，资本主义社会的不断革命是人类社会的唯一形式，它充分响应人类本能对于发展和增长的欲望。另一方面，人的本性需要持续性，会竭力去保持自己的特殊性和维护自己的历史。这种冲突几乎是很难找到解决方式的；参与到这一冲突中去，并被其影响，对人类本身有很大的意义。

如今安立甘宗崇拜中使用的由威廉·珀西（William A. Percy）写的一首赞美诗表达了这种理念，即人类奋斗的目标比我们想象得要更为复杂。追忆"快乐单纯的渔民"最后是如何被耶稣呼召成为他的使徒的，赞美诗是这样写的：

> 约翰，年轻的约翰
> 使劲地稳住拍打着气流的布帆
> 最后，流离失所地老死在帕特摩斯岛
> 彼得，正铆上全力网住那一网收成
> 也至终头朝向地，倒挂在十字架上

让我们回顾一下渔民在知道"那直叫人胸怀满溢，却又破碎心灵的平安"之前和之后的生活，赞美诗中的结论是：

> 在上帝的平安里，没有平安
> 唯有缠绕一生的挣扎，至死方休
> 但渔家兄弟们
> 仍独独祈求这一份——
> 上帝出人意料的平安

在我看来，历史的终结是上帝的平安——像上帝的平安一样，并非我们可以立刻就完全达到的。它是一个开始，而不是结束；我们将朝着这个方向不断深入前进，并随着时间的推移更多地了解它的意义所在。

我们必须始终牢记，由技术进步给人来生存条件带来的革命性变革仍处早期阶段。当数以亿计的人们在像中国和印度这样的国家里开始享有更好的教育机会，当运行更快、智能水平更高的电脑变得越来越普及，并且越来越多的企业和国家都能够为科学研究投入巨资的时候，我们很有可能将迎来科学发现领域的激增。史上更灵活和更深入的资本主义市场和更多急于利用科技新发现去创新产品或提供劳动生产力以谋求利益的企业，它们将共同推进，以确保发现大潮的成果比以往更为快捷有效地进入到国际市场。

资本主义引领我们走向加速变化的未来。20 世纪的前 20年取得的科技进步可以和整个 19 世纪的进程相媲美。目前，工业社会显示出技术进步速度每十年增加一倍。如果这种发展速度继续维持下去——现在几乎有充分理由相信会确实如此，那么 21 世纪的发展经历将会相当于历史上两万年"正常的"人类进程。[1]

这表明社会变革的浪潮仍将持续，世界各地的政治和经济的关系仍将会不断变化，那些厌恶充满活力的资本主义或无法

---

[1] Ray Kurzweil and Michael Dertouzos, "Kurzweil vs. Dertouzos," *Technology Review* (January 10, 2001), http：//www.technologyreview.com/Infotech/12228/ (accessed on March 25, 2007). See also：Ray Kurzweil, "The Law of Accelerating Returns," March 7, 2001, http：//www.kurzweilai.net/articles/art0134.html？printable = 1 (accessed on March 25, 2007), 3.

对其管理完善的文化将会面临更大的困难。大批新的鬼魂舞者们可能会从山上扫荡下来，而且，随着高新科技使得生化武器和其他具有大规模毁灭性的武器越来越便宜，他们所持有的武器比以往将会更为可怕。

我无法预测这一切将如何画上句点。但尽管历史的进程持续加速，甚至我们在各个方面似乎都已是危机重重，美国社会将仍然会以乐观的信念在看不见的手（一直以来都是我们的标志）的指引下，去走进这个崭新且并不平静的世纪。不论怎样，大批美国人可能会继续相信曾经塑造了英美世界并使得英美人在过去的动荡不安的三百年时间里保持世界领先地位的价值观，这仍然会是引领他们在日常经济政治追求中取得成功的价值观。他们还将继续相信，这些价值观正带领我们不断向西、不断向上。如同朗费罗诗中的年轻人一样，无论前面的道路有多么陡峭和险恶，美国将继续前进，高举有着奇特箴言的大旗：永远向上！

致　谢

　　和以往一样，在这本书终于问世的时候，我需要感谢的人 415
有很多。首先也是最诚挚的谢意送给理查德·哈斯（Richard
Haass）。他毫无保留的支持让我得以撰写此书，而他睿智的建
议更为本书增色。我还要感谢理查德为美国外交关系委员会所
做的一切，正是他的努力，为学者们创造了一个极好的工作环
境。首席运营官简·默里（Jan Murray）和办公室主任杰夫·
赖因克（Jeff Reinke），他们和理查德一样为该机构和研究员
热诚奉献。我由衷地感谢他们多年来给我的帮助和友谊。

　　我还要感谢为我的创作提供了宝贵建议和见解的人们，他
们让我倾听到很多不同的声音、看到很多事实，使得本书的核
心理念得以成形（甚至重塑了我的一些观点）。在我的写作过
程中，分别位于华盛顿和洛杉矶的两个研究小组从未间断地为
我的文稿提供及时评论和建议。一个小组设在华盛顿特区，是
"皮尤宗教与公共生活论坛"的慷慨相助才使得小组得以成
立。另一个小组位于洛杉矶，得到了罗伯特·J. 阿伯内西
（Robert J. Abernethy）的大方赞助。

　　我很感激所有参加过以上两个研究小组的各个学术会议的
学者们，他们的建议和批评让我受益匪浅。尤其感谢皮尤论坛
的路易斯·卢戈（Luis Lugo）和蒂姆·沙阿（Tim Shah）。他
们不仅是资助者，更是才识卓越的合作伙伴。感谢以下同仁在
华盛顿举行的多次学术会议中给我的极其有用的建议，他们是
弗朗西斯·福山（Francis Fukuyama）、彼得·伯格（Peter

Berger）、阿德里安·伍尔德里奇（Adrian Wooldridge）、莱昂·富尔思（Leon Fuerth）、安迪·科胡特（Andy Kohut）、布莱恩·赫尔（Bryan Hehir）、亚当·加芬克尔（Adam Garfinkle）、伊丽莎白·巴米勒（Elisabeth Bumiller）、詹姆斯·库尔特（James Kurth）、理查德·约翰·纽豪斯（Richard John Neuhaus）、约翰·朱迪斯（John Judis）、理查德·兰德（Richard Land）、侯赛因·哈卡尼（Husain Haqqani）、雷维尔·马克·格雷希特（Reuel Marc Gerecht）、陶泰瑞（Terry Lautz），以及莫伊塞斯·纳伊姆（Moses Naim）。

洛杉矶研究小组的罗伯特·J. 阿伯内西（Robert J. Abernethy）、乔纳森·D. 阿伦森（Jonathan D. Aronson）、科迪·D. 伯克（Cody D. Burke）、丹·考德威尔（Dan Caldwell）、阿瑟·N. 格林伯格（Arthur N. Greenberg）、埃德温·O. 古特曼（Edwin O. Guthman）、詹姆斯·哈珀（James P. Halper）、安·Z. 克尔（Ann Z. Kerr）、希瑟·格雷（Heather S. Greys）、罗伯特·J. 伦珀特（Robert J. Lempert）、托马斯·克兰兹（Thomas F. Kranz）、罗伯特·梅西（Robert M. Macy）、维克多·帕米尔利（Victor H. Palmieri）、巴里·A. 桑德斯（Barry A. Sanders）、查尔斯·沃尔夫（Charles Wolf）、柯蒂斯·A. 贺斯勒（Curtis A. Hessler）、麦克·D. 恩特里盖特（Michael D. Intriligator）、约翰·舒（John Shu）、艾德温·M. 史密斯（Edwin M. Smith）、大卫·R. 阿永（David R. Ayón）、格里戈里·特雷沃顿（Gregory Frye Treverton）、贾森·R. 沃尔夫（Jason R. Wolff），以及约翰·N. 约奇逊（John N. Yochelson）。你们的工作远远超过职责要求，你们分享了书面答复及详尽注释文稿。在我整个写作过程中，你们的

定期会议为这本书提供了无比珍贵的帮助。我非常感谢你们的支持和帮助。

还有很多朋友为我的创作提供了慷慨的个人和经济支持，令我得以进行此书的写作。马克·菲什（Mark Fisch）的帮助和忠告非常及时和受用。约翰·古思（John Guth）及伍德科克基金会持续稳定又大方慷慨的资助给了我一次又一次的惊喜。艾伦·阿德勒（Allen Adler）、弗朗西斯·比蒂（Frances Beaty）和马克·伯纳（Mark Berner）的宝贵建议也从未吝惜予我。感谢路思基金会的支持，感谢你们。

外交关系委员会之所以成为学者上佳的工作场所，很大程度上得益于在那里工作的人们。詹姆斯·林赛（James Lindsay）和加里·萨莫尔（Gary Samore）在我的创作过程中担任了外交关系委员会的董事，他们尽一切可能给我提供帮助，并时时给我鼓励。研究管理副主任珍妮·希尔（Janine Hill）已经成为我的好朋友和不可多得的同事。这里的同事们以他们杰出的学识呈现出非比寻常的广阔视野。与近邻劳丽·加勒特（Laurie Garrett）、马克斯·布特（Max Boot）和伊莎贝尔·科尔曼（Isabel Coleman）的交谈，给予我的不仅是极大的启发，同时更让我乐在其中。我还要感谢为这个课题工作过的我的新老同事给我的帮助和建议，他们是李·范斯坦（Lee Feinstein）、朱莉亚·斯维格（Julia Sweig）、迈克尔·利维（Michael Levi）、史蒂夫·库克（Steve Cook）、雷切尔·布朗森（Rachel Bronson），还有加迪什·巴格瓦蒂（Jagdish Bhagwati）。我还要感谢美国政府中从事军事、外交和情报的研究人员多年来给予委员会的详述报告。他们毫不吝惜地和我分享他们的专业知识；这本书从很多方面也体现了由他们的见地和看法而激发的思想，如赫里玛·克罗夫特（Helima Croft）、克里斯托弗·拉弗勒（Christopher LaFleur）、埃文斯·里维尔（Evans Revere）、詹姆斯·克莱顿（James Creighton）、史蒂文·巴斯比（Steven Busby）、托马斯·库罗拉（Thomas Culora）、约翰·纽厄尔（John Newell）和皮特·曼苏尔（Pete Mansoor），感谢你们。

除了研究部门，外交关系委员会的同事们的见解和努力也让我受益良多。《外交》杂志的吉姆·霍格（Jim Hoge）和吉迪思·罗斯（Gideon Rose）是一个很棒的团队，谢谢他们的洞察力和智慧。大卫·凯洛格（David Kellogg）不仅仅是这些想法的参谋，他也成为这本书不可或缺的一分子。华盛顿办公室的南希·罗曼（Nancy Roman），一直都是我的好朋友也是好同事。

417 当我已经开始寻求研究资金的时候，开发计划部的苏珊·赫尔姆（Suzanne Helm）给了我及时的帮助和建议。外交委员会中卓越的图书管理员团队：玛西娅·斯普鲁尔斯（Marcia Sprules）、米歇尔·博特（Michelle Baute）、康妮·斯塔尼亚罗（Connie Stagnaro）、埃里卡·安德森（Erika Anderson）和尼克·福卡斯（Nick Fokas），他们在雷·格斯特（Leigh Gust）的带领下，令我写作这本书的每一步都从中获得巨大帮助。南西·布达尔塔（Nancy Bodurtha）、简·休斯（Jan Hughes）、伊琳娜·法斯齐亚诺斯（Irina Faskianos）和丽莎·希尔兹（Lisa Shields）以及他们的团队为我提供了全方位的支持、帮助并提出宝贵建议。我感激他们为我所做的一切和来自于他们这些工作人员的支持。外交委员会的丹·库尔茨—费伦（Dan Kurtz-Phelan）使得我办公室里的书源源不断；信息服务部门的查理·戴（Charlie Day）、罗伯特·奥索里亚（Robert Osoria）、维吉尼亚·帕洛特（Virginia Parrott）和迪帕克·特里维迪（Deepak Trivedi），集中脑力为我的电脑的良好运作提供了有力的技术支持，不止一次地帮我把似乎会永远消失的文档抢救了回来。感谢伊恩·诺里（Ian Noray）和弗兰克·阿尔瓦雷斯（Frank Alvarez），外交关系委员会的日常运行是离不开你们的。

谈及外交关系委员会给予我的帮助，就不可能不提到莱斯·盖尔布（Les Gelb）。十年前，正是他把我带到委员会，从那时起，他给我的帮助、建议和启发从未中断。他的评论和见解，对于这本书的完成可谓功不可没；他身上的爱国精神、诚信的品格和对友谊的忠诚，给我树立了很好的榜样，让我受益匪浅。

乔纳森·西格尔（Jonathan Segal），是我在克诺夫出版社的耐心又能干的编辑，他对这本书的支持从未有过丝毫动摇。正是因为他敏锐的洞察力和眼光，才让这本书有了很大的不同。杰瑞·托马（Geri Thoma）是我亲密的朋友，更是敏锐的经纪人。我的父母逐字逐句地阅读了我的不同阶段的手稿，他们的支持和见解给我极大的帮助。

我还要感谢我在巴德（Bard）学院的学生们。他们是我这本书手稿内容和很多理念的第一听众；他们的反馈和点评给予我极大的帮助。我特别感谢杰克·纳贝尔（Jake Nabel），他不仅给予我很多建设性的意见，还推荐我查阅雷金纳德·霍斯曼（Reginald Horsman）的著作《种族与天命》。感谢莱昂·博特斯坦（Leon Bottstein）把我介绍到巴德学院，还有乔纳森·贝克尔（Jonathan Becker），因为他的大力帮助才使得我和学生们在学院积极正面地教学相长，当然还要谢谢介绍我认识莱昂的友人乔治·索罗斯先生（George Soros）。

在这里，我还要感谢索罗斯多年以来为卡尔·波普尔

（Karl Popper）和开放社会所付出的不懈努力。敏锐的读者不难发现，索罗斯对《上帝与黄金》这本书所作出的贡献可确实是不少，本书很多理念最初是在他家共进晚餐时迸发出来的。

最后同样重要的是，我要感谢多年来一直担任我的研究助理的众多优秀的年轻人。如果没有他们的智慧和勤奋，这本书读起来将不会那么有趣，且准确度可能也达不到现在的水平。本杰明·斯金纳（Benjamin Skinner）、德里克·伦迪（Derek Lundy）、丹尼尔·道尔金（Danny Dolgin）为本书的初步研究打下基础；斯金纳在离职之后，仍不断地为本书提供他的意见和有益的建议。查尔斯·埃德尔（Charles Edel）、布赖恩·冈德森（Bryan Gunderson）和斯科特·欧文（Scott Erwin）在大量初稿创作过程中为我分忧解难。通过本书的创作过程，我和他们三人已成为生活中的好友，感谢友谊的同时也要感谢他们对本书的大力帮助。艾坦·戈德斯坦（Eitan Goldstein）和埃利安娜·约翰逊（Eliana Johnson）在本书工作的最后阶段也加入进来。在伊万·拉扎列夫（Ivan Lidarev）这个勤勉努力的实习生的协助下，他们克服了巨大的障碍，面对迫在眉睫的截稿日期迎难而上，还有本杰明·怀斯（Benjamin Wise）在最后冲刺阶段起到了很好的推动作用。谢谢艾坦和埃利安娜，你们真是太棒了！艾坦、埃利安娜以及其他的同仁，担负着的不仅仅是研究员和事实核查员的工作；他们是富有见地并细致敏锐的读者，他们提出的很多想法使得本书受益良多。书中难免有事实或解释方面的错漏之处，本人愿意承担所有责任。

于基佳利，卢旺达
2007 年 7 月

索　引

（索引页码为原书页码，即本书边码）

图书在版编目（CIP）数据

上帝与黄金：英国、美国与现代世界的形成/（美）米德
（Mead，W. R.）著；涂怡超，罗怡清译. —北京：社会科学
文献出版社，2014.12（2018.9 重印）
ISBN 978 - 7 - 5097 - 6014 - 7

Ⅰ.①上…　Ⅱ.①米…　②涂…　③罗…　Ⅲ.①国际
政治 - 研究　Ⅳ.①D5

中国版本图书馆 CIP 数据核字（2014）第 099583 号

上帝与黄金：英国、美国与现代世界的形成

著　者/〔美〕沃尔特·拉塞尔·米德
译　者/涂怡超　罗怡清

出 版 人/谢寿光
项目统筹/段其刚　董风云
责任编辑/段其刚　张　骋

出　　版/社会科学文献出版社·甲骨文工作室（010）59366551
　　　　　地址：北京市北三环中路甲29号院华龙大厦　邮编：100029
　　　　　网址：www. ssap. com. cn
发　　行/市场营销中心（010）59367081　59367018
印　　装/三河市东方印刷有限公司

规　　格/开　本：889mm × 1194mm　1/32
　　　　　印　张：18　字　数：414 千字
版　　次/2014 年 12 月第 1 版　2018 年 9 月第 3 次印刷
书　　号/ISBN 978 - 7 - 5097 - 6014 - 7
著作权合同
登 记 号/图字 01 - 2012 - 6606 号
定　　价/69.00 元

本书如有印装质量问题，请与读者服务中心（010 - 59367028）联系